中国采购与供应链管理领域蕴含着巨大的创新空间，采购职业人员是这一变革的核心推动力。人的内在力量来源于价值观，道德水准是价值观外化的具体表现。作为经国务院批准设立的中国唯一一家物流与采购行业综合性社团组织，中国物流与采购联合会对中国采购职业人员的道德行为提出了10条准则，希望广大采购职业经理人能积极响应这个倡导，推动中国采购事业的规范发展。

何黎明

中国物流与采购联合会会长

采购职业人员道德行为准则

中国物流与采购联合会

采购职业人员的核心价值观：**忠诚、守信、自律、合规**

1. 推动自己的组织完善采购职业人员道德行为准则，并设法使之在组织内获得普遍认可；
2. 维护企业利益，承担起采购职能领域的可持续发展与社会责任，不购买假冒商品，并努力实践；
3. 无论是在组织内部或组织外部，都应当保持最高诚信标准，避免出现不正当的互利与欺诈行为；
4. 避免不适当的行为与要求，在事实上不得妨碍供应商的公平竞争与平等参与机会，并尊重供应商合理诉求；
5. 不得以隐晦、模糊或虚假信息误导供应商，避免在供应商关系处理、采购执行和工作沟通方面出现不道德或有违商业诚信的意图和表现；
6. 在履行职责的过程中，所获得的商业信息应当保密，决不用于个人私利，并确保所提供的商业信息应当真实而准确；
7. 可能影响或被他人视为存在利益影响的采购职业人员，在履行其职责时，其个人的利益关系应当申报；
8. 避免因个人原因出现对采购管理决策可能产生消极影响的意图与言行；
9. 不断提升自己的采购专业技能，扩展知识结构，以达到业务能力的最佳水平；
10. 熟悉并遵守与采购相关的法律与规范，恪守契约精神，维护采购合同双方的权利与义务。

采购组织可持续发展与社会责任规范

中国物流与采购联合会

中国物流与采购联合会是经国务院批准设立的中国唯一一家物流与采购行业综合性社团组织，我们有义务和责任来推动采购领域的组织在取得最佳绩效的同时秉持应具备的道德标准和行为规范。

企业的可持续发展与社会责任是商业环境下企业人必须担负且不可推卸的崇高使命，采购组织又是践行这一使命的核心主体。环境、经济和社会的可持续发展需要采购组织有所作为，我们从员工权益与安全、参与社会、环境保护、财务责任和供应商多样性这五个维度提出了具体的执行规范。当每一个有责任感的采购组织加入到这个倡议中的时候，我相信中国采购管理的发展会迈上一个崭新的台阶。

何黎明

中国物流与采购联合会会长

采购组织可持续发展是指既满足当代人的需求，又不损害后代人满足其需求的能力。主要包括社会可持续发展，生态可持续发展，经济可持续发展。

采购组织的社会责任是指采购组织在商业运作过程中对利益相关者应负的责任。利益相关者是指所有可以影响组织决策的行动，或者被组织决策和行动所影响的个体或群体，包括员工、供应商、社区团体、关联公司、合作伙伴等。

采购组织可持续发展与社会责任规范有以下五大核心维度：员工权益与安全、参与社会、环境保护、财务责任和供应商多样性。

采购组织可持续发展与社会责任规范

中国物流与采购联合会

员工权益与安全

1.1 应评估内部员工权益状况
1.2 应评估供应商的员工权益状况
1.3 有文件并贯彻执行内部员工权益政策
1.4 有文件并贯彻执行供应商员工权益政策
1.5 对员工进行培训，包括个人尊严和受尊重对待的权益
1.6 有文件并贯彻政策以促进形成人人得以尊重的环境
1.7 有完善的面向员工健康安全政策和程序完整
1.8 有完善的面向供应商健康安全政策和程序完整
1.9 有流程考核组织的健康安全目标成绩
1.10 有流程评估和审核供应商的健康安全性
1.11 对员工和供应商进行健康安全政策和程序的正规培训

参与社会

2.1 积极参与改善社会的相关活动
2.2 向员工宣传社会可持续发展的意义
2.3 制定可持续发展的组织战略和实施方案
2.4 允许和鼓励员工参与社会活动，包括救灾、扶贫、义工等
2.5 应做出社会努力，包括慈善捐助和支持扶贫开发项目

环境保护

3.1 有明确的环境保护政策和程序
3.2 充分回收利用废弃物（或废料）
3.3 采取行动以减少废弃物（或废料）产生量
3.4 遵从处理有害废物管理的法规
3.5 符合排放物的规定指标要求
3.6 应评估组织对环境改善做出努力的成绩
3.7 应做到回收 / 再循环利用，将产品对环境的危害降到最低
3.8 设计产品和服务时应将对环境的危害降到最低
3.9 要求供应商报告对环境改善做出努力的成绩
3.10 采购协议中应包含供应商环境保护条款

财务责任

4.1 有政策和流程来推动员工建立财务责任意识
4.2 培训员工拥有相应的财务分析能力
4.3 有责任规避不当的经济关系
4.4 财务信息要完整和真实，不得以虚假信息误导市场与欺诈投资人
4.5 有严格的会计政策和财务管理系统，以确保财务长期稳健
4.6 协助供应商财务健康发展，按合同履行财务义务

供应商多样性

5.1 认可供应商多样性的社会价值和商业价值
5.2 有正式的关注少数民族、妇女和残障人士的企业优惠政策
5.3 要优先扶持中小供应商，并提供相应的公平机会
5.4 有正式的规范流程来推动供应商的平等竞争
5.5 应保证供应商战略寻源程序完整并有效执行，亦能有效维系组织的持续成长

项目联系人：边悦坤

地址：北京市西城区月坛北街26号恒华国际C座615室

邮箱：bianyk@chinascm.org.cn

电话：010-58566588-182

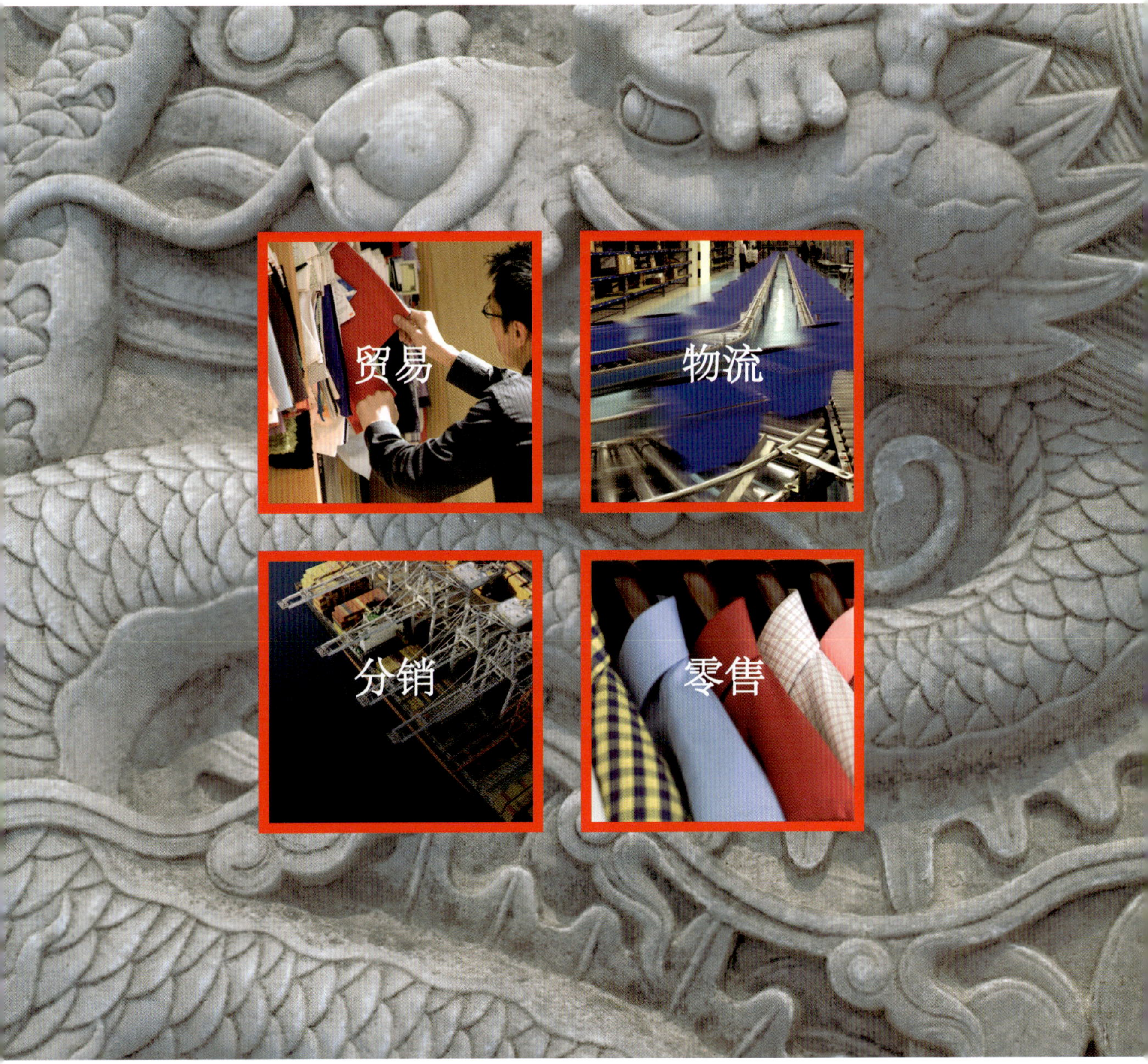

冯氏集团早于**1906**年在广州创办出口业务，现已发展成为一家以中国香港为总部，通过贸易、物流、分销及零售等核心业务，为客户提供全球供应链管理服务的跨国商贸集团。

总部设于中国香港的冯氏集团拥有：

- 遍布全球超过350个办事处及配送中心组成的环球网络
- 全球11个区域总办事处，包括中国香港、上海、深圳及中国台湾

利丰有限公司

（联交所股票代码：00494）

贸易　物流

冯氏集团的贸易及物流业务由利丰有限公司主理。利丰是专为世界各地的零售商和品牌致力提供消费品设计、开发、采购及物流服务的知名企业，通过遍布超过40个国家的15000家供应商所组成的环球采购网络，专为付货期短且大量生产的消费品提供可持续供应链管理；同时亦为客户提供贴身的物流方案，从仓储管理、运输管理、再包装及清关，以至货运、物流枢纽及整合、订单管理和其他增值服务等等。

www.lifung.com

（联交所股票代码：00787）

分销

冯氏集团为品牌服装及相关时尚产品提供的分销服务由利标品牌有限公司经营。利标品牌为多元化的品牌客户提供商品设计、开发、推广及销售服务，在全球开展新机遇及新产品类别，以及为品牌作全球性的市场拓展。

www.globalbrandsgroup.com

冯氏集团在中国设有超过130个办事处及配送中心，零售店铺网络覆盖近2400个零售点，以最优秀的供应链管理网络，成为跨国公司发展中国商贸业务的最佳合作伙伴。

设有集团办事处及配送中心的城市：

北海	北京	长沙	成都
重庆	大连	大园	东莞
佛山	福州	广州	海湖
杭州	香港	嘉定	锦江
高雄	基隆	昆山	林口
浏阳	澳门	南京	南港
宁波	番禺	青岛	上海
汕头	沈阳	深圳	苏州
太仓	台中	台北	桃园
天津	温州	武汉	厦门
西安	张家港	中山	

冯氏零售

氏集团的零售业务由冯氏零集团有限公司统筹，旗下的家上市公司及五家私营公司别独立经营不同范畴的零售务，店铺网络覆盖近3300个售点，其中约2400个零售点于全球增长最快的中国市场。

国香港联交所上市业务：

交所股票代码：00831）

亚零售有限公司旗下业务包括便利店及圣安娜饼屋两大连锁品牌，在华南珠三角地区拥有约家分店网络。所有店铺均由公全资拥有及管理，确保全线店铺业务运作步伐一致，为顾客提供质量的服务。

w.cr-asia.com

TRINITY Trinity Limited
（联交所股票代码：00891）

利邦控股有限公司在中国香港联交所上市，主要在大中华及欧洲市场从事高级至奢华男士服装的零售业务，并在全球以特许方式经营主要品牌，包括自有品牌 Kent & Curwen、Cerruti 1881、Gieves & Hawkes，以及其他国际男装品牌D'URBAN及Intermezzo等，在全球拥有约450家门店，现已发展成为大中华区最大的男装零售网络之一。

www.trinitygroup.com

私营业务：

BrandedLifestyle

利时控股有限公司专攻时尚休闲服装及配饰，包括著名休闲服装品牌Hang Ten、Roots、Arnold Palmer、韩国快速时尚品牌H:CONNECT及时尚男装品牌LEO等，在大中华市场、韩国、东盟及其他地区总共经营1000多家自营店及特许经营店的零售网络。

info@brandedlifestyle.com

Fung KIDS

利童（控股）有限公司目前在中国香港、新加坡、马来西亚及汶莱经营美国知名童鞋品牌Stride Rite；另在中国内地、中国香港及中国澳门经营Toonsland童装及配饰的连锁专门店零售业务。业务模式涵盖零售、特许经营及电子商贸，拥有约600个零售点的零售网络。

fkinfo@fungkids.com

ToysЯUs 亚洲业务

玩具"反"斗城（亚洲）业务成立于1986年，是集团与Toys"R"Us, Inc.合资的私营业务，现在亚洲区经营约200余家零售店铺，包括大中华区市场、新加坡、马来西亚、泰国、印尼、菲律宾及汶莱。

www.toysrus.com.hk

Suhyang Networks是韩国知名婴儿及儿童服装零售商，在韩国经营超过230家设于百货公司内的店铺。旗下名牌包括Bluedog, Bluedog Baby, Minkmui, R. Robot, Denim in the Box, Lulabee, talescoop, b. bear及pony pompom。

contact@suhyang.kr

UCCAL FASHION GROUP

UCCAL Fashion Group成立于1999年，店铺网络覆盖中国内地市场，有150多个零售点，专注于在中国内地市场经营国际知名时尚品牌的零售业务，包括奢华品牌、高端名牌及中档优质品牌。以销售鞋、手袋、配饰及内衣为主要类别。

www.uccal.com

利丰有限公司是中国消费品的主要采购商之一，为客户提供快捷、准时、高价值的采购服务。中国是利丰有限公司最主要的采购市场，**2013**年公司在中国的采购额占公司总采购的**50%**。

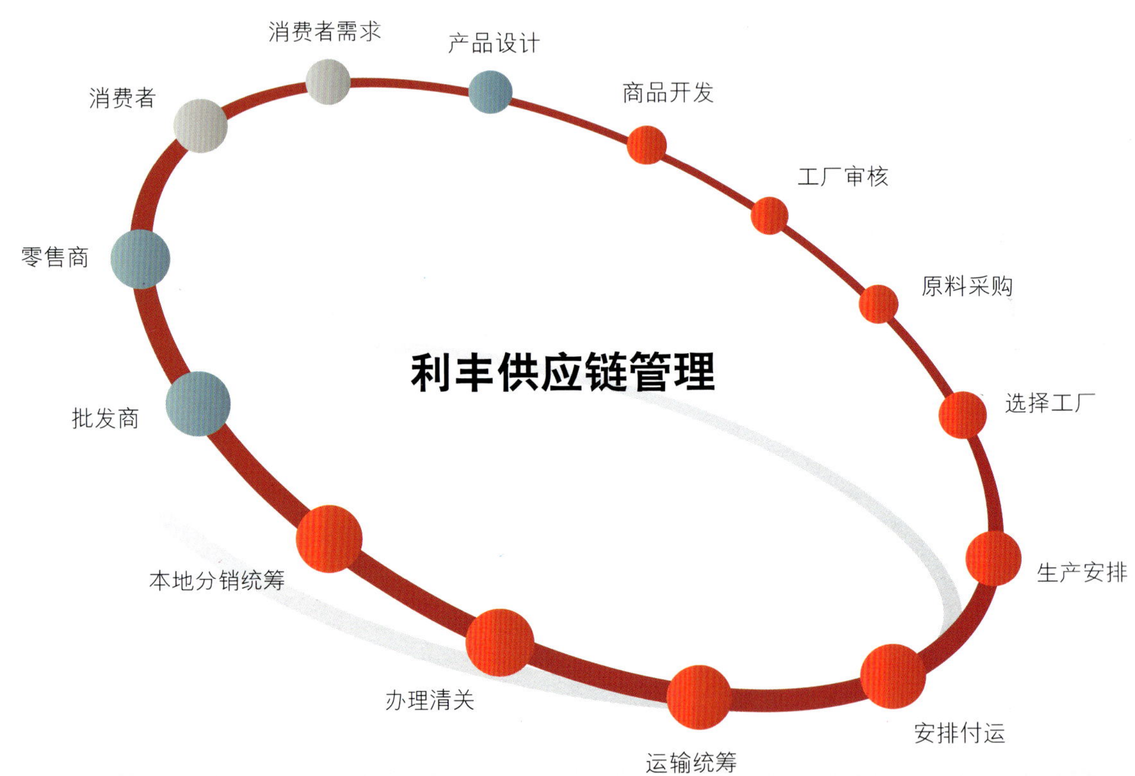

利丰有限公司根据个别客户的需要，提供一站式供应链解决方案。

由产品设计、原料采购、生产管理、质量控制、物流到付运以及其他关键性功能服务，利丰有限公司的服务项目涵盖一站式的供应链管理，运用其庞大的环球网络、丰富的市场知识、先进的技术及资讯系统，灵活快速地响应瞬息万变的消费潮流。

中国产业研究报告·物流与采购

·中国物流与采购联合会系列报告·

中国采购发展报告

中国物流与采购联合会
China Federation of Logistics & Purchasing
冯氏集团利丰研究中心
Fung Business Intelligence Centre

China Purchasing Development Report (2014)

中国财富出版社
CHINA FORTUNE PRESS

图书在版编目(CIP)数据

中国采购发展报告.2014 / 中国物流与采购联合会,冯氏集团利丰研究中心编.—北京:中国财富出版社,2014.10

ISBN 978-7-5047-5406-6

Ⅰ.①中… Ⅱ.①中…②冯… Ⅲ.①采购—经济发展—研究报告—中国—2014 Ⅳ.①F259.23

中国版本图书馆CIP数据核字(2014)第239613号

策划编辑	张 茜	**责任印制**	方朋远
责任编辑	张 茜	**责任校对**	饶莉莉

出版发行	中国财富出版社(原中国物资出版社)		
社　址	北京市丰台区南四环西路188号5区20楼	**邮政编码**	100070
电　话	010-52227568(发行部)		010-52227588转307(总编室)
	010-68589540(读者服务部)		010-52227588转305(质检部)
网　址	http://www.cfpress.com.cn		
经　销	新华书店		
印　刷	北京京都六环印刷厂		
书　号	ISBN 978-7-5047-5406-6/F·2247		
开　本	787mm×1092mm 1/16	**版　次**	2014年10月第1版
印　张	22.75 彩 插 12面	**印　次**	2014年10月第1次印刷
字　数	500千字	**定　价**	198.00元

中国采购发展报告（2014）

编 委 会

中国采购发展报告（2014）

编 辑 部

联系方式：

采 购 委：010－58566588－188、195

网　　址：www.chinascm.org.cn

电子邮箱：lis@chinascm.org.cn

xiepq@chinascm.org.cn

支持单位：冯氏集团

前　言

2014年，在全球发达国家消费刺激的影响下，世界经济进入回暖期，开始持续稳定地增长。相比之下，在十八大会议精神的指引下，中国经济的改革与发展已进入深水区，面临着“增长减速”和“结构调整”的双重挑战。目前摆在中国经济发展面前的三座大山是劳动力成本上升、资本投入增长率下降和技术进步缓慢，这势必会间接影响国内企业的生存与发展。在这种压力之下该如何突破重围，实现平稳发展，成为国内企业亟须解决的问题。采购活动作为企业运作的始端，在一定程度上能够帮助企业实现降本增效，使企业在复杂的市场环境中具备相当强的竞争力。在这一背景之下，《中国采购发展报告（2014）》继续开拓创新，为企业在采购与供应链管理上所面对的问题提出新思路，针对中国采购与供应链管理领域的现状和趋势展开深入研究。

《中国采购发展报告》一贯以把握全球采购与供应链管理发展的趋势和动态，推动我国采购与供应链管理领域的创新发展为目标，自2008年出版第一本以来，今年已是第七本。我们始终坚持借鉴国际先进的采购与供应链管理实践和规律，不断探索具有中国特色的采购与供应链管理发展新模式，努力把这本报告打造成为能够反映当前中国采购现状及采购管理变革创新的行动指南，因此得到了社会各界的热切关注和广泛好评。

《中国采购发展报告（2014）》在总结往年经验的基础之上，紧密结合当前世界经济和我国社会经济的发展趋势，调整调查思路，不断创新，开展了全国范围内的企业采购调查研究，得到了各界采购与供应专业人士的积极响应与参与，参与规模创历史新高。2014年的报告主要分为四大专题：中国采购发展综述、采购与宏观经济、中国企业采购实践和国际采购研究报告。

中国采购发展综述专题报告中涉及九篇系列报告，其中七篇为采购管理领域的分项报告，两篇为行业采购报告。该专题中的报告均是在数据分析的基础上，对目前中国企业采购的现状进行逐一呈现；采购与宏观经济专题报告中主要展现与中国当下经济形势有关的话题，比如供应机制改革分析、PMI指数走势分析、轻工消费品采购成本走势分析、低成本国家采购分析等；中国企业采购实践专题报告关注的依旧是企业内具体的采购活动，本次主要涉及供应商质量管理、供应链社会责任、供应链风险管理、招投标采购等几大方面；国际采购研究报告中收录了来自CIPS、CAPS、科尔尼、埃森哲等国际著名研究机构的相关案例研究和分析报告，通过展示国外先进的实践经验，希望能够给予国内企业新的启迪。

《中国采购发展报告（2014）》的顺利完成，得到了冯氏集团、相关研究机构，以及众多专家学者的鼎力支持。在此，我代表中国物流与采购联合会对他们长期参与和支持我们的工作表示衷心的感谢。同时，《中国采购发展报告》也将一如既往地关注和推动我国采购与供应链管理领域的发展，为我国新时期下的经济结构转型和社会持续健康发展添砖加瓦。

何黎明

2014年9月

目　录

专题报告一　中国采购发展综述

专题报告二　采购与宏观经济

专题报告三　中国企业采购实践

专题报告四　国际采购研究报告

调查数据呈现

附　录

专题报告一

中国采购发展综述

2014年中国企业采购研究报告综述

中国企业采购研究报告是中国物流与采购联合会推出的年度采购专业研究报告，自2008年出版第一本蓝皮书以来，今年已是第七本了。在过去七年里，全球经济环境发生了巨大的变化。2014年，中国经济面临着“增长减速”和“结构调整”的双重挑战，在此环境下，企业如何将压力转变为动力，完成一系列的变革，实现企业的平稳发展，成为摆在企业面前的一个重大课题。作为企业内重要的职能部门——采购组织，在企业变革过程中需要承担一定的责任。

中国物流与采购联合会为解决企业采购组织在变革过程中所面临的一系列挑战和困难，在以往七年的基础上，就企业采购与供应链管理领域涉及的核心问题，分别设计了不同专题的调查问卷，于2014年4—5月在全国范围内开展了调查和研究，希望通过此举能够促进我国企业采购与供应链管理水平的显著提升，带动中国经济的转型发展。

一、调查范围

（1）地域范围。从受访企业所属区域来看，华北及东部沿海城市依旧是本次调查数据的主要来源地。如图1所示。

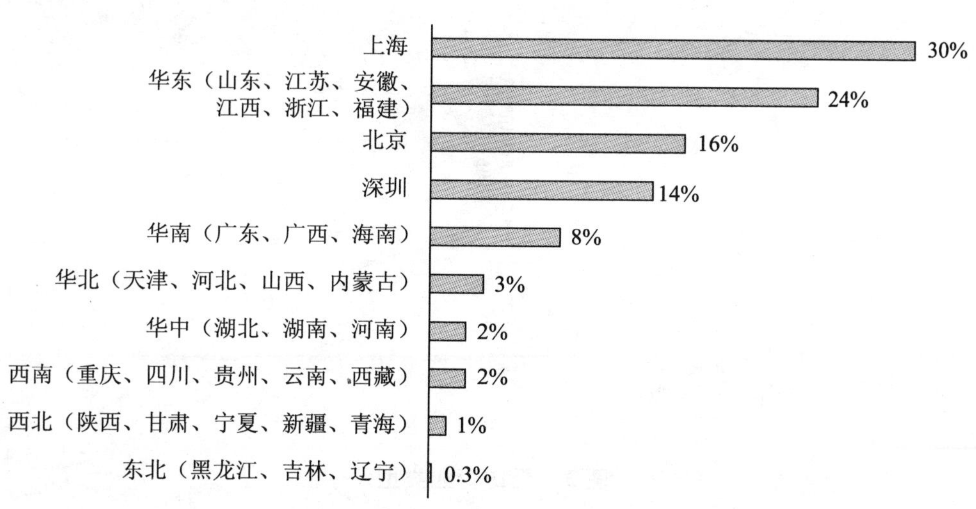

图1　受访企业所属地区

（2）行业范围。从行业分布来看，本次调查问卷所收集的数据涵盖了工业设备（26.70%）、电子和高科技（18.18%）、汽车（12.78%）、流通商贸及服务（10.23%）、通信（9.09%）等多个行业的352家企业。如图2所示。

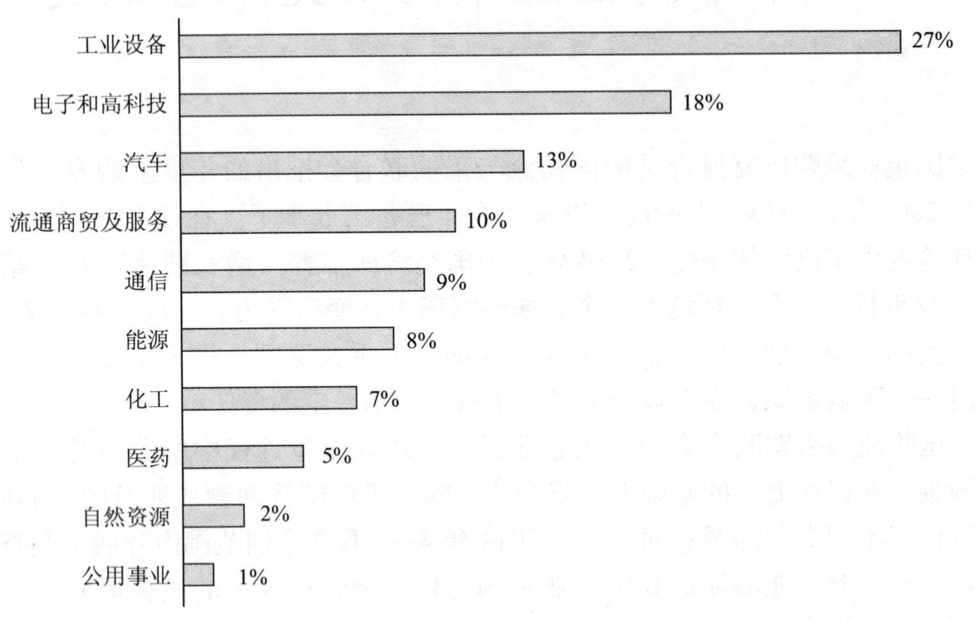

图2　受访企业涵盖行业

（3）企业类型范围。从企业类型上来看，本次调查依旧是涉及了国有企业、私营企业、中外合资和外资企业（以下简称外企）等，尤其是外企的比例居多，达到了73.01%，对于国有企业和私营企业来说，可以充分借鉴外企在采购活动方面的先进经验。

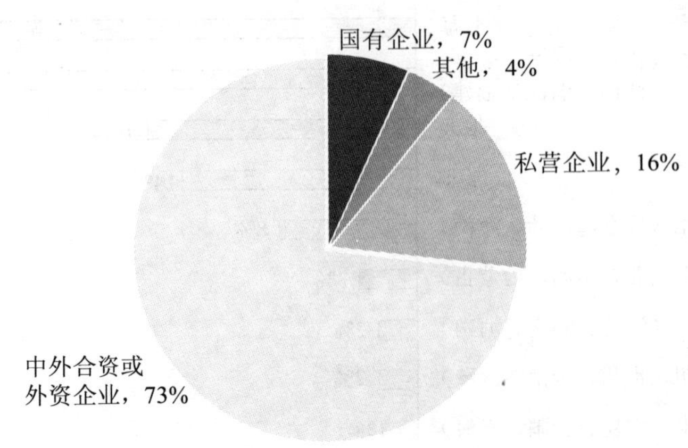

图3　受访企业类型

（4）受访人员范围。从受访者的职位类型来看，本次调查的群体涉及了采购员、采购经理、采购总监及其以上级别，具体比例如图 4 所示。

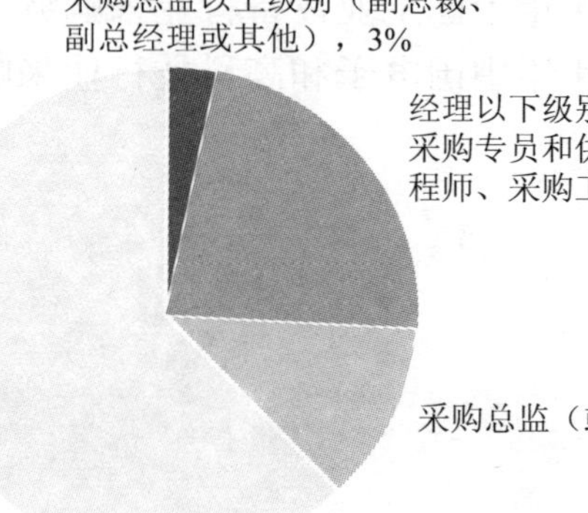

图 4　受访人员范围

二、调查方法

本次调查充分利用信息技术手段完成，调查平台建立在中国采购服务网（http：//www. chinascm. org. cn/）上，调查渠道是通过中国物流与采购联合会官方网站及微博、微信平台发布调查信息。

三、问卷设计

2014 年调查问卷的设计充分考虑企业采购管理方面的实际问题，分为基本信息、宏观信息、采购组织现状、供应商管理、采购金额与成本控制、采购信息化、绿色采购、采购风险、人力资源与绩效九大专题，共包含 79 道大题，166 道小题，题目涉及范围较广，充分考虑定性与定量题目相结合，关注数据的可获得性与准确性，强调报告的数据化特征。

四、调查报告结构

在调查数据的基础上，形成了本章节的九篇系列研究报告，分别如下。

系列报告一：2014 年中国企业采购组织和模式调查报告

系列报告二：2014 年中国企业供应商管理调查报告

系列报告三：2014 年中国企业采购成本控制调查报告

系列报告四：2014 年中国企业采购信息化调查报告

系列报告五：2014 年中国企业绿色采购调查报告
系列报告六：2014 年中国企业采购风险调查报告
系列报告七：2014 年中国企业采购人员薪酬调查报告
系列报告八：2014 年中国工业设备行业采购调查报告
系列报告九：2014 年中国电子和高科技行业采购调查报告

2014 年中国企业采购组织和模式调查报告

张小将

一、采购模式

调查显示，大多数企业采取了集中采购和分散采购混合的模式，其比例达到83%，分散采购与项目采购的比例相当，均为8%，如图1所示。但从企业的注册类型、行业归属以及经营规模来看，却表现出各自的特点。

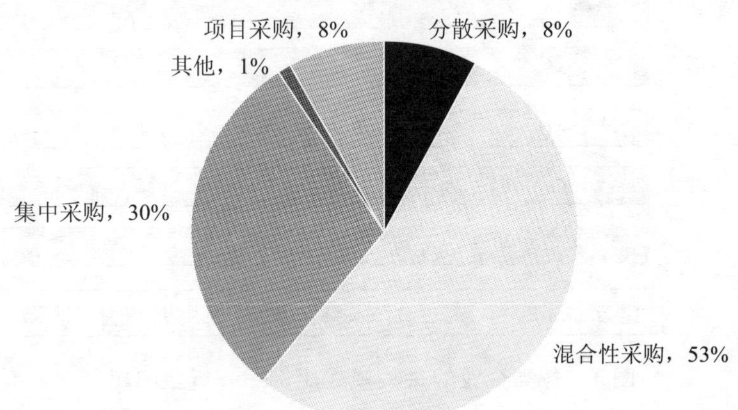

图1　企业采购模式比例

从企业的注册类型来看，国有企业与私营企业的集中采购比例大致相同，均比中外合资或外资企业要高8个百分点左右；从企业的行业归属来看，工业设备的集中采购比例最低，为17%，而通行类企业的集中采购比例高达50%；从企业的经营规模来看，大致符合企业经营规模越大，企业采购的集约化程度越高这一规律。如图2、图3和图4所示。

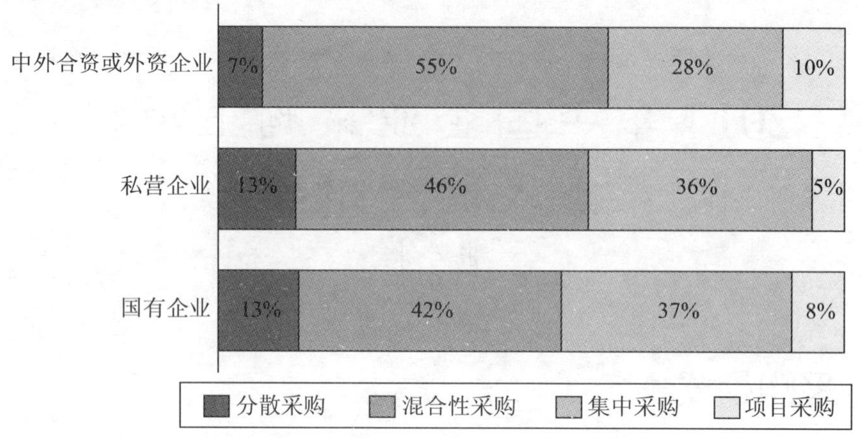

图2　各类企业的采购模式比例——注册类型

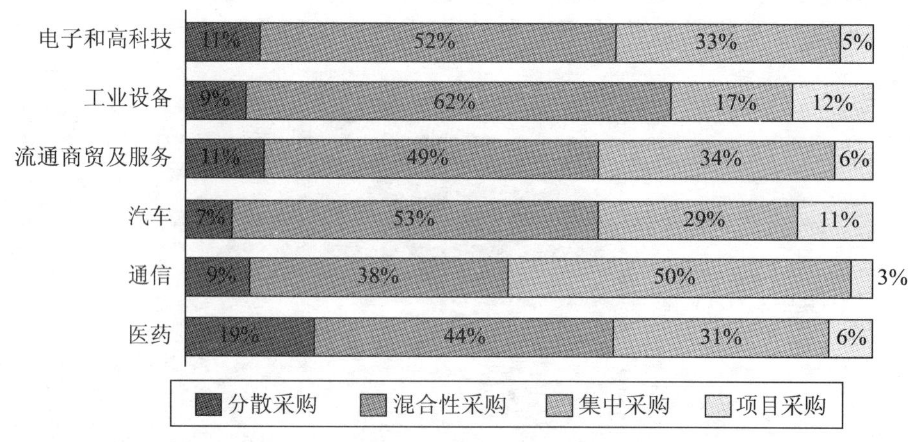

图3　各类企业的采购模式比例——行业归属

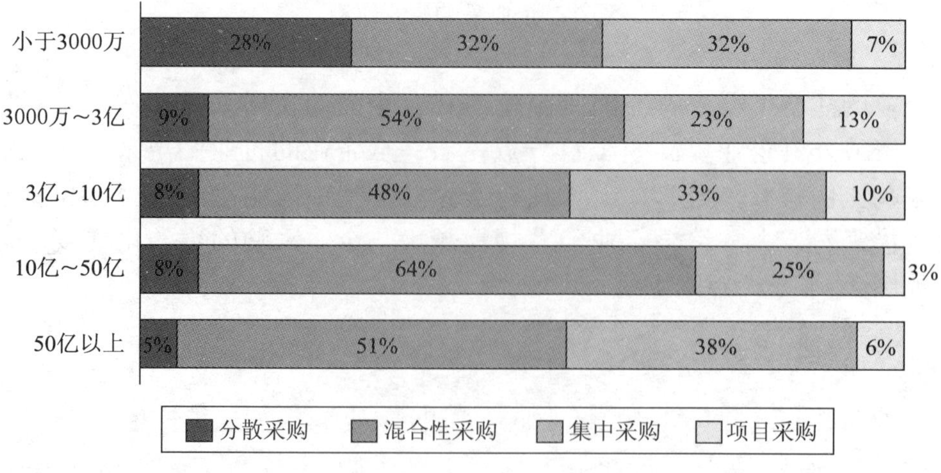

图4　各类企业的采购模式比例——经营规模

为了更加清晰地反映出企业在各类采购物品上的集约程度，本次调查还对直接物料、间接物料以及服务项目的采购模式进行了细致的调查。调查结果表明，直接物料以集中采购为主的数量占调查总体的62%；43%的调查企业在进行间接物料时，采用分散与集中的比例大致相当。如图5所示。

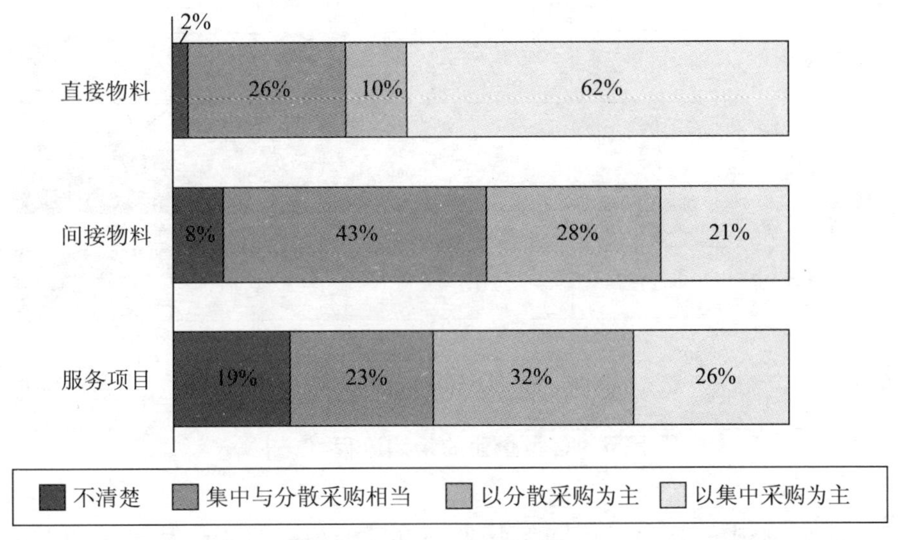

图5　不同品类的采购模式

二、采购流程

针对当前企业采购流程水平参差不齐的现状，本次调查将企业流程划分为六种等级，如下表所示。

采购流程等级划分

A	已经建立采购的操作流程，每一项采购活动都有记录
B	形成了较为完整的采购管理和操作流程，并得到严格执行
C	采购流程管理与ERP或相应系统的流程及数据保持一致、统一
D	对于不同复杂程度的业务，准确使用采购品类管理的操作流程和工具（例如：招标、反向竞标、总括合同、战略合作供应商等）
E	使用动态的、系统性的方法（例如PDCA，流程再造等手段）进行流程改进；采购流程随着企业的战略、规划和目标等持续改善提高
F	采购的流程纳入到整个企业的流程再造中，流程成为采购创新的驱动力

从企业的注册类型来看，中外合资或外资企业的采购流程最好，其中采购流程处于D级以上（含D级）的比例为46%；国有企业的这一比例为42%，但采购流程处于B级的比例较高，为21%；私营企业的采购流程整体最差，处于D级以上（含D级）的比例仅为23%。如图6所示。

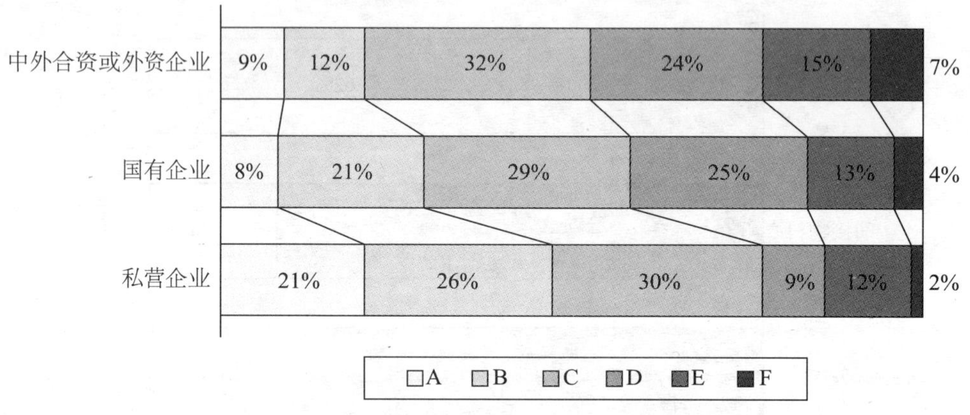

图6　各类企业的采购流程（一）

从企业的经营规模来看，不同销售收入的企业在采购流程方面的差异较为明显。例如，销售收入小于3000万的企业中，有三成的采购流程处于A级，而这一比例在其他企业均在10%左右。若以采购流程处于D级以上（含D级）的比例为判断标准，销售收入小于3000万的企业在采购流程方面水平最低，该比例仅为25%，同一比例在销售收入超过50亿元的企业中为55%。就本次调查数据而言，整体呈现出了经营规模越大，企业采购流程越好的现状，如图7所示。

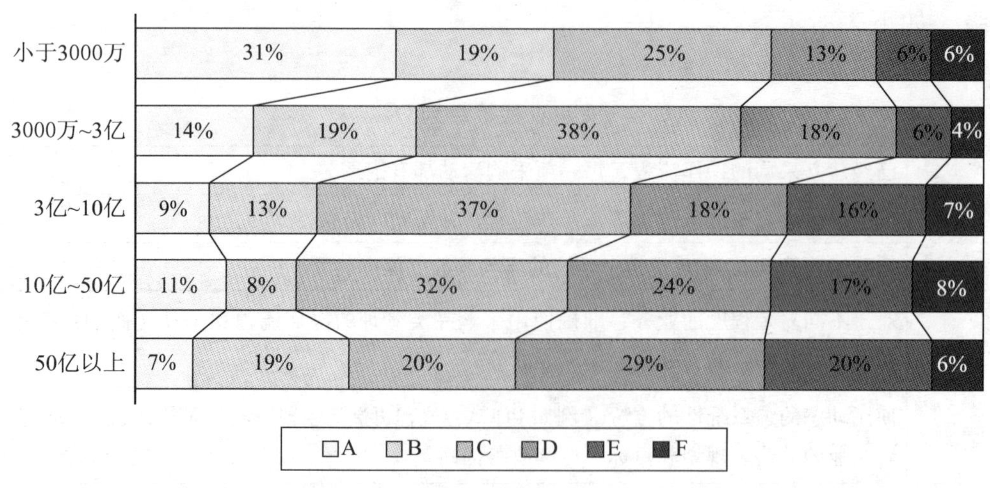

图7　各类企业的采购流程（二）

三、采购绩效

“保质保量、及时合理”一直是衡量采购工作的标准，通过收集采购经理人2013年的关键绩效考核指标以及2014年采购工作的重点，我们发现超过90%的调查者将成本控制列为关键绩效指标。成本控制、供应商管理、交付期、质量控制，以及寻源（供应商开发）成为公司采购绩效的五大指标，具体如图8和图9所示。

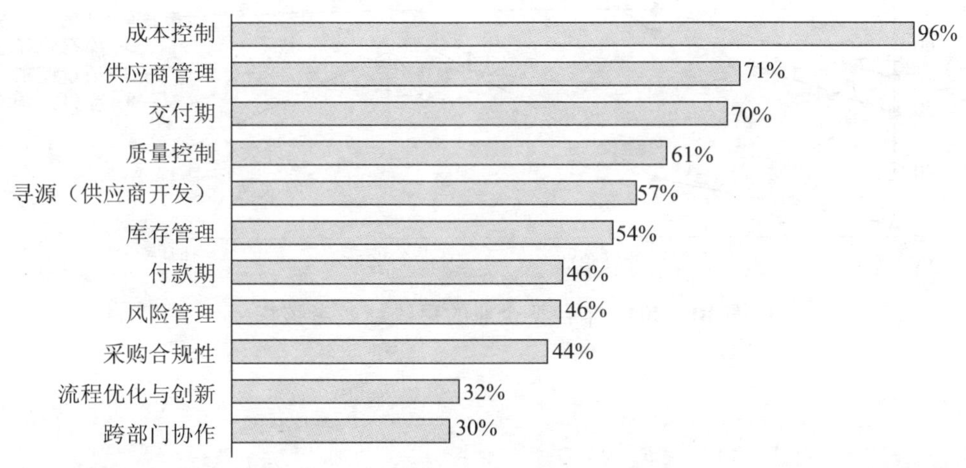

图8　2013年采购绩效考核指标

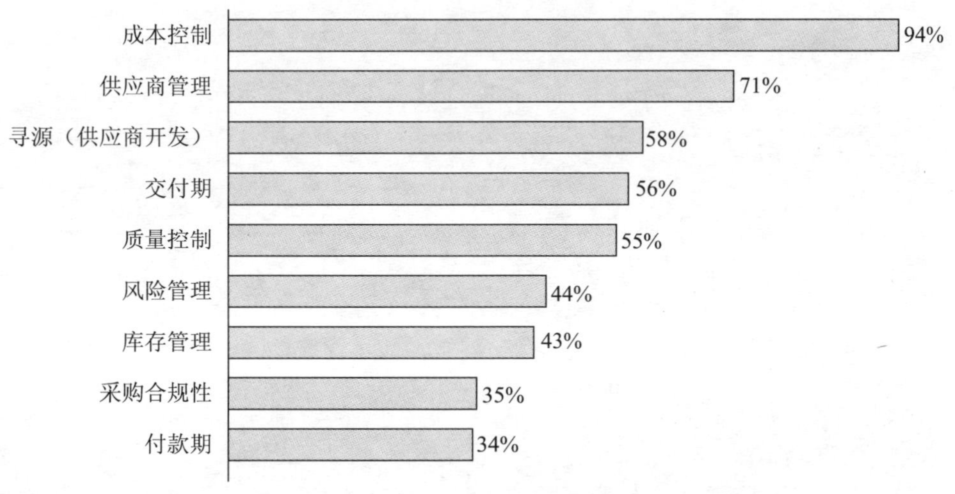

图9　2014年采购重点工作

从企业注册类型来看，虽然2013年关键绩效考核指标在各类企业的优先级顺序不同，但成本控制均排在第一位，证明了采购对企业利润提升的重要性。反观采购合规性这一指标，即便在国企也仅有 61% 的受访者列入了绩效，具体如图 10 所示。

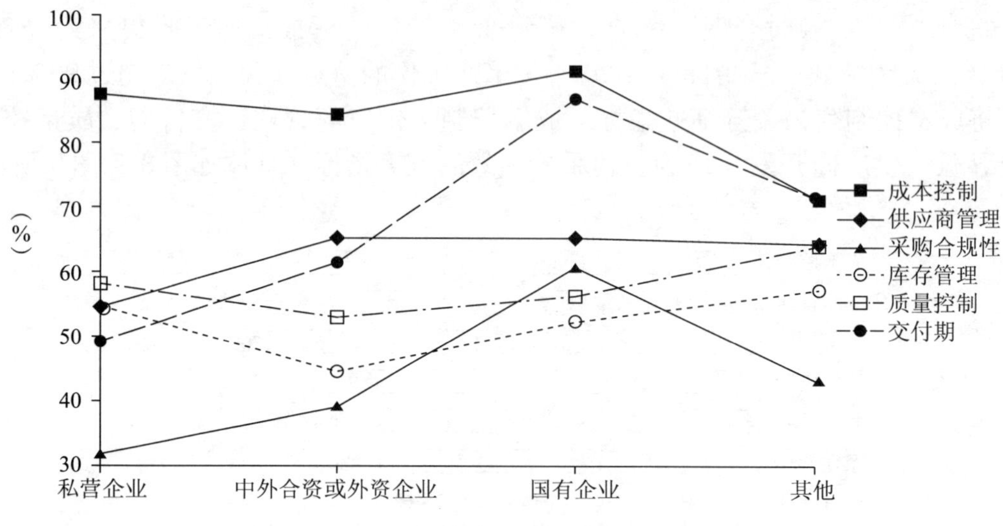

图 10　2013 年各类企业的采购绩效考核指标

2014年中国企业供应商管理调查报告

李帅

一、供应商管理现状

企业供应商管理的内容主要包括供应商市场定位（分类）分析、供应商偏好分析、供应商开发培育管理流程、供应商质量管理流程、供应商关系管理流程、优秀供应商库建设、供应商年度评审计划、标准的供应商评审表格、供应商数据库维护。总体来看，目前供应商管理中做得最好的是供应商质量管理流程和标准的供应商评审表格，最需要提高的是供应商偏好分析和供应商关系管理流程。

调查显示，目前企业在供应商市场定位分析中有58%的企业有市场定位分析，但不完善；25%的企业有市场定位，而且较完善；没有做供应商市场定位的只占13%，说明有80%多的企业都做了市场定位，企业对管理供应商的意识还是比较好的。在对于供应商偏好的分析中，35%的企业没有做分析；剩下65%的企业都做了分析，但是其中41%的企业虽然做了分析，但是不完善，只有17%的企业做得比较完善；7%的企业虽然做了分析，但是没有执行。供应商开发培育管理流程有88%的企业都实行了，但是较为完善的只占40%。供应商质量管理流程有96%的企业都实行了，而且其中56%的企业已经比较完善了。供应商关系管理流程有78%的企业都实行了，但是较为完善的只占32%。建有优秀供应商库有87%的企业都实行了，其中44%的企业已经较为完善了。标准的供应商评审表格有93%的企业都实行了，而且其中59%的企业比较完善。如图1所示。

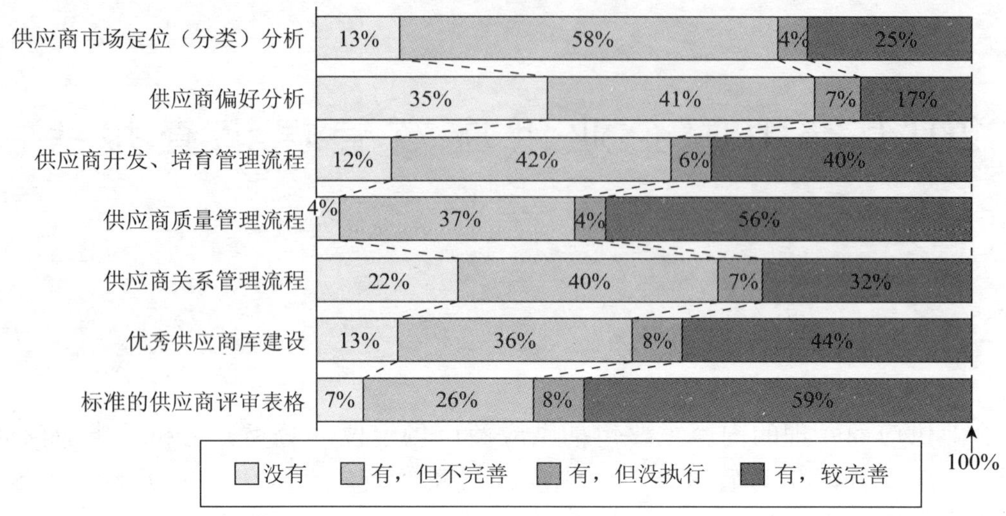

图1　供应商管理现状

二、供应商绩效评估情况

调查显示，企业对供应商的绩效评估中，57%的企业采用了定量的评估供应商的质量、成本、交期等基本参数；24%的企业建立了供应商评估体系与标准，并定期对供应商进行评估；19%的企业能够利用评估结果推动供应商绩效不断改善和提升；评估体系紧跟企业的战略发展、客户和市场要求。这说明目前57%的企业对供应商的绩效评估还处于初级阶段，对供应商的绩效评估仍有待改善。如图2所示。

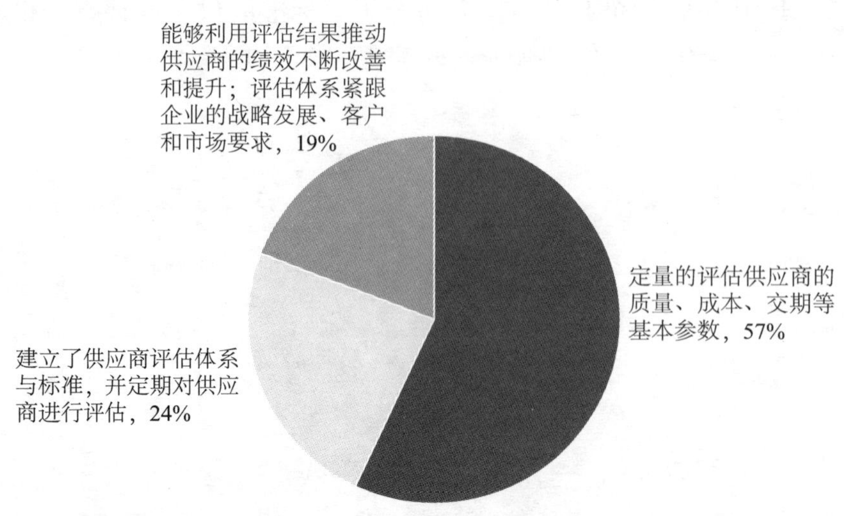

图2　企业对供应商绩效评估

三、供应商的支付情况

调查显示，供应商平均支付账期为60（含）~90天的最多，占38%；其次是45（含）~60天的，占25%；30（含）~45天的占18%，90（含）~120天的占16%。总体上来看，支付账期在1个半月到3个月的最多，占到60%多。如图3所示。

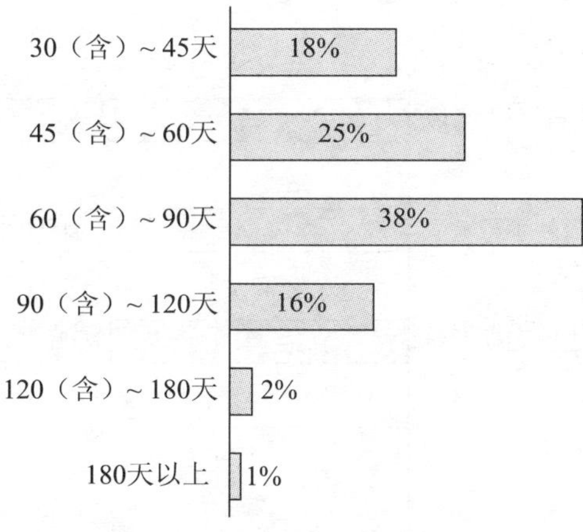

图3　供应商平均支付账期

调查显示，有69.77%的供应商都是准时付款的，晚三个月以内付款的占27.03%，极少有晚于三个月以上付款的，只占3.2%。总体来说，这个良好的现象，因为准时付款能够使企业的资金加快流动，有助于企业的发展。如图4所示。

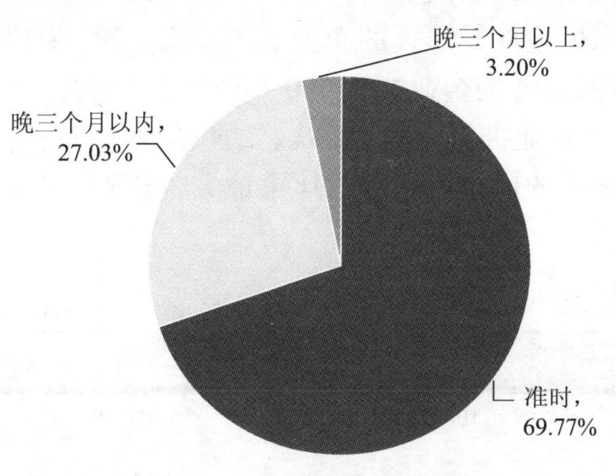

图4　供应商付款时间

四、供应商的财务及数量情况

调查显示，60%多的企业会考察供应商的财务情况，其中41%的企业对自己的供应商会进行不定期的交流和考察，21%的企业对自己的供应商会进行定期考察。有25%的企业对于自己选定的供应就不再考察。甚至有11%的企业从不主动去了解供应商的财务状况。总体来说，有87%的企业都会关注自己供应商的财务状况。如图5所示。

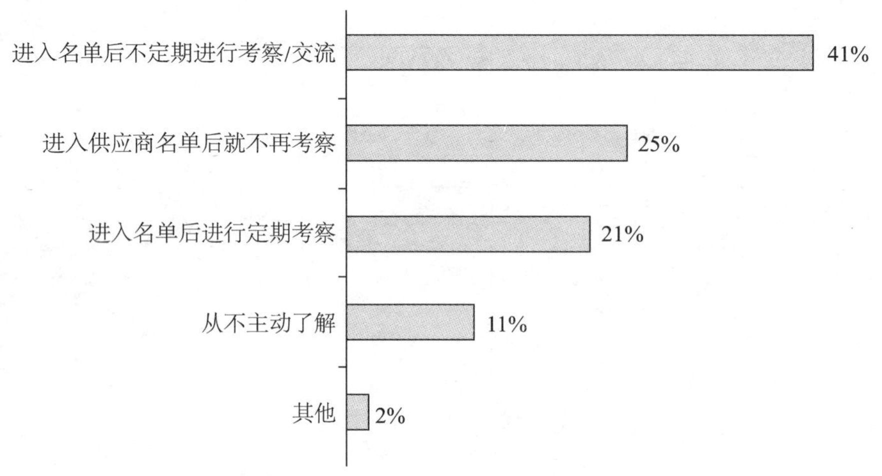

图5　企业考察供应商的财务状况

调查显示，1%的企业拥有10家以内的供应商，3%的企业拥有10～19家供应商，10%的企业拥有20～49家供应商，14%的企业拥有50～99家供应商，21%的企业拥有100～199家供应商，15%的企业拥有200～299家供应商，8%的企业拥有300～399家供应商，8%的企业拥有500～699家供应商，3%的企业拥有700～999家供应商，16%的企业拥有1000家以上的供应商。总体上来看，这些被调查的企业拥有100～299家的供应商所占的比重最大，达到36%。如图6所示。

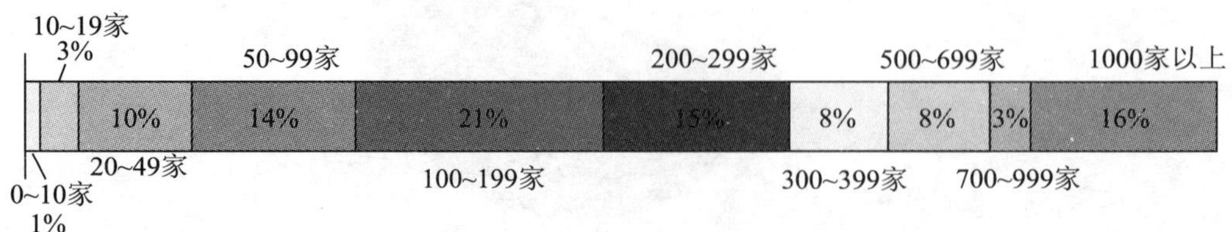

图6　供应商的数量

五、采购额

公司前五大供应商的采购额占公司采购额30%以内的公司有33%；采购额占公司采购额30%～49%的公司有27%；采购额占公司采购额50%～69%的公司有24%；采购额占公司采购额70%或以上的公司有16%。总的来说，公司前五大供应商的采购额占公司采购额50%以下的占60%，公司前五大供应商的采购额占公司采购额50%以上的占40%，公司受前五大供应商的影响还是挺大的，要注意处理好与五大供应商的关系，形成一个良好的供应链。如图7所示。

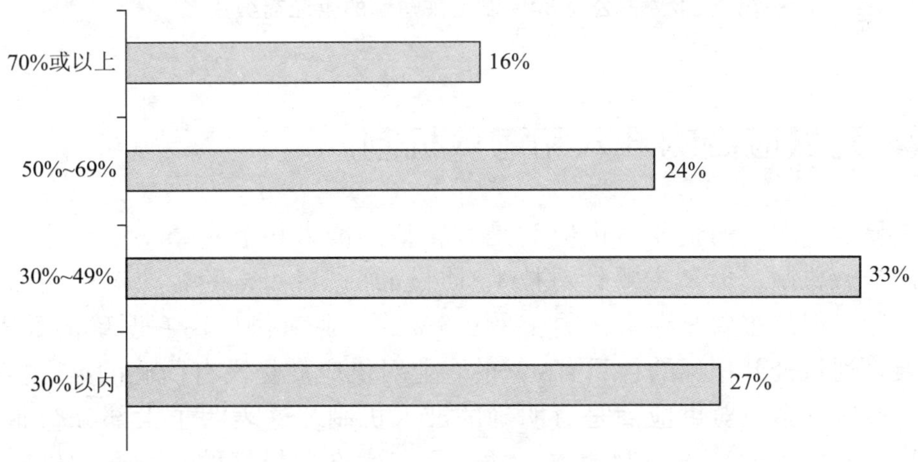

图7　公司前五大供应商的采购额占公司采购额的比例

调查显示，5家以内的供应商占公司80%以上采购额的比重为17%，5～9家的供应商占公司80%以上采购额的比重为22%，10～49家的供应商占公司80%以上采购额的比重为38%，50～99家的供应商占公司80%以上采购额的比重为14%，100家或以上的供应商占公司80%以上采购额的比重为9%。总的来说，5～49家的供应商占公司80%以上的比重最大，达到60%，这说明没有出现几个供应商垄断的局面。如图8所示。

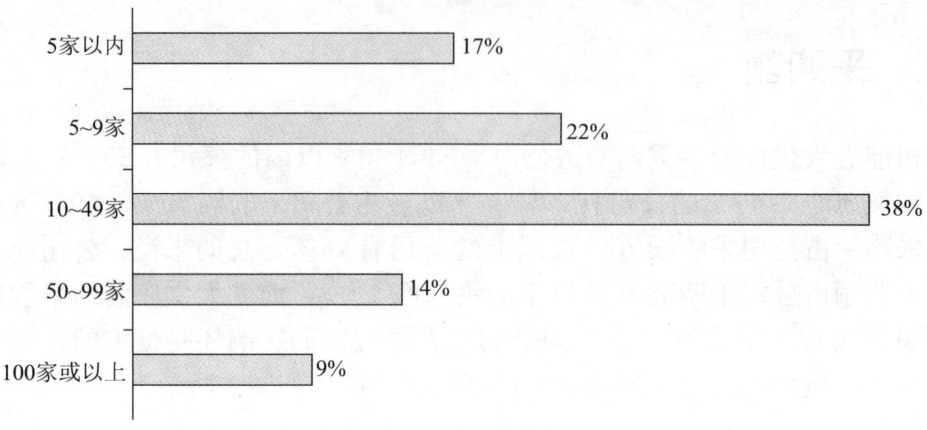

图8　占公司80%以上采购额的供应商数量

六、对供应商的准入和淘汰机制

调查显示，60%的企业对供应商是有完整的准入机制；25%的企业对供应商有明确的准入机制，但是主要针对技术/质量的门槛；9%的企业对供应商有明确的准入机制，但是主要是业务配合上的；3%的企业对供应商有明确的准入机制，但是主要是通过公开招标的；只有2%的企业对供应商是没有明确的准入机制。总的来说，97%的企业对供应商是有明确的准入机制，这表明了大部分企业都意识到对供应商有明确的准入机制的重要性，只有严格选择好的、合适的供应商，才能促进企业的发展。如图9所示。

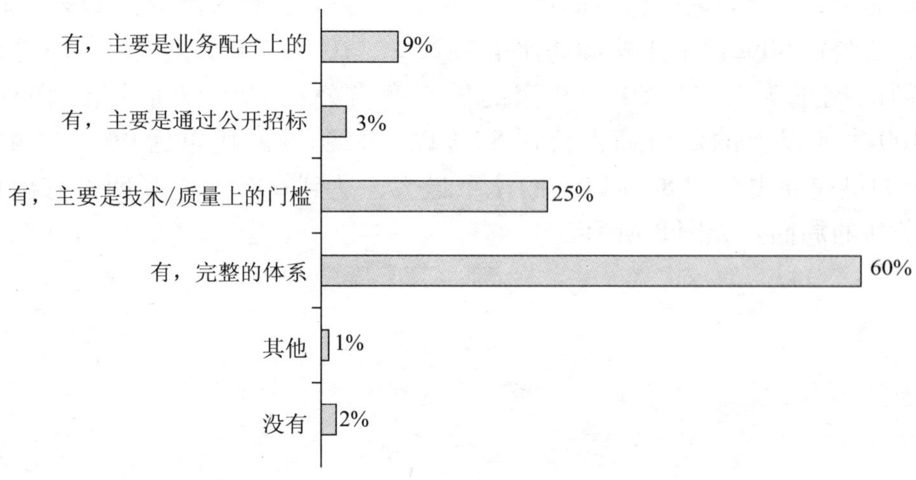

图9　企业对供应商是否有明确的准入机制

调查显示，43%的企业对供应商是有明确、完整的淘汰机制；25%的企业对供应商有明确的淘汰机制，但是主要针对技术/质量的门槛；15%的企业对供应商有明确的淘汰机制，但主要是业务配合上的；有14%的企业对供应商还没有明确的淘汰机制。总的来说，84%的企业对供应商是有明确的淘汰机制，这表明了大部分企业都意识到对供应商有明确的淘汰机制的重要性，只有严格控制供应商的质量，让供应商有危机感，促进供应商的自身完善，才有利于企业与供应商的合作。如图10所示。

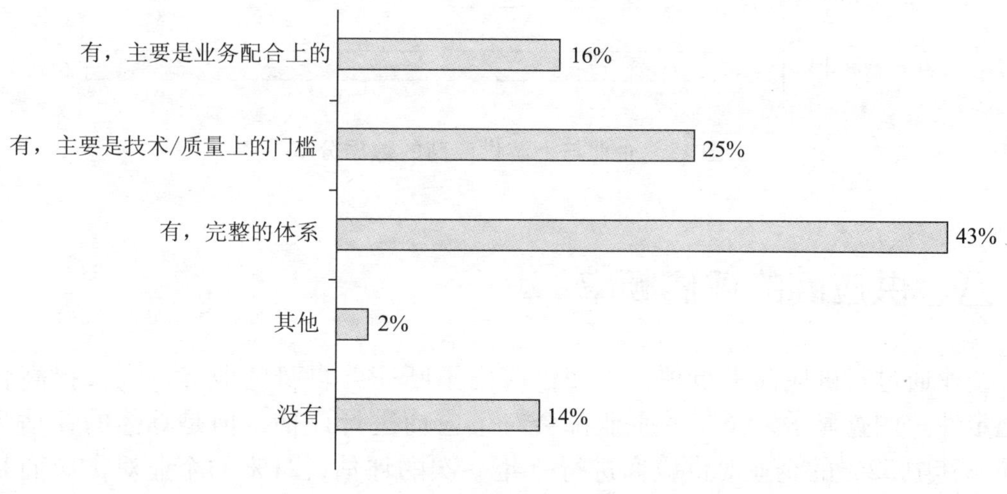

图10　企业对供应商是否有明确的淘汰机制

七、供应商数据共享

调查显示，76%的企业与上游供应商分享生产预测计划的数据，这表明企业普遍认为对供应商提供企业自身的生产预测计划能够提高供应商的供应精度，减少因信息不明确而导致的缺货、延迟等。36%的企业与上游供应商分享产品库存数据，这些企业很注重库存管理，和供应商共享库存数据有利于供应商准确地知道企业的库存状况，供应商根据库存的波动随时调整企业的供应量。20%的企业与上游供应商分享产品运输在途的数据，产品运输在途数据有利于企业清楚地知道产品的运输状态，并及时地安排好接收产品的工作，有利于库存管理。14%的企业与上游供应商没有分享任何数据，这种状态是不太好的，相当于企业和供应商都是孤立的，没能发挥出两者合作的巨大潜力。如图11所示。

在发展良好的供应链中，企业与供应链上的上下游企业都应该共享一些产品信息，例如产品生产预测计划、产品库存数据和产品运输在途数据，这些数据的共享能够极大地降低整条供应链上的库存量，为供应链上的企业增加利润。但是目前我国的企业，在供应链信息共享方面仍有待提高。

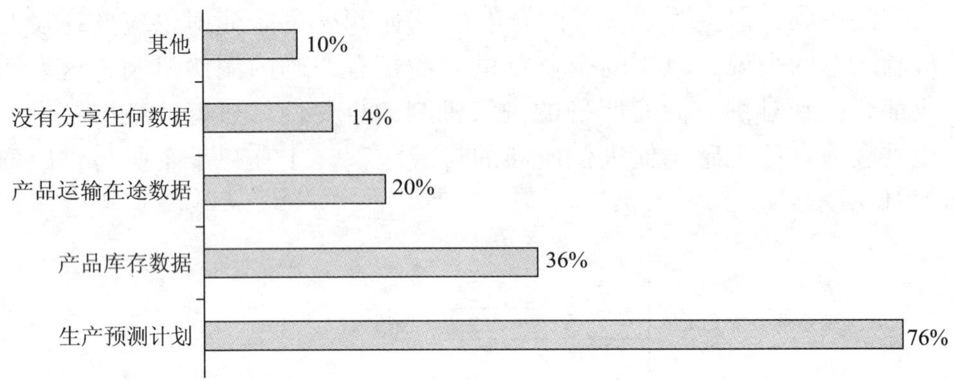

图 11　企业与上游供应商的数据分享

八、供应商的评估频率

企业通过对供应商进行评估，使供应商不断完善自身的业务，大大提高合作的稳定性。调查显示，96% 的企业都会对供应商进行评估，但是具体的评估频率不同，其中 52% 的企业对供应商进行一年一次的评估，21% 的企业对供应商是不足 3 个月评价一次，15% 的企业对供应商是半年评价一次。4 ~5 个月、7 ~11 个月或一年以上评价一次的企业只占少数。这说明大部分企业对供应商评估倾向于一年一次、半年一次或不足三个月一次。只有极少数的 4% 的企业对供应商是从来不评估的。如图 12 所示。

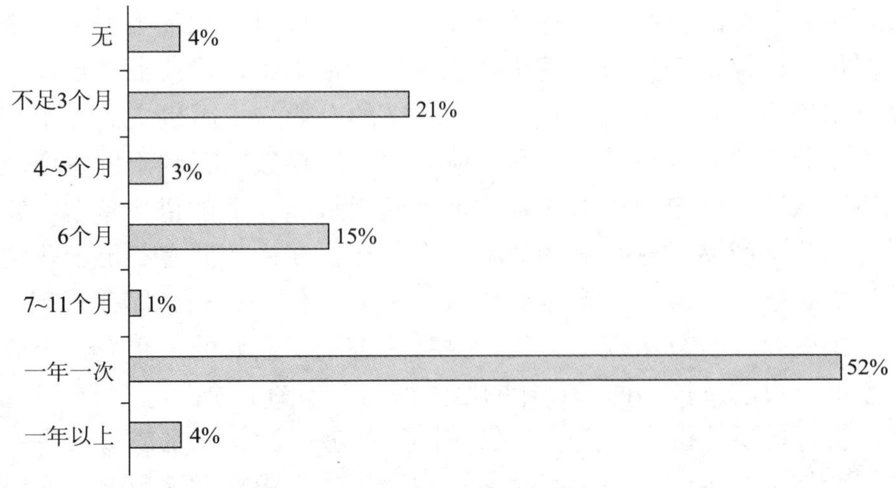

图 12　对供应商评估的频率

九、供应商的来料水平

调查显示，超过80%来料都能达到公司的要求的供应商占80%左右，基本免检的供应商占14%，超过50%来料都能达到公司的要求的供应商占5%，完全不能达到公司要求的供应商基本为0。这是一种正常的现象，企业在挑选供应商的时候，一般都先要对供应商进行考察，然后再确认合作关系。在考察的过程中，如果供应商做得不好，可以取消与这家供应商的合作，选择更好的供应商合作，以保证企业产品需求的供应。供应商超过80%来料都能达到公司的要求占的比重越大，越能保证企业工作的顺利开展，同时也说明企业在供应链管理方面做得越好。如图13所示。

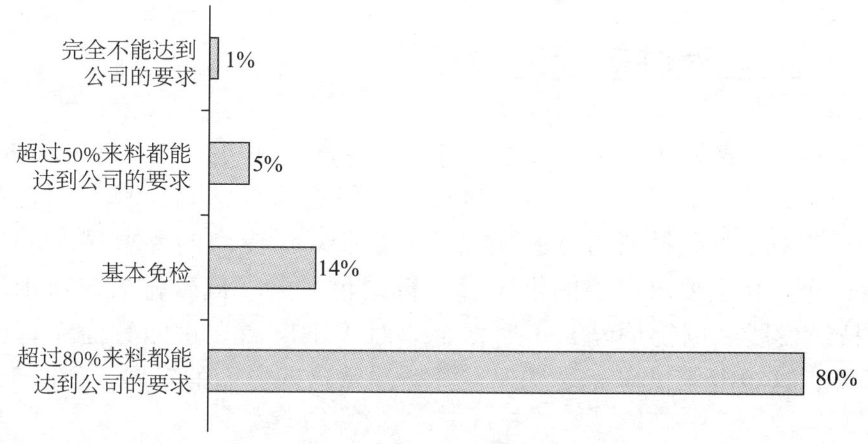

图13　供应商的来料水平

十、对二级供应商的质量要求

调查显示，90%的公司对于重要的二级供应商的质量是有明确的要求，具体审核的方式有三种：一级供应商审核、一级供应商提供证明和公司自己审核。公司通过要求一级供应商审核来保证二级供应商的质量要求的占35%，通过要求一级供应商提供证明的占31%，通过公司自己审核的占24%。仅有10%的企业对二级供应商的质量是没有要求的。这说明公司还是挺重视重要的二级供应商的质量问题的。如图14所示。

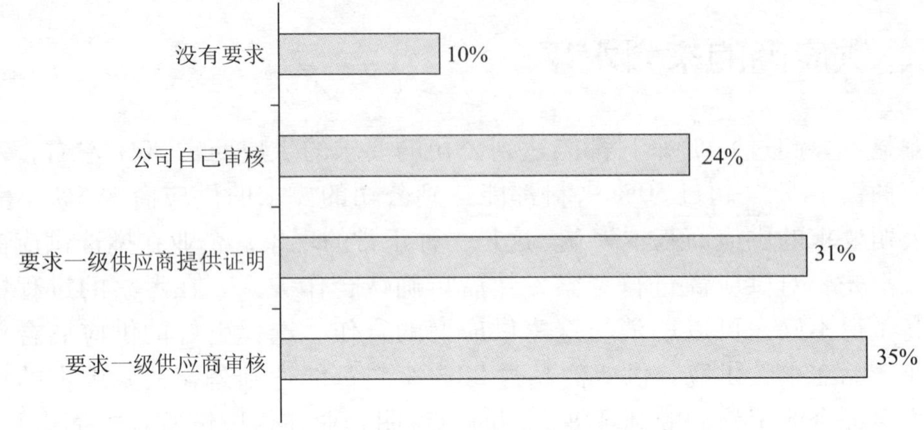

图 14　公司对于重要的二级供应商的质量要求

十一、企业对供应商的要求

调查显示，企业对供应商在绿色采购、社会责任和可持续发展方面要求最高，都超过了 50%，其中对绿色采购达到 56%，对社会责任达到 54%，对可持续发展达到 53%。相对于低碳排放与可追溯方面，企业对供应商的要求只占 45%。未来 3～5 年后，企业将会要求更多的供应商实行绿色采购、低碳排放与可追溯、社会责任和可持续发展。也就是说 5 年后，企业对于供应商在这四方面实行的要求将会接近 80%，这也要求供应商要从现在开始注重这四方面的发展。如图 15 所示。

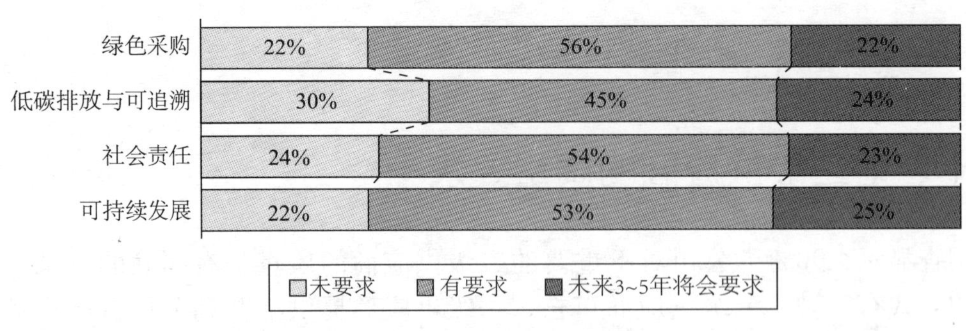

图 15　企业对供应商的要求

十二、供应商质量评估的工具和方法

企业在供应商质量改进中使用的主要质量工具包括：来料检验、不合格报告、8D、现场辅导、QC 小组、PDCA 流程、质量老 7 种工具、质量新 7 种工具、统计过程控制（SPC）、标杆对比（Benchmarking）、看板可视化（Kanban）、质量功能展开、防错技术、试验设计、失效模式和影响分析（FMEA）、故障树分析（FTA）和可靠性分析。

调查显示，排名前6的质量工具分别为：来料检验、不及格报告、现场辅导、8D、统计过程控制、QC小组，占的比重分别是：85%、68%、47%、43%、40%、40%。如图16所示。来料检验指对采购进来的原材料、部件或产品做品质确认和查核，即在供应商送原材料或部件时通过抽样的方式对品质进行检验，并最后做出判断该批产品是允收还是拒收。目前最多企业选择用来料检验这种方法，因为这种方法简单、可行。

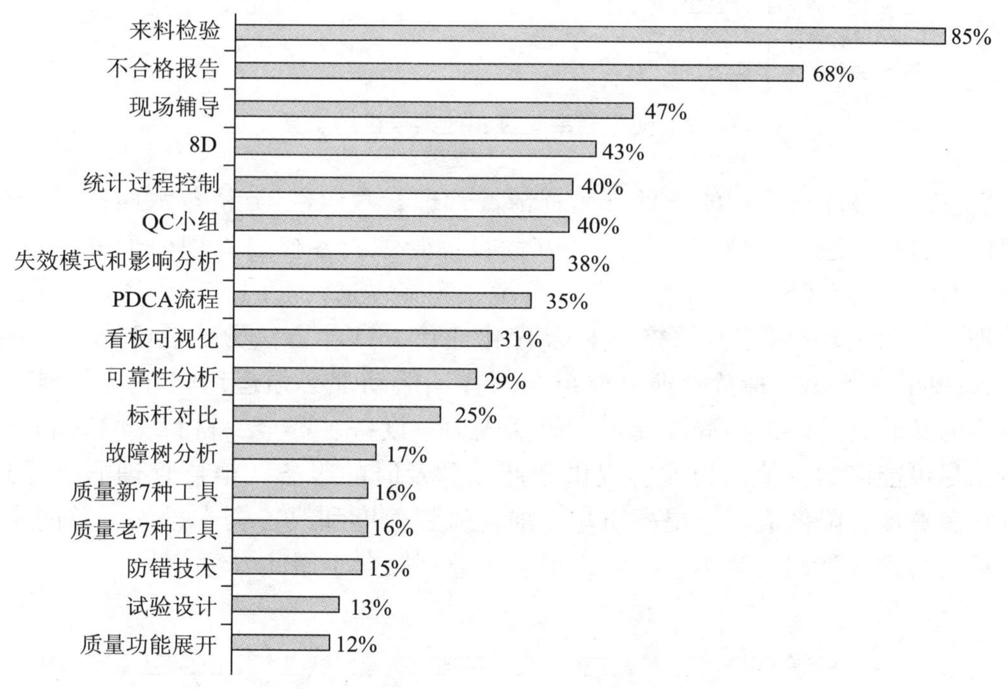

图16　在供应商质量改进中主要使用的工具

调查显示，企业使用频率较高、效果很好的工具由高到低的排序是来料检验、8D、不合格报告、失效模式和影响分析、PDCA流程、统计过程控制，这些工具分别占27%、26%、20%、18%、17%、16%。8D的原名叫做8 Eight－Disciplines，意思是8个人人皆知解决问题的固定步骤，也可以称为TOPS（Team Oriented Problem Solving）即团队导向问题解决方法。其中8D、来料检验和不合格报告三个工具，不仅是用得最多的工具，而且是使用频率较高、效果很好的工具（由图17可知），这是符合常理的，因为只有使用效果好的工具，才会有很多人使用。

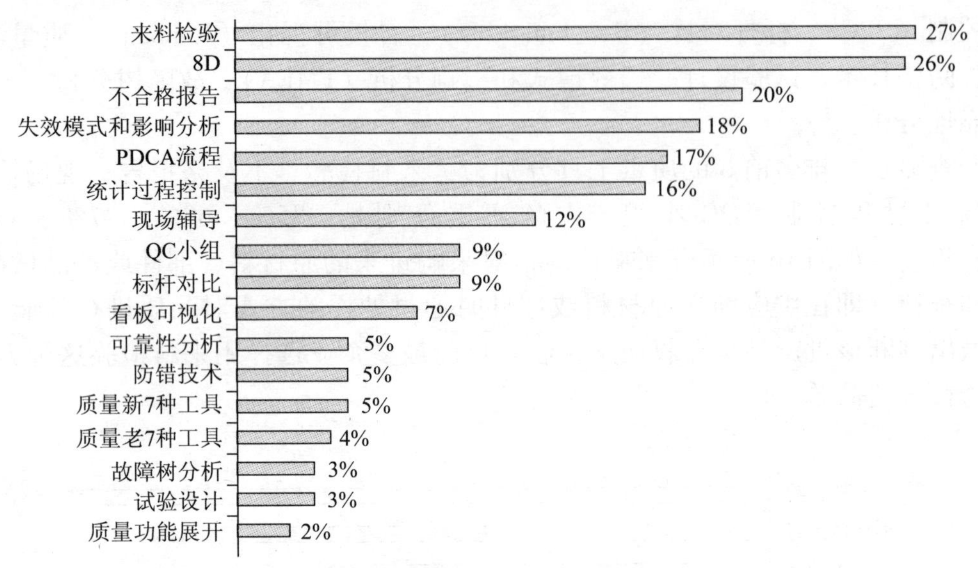

图 17　使用频率较高、效果很好的工具

供应商质量改进采用的管理方法有精益管理、六西格玛/精益六西格玛、合理化建议、流程再造、卓越绩效模式、方针目标管理、零缺陷管理、全员设备维护管理（TPM）、5S/6S、QC 小组。调查显示，实施效果较好的前三种方法分别是精益管理、六西格玛/精益六西格玛和合理化建议。这些方法分别占 37%、24% 和 18%，如图 18 所示。精益管理要求企业的各项活动都必须运用“精益思维”。精益思维的核心就是以最小资源投入，包括人力、设备、资金、材料、时间和空间，创造出尽可能多的价值，为顾客提供新产品和及时的服务。精益管理能够通过提高顾客满意度、降低成本、提高质量、加快流程速度和改善资本投入。总的来说，由于精益管理实施起来简单、高效，很多企业都倾向于用此方法。

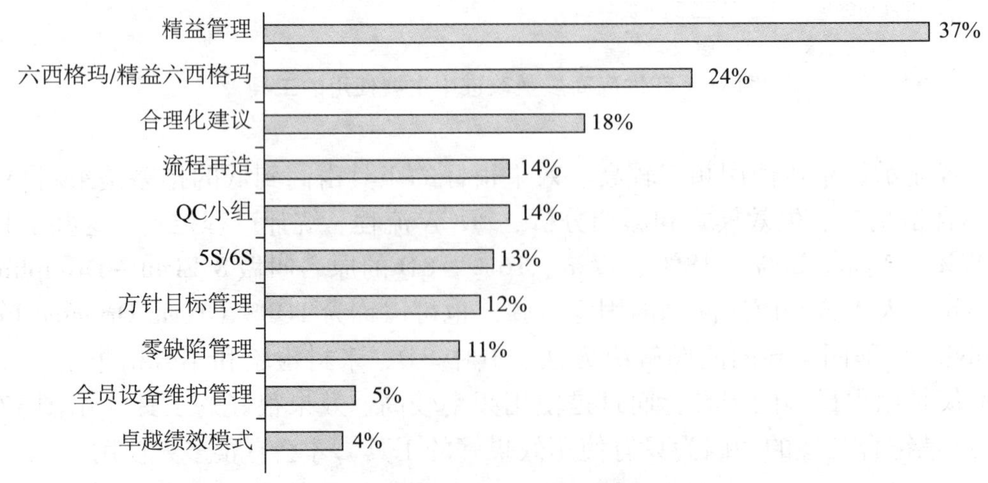

图 18　实施效果较好的供应链质量改进管理方法

2014 年中国企业采购成本控制调查报告

谢培庆

一、企业现金回收状况

调查显示，与 2012 年相比，2013 年企业应收账款天数持平比例为 62%，应收账款天数增加的比例为 28%，应收账款天数减少的比例为 10%，如图 1 所示。

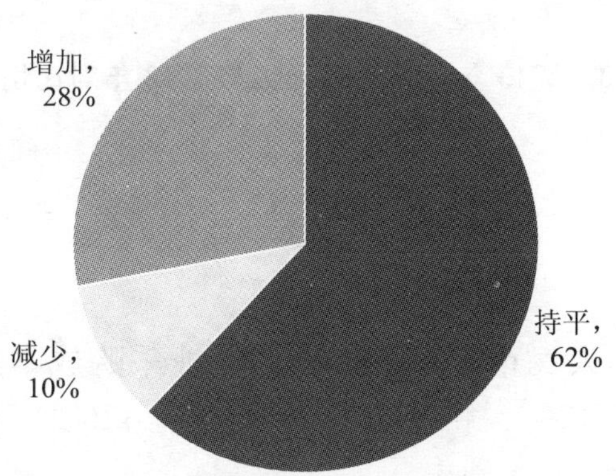

图 1　2013 年企业应收账款天数与 2012 年对比情况

调查显示，与 2012 年相比，2013 年企业应付账款天数持平比例为 53%，应付账款天数增加的比例为 40%，应付账款天数减少的比例为 7%，如图 2 所示。

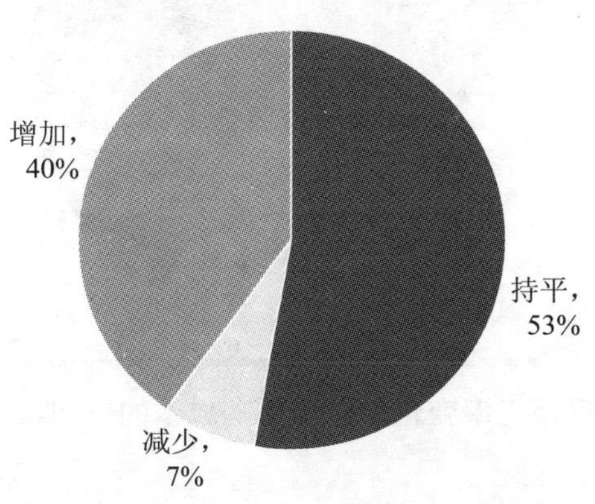

图 2　2013 年企业应付账款天数与 2012 年对比情况

调查显示，与2012年相比，2013年企业库存天数持平比例为42%，库存天数增加的比例为20%，库存天数减少的比例为38%，如图3所示。

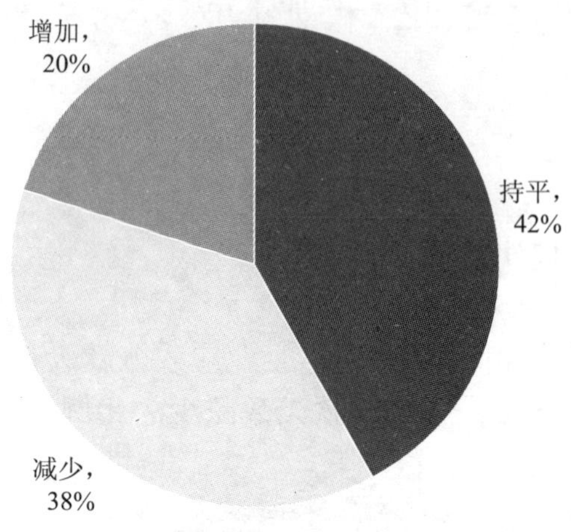

图3　2013年企业库存天数与2012年对比情况

二、采购成本

调查显示，2013年人民币汇率的变化对企业采购成本的影响与2012年相比，回答升高的平均比例为42%，持平的平均比例为42%，回答降低的平均比例为16%，如图4所示。

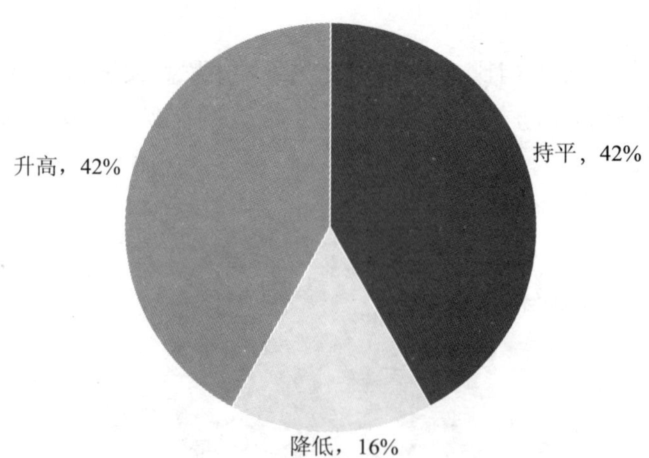

图4　2013年人民币汇率变化对企业采购成本的影响与2012年对比情况

调查显示，直接物料支出占采购总支出的比例为68%，间接物料支出占采购总支出的比例为19%，服务项目支出占采购总支出的比例为11%，如图5所示。

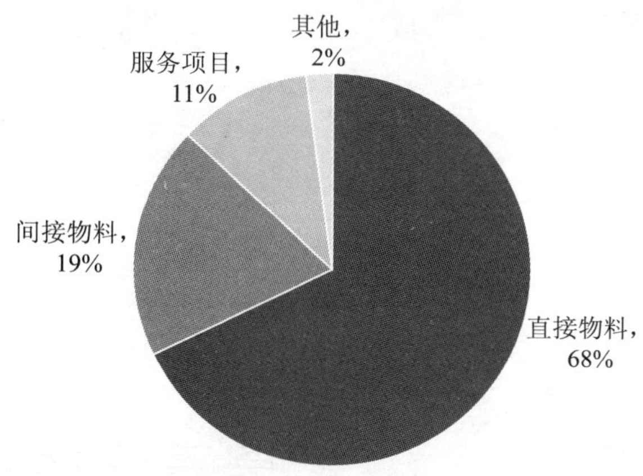

图5　项目支出占采购总支出的比例

调查显示，2013 年企业招标采购模式占整个采购金额比重均值为24%，其中，邀请招标所占百分比最重，为68%；其次为议标，所占百分比为38%，公开招标所占百分比最低为24%，如图6所示。

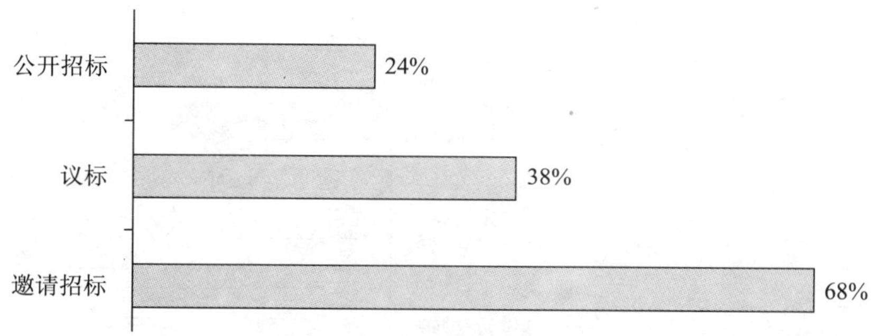

图6　不同招标模式所占比重

三、采购成本控制

调查显示，2013 年采购总支出的减控目标均值为7.85%，实际总成本节约均值为7.35%，采购实际总成本节约值与企业减控目标大体相同。2011 年采购总支出的减控目标均值为6%，这表明近两年来，企业对控制采购总成本的信心在逐渐增强。不同注册类型的企业，这两个比例没有太大差异。

降低成本的方法中，采用最多的是引入竞争供应商，平均比例高达78%；其次是寻找替代物料，平均比例为64%；谈判，平均比例为57%；延长付款周期，平均比例为49%；集中采购，平均比例为46%；优化设计，平均比例为41%；缩短交货周期，平均比例为39%；改换供应商，平均比例为37%；库存周转率控制，平均比例为35%；研发等部门介入成本控制（担负成本责任），平均比例为34%，如图7所示。

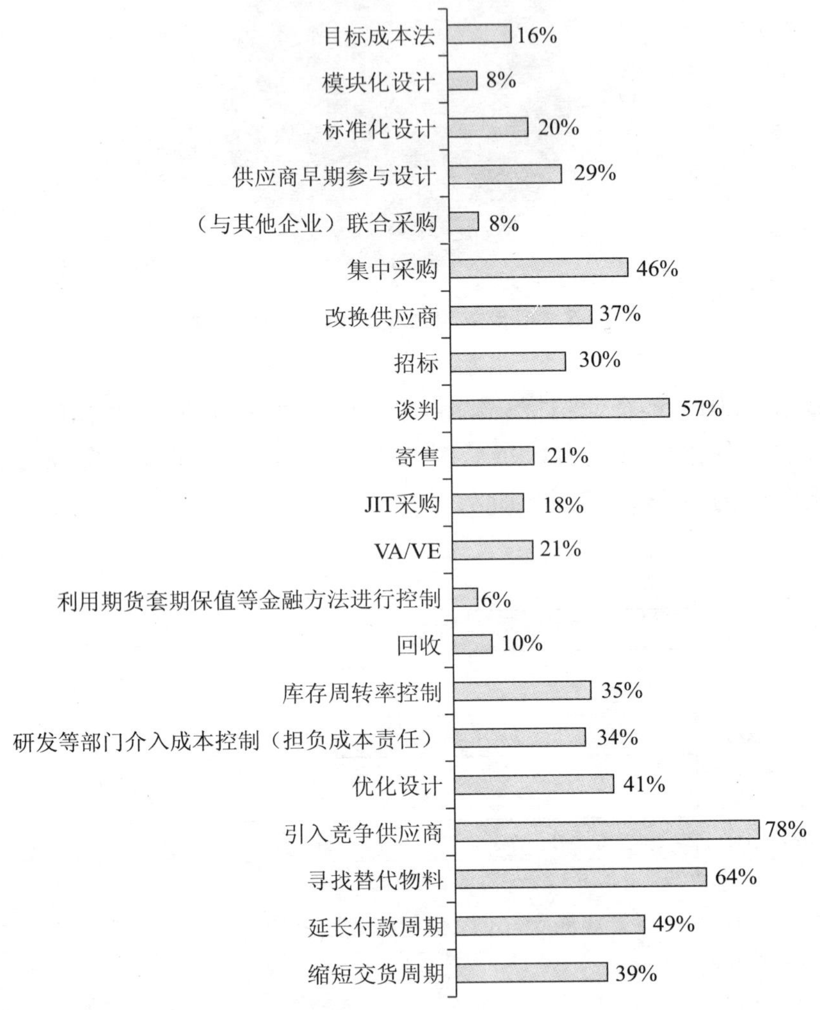

图7　企业降低成本的方法

值得注意的是，2013年企业采用回收方式来降低成本的回答比例为10%，而2011年的调查中，样本企业中没有一家企业采用回收方式来降低成本。

调查显示，有74%的企业都建立了成本数据库，并且有85%的企业有明确的年度降低采购成本考核指标。不同注册类型的企业，该比例差别比较大，如图8所示。中外合资及外资企业有70%都建立了成本数据库，私营企业有54%建立了成本数据库，国有企业该比例为42%。有65%的私营企业有明确的年度降低采购成本考核指标，中外合资及外资企业该比例为51%。

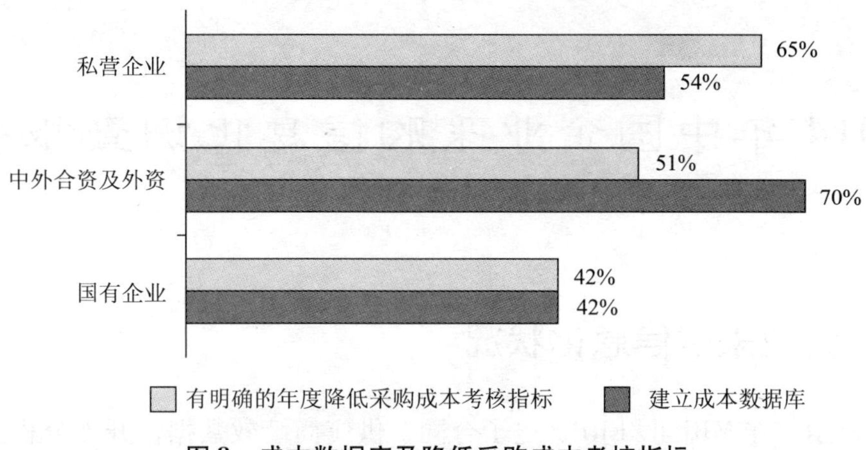

图8　成本数据库及降低采购成本考核指标

关于“在企业的采购审批流程中，财务部门充当的角色”这一问题的调查显示，回答“参与采购价格审核”的比例为37%，回答“参与采购价格审计”的比例也为37%，回答“参与制定并提供采购价格基准”的比例为27%，回答“参与采购价格谈判”的比例为11%，如图9所示。

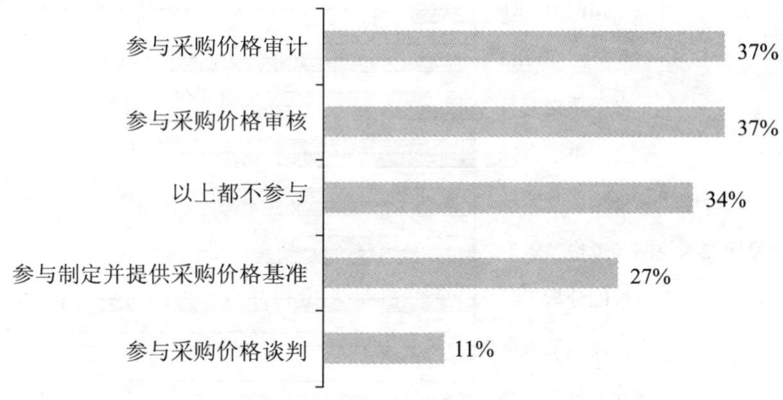

图9　采购审批流程中，财务部门充当的角色

2014 年中国企业采购信息化调查报告

吴竟来

一、企业采购信息化状况

调查显示，在 MRPⅡ/ERP、电子合同、供应商绩效数据、开支分析工具等使用方面，企业使用率在 50% 以上，而在 WMS、电子票据开具、全过程电子化采购交易系统、安全投标准入控制（资格预审）、市场智能分析工具和趋势分析工具使用方面，企业的使用率低于 50%，使用率不高，尤其是在市场智能分析工具的使用率上偏低，这说明企业对市场智能分析工具的作用还没有足够的认识。如图 1 所示。

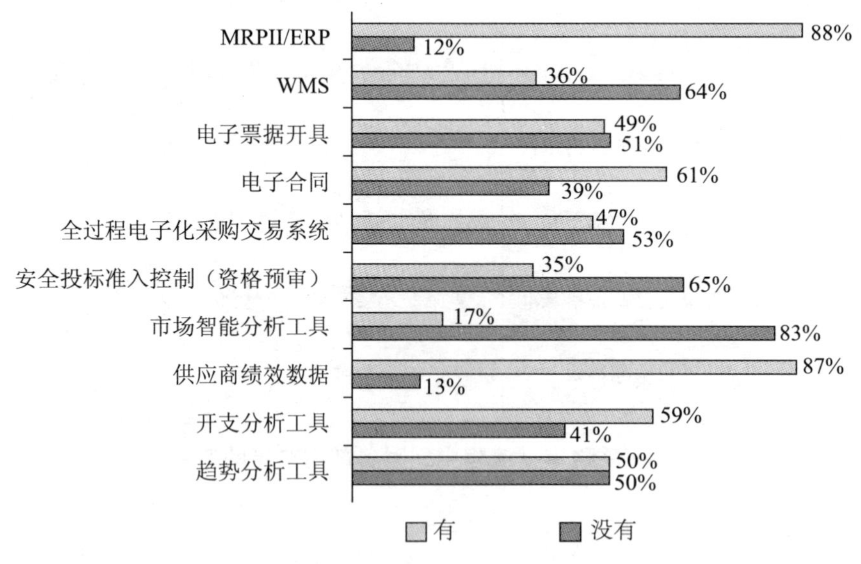

图 1　企业采购信息化状况分析

下面我们通过对不同性质的企业进行分类统计，来分别观测这些企业在采购信息化方面的状况。我们首先对企业做得比较好的 MRPⅡ/ERP 系统和供应商绩效数据这两方面进行研究。如图 2 所示，国有企业对该系统的使用率为 90%，私营企业对该系统的使用率为 72%，中外合资企业或外资企业对该系统的使用率为 91%，其中所有企业的平均使用率为 88%，国企和中外合资或外企都超过了这一使用率，但是私企还远远没有达到该使用率。由此看出，国有企业和中外合资或外资企业在 MRPⅡ/ERP 系统方面使用的比较广泛，私营企业在该方面还有短板，有待提高。

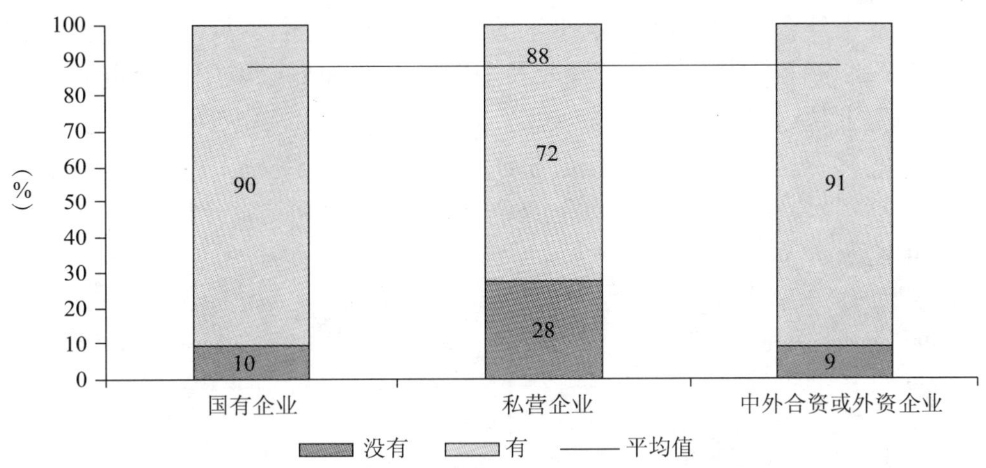

图 2　不同类型企业的 MRPII/ERP 系统使用率

调查表明，国有企业在供应商绩效数据方面的使用率为 75%，私营企业在供应商绩效数据方面的使用率为 69%，中外合资或外资企业在供应商绩效数据方面的使用率为 91%，其中中外合资或外商独资的企业在供应商绩效数据方面做得很好，超出了行业 87% 的平均水平，而国企和私企的数据使用率都没有达到平均水平。以上分析表明，外企在供应商绩效数据使用方面做得最好，国企和私营企业在该方面都有待提高，特别是私企在这方面相较于外资企业仍有着不小的差距。如图 3 所示。

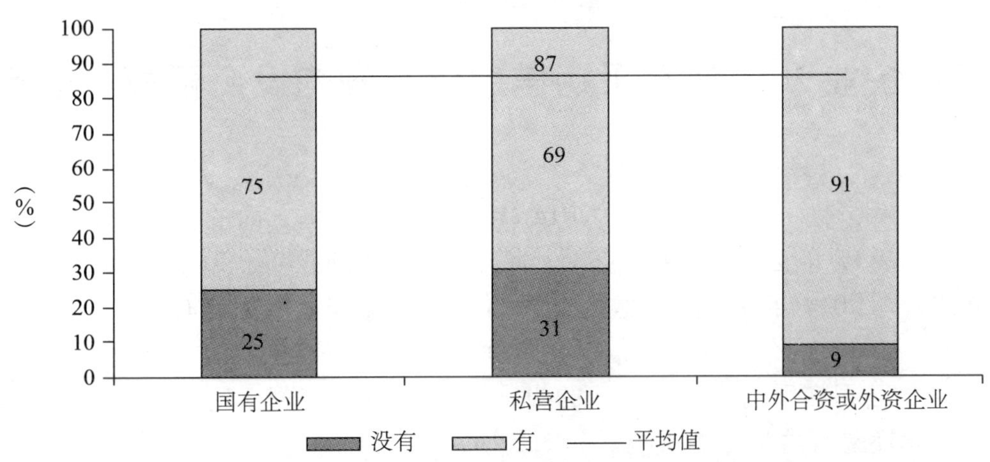

图 3　不同类型企业在供应商绩效数据方面使用率

分析完整个行业做得比较好的 MRPⅡ/ERP 系统和供应商绩效数据系统后，我们对比一下在全行业内目前还不受重视的市场智能分析工具的使用情况。在市场智能分析工具的使用方面做得最好的是国有企业，有 20% 的企业在使用这个工具，其次是外资或中外合资的企业，有 18% 的企业在使用这个工具，最后是私营企业，只有 11.36% 的企业在使用这个工具，其中国有企业和外资或中外合资的企业在该工具的使用率上超过了行业的平均水平。以上分析说明，整个行业在市场智能工具的使用方面都不理想，其中国有企业在该工具的使用率方面比其他类型的企业高一些，但不明显，这就要求全行业的企业都提高市场智能分析工具方面的使用率。如图 4 所示。

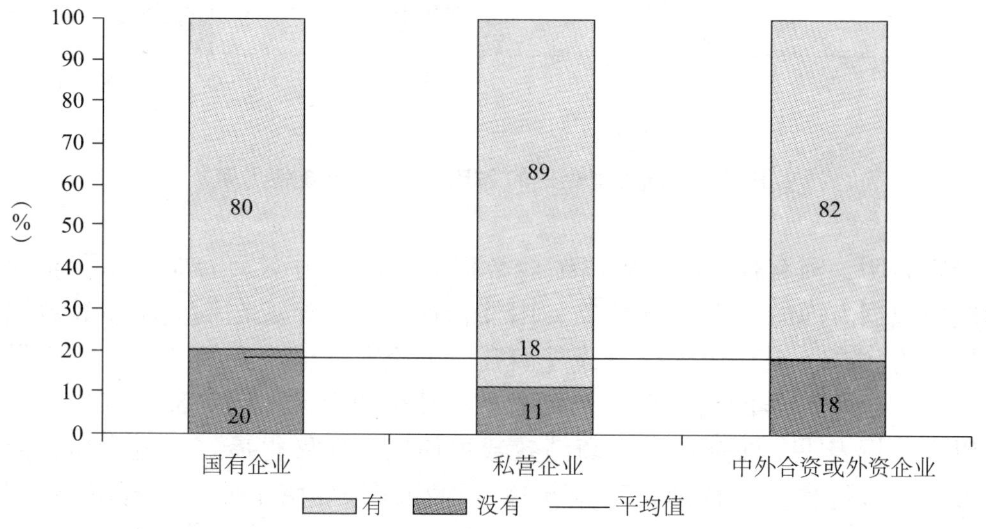

图 4　不同类型企业在市场智能分析工具方面的使用率

二、企业 2014 年在采购信息化方面的投资预算与上年的比较

调查显示，有 44.38% 的公司 2014 年在采购信息化方面的投资预算较上年相比增加，48.63% 的公司 2014 年在采购信息化方面的投资预算较上年相比持平，6.99% 的公司 2014 年在采购信息化方面的投资预算较上年相比有减少。综合以上数据，有 93.01% 的公司在采购信息化方面的投资预算较上年有所增加或持平，只有 6.99% 的公司在采购信息化方面的投入较上年有所下降，这说明大部分公司对采购信息化还是有着足够的重视。如图 5 所示。

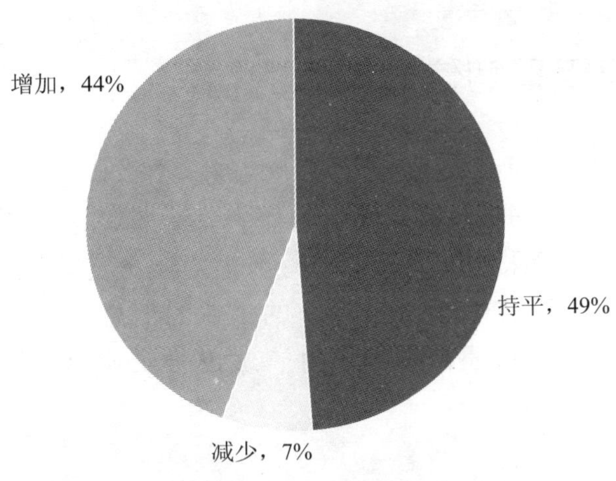

图 5　公司 2014 年在采购信息化方面的投资预算与 2013 年的比较

我们将企业按照年销售额分成 4 类，分别是销售额小于 3000 万的企业，销售额为 3000 万～10 亿的企业，销售额在 10～50 亿的企业和销售额在 50 亿之上的企业。通过比较我们得知，与上年采购信息化方面的投资预算相比增加最多的企业是年销售额为 10 亿～50 亿的企业，而与上年采购信息化方面的投资预算相比下降最多的企业是年销售额在小于 3000 万这个范围的企业，这说明在采购信息化方面，大企业的投入在 2014 年普遍增加，至少很少有下降的，而小企业则有部分企业的投入较上年有所下降。如图 6 所示。

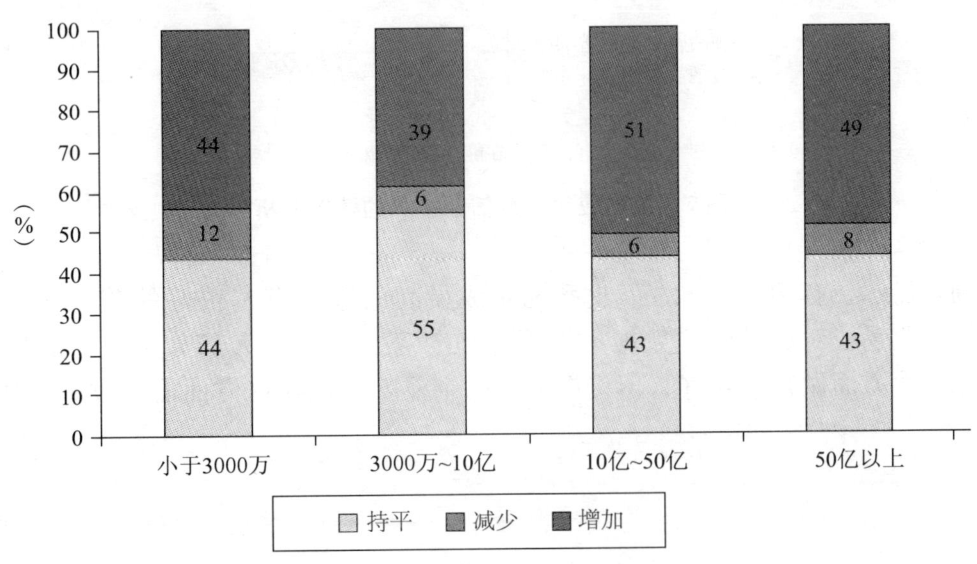

图 6　不同规模企业的 2014 年采购信息化投资预算较上年的变化

三、公司应用采购信息技术的情况

调查显示，大部分企业现有的信息采购系统都能支持直接采购和间接采购，但有 26.65% 的企业现有的信息系统不支持服务性采购，这说明在大部分企业的信息采购系统对直接和间接采购的支持比较好，但对服务性采购的支持还有待提高。通过调查我们还得知，分别有 28% 和 21% 的企业的信息系统对物料持有成本分析和物料总成本的分析的支持还做得不够好，这也是企业以后改进的方向。如图 7 所示。

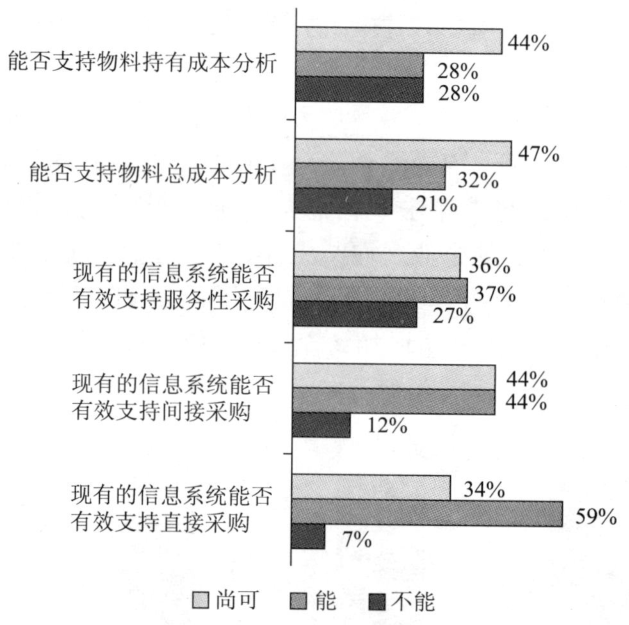

图 7　公司应用采购信息技术的情况分析

调查显示，有 78.88% 的企业系统对成员间的数据有着很好的兼容性，而有 21% 的企业系统对成员间的数据不能很好地兼容，这说明大部分企业在成员间的数据兼容性方面做得比较好，但仍有 1/4 的企业的系统在这方面需要改进。如图 8 所示。

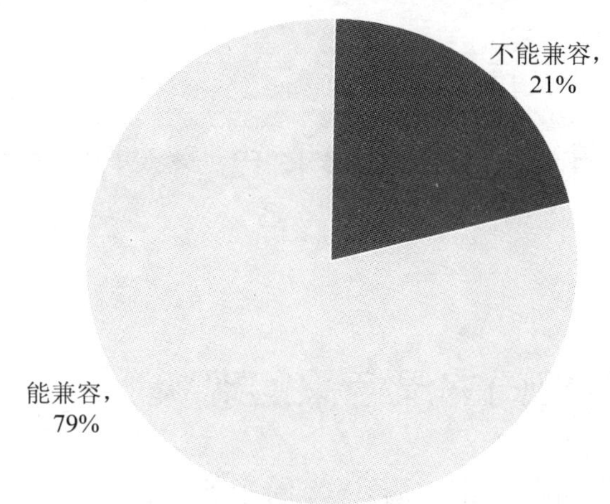

图 8　成员间的数据兼容性分析

调查显示，有 48% 的企业对物料的需求可以相对准确地预测，16% 的企业对物料的需求可以准确预测，3% 的企业对物料的需求可以非常准确地预测，28% 的企业对物料的需求不能准确预测，5% 的企业对物料的需求进行非常不准确的预测。综上所述，有 67% 的企业能对物料的需求进行有效的预测，而有 33% 的企业对物料的需求不能进行有效预测，而这 1/3 的企业由于不能对物料的需求进行有效预测，所以在生产过程中存在着物料浪费或者物料短缺的现象，这使得这些企业的生产成本提高，因此这些企业亟须提高物料预测水平。如图 9 所示。

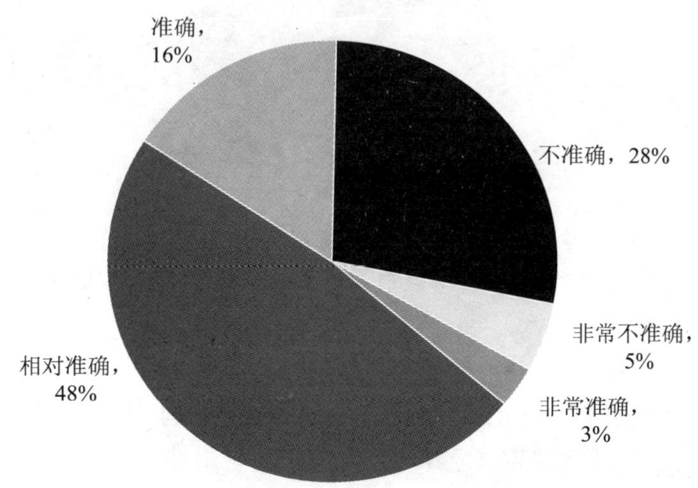

图 9　公司对物料需求预测准确率分析

2014年中国企业绿色采购调查报告

吕丽静

一、企业采购部门的绿色采购现状

调查显示，目前我国企业中，有38%的企业已经形成了绿色、可持续发展的理念，这个数值还没达到一半的数量，说明绿色、可持续发展的理念还没有得到很好的普及，国家应给予一定的重视，并推广下去；尚在形成的绿色、可持续发展理念的企业占41%；未形成绿色、可持续发展理念的企业占21%。这个趋势表明未来将会有更多的企业加入到绿色采购中。企业层面形成绿色、可持续发展等理念的比例如图1所示。

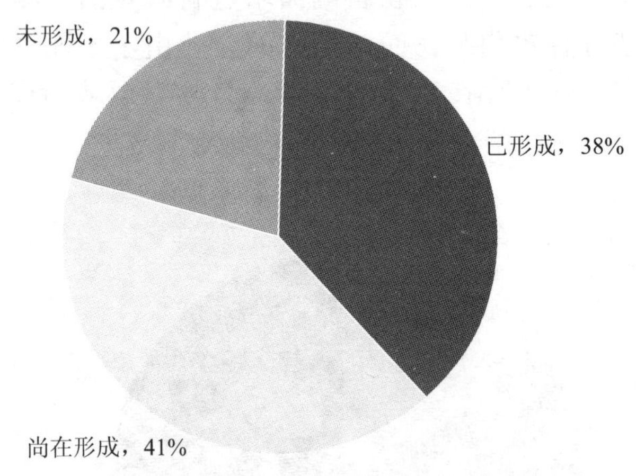

图1　企业层面形成绿色、可持续发展等理念的比例

调查显示，在国有企业中，已形成绿色、可持续发展理念的企业偏少，只占18%；但是国有企业中有5%的企业正在形成绿色采购理念，未来发展的潜力很大。在私营企业中，已经形成绿色采购理念的企业最少，只占18%；尚在形成和未形成绿色采购理念的公司都占41%。相对而言，中外合资或外资企业在形成绿色采购理念方面做得比较好，45%的外企都已经形成了绿色采购理念，41%的企业正在形成，只有14%的企业还没有形成绿色采购理念。如图2所示。

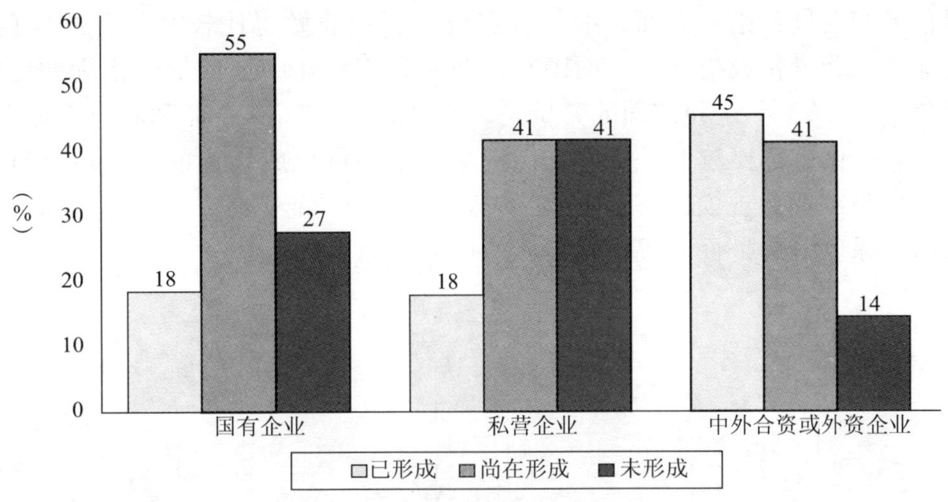

图 2　企业绿色采购理念形成情况

目前有 60% 多的企业会把绿色采购与可持续发展量化成具体的指标，并且并添加到采购绩效的整体考核中，其中有 60% 的企业已经具体量化了绿色采购的指标，61% 的企业把这些量化的指标添加到采购绩效的整体考核中。59% 的企业在选择供应商时，并没有充分考虑绿色采购和采购可持续发展，54% 的企业在做决策时并没有考虑绿色采购的影响力。一半的企业在购买产品和服务时重点指出更愿意选择绿色采购，但是却有 57% 的企业在采购时对供应商是否有绿色、可持续发展理念并没有具体的要求。这说明绿色采购理念在企业中的普及度还有待提高。绿色采购在各个环节中的现状如图 3 所示。

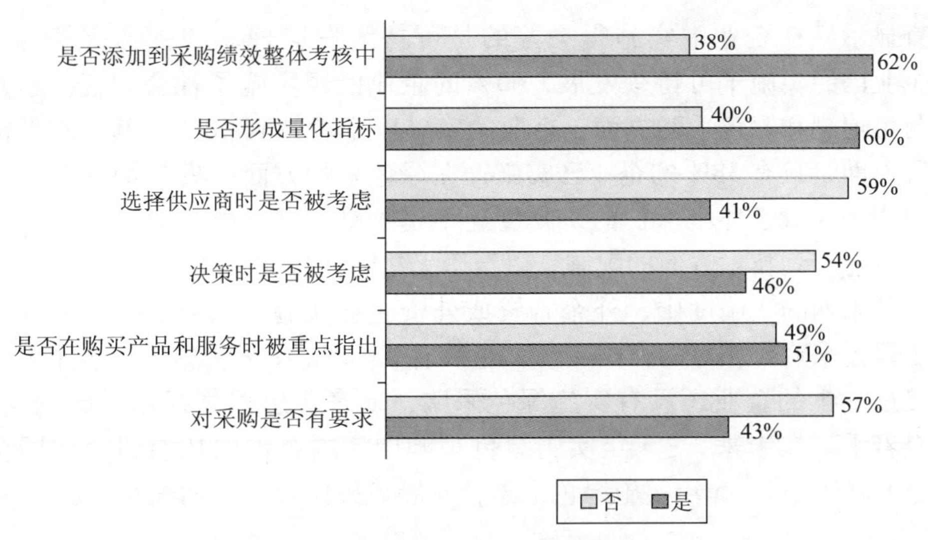

图 3　绿色采购在各个环节中现状

绿色采购在量化指标方面，中外合资或外资企业做得比较好，有44%的外企已经把绿色采购量化成指标了；而国有企业和私有企业中形成量化指标的比较少，分别为29%和26%。这和前面的分析是一致的，因为国有企业和私有企业形成绿色采购理念的比重都比较低，所以它们把绿色采购量化成指标的比重也相对较低。这说明未来要实现大规模的绿色采购，应从国企和私企入手，普及它们对绿色采购的认识。绿色采购是否形成量化指标的比重如图4所示。

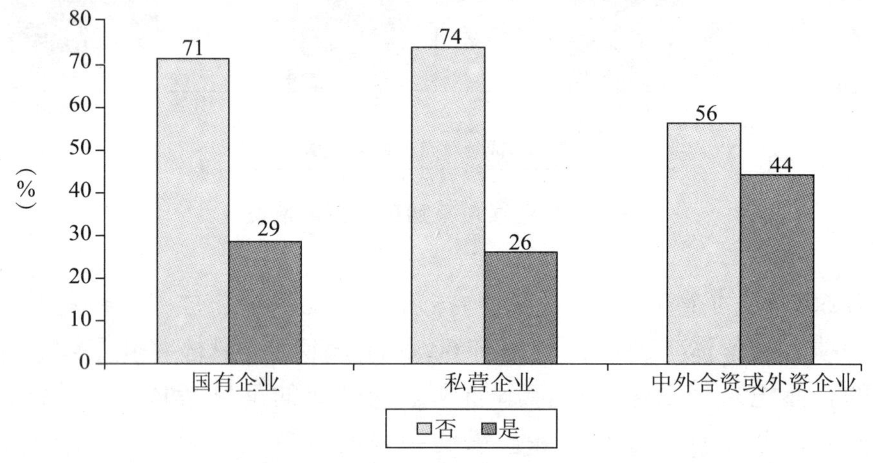

图4　绿色采购是否形成量化指标

二、绿色采购的实施程度

调查显示，在企业中实施得最好的是可持续发展理念和社会责任感，其中54%的企业已经实施了可持续发展，60%的企业已经实施了社会责任。但是在低碳排放与可追溯和绿色采购方面，企业的实施度都没达到50%，其中在低碳排放与可追溯方面，只有38%的企业已实施；在绿色采购方面，只有41%的企业已实施。这说明企业对于环境保护的认知度还不是很高，这可能是对绿色理念的认识不够，也可能受到技术方面的限制，以至于无法降低排放。如图5所示。

在绿色采购的实施度中，外企合资或外资企业实施得最好，47%的外企都已经实施了绿色采购，相对而言国企和私企只有23%和18%实施了绿色采购。私营企业有接近一半的企业还没有实施绿色采购，未来要想提高绿色采购的实施度，应从私企着手。在未来3～5年实施绿色采购中，国企占的比重最大，国企中有41%的企业在未来3～5年实施绿色采购，发展势头比较足。如图6所示。

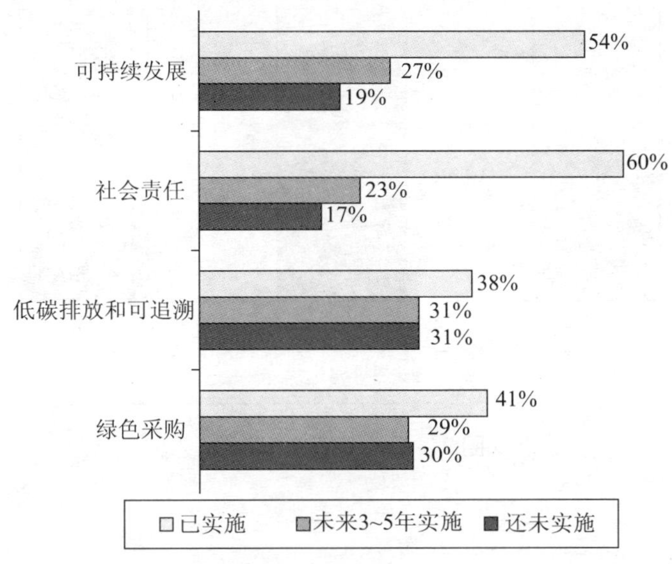

图 5　企业在可持续发展、社会责任、低碳排放与可追溯、绿色采购方面的实施度

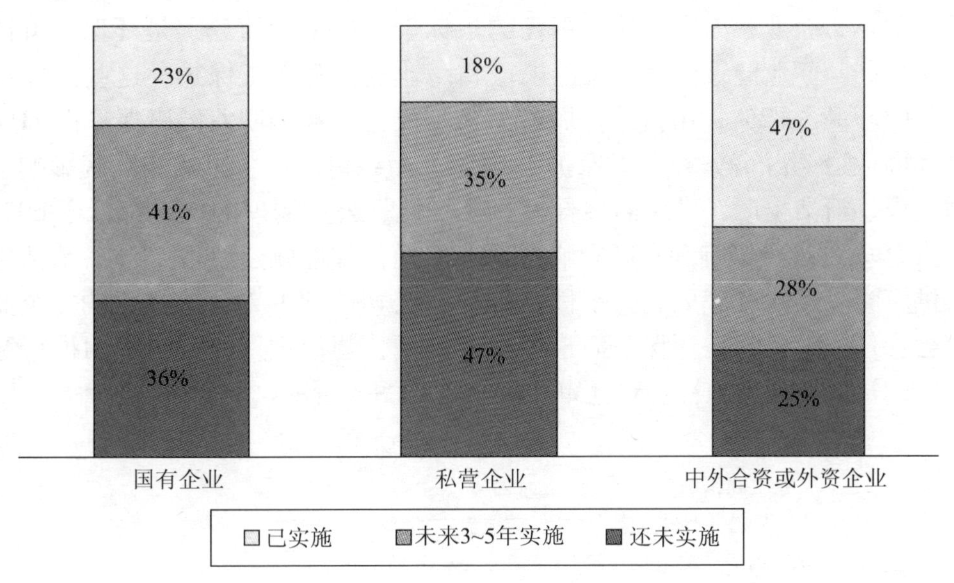

图 6　绿色采购的实施度

在社会责任的实施度中，中外合资和外资企业做得最好，已经有 67% 的企业实施了社会责任，20% 的企业在未来 3 ~5 年内实施，仅有少部分的 13% 的企业还没实施社会责任。在国有企业中，45% 的企业已经实施了社会责任，41% 的企业在未来 3 ~5 年内实施，14% 的企业还没有设施社会责任。照这个发展趋势，未来 3 ~5 年后，国企和外企实施社会责任都将达到 80% 多。相对而言，私企在社会责任的实施度比较低，目前只有 34% 已经实施了社会责任。如图 7 所示。

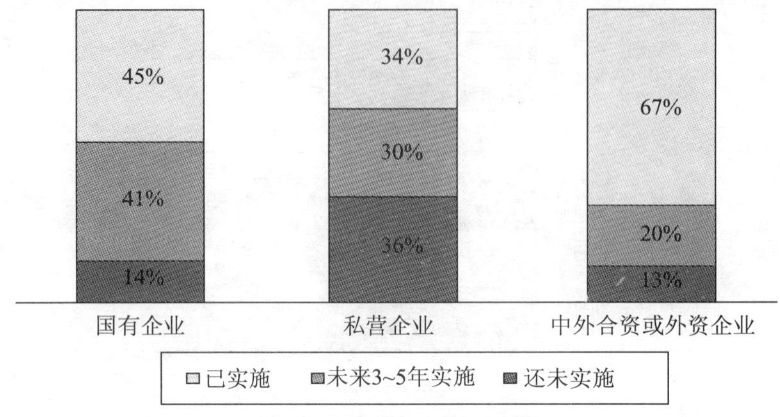

图7　社会责任的实施度

三、企业实施社会责任审核的指标

调查显示，企业认为实施社会责任的指标中，最重要的分别是环保、可持续发展、安全生产和职业健康保障、道德规范和商业道德和劳工保护。这些指标都大于60%，其中环保占82%，可持续发展占71%，安全生产和职业健康保障占71%，道德规范和商业道德占69%，劳工保护占64%。而绿色、社会影响和社区影响、道德和廉政建设、清洁生产、供应商多样性、公平性、公司治理的比重都低于60%，其中绿色占59%，社会影响和社区影响占49%，道德和廉政建设占47%，清洁生产占45%，供应商多样性占35%，公平性占34%，公司治理占21%。这说明，企业认为实施社会责任最重要的是环保，而最不重要的是公司治理，这符合中国推行绿色环保理念的国情。企业实施社会责任审核的指标如图8所示。

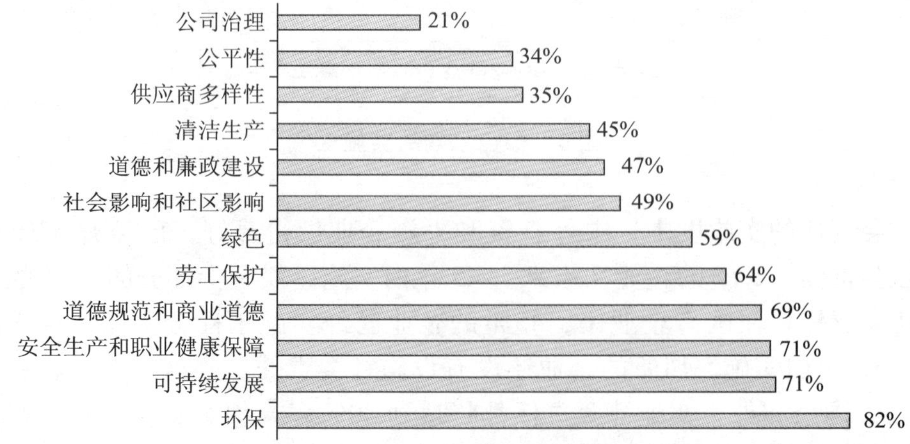

图8　企业实施社会责任审核的指标

四、对供应商的认证

供应商的认证包括 ISO 14000 环境管理体系标准、ISO 50001 能源管理体系、欧盟生态管理和审核计划（EMAS）、森林认证（FSC）、SA 8000 社会责任标准、OHSAS 18000 职业健康安全管理体系标准、环球服装生产社会责任（WRAP）、国际玩具工业理事会商业行为守则（ICTI）、电子行业行为准则（EICC）、商业社会标准认证（BSCI）、供应商商业道德信息交流（Sedex）、英国零售商协会认证（BRC）、欧盟强制性标准（RoHS）、《报废的电子电气设备》（WEEE）、欧盟规章《化学品注册、评估、许可和限制》（REACH）、欧盟电池环保指令、用能源产品生态设计框架指令（EUP）、欧盟包装和废弃包装物指令和产品碳足迹。

调查显示，88% 的企业认为 ISO 14000 环境管理体系标准是最重要的供应商认证，44% 的企业认为 OHSAS 18000 职业健康安全管理体系标准对于供应商认证是重要的，42% 的企业认为欧盟强制性标准（RoHS）对于供应商认证也是比较重要的。企业认为国际玩具工业理事会商业行为守则（ICTI）对于供应商认证是最不重要的，不到 1% 的企业选择了这个认证指标。具体的企业要求供应商的认证比重如图 9 所示。

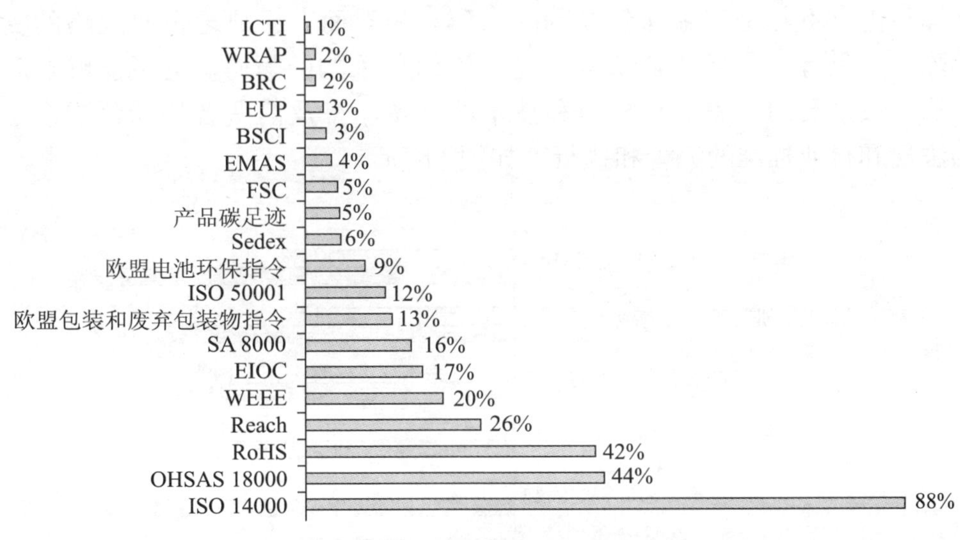

图 9　企业要求供应商的认证

五、公司实施绿色采购的现状

调查显示，企业实施绿色采购对成本的影响的总体趋势是增加的，其中 39%

的企业认为成本是明显增加，42%的企业认为成本是稍许增加的，18%的企业认为成本不变，1%的企业认为成本下降。如图10所示。

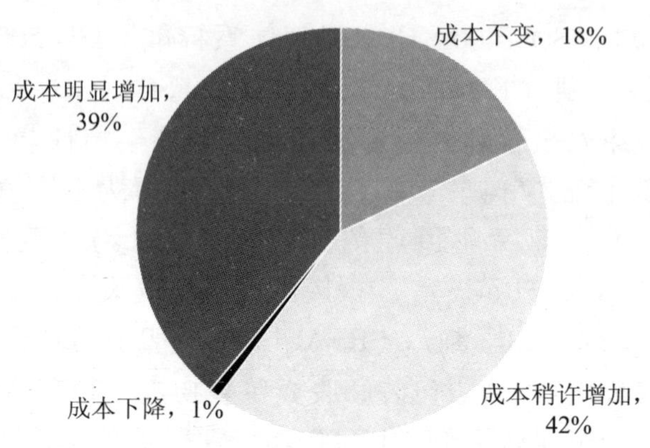

图10　实施绿色采购对成本的影响

调查显示，企业在实施绿色采购的过程中，遇到的障碍分别是消费者绿色认知与需求不够、相关法规与行业标准不完善或执行不强、缺乏企业战略的支持、缺乏供应商的理解与配合、生产工艺流程的限制、缺乏新材料与技术支持。而69%的企业认为缺乏新材料与技术支持是最主要的障碍，68%的企业认为消费者绿色认知与需求不够是实施绿色采购的障碍。相对而言，缺乏企业战略的支持是最弱的障碍，只有51%的企业认为其是实施绿色采购的障碍。为了能够顺利实施绿色采购，最主要的是需要新材料和技术的支持、普及消费者的绿色观念、加强相关的法规和行业标准的完善和执行。如图11所示。

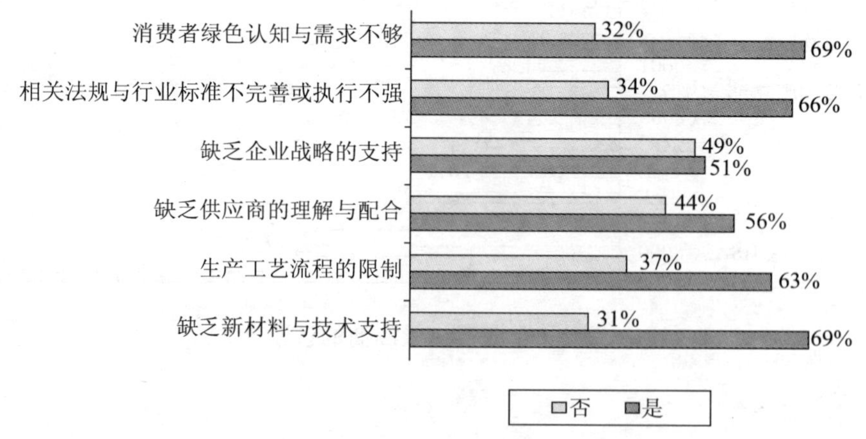

图11　企业实施绿色采购的障碍

2014年中国企业采购风险调查报告

张小将

一、采购风险来源

如图1所示，大多数企业采购风险主要来源于原材料数量/价格的变化、过分依赖单一或有限供应商两个方面，其比例高达74%与66%；其他采购风险来源，诸如自然灾害、采购计划或合同不佳，以及质量管理体系不健全均在25%左右。但从企业的注册类型与行业归属来看，却表现出各自的特点。

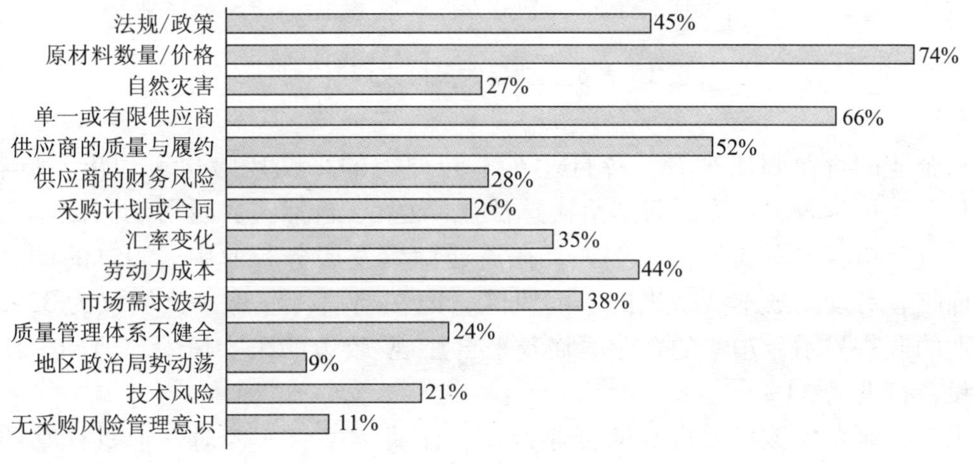

图1 采购风险来源

从企业的注册类型来看，中外合资或外资企业、国有企业以及私营企业三者的采购风险来源于自然灾害、质量管理体系不健全、地区局势动荡等因素的比例大致相同，故不在图表中进行展现。除此之外，我们发现由于企业注册类型的不同，造成了企业对某些风险源的敏感差异较大。例如，在接受调查的国有企业中，有64%认为法规/政策的应用、遵循和变动带来了采购风险，而这一比例在中外合资或外资企业与私营企业仅为44%和35%。汇率变化所带来的采购风险对中外合资或外资企业较为敏感，这一比例为40%，而国有企业与私营企业仅为23%和15%，相关数据如图2所示。

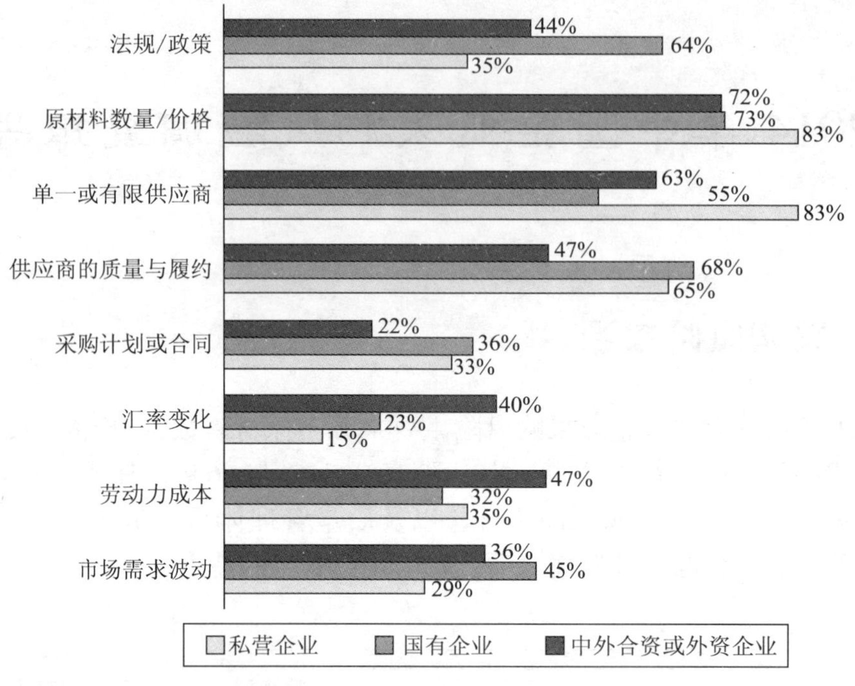

图2　各类企业采购风险来源（一）

从企业的行业归属来看，各行业对不同种类的采购风险也表现出不同特点。由于相关数据量较大，本报告着重挑选法规/政策、自然灾害及劳动力成本三项风险源进行分析，如图 3 所示。例如，在流通商贸及服务行业中，59% 的调查企业认为面临着劳动力成本所带来的采购风险，而在通信行业这一比例仅为 33%。化工行业的调查显示，70% 的企业面临着来自法规/政策的采购风险，但同一比例在工业设备行业为 34%。

为此，企业应该根据自身的行业特点、注册类型有所针对性地重视某些采购风险来源。

为了更加直观地反映出企业在实际经营过程中所经历的采购风险，本次调查还对企业在 2013 年中所遭受的重大采购风险事件进行统计。调查结果表明，在 2013 年遭受 1 ~3 起重大采购风险事件的企业数量占调查总体的 46%，比例与未遭受重大采购风险事件的企业比例相当，如图 4 所示。

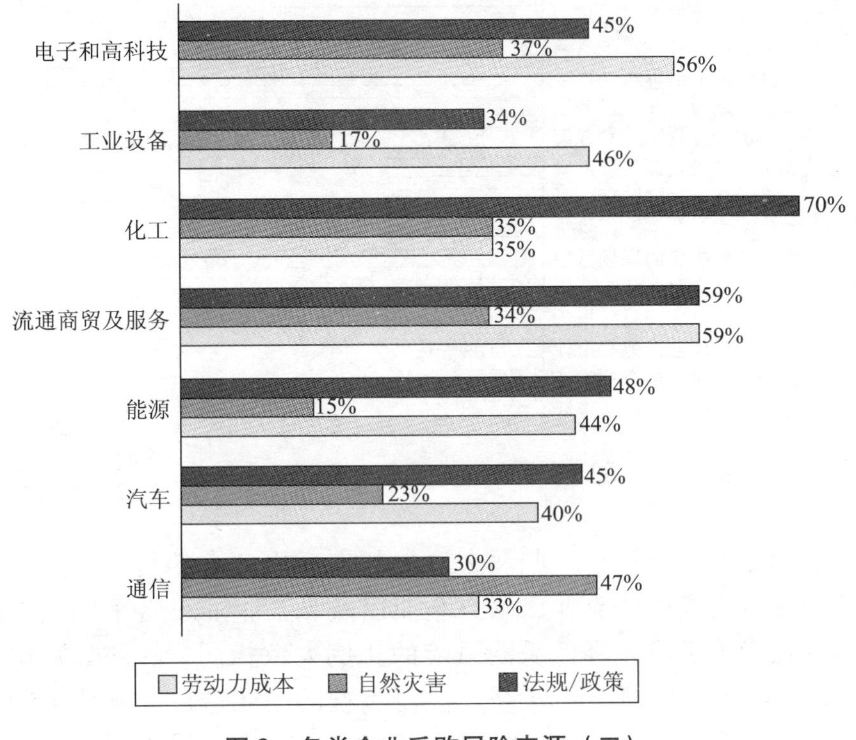

图 3　各类企业采购风险来源（二）

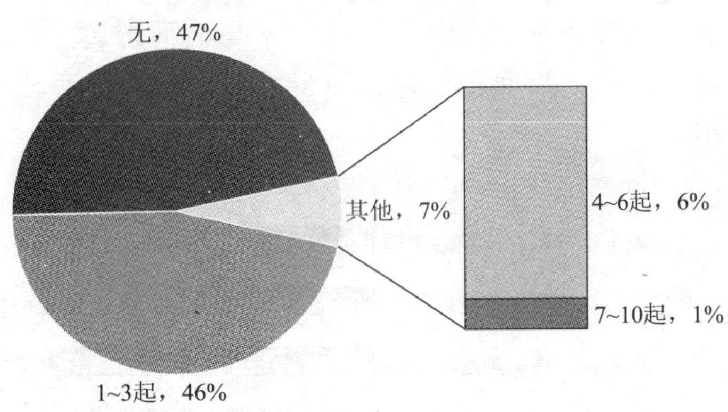

图 4　2013 年遭受重大采购风险事件的数量

二、采购风险管理现状

调查显示，大多数企业主要通过供应商的筛选和评级来管理采购风险，其采用比例高达 79%。其他主要的采购风险管理方法，诸如完善合同管理、重视采购授权与审批制度，加强过程跟踪与控制，以及多家供货，其比例均在 50% 以上。由此可见，企业的风险管理方法较多，如图 5 所示。

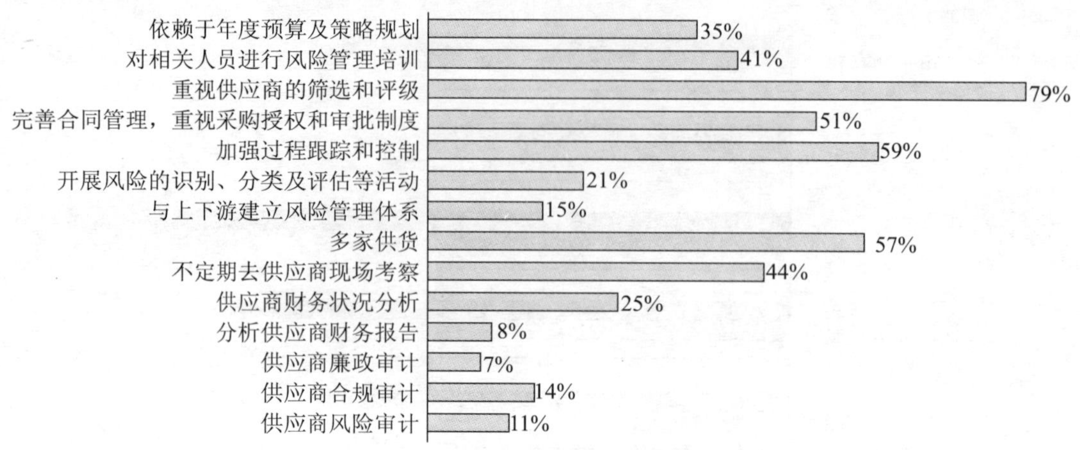

图5　采购风险管方法应用现状

但从企业的注册类型与行业归属来看，却表现出各自的特点。从企业的注册类型来看，中外合资或外资企业、国有企业以及私营企业三者采用供应商的筛选和评级、多家供货等手段来降低采购风险的比例大致相同，故部分数据不在图表中进行展现。但我们也发现，由于企业注册类型的不同造成了某些采购风险管理方法的应用比例差异。例如，在接受调查的国有企业中，采用了年度预算及策略规划和人员风险管理培训这两种手段的比例分别为55%和65%。而同一比例在中外合资或外资企业与私营企业中，均低于40%。与上下游建立风险管理体系这一方法的应用程度较低，可见当前企业对供应链管理的理念还有待进一步深化。相关数据如图6所示。

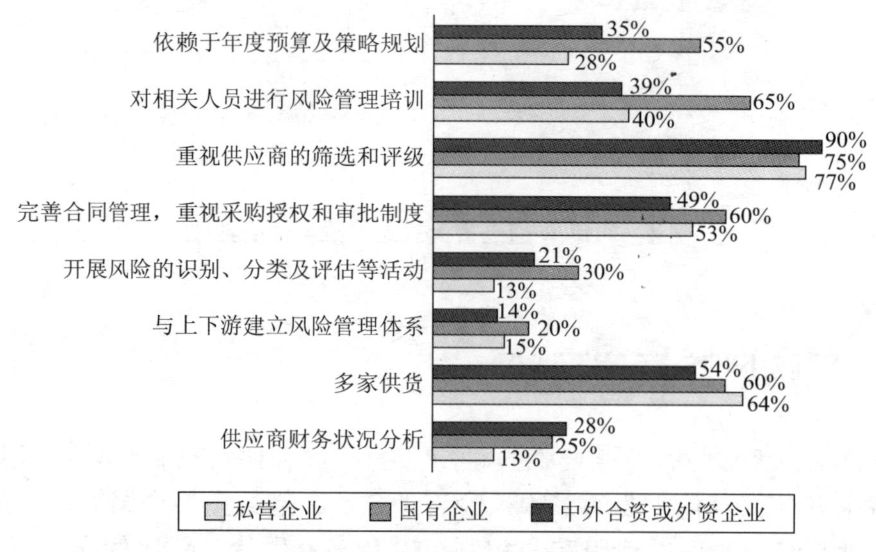

图6　各类企业采购风险管方法应用现状（一）

从企业的行业归属来看，各行业所采用的采购风险管理手段也呈现出了一定的差异。由于相关数据量较大，本报告着重挑选对人员进行风险管理培训、与上下游建立风险管理体系，以及开展风险的识别、分类及评估等活动三种管理手段进行分析，如图7所示。例如，在流通商贸及服务行业中，66%的调查企业采用了对相关人员进行风险管理培训的方法，同样的方法在其他行业的采用比例均在45%以下。由此可见，流通商贸及服务行业对相关采购人员的风险管理能力要求较高。本报告推测，由于电子和高科技、化工以及通信行业对上下游风险比较敏感，因此采用与上下游建立风险管理体系的比例较高。

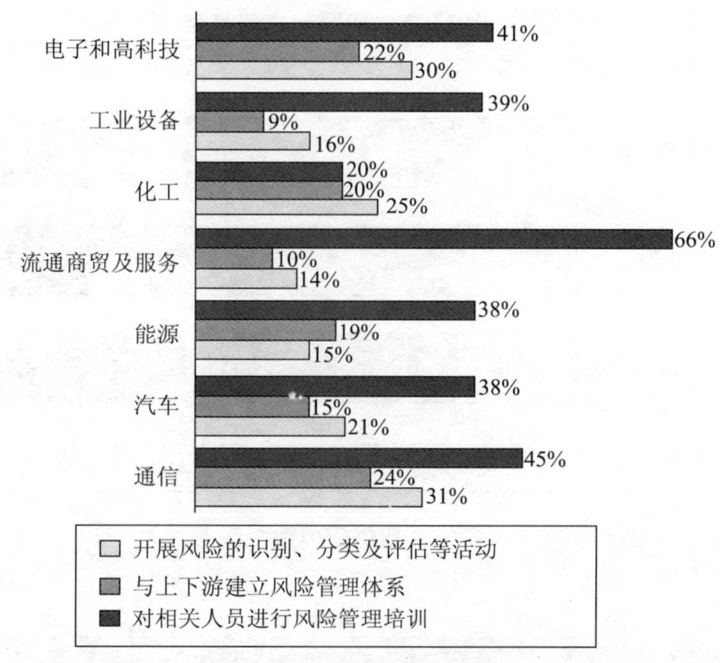

图7　各类企业采购风险管方法应用现状（二）

管理策略方面的调查显示，2013年企业采用风险承受、风险转移及风险防范来处理供应风险的比例依次为15%、24%与61%，如图8所示。但从企业的注册类型与行业归属来看，却表现出各自的特点。

从企业的注册类型来看，国有企业采取风险防范和风险转移来处理供应风险的比例大致相当，均在40%左右。中外合资或外资企业采用风险防范的比例最高，达64%。从企业的行业归属来看，工业行业采用风险防范的比例最高，达81%；同比例在流通商贸及服务行业仅为48%。可以推测，由于不同行业的采购风险来源与影响不同，企业在采用风险管理策略方面也不尽相同。相关数据如图9和图10所示。

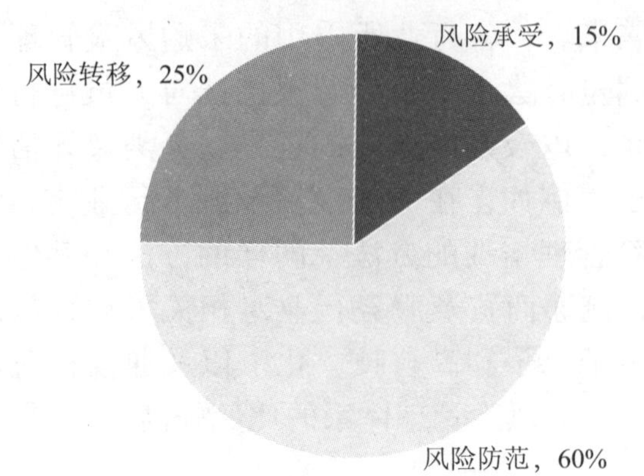

图 8　2013 年供应风险处理策略

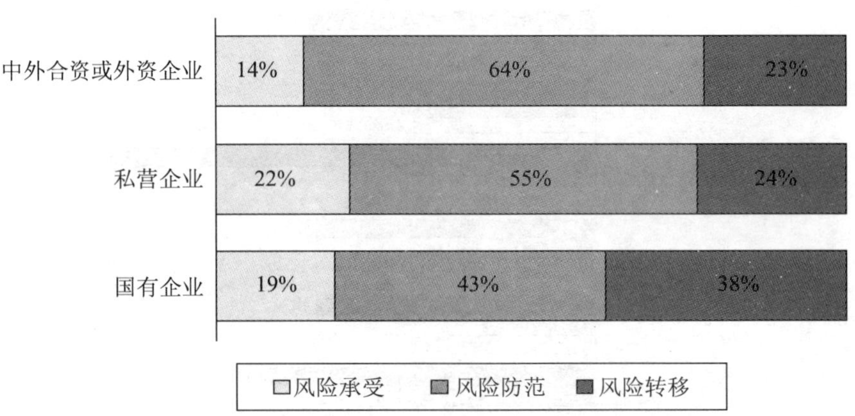

图 9　2013 年各类企业供应风险处理策略（一）

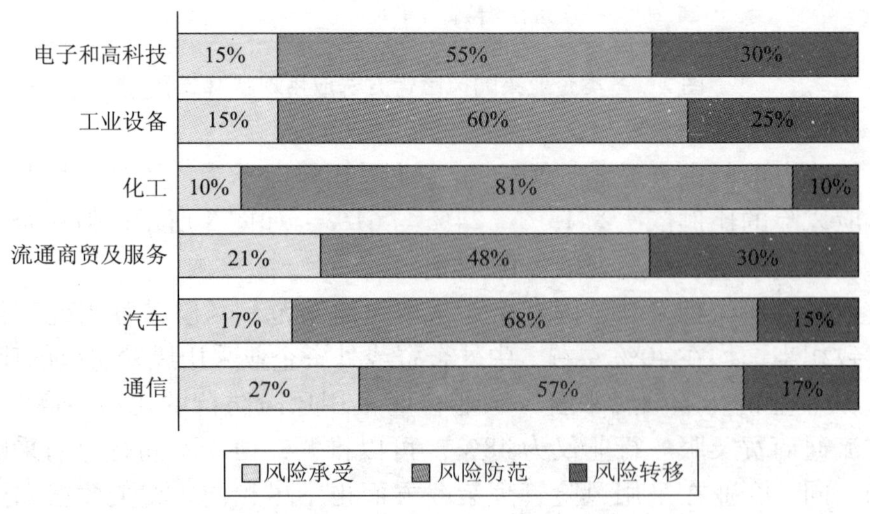

图 10　2013 年各类企业供应风险处理策略（二）

三、采购风险管理成熟度

针对当前企业采购风险管理水平参差不齐的现状，本次调查将企业采购风险管理成熟度大致划分为三种等级，如下表所示。

采购风险管理成熟度等级划分

A	无机制流程、也无正式组织，问题驱动型
B	已建立风险评估与应对流程，但尚无正式风险管理组织
C	有风险评估与应对流程，并且有正式的风险管理组织

从企业的注册类型来看，调查样本中32%的国有企业有风险评估与应对流程，并且成立了正式的风险管理组织；而私营企业仅有4%同时具备风险评估与应对流程及正式的风险管理组织。从采购风险管理成熟度处于A等级的数量比例来看，中外合资或外资企业的风险管理成熟度最高，该比例仅为24%，该比例在国有企业与私营企业中则分别为36%和42%，如图11所示。

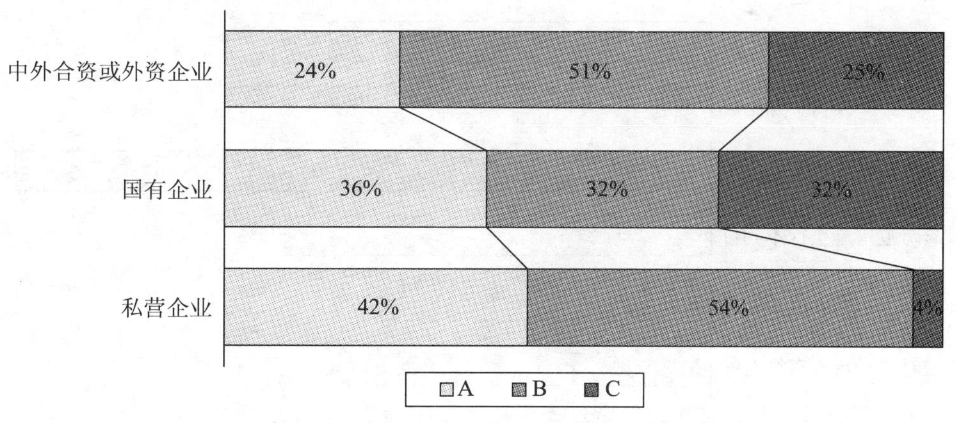

图11　各类企业的采购风险管理成熟度（一）

从企业的经营规模来看，不同销售收入的企业在采购风险管理方面的差异十分明显。例如，销售收入小于3000万元的企业中，采购风险管理成熟度处于C级的仅有6%，而这一比例在其他企业均在10%以上。销售收入在50亿元以上的企业，采购风险管理成熟度处于A级的比例仅为15%，可见规模较大的企业在采购风险管理方面的水平较高。就本次调查数据而言，呈现出了经营规模越大，企业采购风险管理成熟度越高这一现状，如图12所示。

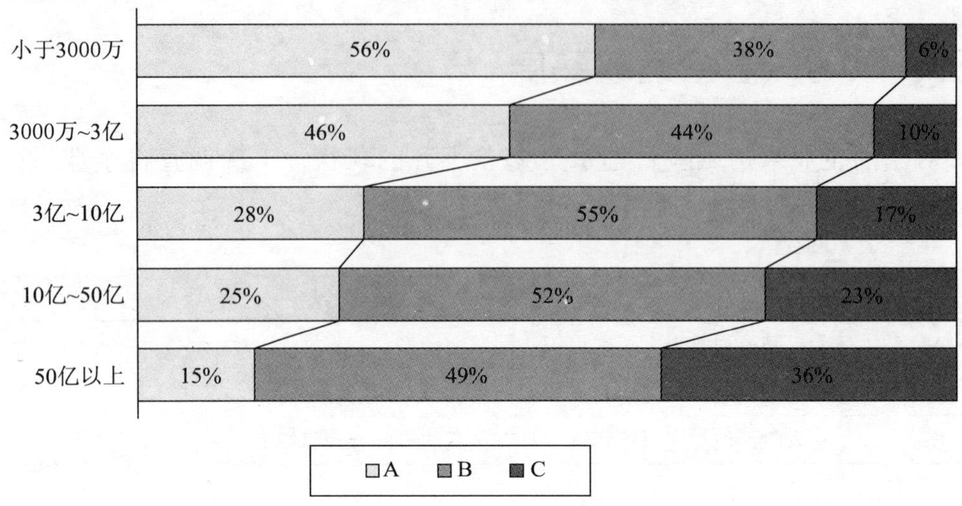

图 12　各类企业的采购风险管理成熟度（二）

在调查过程中，我们发现当前企业在开展采购风险管理方面，存在诸多困难。排在前三位的问题是风险防范措施不健全、公司资源不够与风险防范措施执行不到位，如图 13 所示。

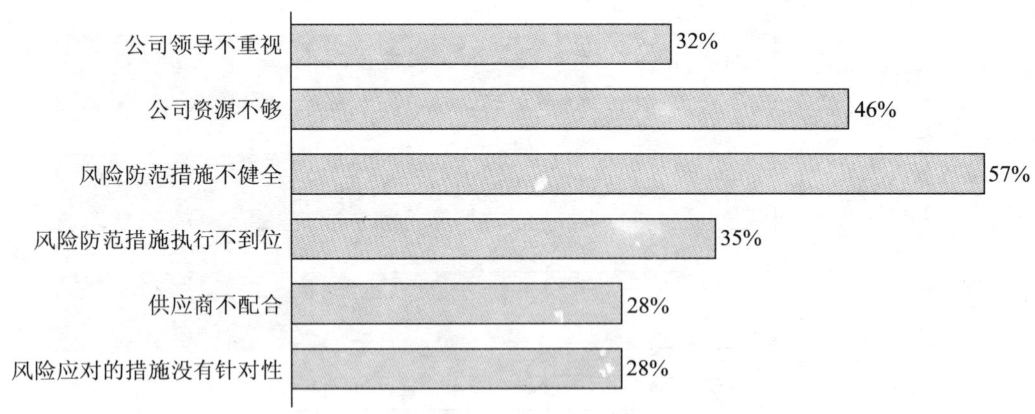

图 13　实施采购风险管理方面存在的阻碍

2014 年中国企业采购人员薪酬调查报告

李帅

一、工作年限分析

本次调查群体的工作年限近半数是在 6 ~ 10 年，其次是 11 ~20 年的群体。如图 1 所示。在工作年限 1~ 5 年中，经理以下级别（如计划员、采购专员和供应商质量工程师、采购工程师等）所占比例最高为 50%，其次是采购经理（如商品采购经理、计划经理、供应商质量经理、供应链经理等）占到了 40%。从下一个阶段开始，采购经理所占比例超过了经理以下级别，在前三个年限阶段中，经理以下级别所占比例逐渐降低，采购经理所占比例逐渐增加。如图 2 所示。随着年限的增加，采购人员工作经验和专业知识得到了积累，职位也不断提升。

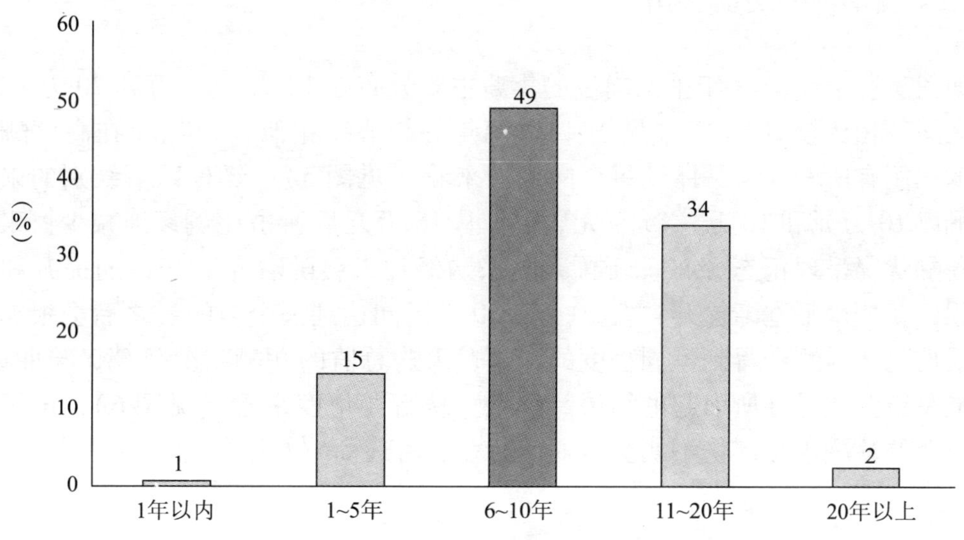

图 1　受访者工作年限

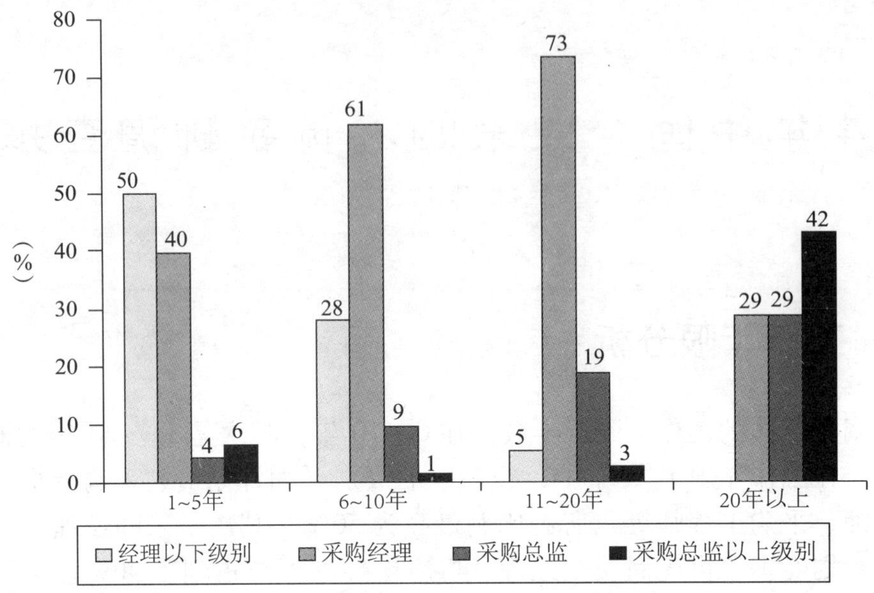

图 2　不同工作年限中职位分布情况

二、薪酬状况分析

如图 3 所示，2013 年采购岗位的年薪主要分布在 10 万 ~ 15 万和 20 万 ~ 30 万两个区间。相比较 2012 年（见图 4），两年的趋势线相似，2013 年在高薪酬区间所占的比例有所增加。具体到每个岗位上来看（见图 5），经理以下级别的采购人员薪酬以 10 万元和 10 万 ~ 15 万元居多，从 15 万之后所占比例逐渐减少；采购经理的薪酬状况呈现正态分布，新晋升的采购经理人会随着专业知识的提升和经验的积累，薪酬水平逐渐提升，在 20 万 ~ 30 万区间达到一个波峰。之后会根据个人的发展情况，薪酬会得到不同程度的涨幅；采购总监的薪酬状况呈现微笑曲线型，这可能是行业差异性所引起的结果。那么，从行业角度来看（见图 6），电子和高科技行业的薪酬水平起伏不明显，通信行业、流通商贸及服务行业波动较大。

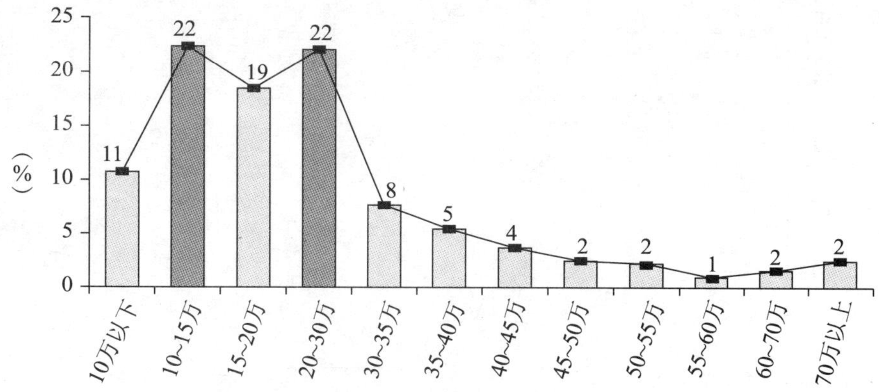

图3　2013年采购岗位整体薪酬状况

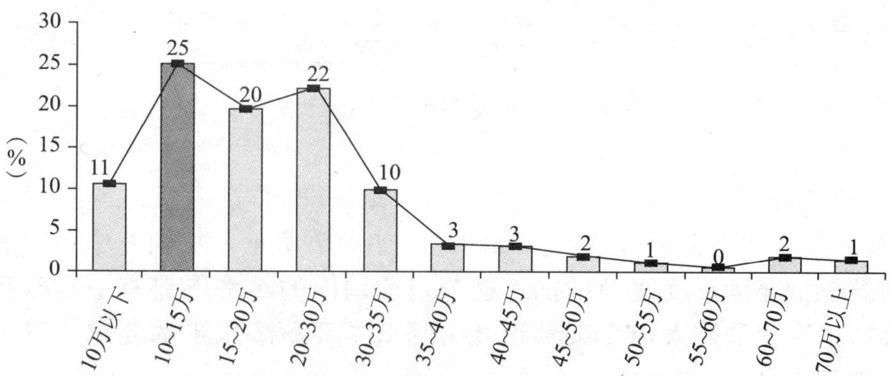

图4　2012年采购岗位整体薪酬状况

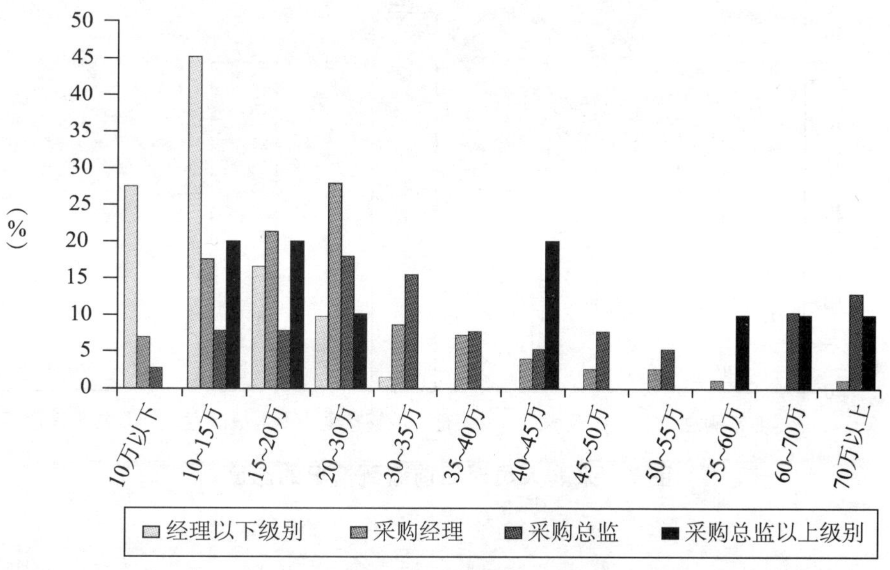

图5　不同采购岗位薪酬情况

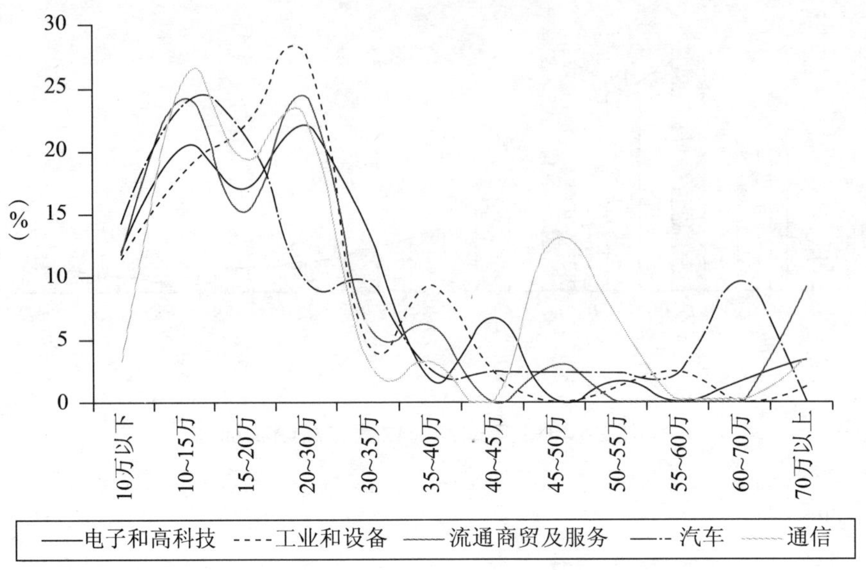

图6　不同行业采购人员薪酬情况

目前仅有不到1%的采购人员对自己的薪酬情况非常满意，与此相对应是有8%的采购人员非常不满意自己的薪酬情况。如图7所示。从图8中可以看出，采购人员对薪酬情况满意度逐渐增加，这与目前国内的经济形势有一定联系，持续低迷的经济情况让采购人员在某种程度上降低了要薪酬水平的要求，将主要精力着眼于其他利于自身发展的隐身福利之上。

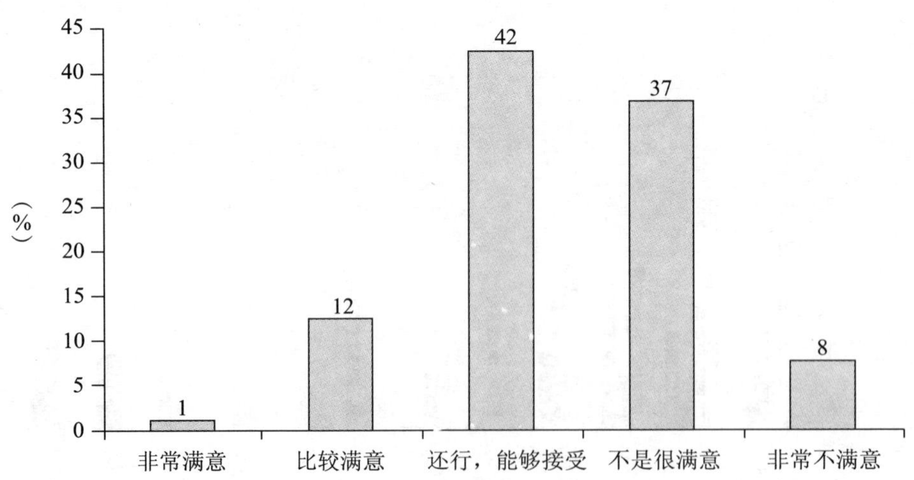

图7　采购人员对目前薪酬情况的态度

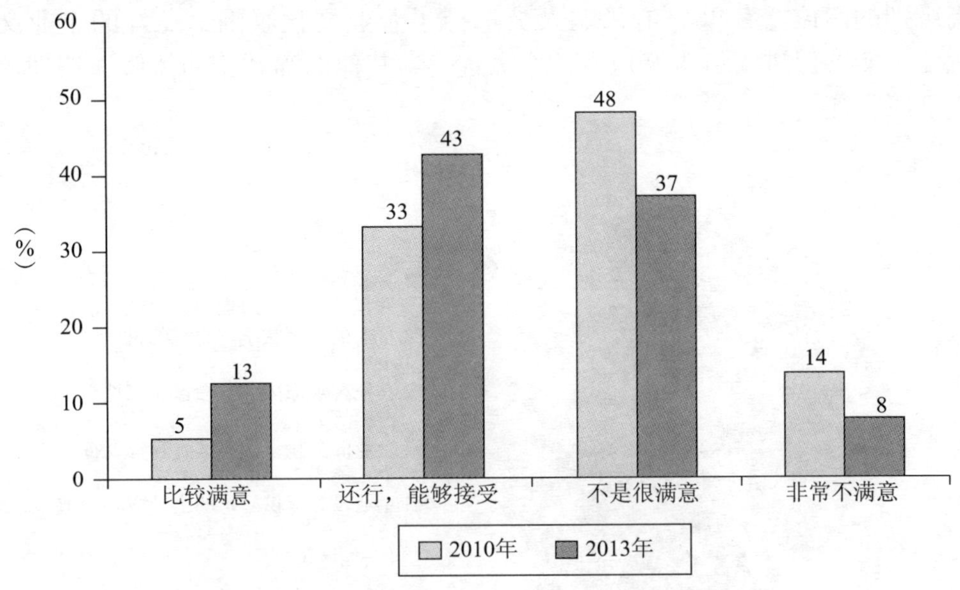

图8　2010 年与 2013 年薪酬满意度对比

国有企业的采购人员对于薪酬情况普遍满意，外企和私营企业中满意和不满意的各占半壁江山，尤其是私营企业，更多的员工不满意目前的薪酬情况。如图 9 所示。

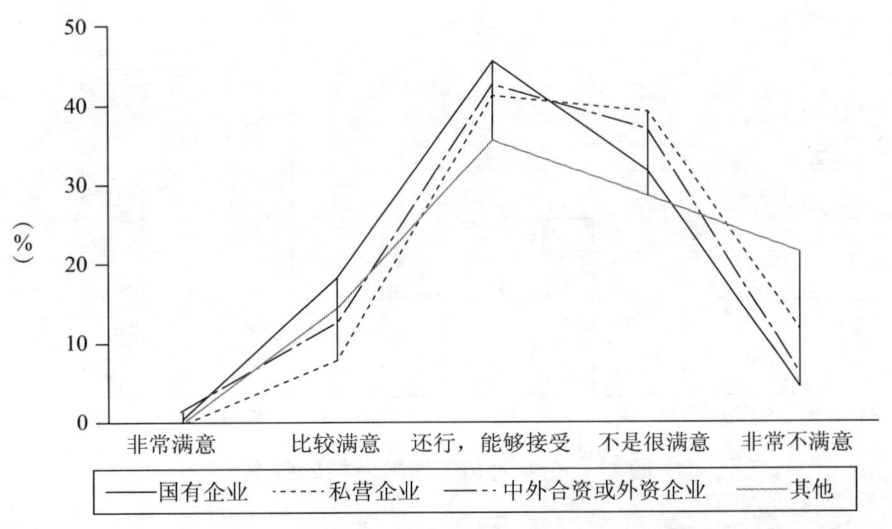

图9　不同类型企业的采购人员薪酬满意度情况

之前谈及采购人员目前已经将关注点从薪酬转移到其他利于自身发展的隐性福利上，如图 10 所示。41% 的采购人员目前更多地关注个人的上升成长渠道，就国内低迷的经济形势来看，跳槽的成本较前几年增加很多，员工更愿意在本单位寻求高级别的岗位。有 28% 的采购人员选择了企业文化氛围，良好的企业文化在一定程度上能够促进人员更好地发挥个人能力。其他的福利比如休假、培训等也是采购人员所关注的。

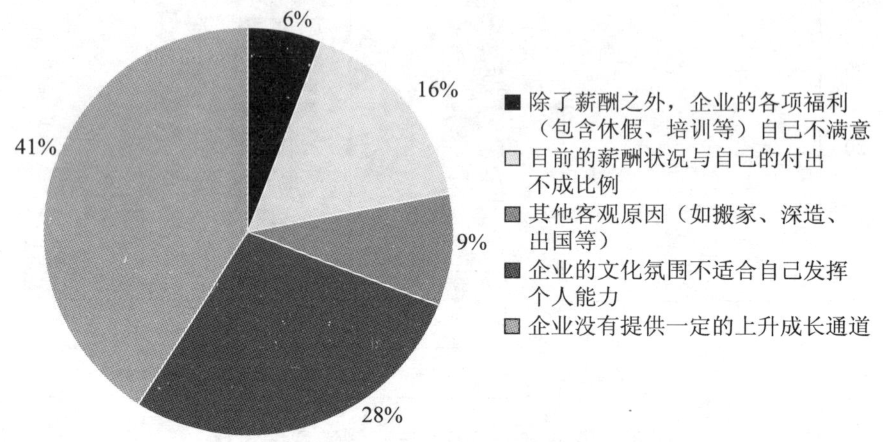

图 10　促使员工跳槽的原因

衡量员工对企业贡献价值的标准之一便是绩效考核，如图 11 所示，只有 2% 的企业不对员工进行绩效考核，有 35% 的企业选择每年对员工进行一次绩效考核。

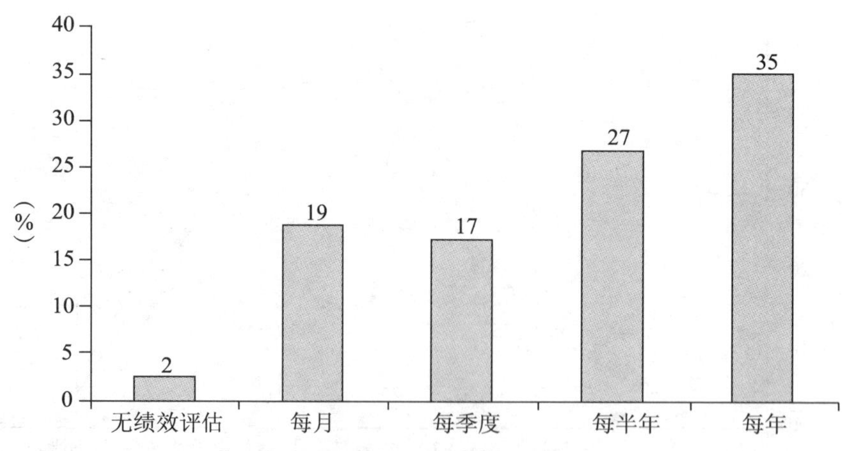

图 11　企业对员工绩效考核的频率

三、人员培训情况分析

企业对员工进行培训，一方面可以提升员工的专业素养，将所学知识运用到实际工作中；另一方面可以让员工认识到学习的重要性，从侧面激励员工主动学习。从调查结果来看，2013 年较 2012 年相比，企业的培训时间趋于平稳，略有增加。如图 12 所示。不同类型企业的培训时间如图 13 所示，民营企业的培训时间集中在 8 小时以内和 9 ~ 24 小时两个区间，国有企业和外企的培训时间比民营企业稍长，主要集中为 9 ~ 24 小时和 25 ~ 72 小时。如图 14 所示，经理以下级别的员工，在培训时间上的分布比较均匀，有的愿意接受更多的培训时间来提升自己，有的只是被动接受公司提供的培训。总监以上级别的人员培训时间比较集中，作为高层管理人员也需要定期进行“充电”。

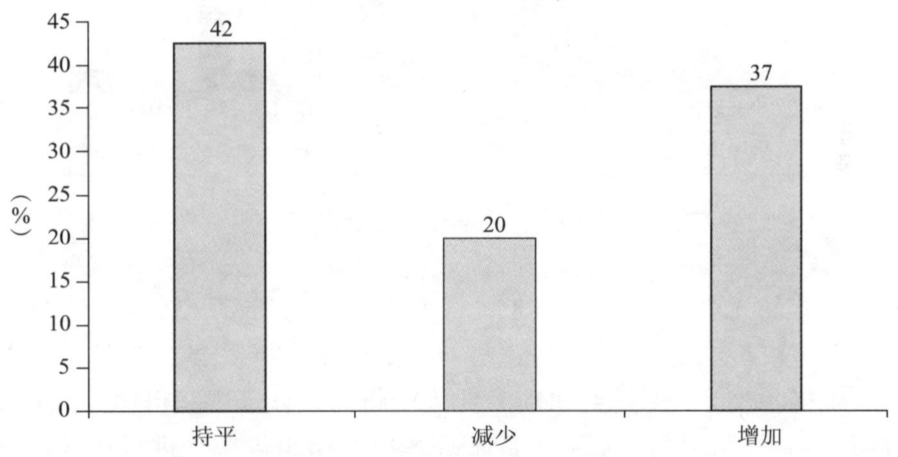

图 12　企业培训时间（2012—2013 年）

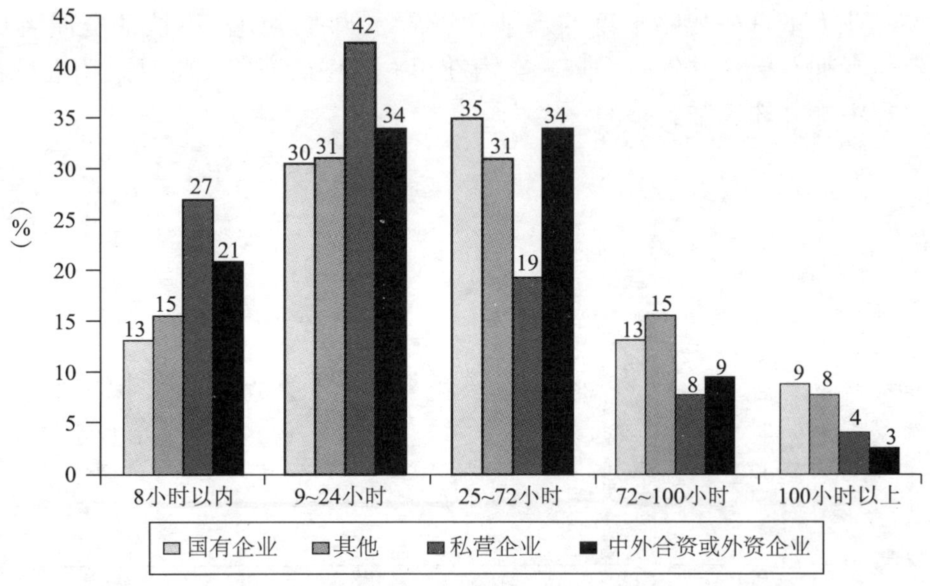

图 13　不同类型企业的培训时间

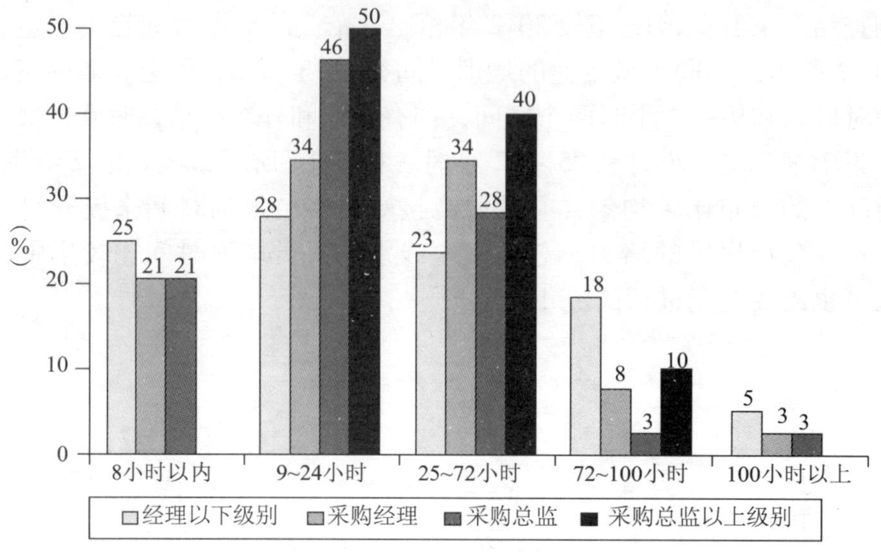

图 14　不同职位的培训时间

在培训内容的选择上，有 56.48% 的采购人员选择了 CPSM，如图 15 所示。CPSM 认证涉及多层次的供应管理角色，包括战略采购、物流管理、供应关系管理、供应来源多元化等，采购与供应专业人士将从该认证中获得很好的收益。

CPSM 认证资质可以使专业人士清晰理解所在组织供应管理运作，让经理人能够在关键的决策中起到积极的作用。供应管理贯穿于每个组织产品生产和服务提供的每一个环节，当今专业发展趋势表明，整个组织的供应管理创新战略的高效执行需要专业人士具备战略高度的水平和资质。调查表明获得认证资质者比未获得认证资质者拥有更高的年薪报酬。努力获得 CPSM 认证资质将是采购人员在职业化发展过程中提升知识和经验的一大机会。

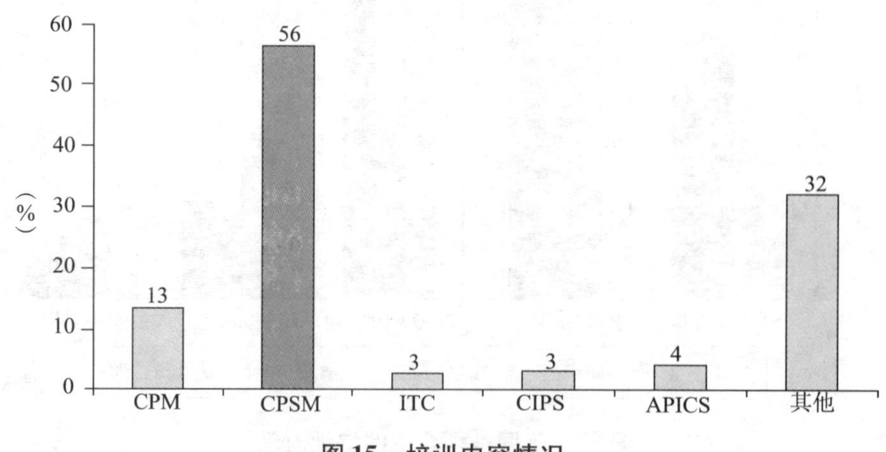

图 15　培训内容情况

2014 年中国工业设备行业采购调查报告

李帅

一、采购组织现状

集中采购的优点是：①集中的数量优势可降低采购成本；②减少企业内部各部门及单位的竞争和冲突；③采购信息的汇总有利于对采购活动进行监管。分散采购的优点是：①能适应不同地区市场环境变化，商品采购具有相当的弹性；②对市场反应灵敏，补货及时，购销迅速；③由于分部拥有采购权，可以提高一线部门的积极性，提高其士气；④由于采购权和销售权合一，分部拥有较大权力，因而便于分部考核，要求其对整个经营业绩负责。混合性采购并不是一种独立的采购模式，它同时具备集中采购和分散采购的特点。一般情况下，大型公司对实体商品倾向于集中采购方式，但是如果子公司具有强大的讨价还价能力，则可以采用分散采购。

调查显示，在工业设备行业中，61% 的企业选择了混合性采购模式，17% 的企业选择了集中采购模式，12% 的企业选择了项目采购模式，9% 的企业选择了分散采购模式。由于混合性采购的优势在于它充分利用集中采购和分散采购两种模式之长，能扬长避短，使二者"物尽其用"，所以企业比较倾向于混合性采购。如图 1 所示。

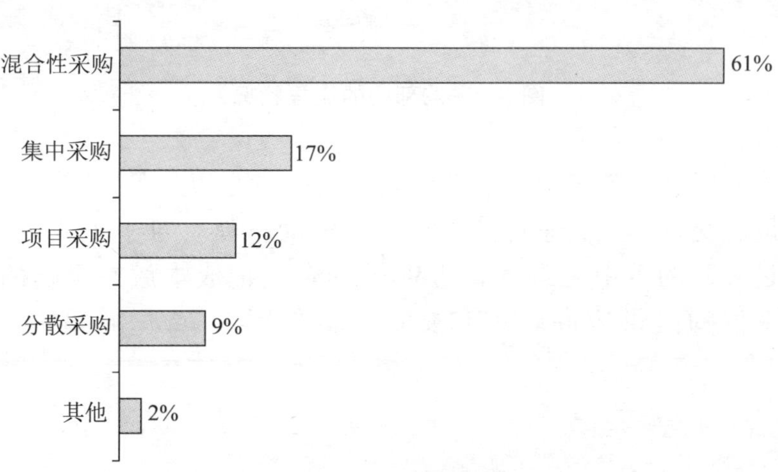

图 1 采购组织模式

调查显示，11%的企业已经建立采购的操作流程、每一项采购活动都有记录；17%的企业形成了较为完整的采购管理和操作流程，并得到严格执行；37%的企业的采购流程管理与ERP或相应系统的流程及数据保持一致、统一；18%的企业能够对不同复杂程度的业务、采购品类管理的操作流程和工具（例如招标、反向竞标、总括合同、战略合作供应商等）准确使用；16%的企业能够利用动态的、系统性的方法（例如PDCA、流程再造等手段）进行流程改进，采购流程随着企业的战略、规划和目标等持续改善提高；1%的企业把采购的流程纳入到整个企业的流程再造中，使流程成为采购创新的驱动力。图2中左边到右边是逐渐升级的过程，而占的比例最大的是处于图形中间的37%，说明工业设备行业的采购部门流程状况属于中间的水平，仍有很大的提升空间。

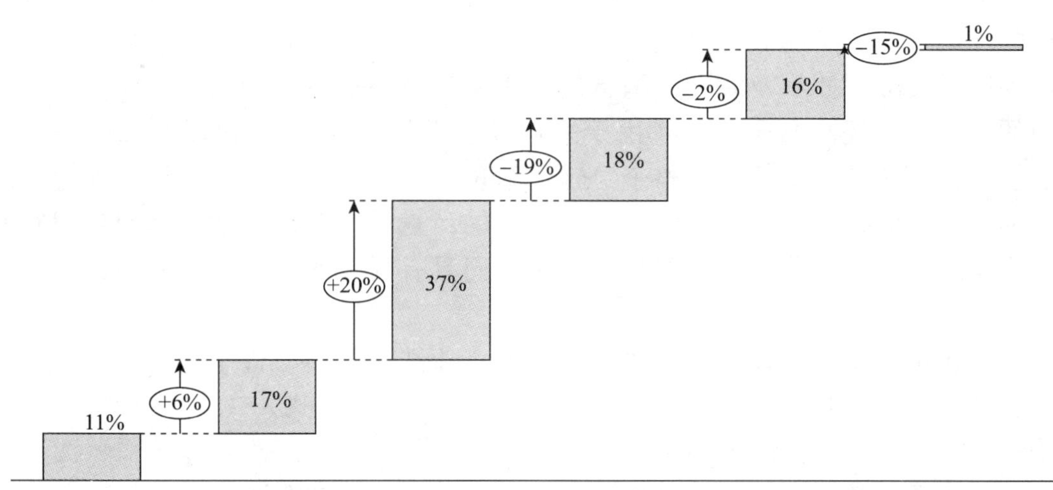

图2　采购部门的流程状况

采购工作主要是服务于生产活动，它的目标就是以最低的采购总成本提供满足质量、数量、交货期三大条件的原材料和辅助材料。对于工业设备行业而言，成本控制也是采购的重中之重，高达96%的企业把成本放在采购的第一位，排在第二、第三位的是供应商管理和交付期，分别占72%和63%。具体如图3所示。

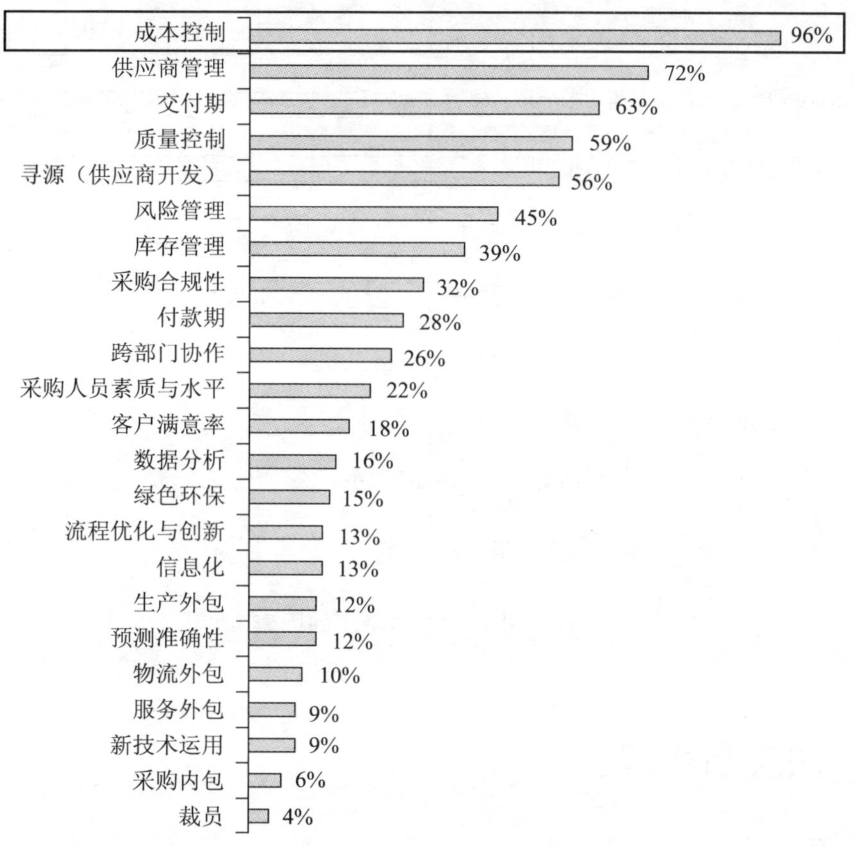

图3　采购的重点工作

外包是指企业动态地配置自身和其他企业的功能和服务，并利用企业外部的资源为企业内部的生产和经营服务。外包不仅能使企业更专注于其核心业务，而且外包伙伴也能发挥自己的特长业务，共同改善企业产品的整体质量。在工业设备行业中，企业考虑外包时，首先考虑的是外包对企业的直接成本和间接成本有何种影响，其次考虑该流程或功能活动是否为组织的核心能力，再次考虑供应商应当提供怎样的交付、质量价格和服务水平，三者占的比例分别是70%、63%和52%。这说明工业设备行业在外包时，最主要考虑的还是成本要素。如图4所示。

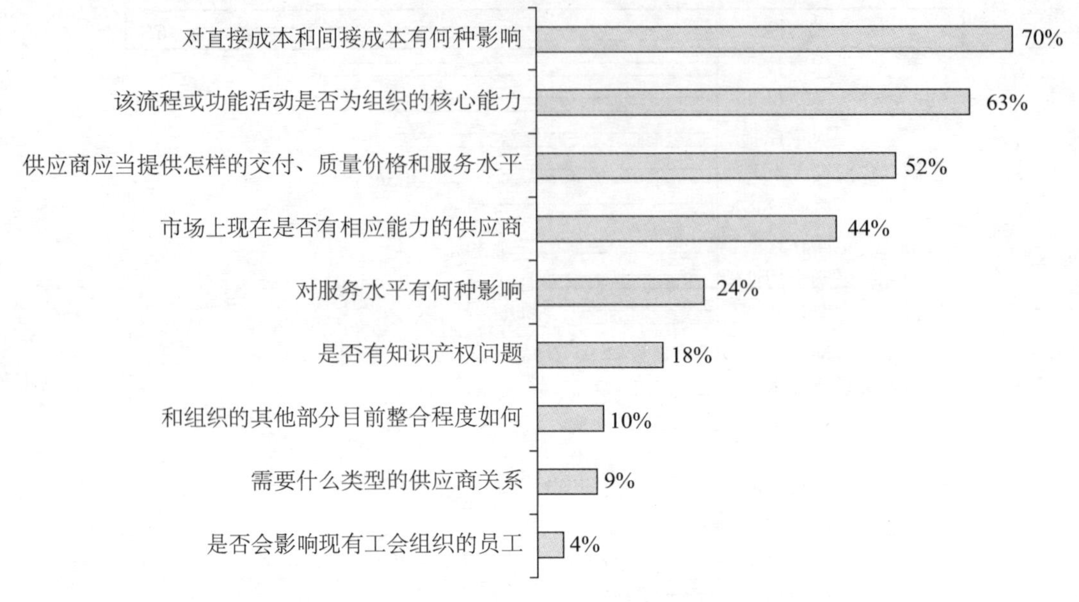

图4　外包时主要考虑的因素

二、供应商管理

（一）供应商管理现状

企业对供应商的管理内容主要包含供应商市场定位、供应商开发管理流程、供应商质量管理流程、供应商关系管理流程、建有优秀供应商库和供应商年度评审计划等。

调查显示，在工业设备行业中，62%的企业有比较完善的供应商年度评审计划，53%的企业有比较完善的供应商质量管理流程，相对而言，企业对供应商的市场定位分析很低，只有15%的企业有比较完善的供应商市场定位分析，22%的企业有比较完善的供应商关系管理流程。这说明这个行业比较注重供应商的考核和供应商的质量管理，而供应商市场定位分析和供应商关系管理流程都有待提高。如图5所示。

对于企业管理而言，供应商是管理与控制的关键环节。如果供应商管理出现问题，则下游的各环节将无法做到最优。所以，对供应商的绩效考核是一个关键环节，企业必须对供应商进行绩效考核，并进行评估和选择。供应商的市场定位还是比较重要的，特别是中小型供应商，切勿想一下子把市场做得很大。

调查显示，在工业设备行业中，企业要求供应商要有绿色采购理念的占45%，企业要求供应商要有低碳排放和可追溯理念的占39%，企业要求供应商要有社会责任的占48%，企业要求供应商要有可持续发展理念的占45%。总的来说，工业设备行业对供应商是否具备这四个方面的理念要求不高，低于全行业（全行业调查显示，对供应商这四方面都有要求的比例都超过50%）对供应商这四方面的要求。如图6所示。

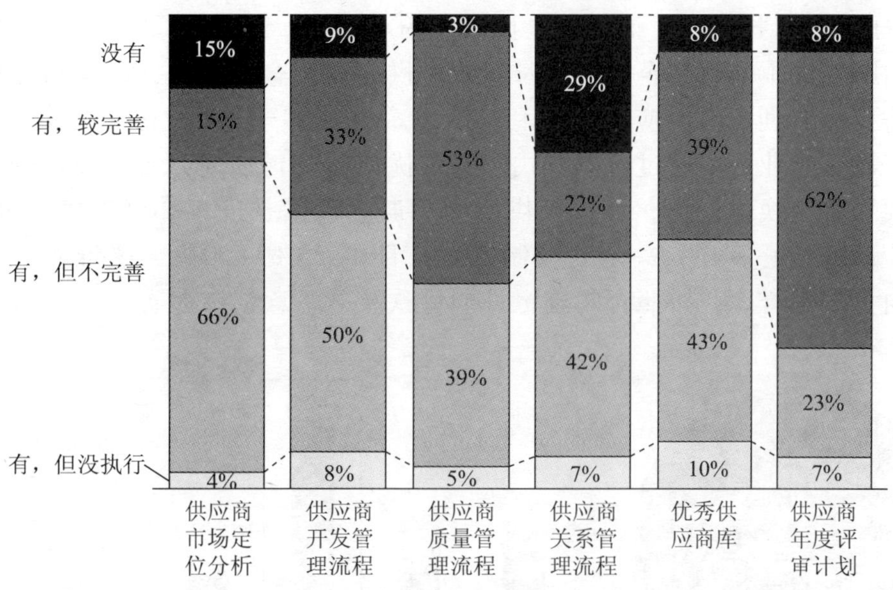

图5　企业对供应商管理现状

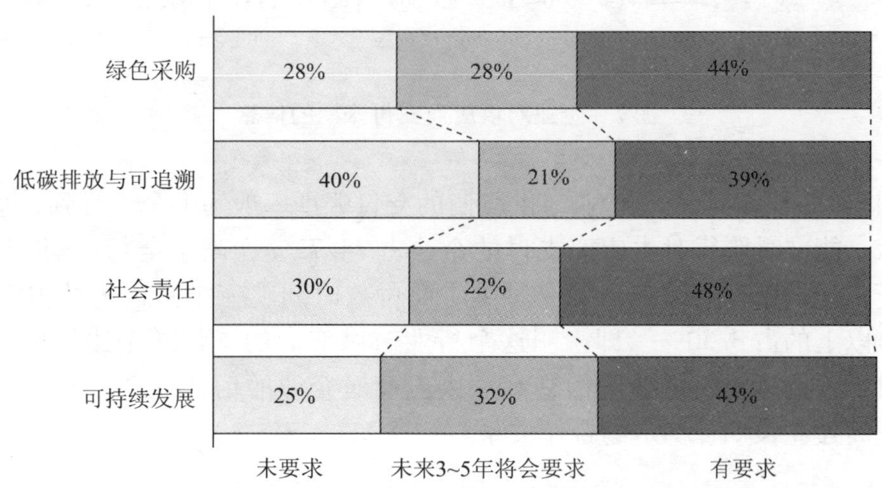

图6　企业对供应商的要求

（二）供应商支付情况

调查显示，在工业设备行业的供应商支付账期中，与2012年相比，该行业对其供应商的支付账期延长了的比例占到44%、缩短了的比例占到4%，而支付账期不变的比例最大，达到52%。由图7可知，工业设备行业对其供应商的平均支付账期在60~90天的比例最大，达到42%，其次平均支付账期在45~60天的比例为25%。这些数据说明工业设备行业对其供应商的支付账期主要集中在1个半月到3个月，因为工业设备占用的资金量比较重，所以支付账款时间相对其他行业（例如电子、高科技行业）而言也是比较短的。

支付账期的本质就是企业利用时间差对供应商资金的占用，而支付账期越长，对企业自身越有利，对供应商越不利，所以最好能够建立一个更稳定的、更合适的支付账期。企业可以通过以下方式取得更优惠的支付账期：①供应商的稳定性，尽量不要频繁更换供应商，以提高供应商忠诚度和信誉度；②订单集中度，尽量成为供应商的核心客户，一定要控制其年产能的25%~30%，议价能力会增强；③保证自身的信誉度，按照合同规定日期付款及不恶意克扣货款。

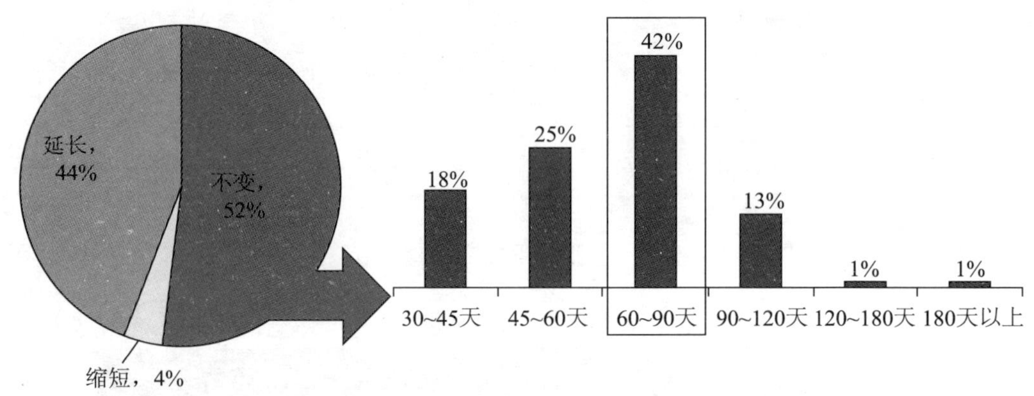

图7　企业对供应商支付账期的信息

由图7可知，工业设备行业与供应商的支付账期一般为1个半月到3个月，而图8显示，能准时履行对供应商支付的企业占74.73%，高于全行业69.77%的水平。对于工业设备行业而言，企业对供应商付款时间晚三个月以内的占21.98%，晚三个月以上的占3.30%。即说明这个行业对供应商的支付还是比较准时的，准时的支付不仅能反映出企业的信誉高和供应商对企业的信任度高，而且有利于企业和供应商建立长期、稳定的合作关系。

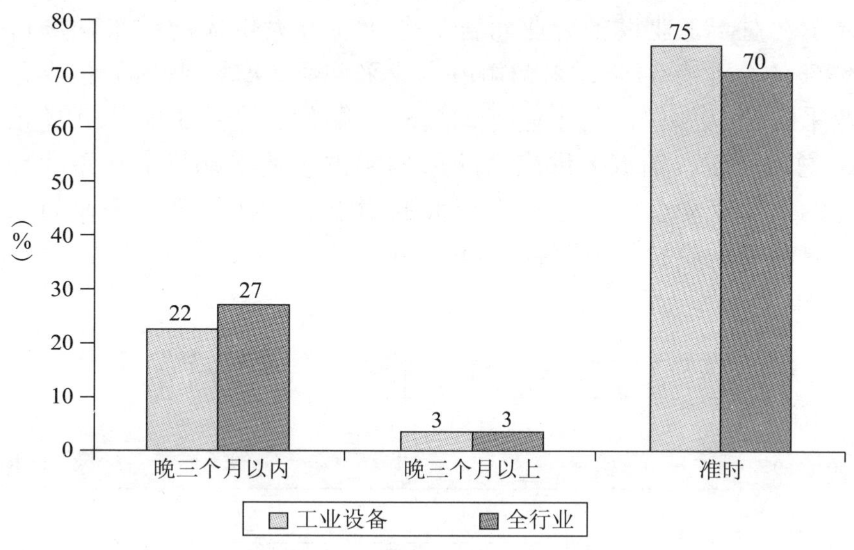

图8　企业对供应商付款时间

（三）供应商的数量及供应商采购额的比重

调查显示，工业设备行业的供应商数量主要集中在20～299家，约占到74%。其中有100～199家供应商的企业占23%，有200～299家供应商的企业占20%，有50～99家供应商的企业占18%，有20～49家供应商的企业占13%。如图9所示，企业的供应商数量分布图呈两端小、中间大的正态分布。这种分布是比较合理的，因为过少的供应商，可能会造成供应商垄断局面，而过多的供应商会造成企业管理的混乱。对于工业设备行业而言，供应商数量在100～199家是最常见的。

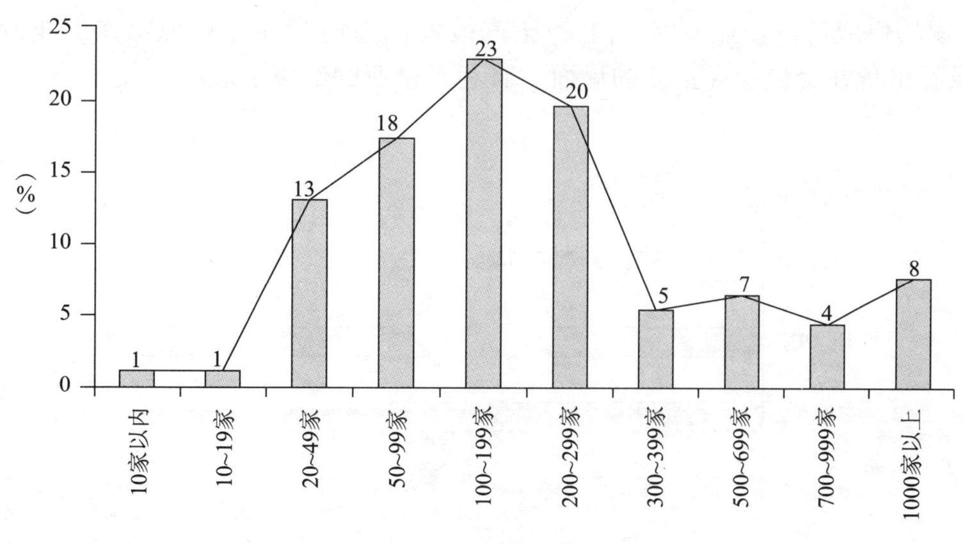

图9　供应商数量

调查显示，对于工业设备行业而言，企业前五大供应商的采购额占企业采购额 50% ~69% 的企业有 34%；采购额占企业采购额 30% ~49% 的企业有 29%；采购额占企业采购额 30% 以内的企业有 21%；采购额占企业采购额 70% 或以上的企业有 16%。总的来说，前五大供应商的采购额占企业采购额的比重比较大，即前五大供应商的采购变动会对企业产生很大的影响。正确处理好企业与前五大供应商的关系，有利于企业的稳定发展。如图 10 所示。

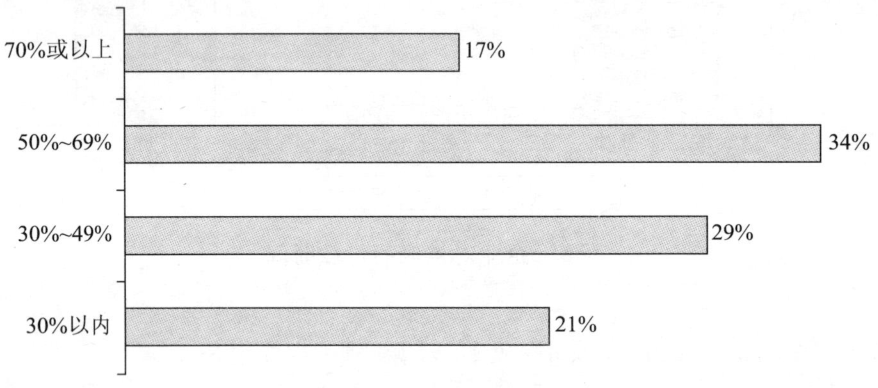

图 10　企业前五大供应商的采购额占企业采购额的比例

调查显示，大部分企业认为该企业的 10 ~49 家供应商的采购额占企业总采购额的 80% 以上。其中 5 家以内的供应商占企业 80% 以上采购额的比重为 14%，5 ~9 家的供应商占企业 80% 以上采购额的比重为 25%，10 ~49 家的供应商占企业 80% 以上采购额的比重为 37%，50 ~99 家的供应商占企业 80% 以上采购额的比重为 14%，100 家或以上的供应商占企业 80% 以上采购额的比重为 9%。总的来说，5 ~49 家的供应商占企业 80% 以上的比重最大，达到 62%，这说明在工业设备行业中没有出现几个供应商垄断的局面，有利于企业的健康发展。

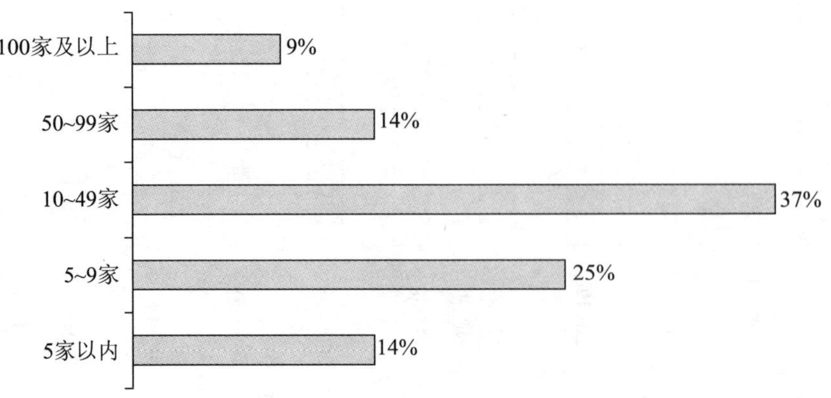

图 11　占企业 80% 以上采购额的供应商总数

（四）优化供应商群的方法

优化供应商群的方法有很多，例如：改变供应商的数量、调整供应商的结构、通过国内外的寻源来开发低成本供应商。图 12 是工业设备行业在国际范围内寻源开发重点图，由图 12 可知，97% 的企业还是将中国列为最好的寻源开发地，其次是印度和东南亚，分别占 26% 和 23% 。出现这种情况的原因可能是由于这几个国家具备大量的低成本劳动力，比较符合工业设备行业的需求。

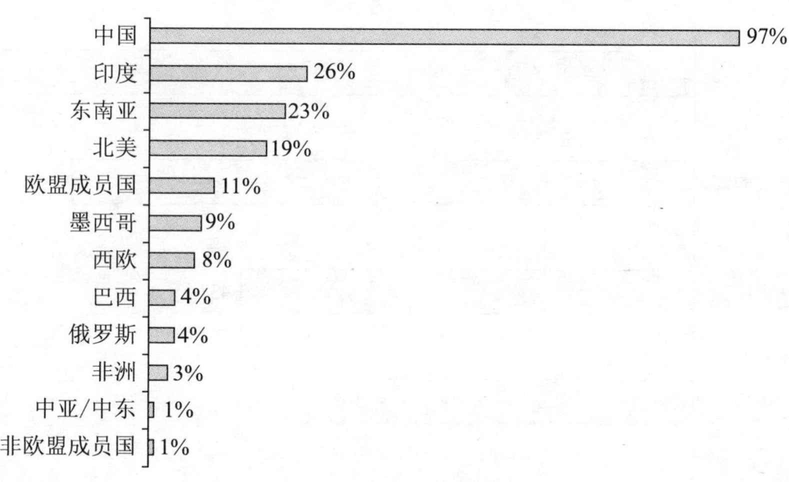

图 12　供应商的寻源开发重点

调查显示，在国内寻源中，72% 的企业把南方沿海地区作为企业重点寻源区域，这是由于南方沿海地区拥有着其独特的优势：①毗邻港澳，是中国通往亚、欧、非大陆的最近出海口；②拥有中国最大的经济特区和较强的经济实力；③自然资源富饶，人力资源丰富；④交通运输仓储业及邮电通信业发达，这些优势有利于推动中国的工业化发展进程，为工业设备行业提供良好的成长环境。如图 13 所示。

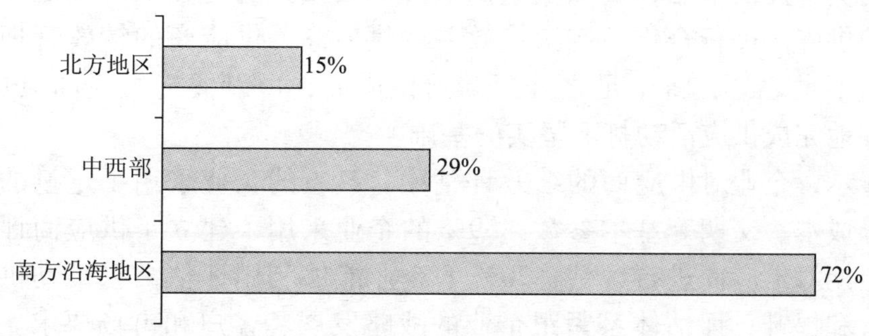

图 13　国内寻源重点区域

为了改善和供应商的关系，提升采购的服务质量，企业可以通过供应商结构调整来优化供应商群，如图 14 所示。65% 的企业希望与供应商形成战略合作伙伴的关系，58% 的企业希望自己的供应商是伙伴型供应商，43% 的企业通过利用多家供应商为企业服务来优化供应商群，甚至有 20% 的企业通过独家供应商为企业服务来优化供应商群。总而言之，供应商结构调整的方式多种多样，企业要结合自身的需求，选择合适自己的方式。对于工业设备行业而言，大部分的企业倾向于战略合作伙伴和伙伴型供应商的结构调整模式。

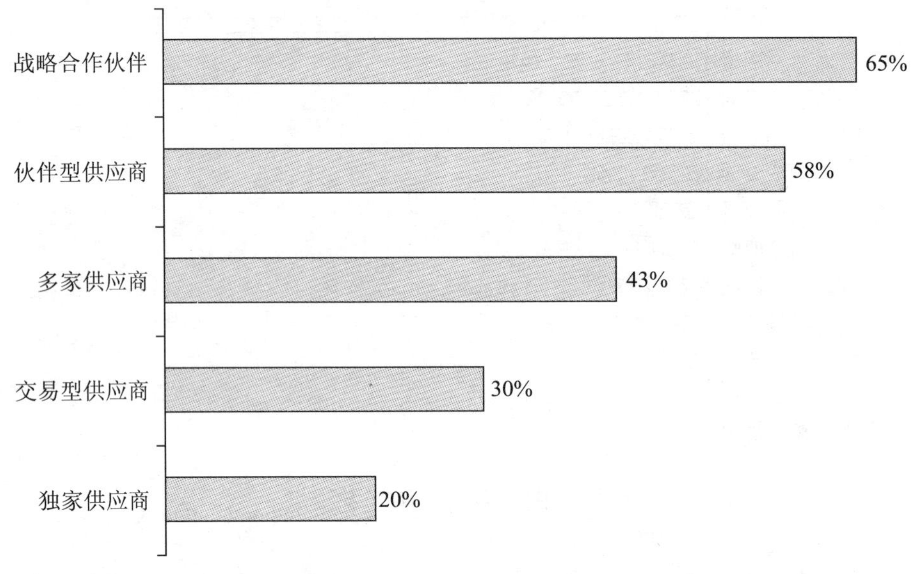

图 14　供应商结构调整

（五）供应商的绩效评估

供应商绩效评估的目的是了解供应商的表现，促进供应商提升供应水平，并为供应商的奖惩提出依据，确保供应商供应的质量，同时在供应商之间比较，继续同优秀的供应商进行合作，淘汰绩效差的供应商。供应商的绩效管理同时了解供应存在的不足之处，将不足之处反馈给供应商，可以促进供应商改进其业绩，为日后更好地完成供应活动打下坚实的基础。

调查显示，企业对供应商的绩效评估中，21% 的企业采用了定量的评估供应商的质量、成本、交期等基本参数；59% 的企业采用了建立了供应商评估体系与标准，并定期对供应商进行评估；20% 的企业能够利用评估结果推动供应商的绩效不断改善和提升；评估体系紧跟企业的战略发展、客户和市场要求。说明工业设备行业在绩效评估方面做得还是挺不错的，大部分企业对供应商的绩效评估处于中期阶段，大大超越了全行业的水平。如图 15 所示。

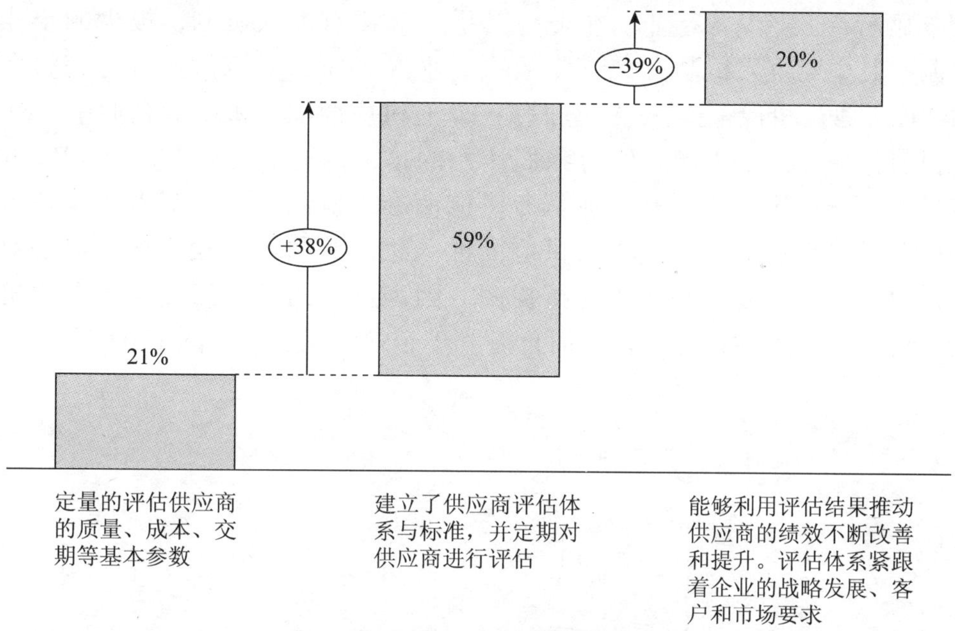

图 15 采购部门对供应商绩效评估情况

随着企业越来越专注于核心竞争力的领域，企业与供应商的联系也将越来越密切。选择合适的供应商进行合作将会是企业能否取得成功的关键之一。通过供应商考核，企业可以了解供应商有哪些优点和缺点，并将考核结果作为选择供应商的依据。

调查显示，在工业设备行业中，6% 的企业没有对供应商进行现场考核；94% 的企业都会对供应商进行现场考核，在这 94% 的企业中，有 60% 的企业会对供应商进行定期的现场考核，而且 45% 的企业对供应商考核后有奖惩制度。这说明在这个工业设备行业中，比较重视对供应商的考核，并且通过奖惩措施和定期考核来促进供应商的完善。如图 16 所示。

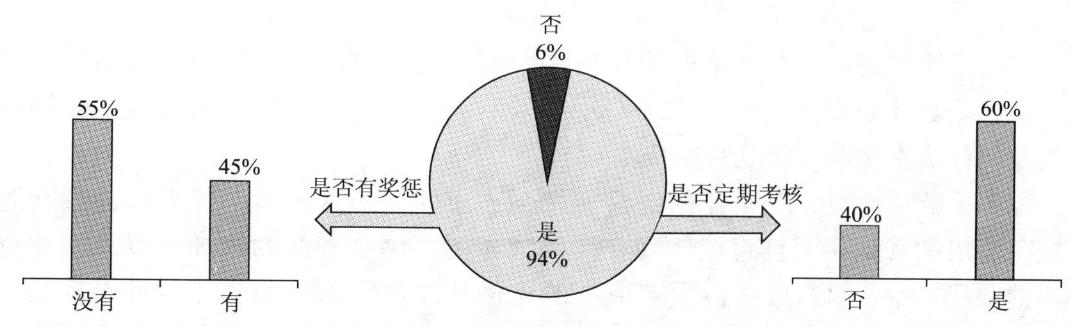

图 16 供应商现场考核情况

调查显示，工业设备行业的企业对其供应商都有准入机制，极少的企业没有淘汰机制。其中对准入机制有完整体系的企业占63%，对淘汰机制有完整体系的企业占40%，两者的差距比较大，即在63%有供应商准入机制的企业中，有23%的企业没有供应商淘汰机制。值得我们注意的是，在这个行业中，有12%的企业还没有供应商淘汰机制，所有企业都有供应商准入机制，这说明工业设备行业对供应商的要求是很高的，特别是对供应商准入机制控制得比较严格，但是对供应商的淘汰机制的重视度不高，仍有待提高。因为良好的供应商准入和淘汰机制不仅有利于促进供应商的自身完善，而且有利于企业的发展。如图17所示。

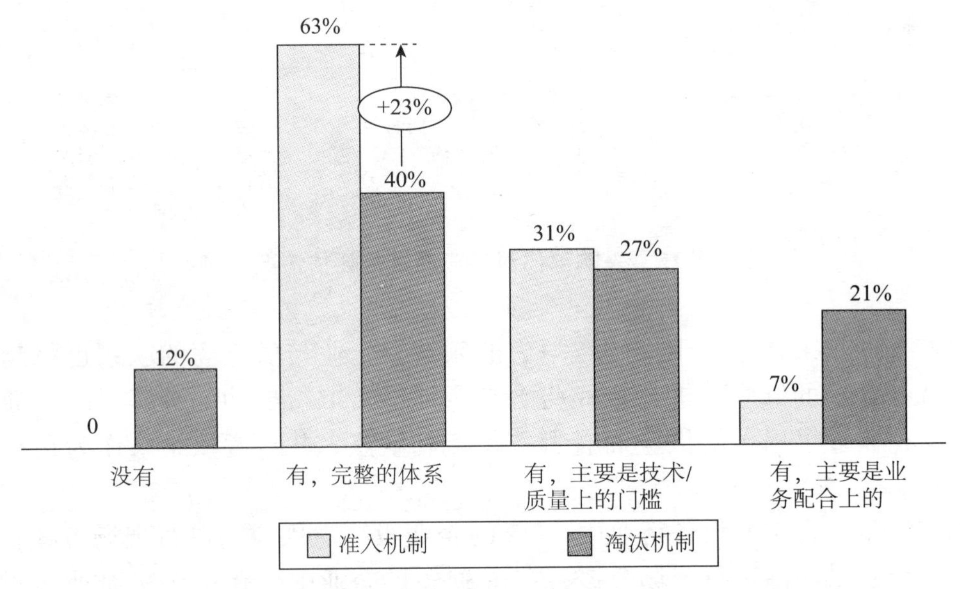

图17　供应商的准入和淘汰机制

三、采购成本控制

采购成本控制是指对与采购原材料部件相关的物流费用的控制，包括采购订单费用、采购计划制订人员的管理费用、采购人员管理费用等。采购成本控制的目的是抓住成本重心，降低采购成本。

控制采购成本对一个企业的经营业绩至关重要。采购成本下降不仅体现在企业现金流出的减少，而且直接体现在产品成本的下降、利润的增加，以及企业竞争力的增强。由于材料成本占生产成本的比例往往达到50%以上，因此，控制好采购成本并使之不断下降，是一个企业不断降低产品成本、增加利润的重要和直接手段之一。

应收账款的发生意味着企业有一部分资金被客户占用，应付账款是企业应支付但尚未支付的手续费和佣金。图 18 是企业与 2012 年相比，2013 年的现金回收状况。由图 18 可知，工业设备行业应收账款天数持平的比重最大，达到 72%；应付账款天数也是持平的比重最大，达到 53%；库存天数是减少的比重大，达到 39%。这表明了对于工业设备行业而言，应收账款天数基本持平，应付账款天数有一半企业时持平，有 1/3 的企业是增加了，说明企业占用供应商资金的趋势增加。库存天数增加、减少和持平的比重都差不多，由于过高的库存天数会导致过多的资金被占用、产品损耗、产品过期、产品滞销、仓储空间和风险；库存太低则会丧失销售机会，顾客对商场的信心也会降低，所以企业应该根据实际情况来确定库存天数。

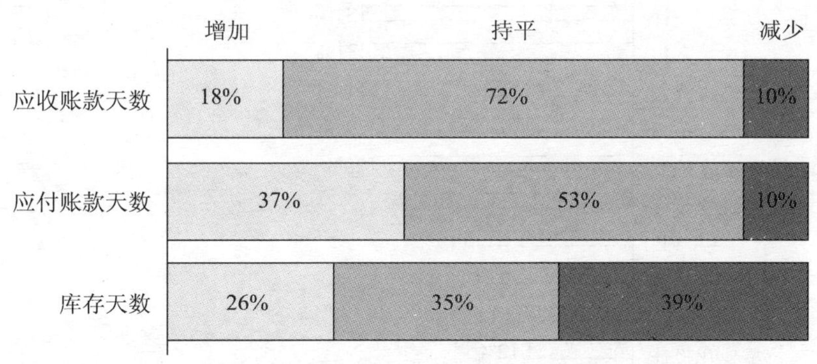

图 18 企业的现金回收状况

产品成本是抵减利润的一个重要因素，产品成本高，利润相应减少；而产品成本低，则利润相应增加。降低产品成本可以节约人力与物力的消耗，降低产品成本是降低产品价格的重要条件。在企业中，降低成本的主要方法有引入竞争供应商、寻找替代物料、谈判、延长付款周期、集中采购、优化设计、缩短交货周期、改换供应商、库存周转率控制、研发等部门介入成本控制（担负成本责任）、招标、供应商早期参与设计、寄售、VA/VE、标准化设计、JIT 采购、目标成本法、回收、（与其他企业）联合采购、模块化设计和利用期货套期保值等金融方法进行控制。

由图 19 可知，在工业设备行业中，76% 的企业倾向于引进竞争供应商来降低成本，在多家供应商进行竞争的情况下，为了能够拿到企业的指标，供应商会不断地自我完善，并且在价格上做到最优、在质量上做到最好。这样能大大提高企业的采购效率，达到节约成本的目的。56% 的企业寻找替代物料来降低成本。寻找替代物料的主要目的是：①分散风险，避免本企业的生产因外部供应的意外中断而被迫停产；②促进外部竞争，迫使供应商提高品质、降低成本、改善交货与服务。53% 的企业倾向于通过谈判来降低成本。谈判在采购活动中的作用如下：①可以争取降低采购成本；②可以争取保证产品质量；③可以争取采购物资及时送货；④可以争取获得比较优惠的服务项目；⑤可以争取降低采购风险；⑥可以妥善处理纠纷维护双方的效益及正常关系，为以后的继续合作创造条件。

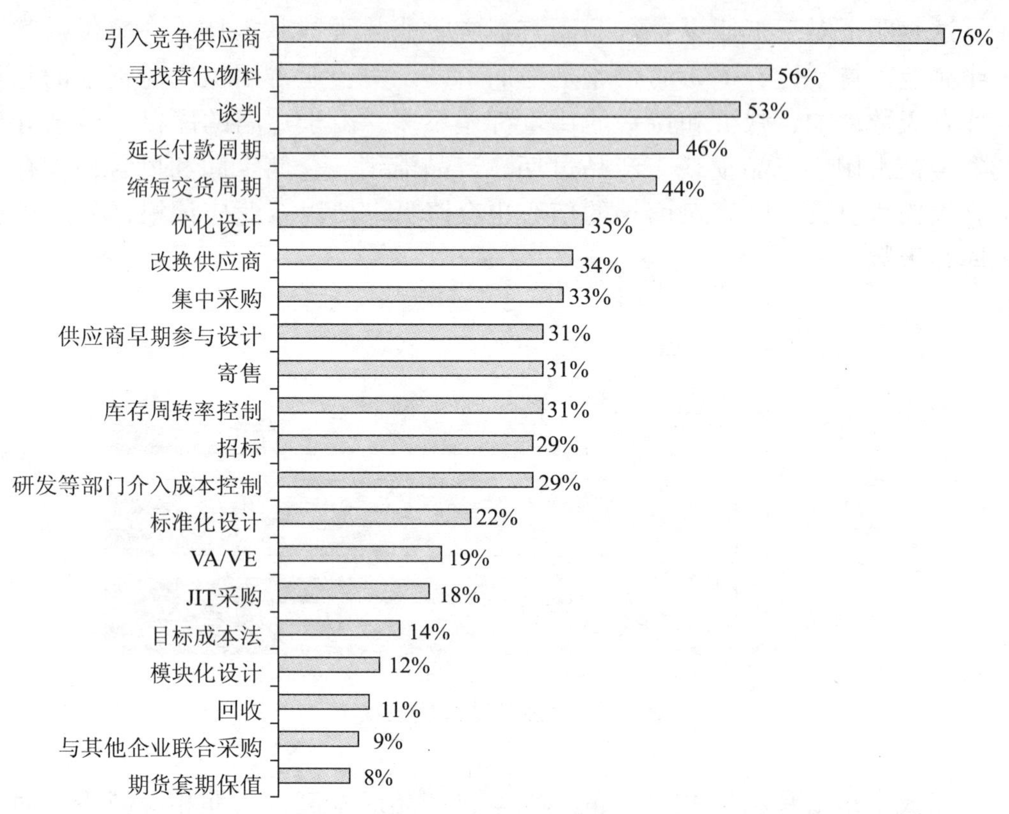

图 19 企业降低成本的主要方法

四、采购信息化

采购信息化主要是指采购用户利用现代信息技术和互联网通信技术，向广大供应商进行电子化采购。

由图 20 所示，在工业设备行业中，有 91% 的企业有 MRPⅡ/ERP，89% 的企业有供应商绩效数据，61% 的企业有电子合同，56% 的企业有开支分析工具，50% 的企业有电子票据开具。这些数据表明，MRPⅡ/ERP 系统在工业设备行业中运用得最多，并且该行业对于供应商绩效数据的重视度也是很高的。

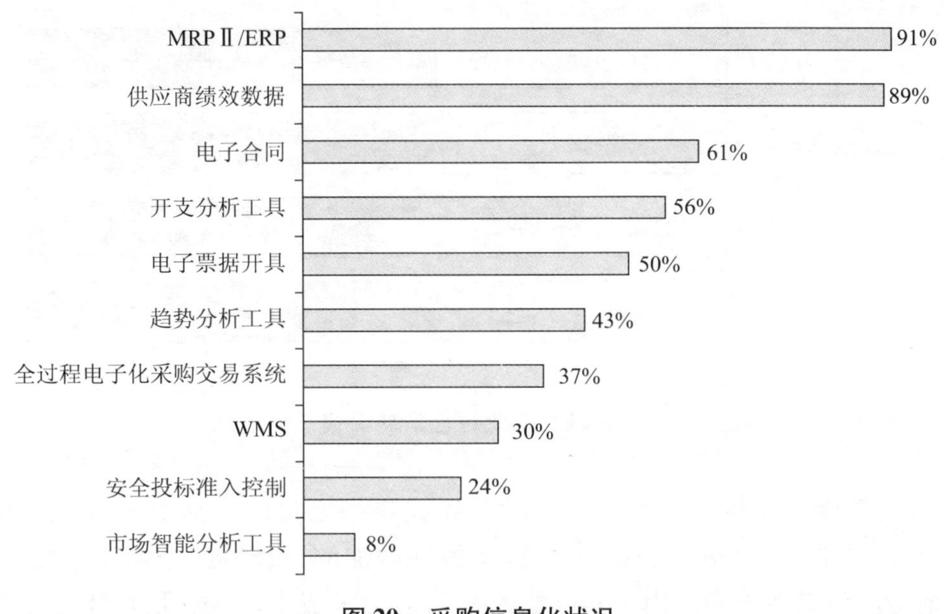

图 20　采购信息化状况

五、绿色采购

绿色采购是指政府和企业经济主体一系列采购政策的制定、实施及考虑到原料获取过程对环境的影响而建立的各种关系，其中与原料获取过程相关的行为包括供应商的选择评价。低碳排放是指较低或更低的二氧化碳排放，可追溯是一种还原产品生产全过程和应用历史轨迹，以及发生场所、销售渠道的能力，以发现食品链的最终端。社会责任通常是指组织承担的高于组织自己目标的社会义务，社会责任包括企业环境保护、安全生产、社会道德及公共利益等方面。可持续发展是一种注重长远发展的经济增长模式，可持续发展注重社会、经济、文化、资源、环境、生活等各方面协调发展。

在工业设备行业中，29% 的企业已经实施了绿色采购，34% 的企业已经实施了低碳排放与可追溯，51% 的企业已经实施了社会责任，47% 的企业已经实施了可持续发展。总的来说，社会责任实施的程度最高，有一半的企业都已经实施了，但是低于全行业的实施水平，说明这个行业的社会责任感还有待提高。绿色采购实施的程度最低，只有不到 1/3 的企业实施了，这说明这个行业对绿色理念的认识不够。如图 21 所示。

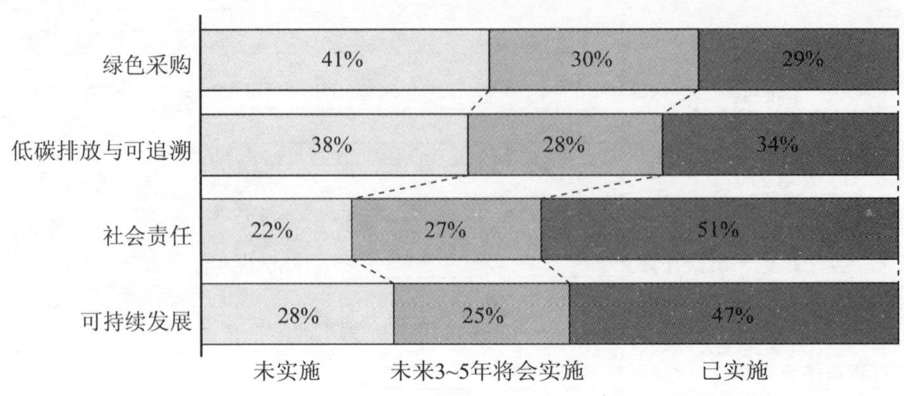

图 21　企业绿色采购现状

企业实施绿色采购对成本的影响的总体趋势是增加的，其中 35% 的企业认为成本是明显增加，38% 的企业认为成本是稍许增加的，26% 的企业认为成本不变，1% 的企业认为成本下降。由于实施绿色采购会带来成本增加，所以工业设备行业在绿色采购方面的实施度比较低。如图 22 所示。

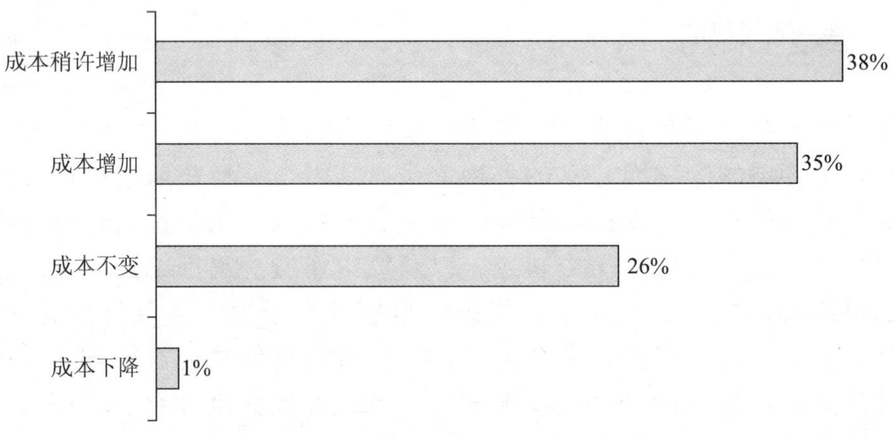

图 22　实施绿色采购对成本的影响

企业在实施绿色采购的过程中，遇到的障碍分别是消费者绿色认知与需求不够、相关法规与行业标准不完善或执行不强、缺乏企业战略的支持、缺乏供应商的理解与配合、生产工艺流程的限制、缺乏新材料与技术支持。而 67% 的企业认为缺乏新材料与技术支持是最主要的障碍，65% 的企业认为消费者绿色认知与需求不够是实施绿色采购的障碍，64% 的企业认为相关法规与行业标准不完善或执行不强是实施绿色采购的障碍。相对而言，缺乏企业战略的支持是最弱的障碍，只有 54% 的企业认为其是实施绿色采购的障碍。这说明在工业设备行业中，实施绿色采购最主要的障碍是缺乏新材料和技术的支持和消费者对绿色认知度不高。为了促使该行业大力推进绿色采购，需要从以下两点着手：①寻找新材料和利用新技术稳定或降低生产成本；②政府要给予一定的措施向消费者普及绿色观念，并加强相关的法规和行业标准的完善和执行。如图 23 所示。

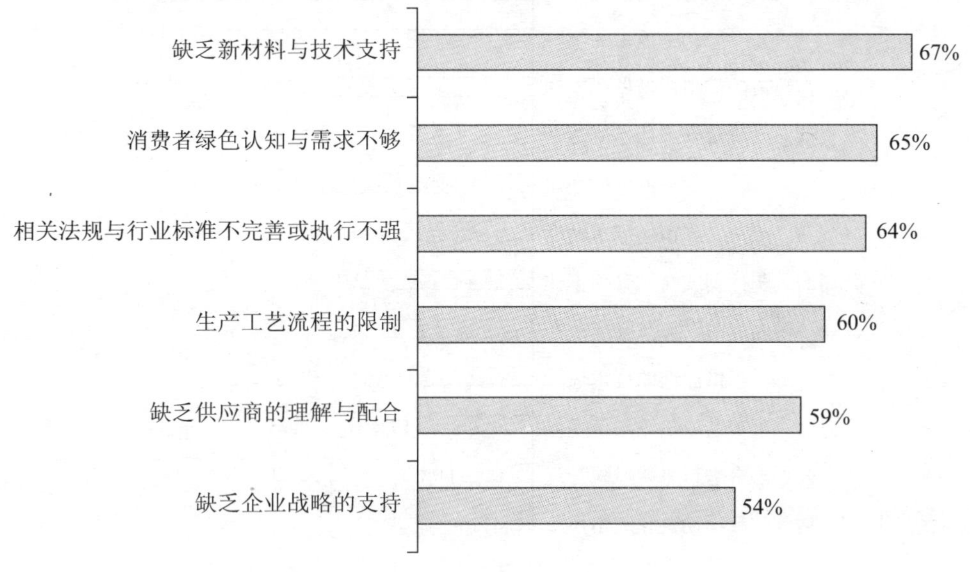

图 23　企业实施绿色采购的障碍

六、采购风险

采购风险通常是指采购过程可能出现的一些意外情况，包括人为风险、经济风险和自然风险，具体包括：采购预测不准导致物料难以满足生产要求或超出预算、供应商群体产能下降导致供应不及时、货物不符合订单要求、呆滞物料增加、采购人员工作失误、供应商之间存在不诚实甚至违法行为。

企业在风险管理上所面临的问题有过度依存单一或有限供应商、原材料数量/价格的变化、供应商的质量与履约情况不佳、劳动力成本的上升、法规/政策的应用和变动、供应商质量管理体系不健全、汇率的变化、市场需求波动、公司的采购计划或合同管理不佳、供应商的财务风险如破产、供应商的技术风险、自然灾害等造成供应条件变化、公司没有进行采购风险管理和供应商所在国家和地区的政治动荡和战争风险。

在工业设备行业中，企业在风险管理上所面临的主要问题是过度依存单一或有限供应商、原材料数量/价格的变化和供应商的质量与履约情况不佳，这三大问题所占的比重分别是 74%、70% 和 54%。如图 24 所示。

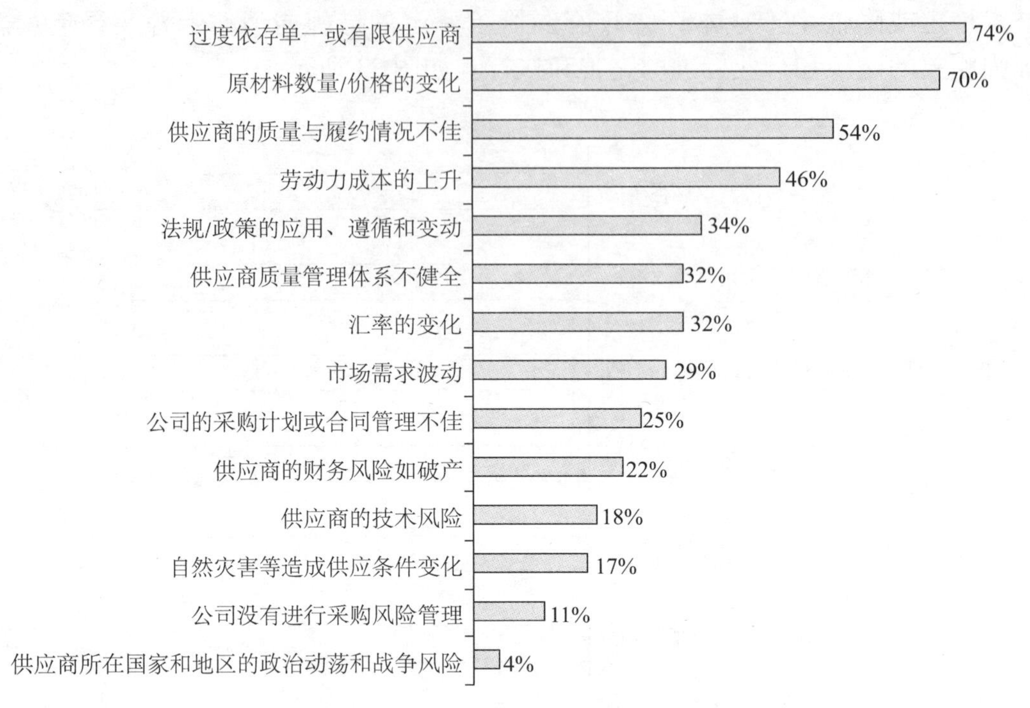

图 24　在风险管理上所面临的问题

任何事物都有风险，但采购风险归根结底也是可以通过一定手段和有效措施加以防范和规避的。主要的手段有：慎重选择供应商，重视供应商的筛选和评级；加强过程跟踪和控制，发现问题及时采取措施处理，以降低采购风险；采用多家供货策略；不定期去供应商现场考察；依赖于合同管理应对风险，建立采购授权和审批制度；对采购人员和管理人员进行风险管理培训；对供应商财务状况进行分析和依靠年度预算及策略规划。

在工业设备行业中，企业最常用来应对采购风险的方法是慎重选择供应商，重视供应商的筛选和评级，占到的比重为 86%。说明这个行业受供应商的影响很大，所以企业在选择供应商时更加慎重和重视。如图 25 所示。

企业在实施采购风险管理时，一般都会遇到或大或小的阻碍，阻碍主要有以下几种：风险防范措施不健全、公司资源不够、风险防范措施执行不到位、公司领导不重视、供应商不配合和风险应对的措施没有针对性。

调查显示，在工业设备行业中，61% 的企业认为在实施采购管理时遇到最大的阻碍是风险防范措施不足。风险防范措施是有目的、有意识地通过计划、组织、控制和检察等活动来阻止防范风险损失的发生，削弱损失发生的影响程度，以获取最大利益，针对采购流程的不同阶段，其风险防范措施也有所不同。为了更好地实施采购管理，该行业仍需加强风险防范措施。如图 26 所示。

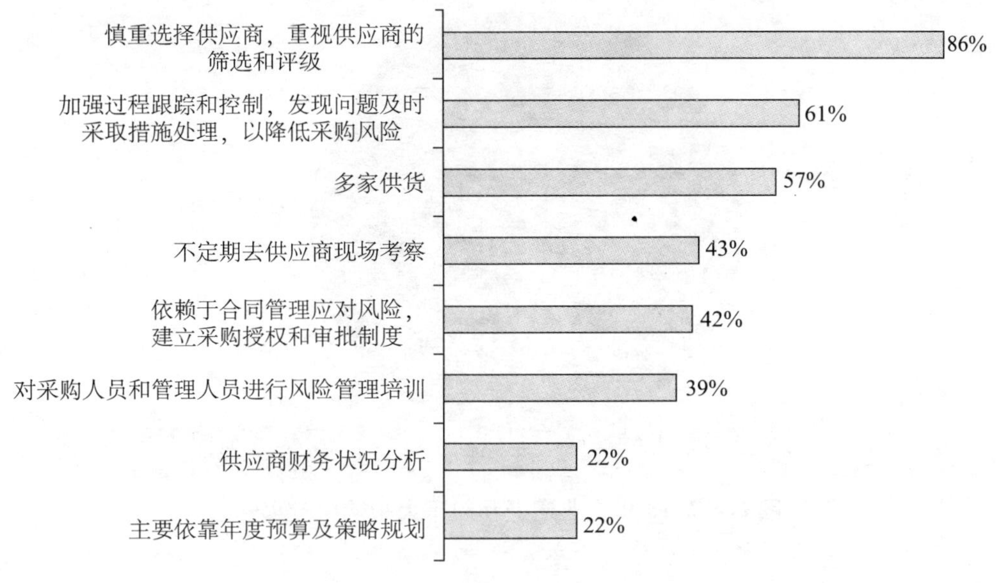

图 25　应对采购风险的方法

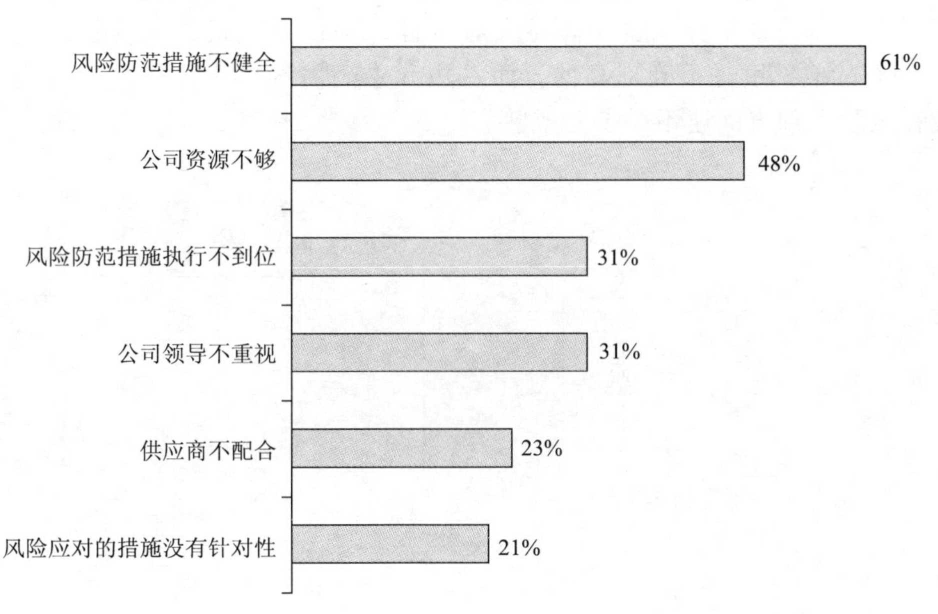

图 26　实施采购风险管理时遇到的阻碍

在工业设备行业中，2013 年遭受的重大采购风险事件的企业超过一半，其中发生 1～3 起重大事故的企业占 49%，发生 4～6 起重大事故的企业占 6%。由此可知采购风险对企业的影响还是很大的。采购企业应系统分析本企业采购过程中存在的风险，采取有针对性的方法及策略，有效降低采购风险的发生率，使企业能够顺利进行采购活动，为企业节省各项成本，提高采购效率。如图 27 所示。

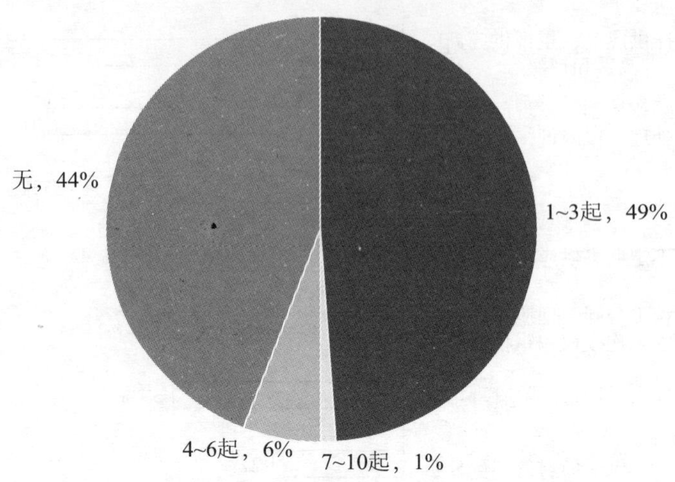

图 27　2013 年企业遭受几起重大采购风险事件

企业风险管理成熟度情况如图 28 所示，37% 的企业既无机制流程、也无正式组织，属问题驱动型；46% 的企业已建立风险评估与应对流程，但尚无正式风险管理组织；17% 的企业有风险评估与应对流程，并且有正式的风险管理组织。图 28 从左到右的成熟度是不断提高的，而左边和中间占的比重比较大，说明工业设备行业在风险管理方面还不是十分成熟。

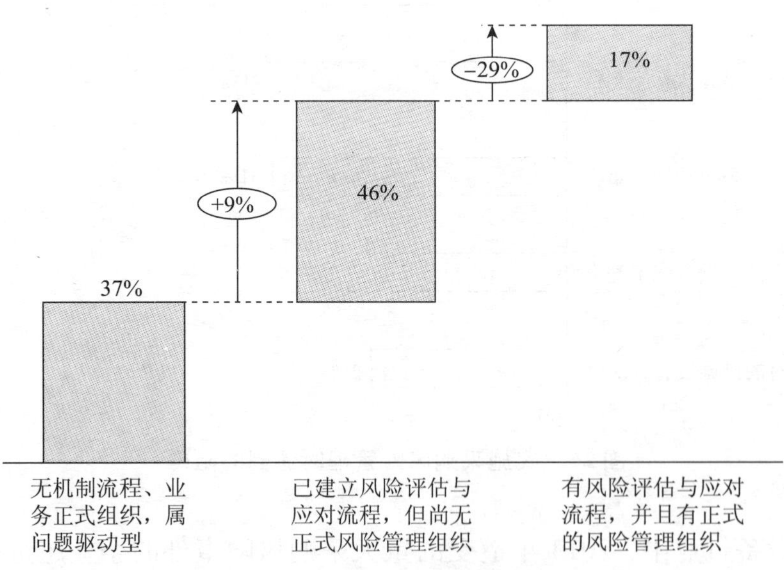

图 28　企业风险管理成熟度

2014 年中国电子和高科技行业采购调查报告

李帅

一、采购组织现状

集中采购是企业的采购活动由专门采购部门集中进行；分散采购是企业的采购活动由各需求单位分散进行。混合性采购是兼取集中、分散采购的优点而成。凡属共同性材料、采购金额较大者或国际采购等，均实行集中采购。小额、因地制宜、临时性的采购，则由各用料单位分散进行采购。项目采购是一次性、金额较大的采购。

电子和高科技行业采购组织模式，如图 1 所示。51% 的企业选择了混合性采购模式，33% 的企业选择了集中采购模式，11% 的企业选择了分散采购模式，5% 的企业选择了项目采购模式。说明这个行业主要采取混合性采购和集中采购。

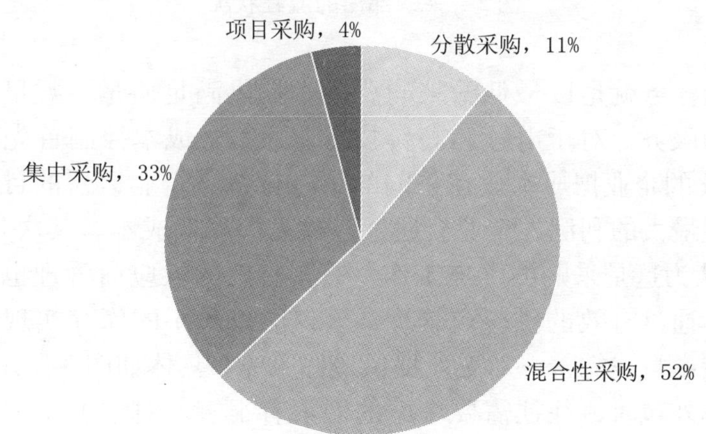

图 1　电子和高科技行业采购组织模式

调查显示，11% 的企业已经建立采购的操作流程、每一项采购活动都有记录；6% 的企业形成了较为完整的采购管理和操作流程，并得到严格执行；34% 的企业的采购流程管理与 ERP 或相应系统的流程及数据保持一致、统一；22% 的企业能够准确使用不同复杂程度的业务、采购品类管理的操作流程和工具（例如：招标，反向竞标，总括合同，战略合作供应商等）；17% 的企业能够利用动态的、系统性的方法（例如 PDCA、流程再造等手段）进行流程改进，采购流程随着企业的战略、规划和目标等持续改善提高；9%的企业把采购的流程纳入到整个企业的流程再造中，使流程成为采购创新的驱动力。

采购部门的流程状况如图2所示，左边到右边是逐渐升级的过程，而占的比例最大的是处于图形中间的34%和22%，说明电子和高科技行业的采购部门流程状况属于中间偏上的水平，采购部门的流程还是比较完善的。

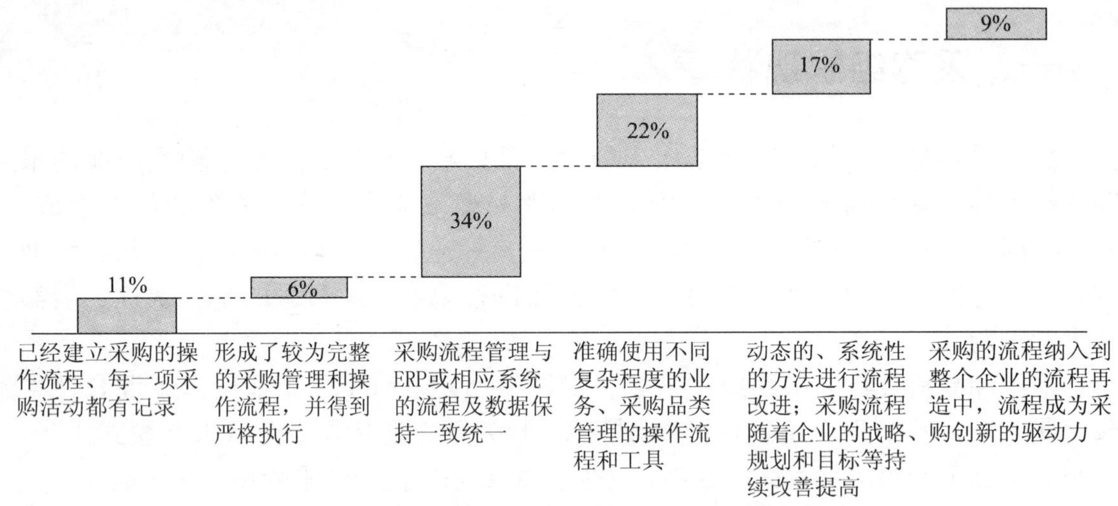

图2　采购部门的流程状况

采购工作的任务就是以最低的采购总成本提供满足质量、数量、交货期三大条件的原材料和服务。对于电子和高科技行业而言，成本控制首先是采购的重中之重，高达90%的企业把成本放在采购的第一位置，企业运营的目的是为了追求利润，为了实现最大的利润，企业会通过各种手段降低成本。其次是供应商管理，有69%的企业认为这是采购的重点工作，其实有效的供应商管理也是降低成本的一种途径。因为通过有效的供应商管理，不仅能以最小的库存实现有效的生产和销售，促进供应商自我完善，对企业提供最好服务。具体如图3所示。

企业在选择外包时，往往需要考虑的因素有很多。对于电子和高科技行业而言，在考虑外包时，78%的企业首先考虑的是外包对企业的直接和间接成本有何种影响，53%的企业会考虑供应商应当提供怎样的交付、质量价格和服务水平，51%的企业考虑该流程或功能活动是否为组织的核心能力，具体如图4所示。这说明电子和高科技行业在外包时，最主要考虑的还是成本要素，并且很看重供应商的能力。

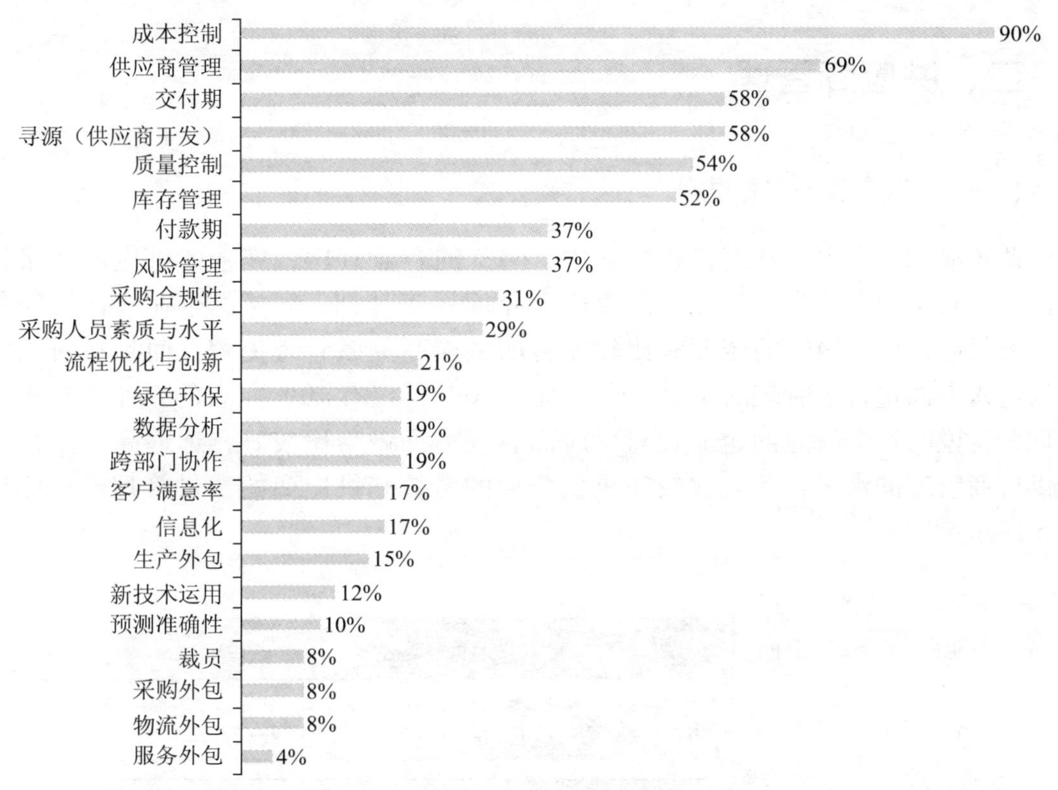

图 3　采购的重点工作

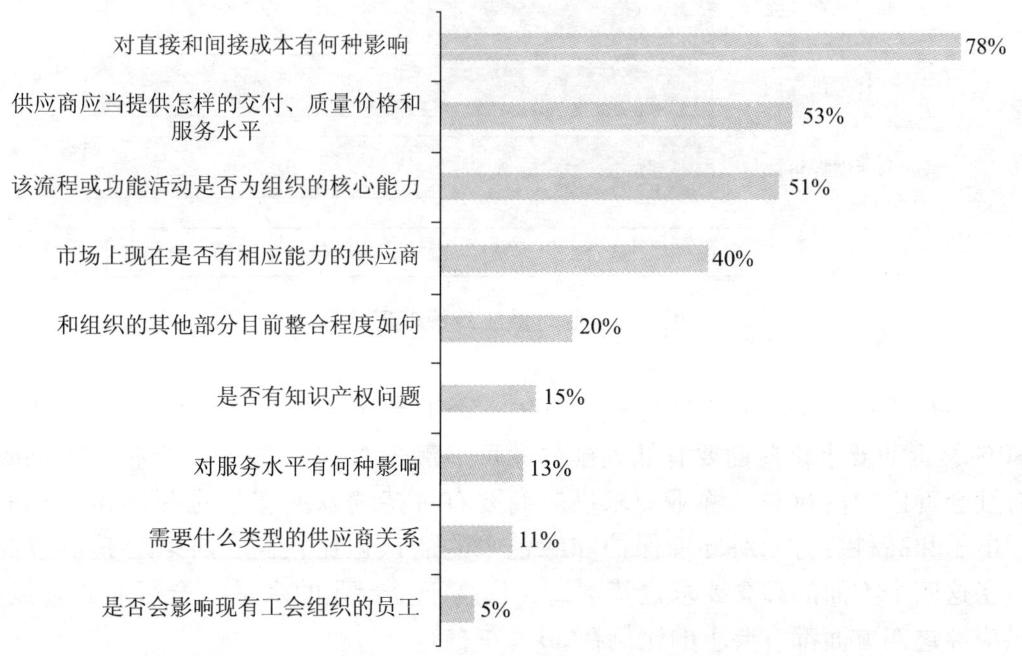

图 4　外包时主要考虑的因素

二、供应商管理

（一）供应商管理现状

调查显示，在电子和高科技行业中，64%的企业有比较完善的供应商质量管理流程，62%的企业有比较完善的供应商年度评审计划，56%的企业有比较完善的优秀供应商库，54%的企业有比较完善的供应商关系管理流程。而且在对供应商的这六方面进行了管理的企业占到80%～90%，仅有10%左右的企业没有进行管理，这说明这个行业的企业在对供应商管理方面做得比较好，远远高于全行业对供应商管理的水平，并且比较注重供应商的考核和供应商的质量管理。具体如图5所示。

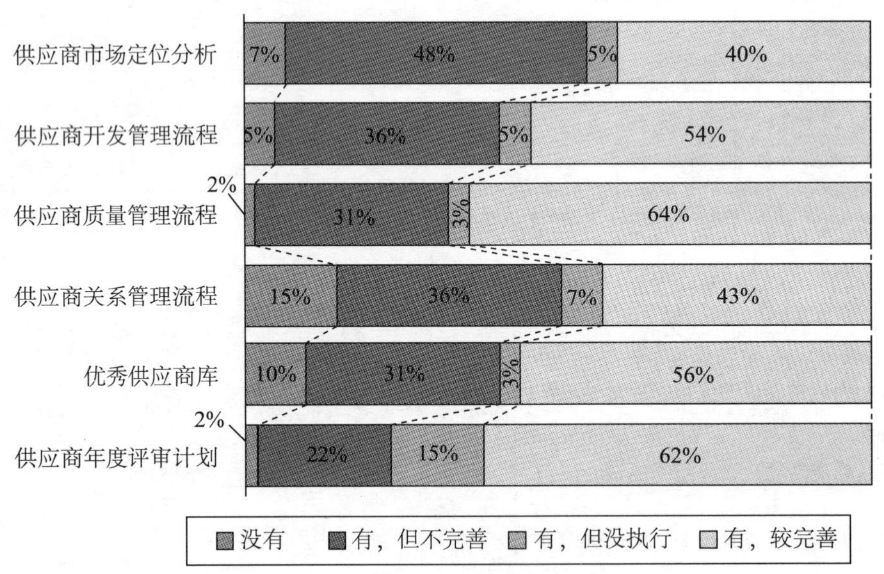

图5　企业对供应商管理现状

如图6所示，在电子和高科技行业中，企业要求供应商要有绿色采购理念的占80%，企业要求供应商要有低碳排放和可追溯理念的占59%，企业要求供应商要有社会责任的占66%，企业要求供应商要有可持续发展理念的占64%。总的来说，电子和高科技行业对环境保护和绿色采购的认识比较高，所以对其供应商是否具备这四个方面的理念要求也特别高，远高于全行业的水平（全行业调查显示，对供应商这四方面都有要求的比例在50%左右）。

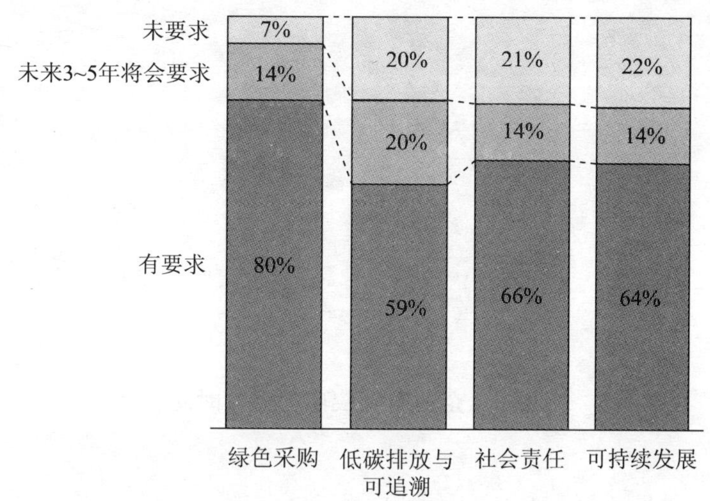

图6　企业对供应商的要求

（二）供应商支付情况

如图7所示，电子和高科技行业对其供应商的平均支付账期在60～90天的比重最大，达到48%，这说明电子和高科技行业对其供应商的支付账期主要集中在2个月到3个月。由图8可知，在电子和高科技行业中，企业对供应商的付款时间准时的占70%，晚三个月以内的占25%，晚三个月以上的占5%。这说明这个行业对于供应商的付款时间基本都是比较准时。

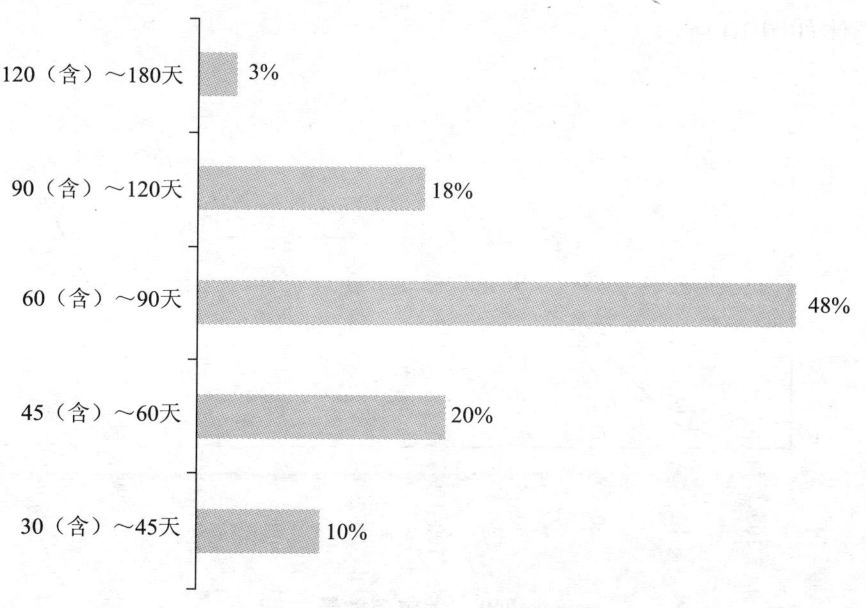

图7　企业对供应商支付账期

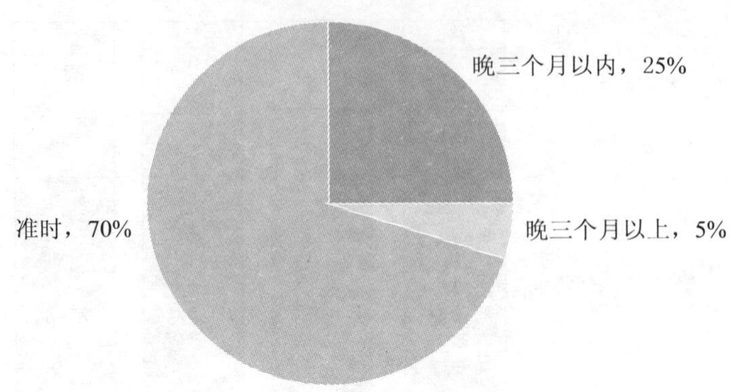

图8　企业对供应商的付款时间

（三）供应商的数量及供应商采购额的比重

电子和高科技行业的供应商数量在10家以内的比例为0；供应商数量主要为100～700家，占的比例接近60%；供应商数量在1000家以上的占的比例为16%。电子和高科技行业的供应商数量大于10家以上，而且基本都分布在100家以上，如图9所示，这与高科技的行业特征相匹配，因为该行业的零部件特别多，需要的供应商也就会多。

因为高科技行业需要的供应商数量比较多，前五大供应商的采购额占到企业采购额的50%以上的很少。采购额占企业采购额30%～49%的企业有34%；采购额占企业采购额30%以内的企业有30%。总的来说，在电子和高科技行业中，前五大供应商的采购额占企业采购额的比重不大，供应商的变动对企业产生的影响不大。具体如图10所示。

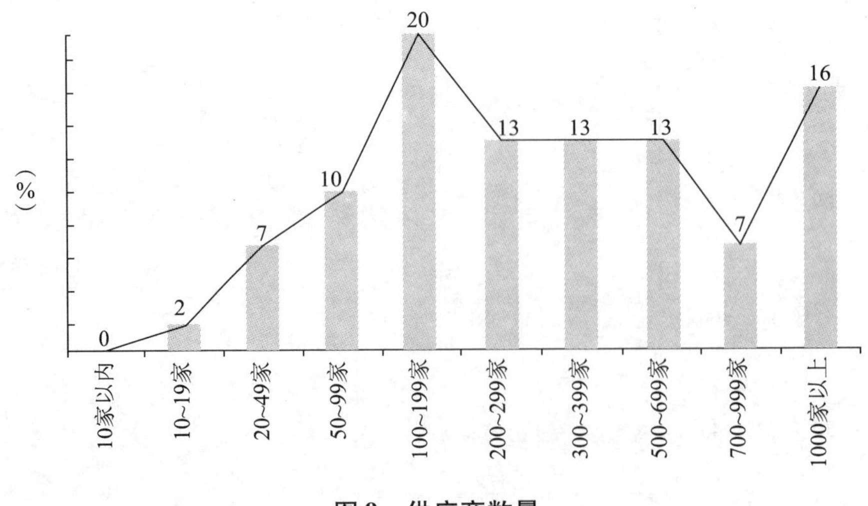

图9　供应商数量

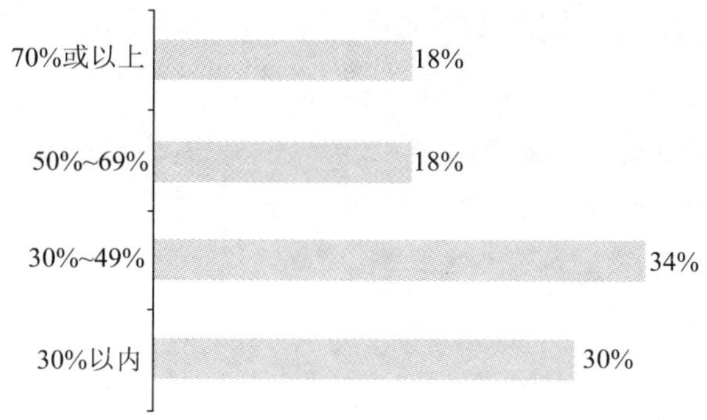

图10　企业前五大供应商的采购额占企业采购额的比例

如图11所示，对于电子和高科技行业而言，企业认为该企业的10～49家供应商的采购额占企业总采购额的80%以上，占到的比重为35%；企业认为该企业的5～9家供应商的采购额占企业总采购额的80%以上，占到的比重为23%。总的来说，5～49家的供应商占企业80%以上的比重最大，达到58%，这说明在电子和高科技行业中很少有几个供应商垄断的局面，这有利于企业的健康发展。

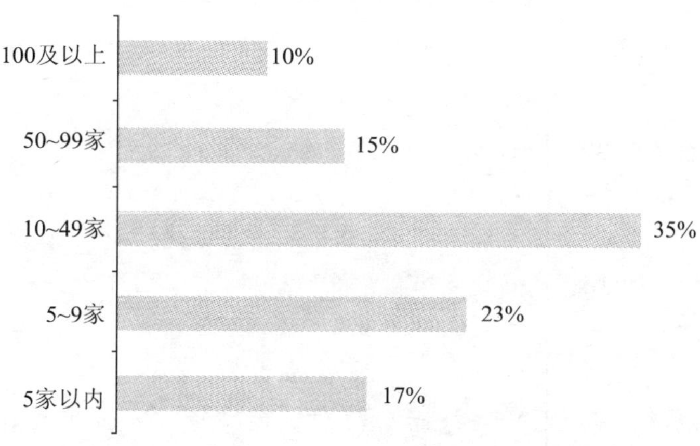

图11　占企业80%以上采购额的供应商总数

（四）优化供应商群的方法

优化供应商群的方法有很多，例如：改变供应商的数量、调整供应商的结构、通过国内外的寻源以开发低成本供应商。其中图12是电子和高科技行业在国际范围内寻源开发重点图，由图12可知，95%的企业认为中国是最好的寻源开发地，其次是北美、东南亚和欧盟成员国，分别占34%、31%和17%。这是由于中国、北美和东南亚都是科技比较发达的地区，比较适合电子和高科技行业的发展。

在国内寻源中，81%的企业把南方沿海地区作为企业重点寻源区域，因为南部沿海地区是改革开放以来经济发展最快和科技综合实力很强的地区，比较适合电子和高科技行业的发展。如图 13 所示。

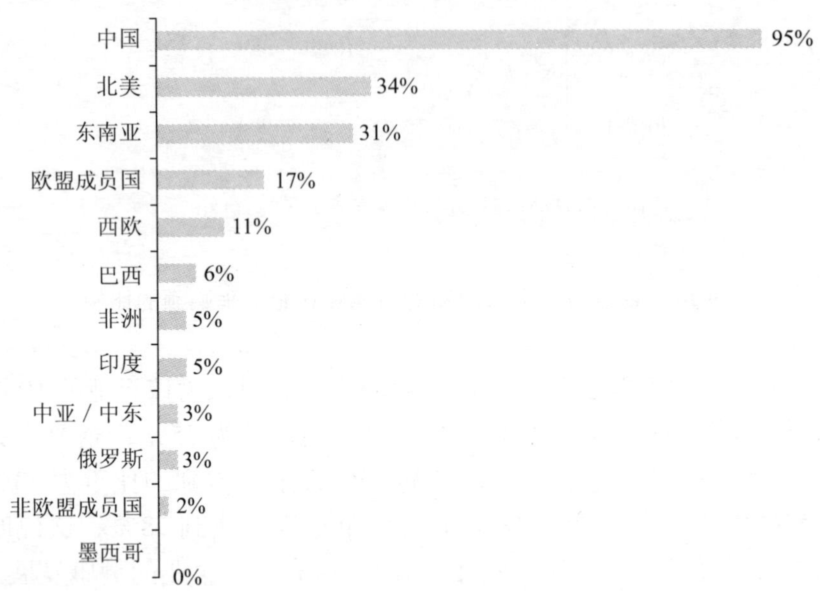

图 12　供应商的寻源开发重点

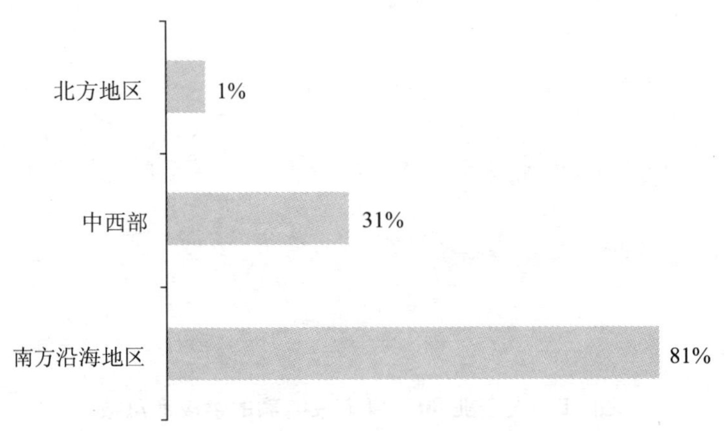

图 13　国内寻源重点区域

68% 的企业希望与供应商形成伙伴型的关系，64% 的企业希望与供应商形成战略合作伙伴的关系，51% 的企业通过利用多家供应商为企业服务来优化供应商群，甚至有 14% 的企业通过独家供应商为企业服务来优化供应商群。对于电子和高科技行业而言，大部分的企业倾向于伙伴型供应商关系，伙伴型供应商关系是企业与供应商之间达成的最高层次的合作关系，它是指在相互信任的基础上，供需双方为了实现共同的目标而采取的共担风险、共享利益的长期合作关系。如图 14 所示。

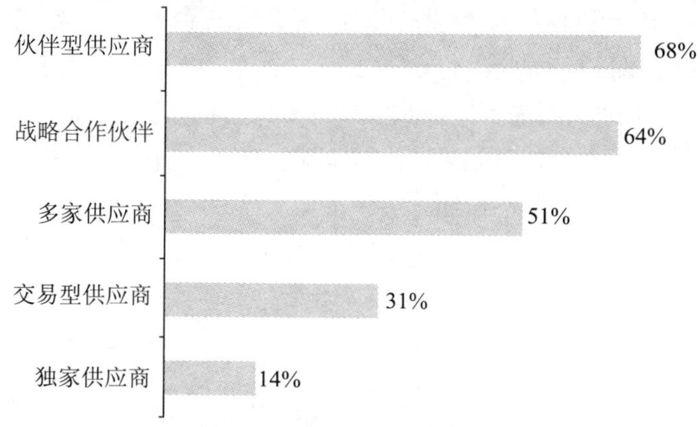

图 14　供应商结构调整

（五）供应商的绩效评估

企业对供应商的绩效评估中，17% 的企业采用了定量的评估供应商的质量、成本、交期等基本参数；53% 的企业建立了供应商评估体系与标准，并定期对供应商进行评估；31% 的企业能够利用评估结果推动供应商的绩效不断改善和提升；评估体系紧跟企业的战略发展、客户和市场要求。大部分企业对供应商的绩效评估处于中上的阶段，大大超越了全行业的水平，说明电子和高科技行业很注重对供应商的绩效评估，并且在供应商绩效评估方面做得比较完善。如图 15 所示。

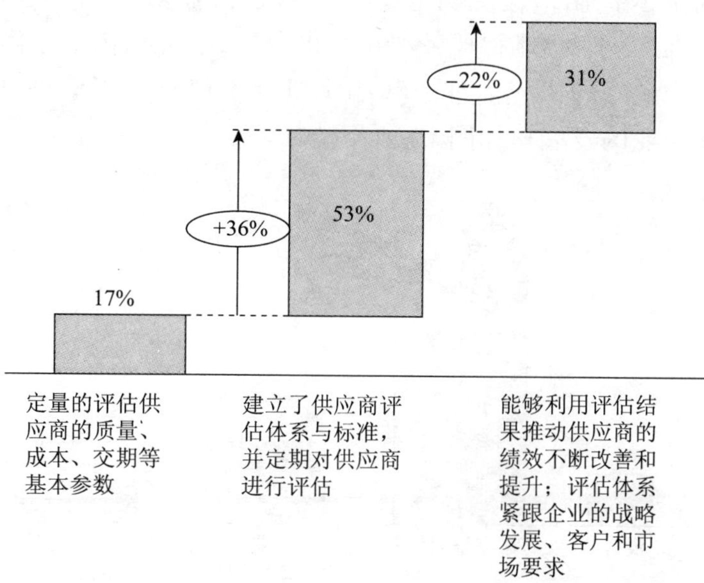

图 15　采购部门对供应商绩效评估情况

调查显示，在电子和高科技行业中，仅有2%的企业没有对供应商进行现场考核，98%的企业都会对供应商进行现场考核，在这98%的企业中，有77%的企业会对供应商进行定期的现场考核，而且52%的企业对供应商考核后有奖惩制度。这说明电子和高科技行业比较重视对供应商的考核，并且通过奖惩措施和定期考核来促进供应商的完善。如图16所示。

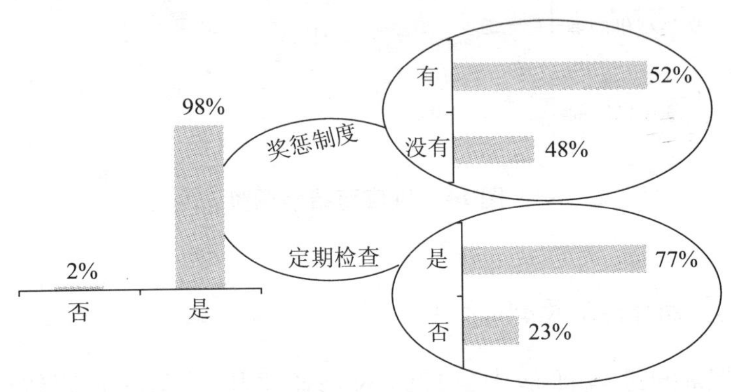

图16　供应商现场考核情况

调查显示，电子和高科技行业的企业对其供应商都有准入机制，其中对准入机制有完整体系的企业占70%，对淘汰机制有完整体系的企业占57%。值得我们注意的是，在电子和商科技行业中，有12%的企业还没有供应商淘汰机制，所有企业都有供应商准入机制，这说明电子和高科技行业对供应商的要求是很高的，特别是对供应商准入机制控制得比较严格，但是对供应商淘汰机制的重视度不高，仍有待提高。因为良好的供应商准入和淘汰机制不仅有利于促进供应商的自身完善，而且有利于企业的发展。如图17所示。

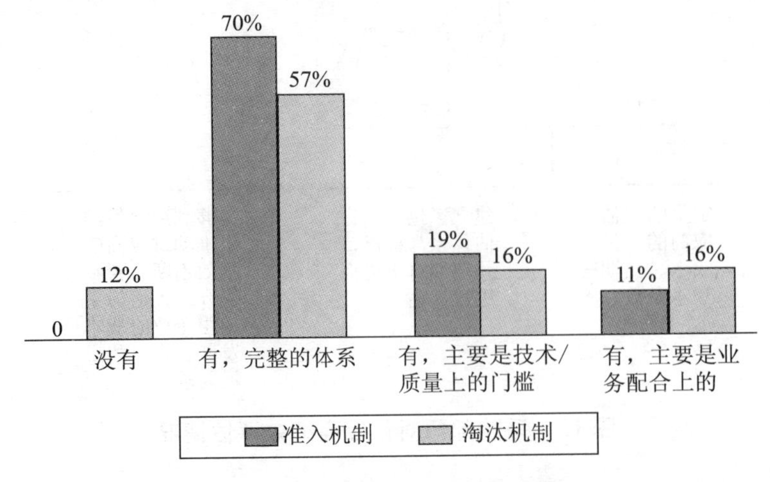

图17　供应商的准入和淘汰机制

三、采购成本控制

应收账款的发生意味着企业有一部分资金被客户占用，应付账款是企业应支付但尚未支付的手续费和佣金。图 18 是企业与 2012 年相比 2013 年的现金回收状况。由图 18 可知，应收账款天数持平的比例是 56%，天数增加的比例是 34%，天数减少的比例是 9%；应付账款天数持平的比例是 48%，天数增加的比例是 52%，天数减少为 0。这表明了企业的应收账款天数基本持平，有小幅的上涨；而应付账款的天数主要呈上升的趋势，即企业占用供应商资金的趋势增加。库存天数是减少的比例大，达到 50%。由于过高的库存天数会导致过多的资金被占用、产品损耗、产品过期、产品滞销、仓储空间和风险；库存太低则会丧失销售机会，顾客对商场的信心也会降低，所以企业应该根据实际情况确定库存天数。

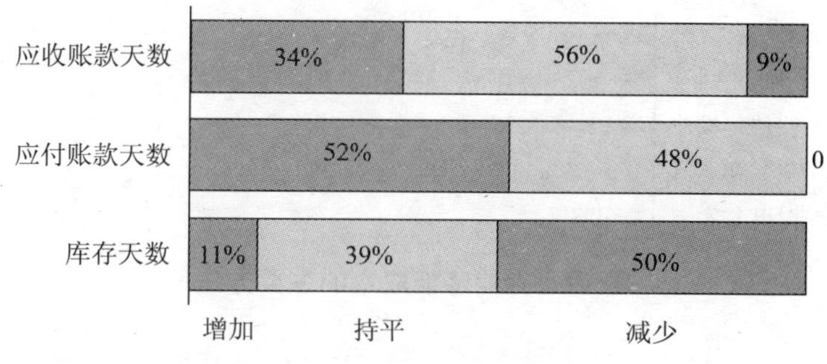

图 18　企业的现金回收状况

在电子和高科技行业中，81% 的企业倾向于引进竞争供应商以降低成本，在多家供应商进行竞争的情况下，供应商为了能够拿到企业的指标，会不断地自我完善，并且在价格上做到最优、在质量上做到最好。这样能大大提高企业的采购效率，达到节约成本的目的。69% 的企业寻找替代物料以降低成本。寻找替代物料的主要目的是分散风险，避免本企业的生产因外部供应的意外中断而被迫停产。并能促进外部竞争，迫使供应商提高品质、降低成本、改善交货与服务。62% 的企业倾向于延迟付款周期来降低成本，延迟付款实际就是不用支付利息的短期贷款，能够给企业带来资金效益，提高资金的使用效率。如图 19 所示。

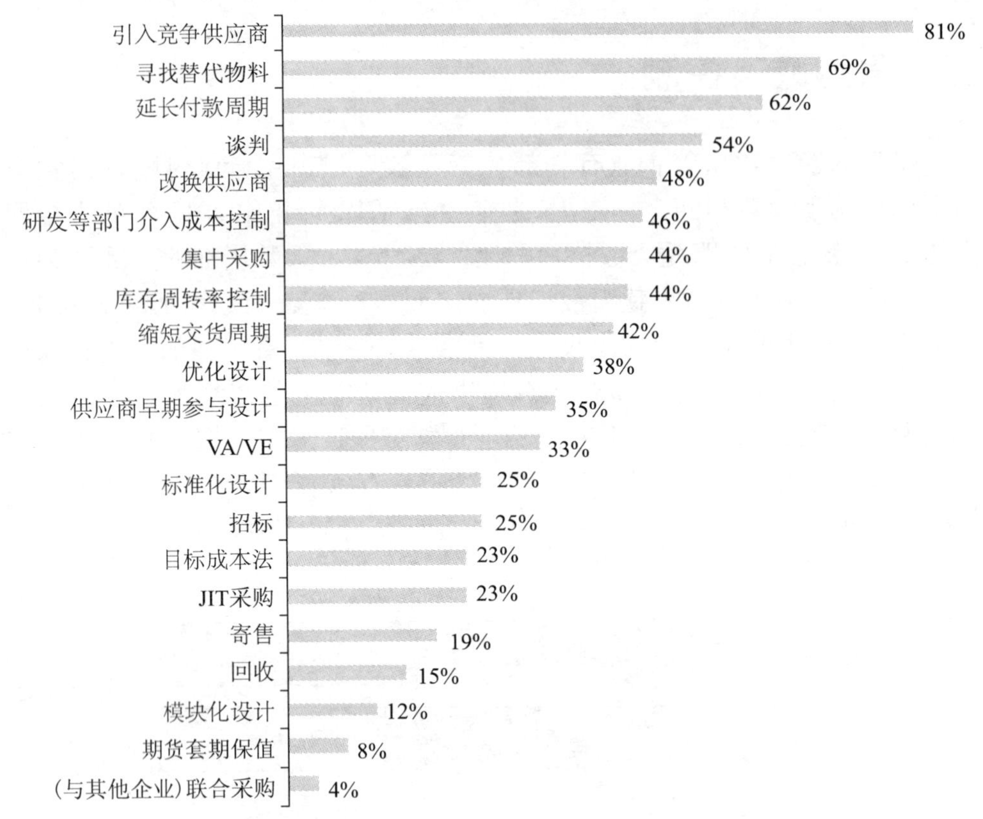

图 19　企业降低成本的主要方法

四、采购信息化

采购信息化主要是指，采购用户利用现代信息技术和互联网通信技术，向广大供应商进行电子化采购，以收集采购每个环节的信息。MRPⅡ（制造资源计划）是对制造业企业的生产资源进行有效计划的一整套生产经营管理计划体系。ERP（企业资源计划）是在 MRPⅡ的基础上扩展了管理范围，把客户需求和企业内部的制造活动及供应商的制造资源整合在一起，体现了完全按用户需求制造的思想。供应商绩效数据是指企业通过采购信息化，使得数据库里面收集了大量的供应商信息，包括产品质量、供应商信用、到货周期等信息，并对供应商这些信息进行了一定的绩效考核，企业选择供应商时，可以充分参考这些绩效考核数据。

在电子和高科技行业中，98% 的企业有供应商绩效数据，有 93% 的企业有 MRPⅡ/ERP，71% 的企业有开支分析工具，70% 的企业有电子合同。这些数据表明，供应商绩效数据和 MRPⅡ/ERP 在电子和高科技行业中运用得最多，即该行业很重视收集供应商的数据，对供应商的管理和选择比较严格，而且该行业的信息化程度相比于整个行业来说是很高的。如图 20 所示。

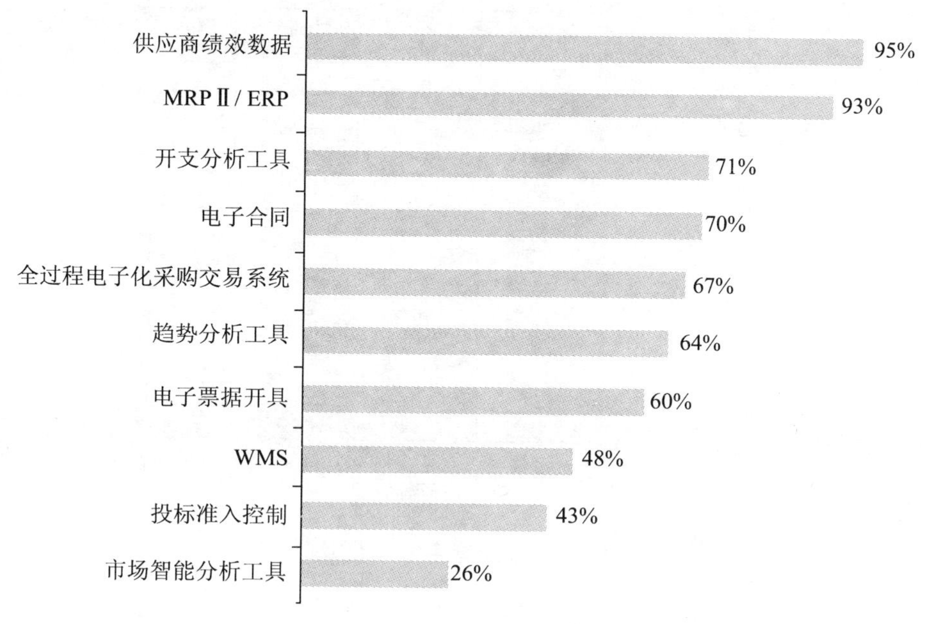

图 20　采购信息化状况

五、绿色采购

绿色采购是指政府和企业经济主体一系列采购政策的制定、实施及考虑到原料获取过程对环境的影响而建立的各种关系，其中与原料获取过程相关的行为包括供应商的选择评价。

在电子和高科技行业中，66% 的企业已经实施了绿色采购，53% 的企业已经实施了低碳排放与可追溯，72% 的企业已经实施了社会责任，65% 的企业已经实施了可持续发展。这四方面的实施程度都比较高，远高于全行业的实施水平。如图 21 所示。企业实施绿色采购对成本的影响的总体趋势是增加的，其中 54% 的企业认为成本是稍许增加的。如图 22 所示。

企业在实施绿色采购的过程中，66% 的企业认为缺乏新材料与技术支持是最主要的障碍，67% 的企业认为消费者绿色认知与需求不够是实施绿色采购的障碍，相对而言，缺乏企业战略的支持是最弱的障碍，只有 45% 的企业认为其是实施绿色采购的障碍。这说明在电子和高科技行业中，实施绿色采购最主要的障碍是消费者对绿色认知与需求不够和缺乏新材料和技术的支持。如图 23 所示。

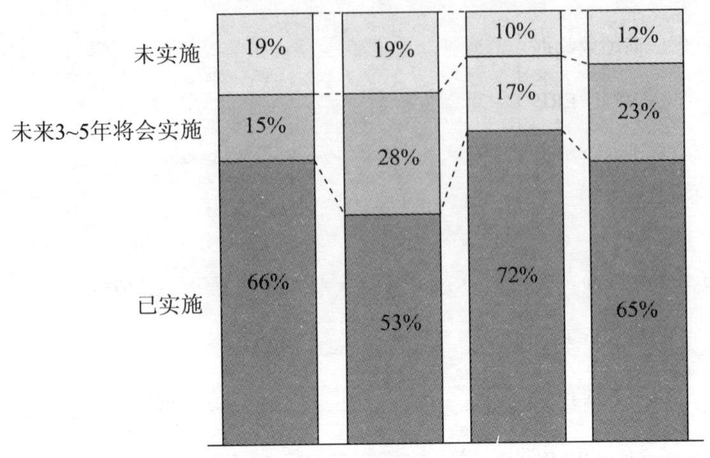

图 21　企业绿色采购现状

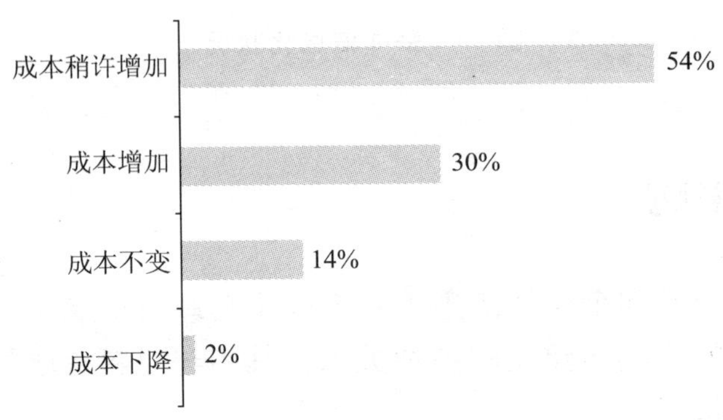

图 22　实施绿色采购对成本的影响

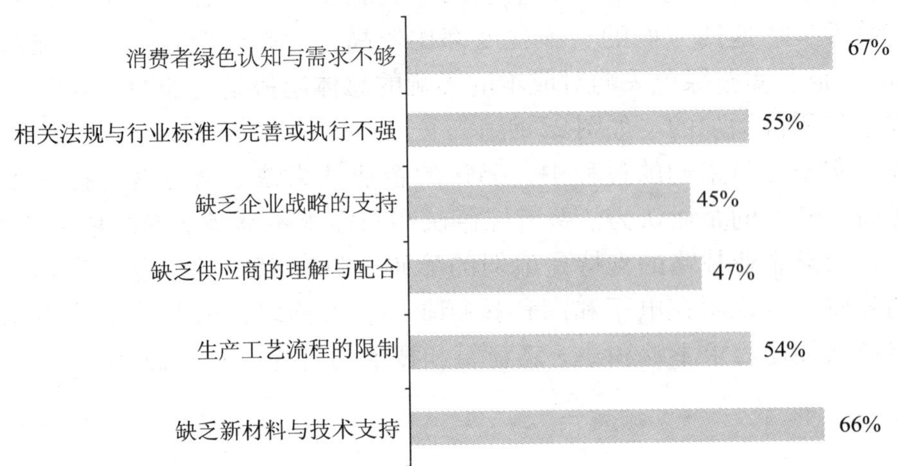

图 23　企业实施绿色采购的障碍

六、采购风险

采购风险通常是指采购过程可能出现的一些意外情况，包括人为风险、经济风险和自然风险。在电子和高科技行业中，企业在风险管理上所面临的主要问题是原材料数量/价格的变化、过度依存单一或有限供应商和市场需求波动，以及劳动力成本的上升，这三大问题所占的比重分别是 79%、58% 和 56%。如图 24 所示。

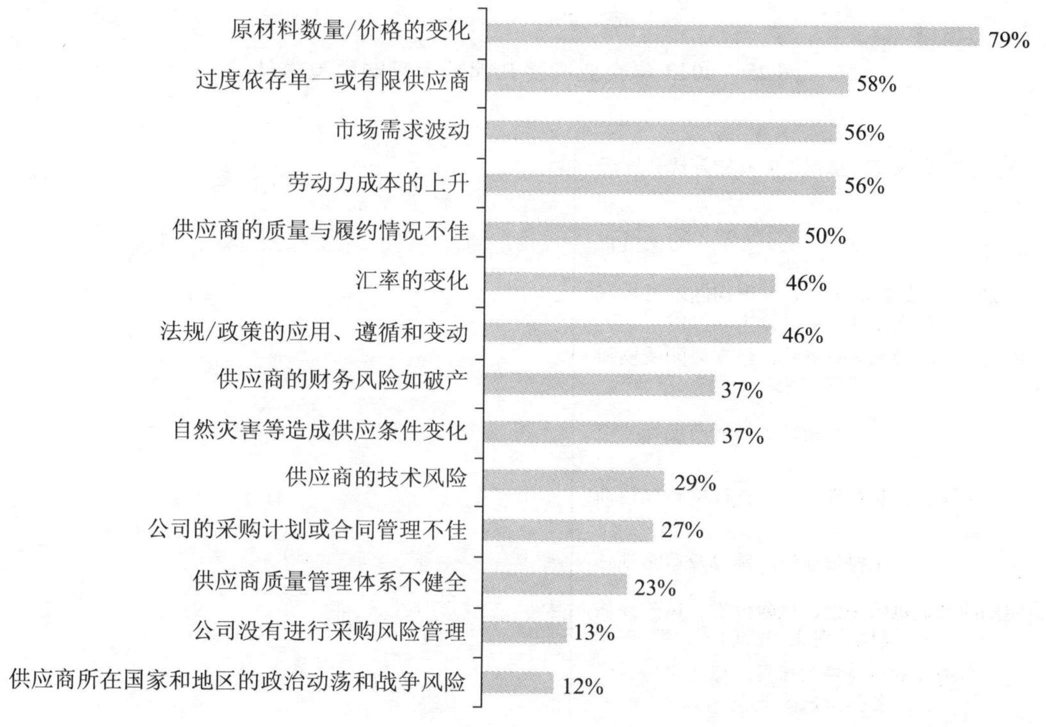

图 24 在风险管理上所面临的问题

在电子和高科技行业中，2013 年遭受的重大采购风险事件的企业超过一半，其中发生 1 ~3 起重大事故的企业占 52%。由此可知采购风险对企业的影响还是很大的，企业应采取有效的措施来减少或避免采购风险事件。如图 25 所示。

在电子和高科技行业中，企业最常用来应对采购风险的方法是慎重选择供应商、重视供应商的筛选和评级，占的比例为 76%。说明这个行业受供应商的影响很大，所以企业在选择供应商时更加慎重和重视。如图 26 所示。

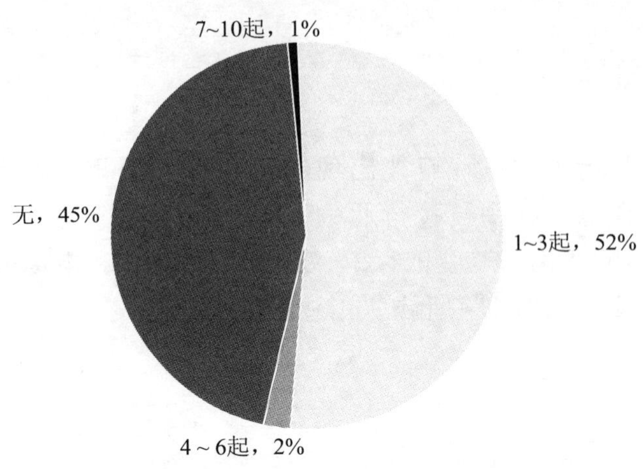

图 25　2013 年企业遭受几起重大采购风险事件

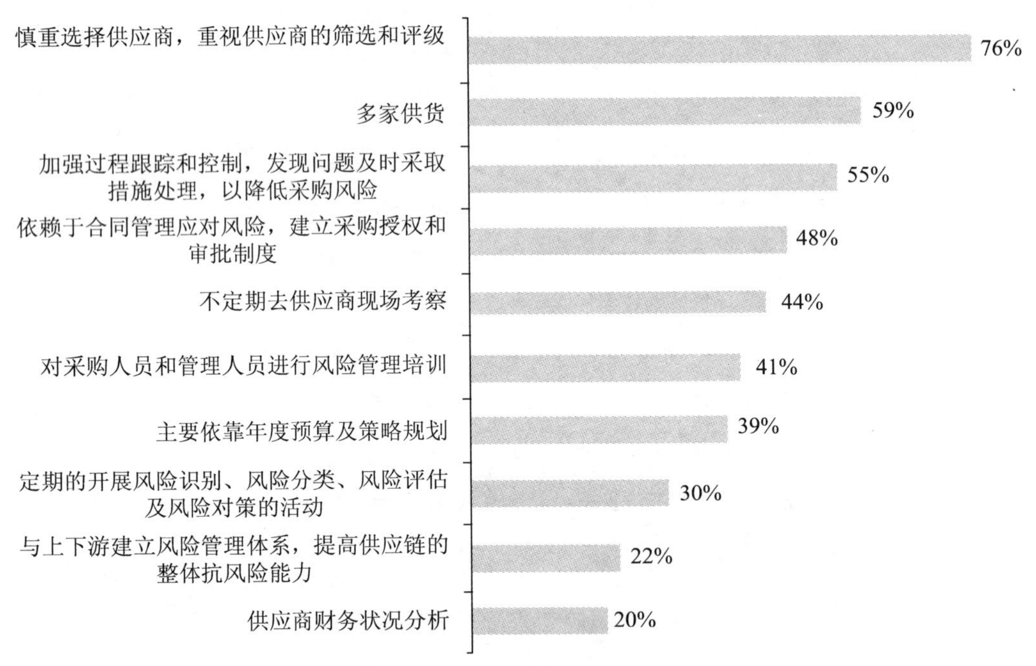

图 26　应对采购风险的方法

企业风险管理成熟度情况如图 27 所示，15% 的企业无机制流程、也无正式组织，属问题驱动型；59% 的企业已建立风险评估与应对流程，但尚无正式风险管理组织；26% 的企业有风险评估与应对流程，并且有正式的风险管理组织。图 27 从左到右的成熟度是不断提高的，而中间和右边占的比重比较大，说明电子和高科技行业在风险管理方面还是比较成熟的。而金融危机对企业采购的主要影响是供应商管理难度增大。如图 28 所示。

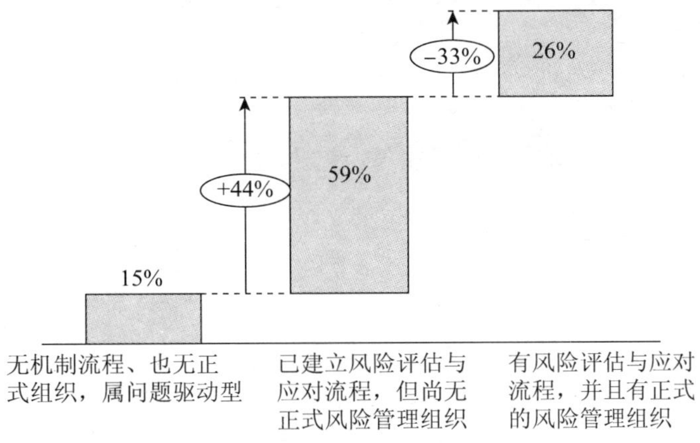

图 27　企业风险管理成熟度

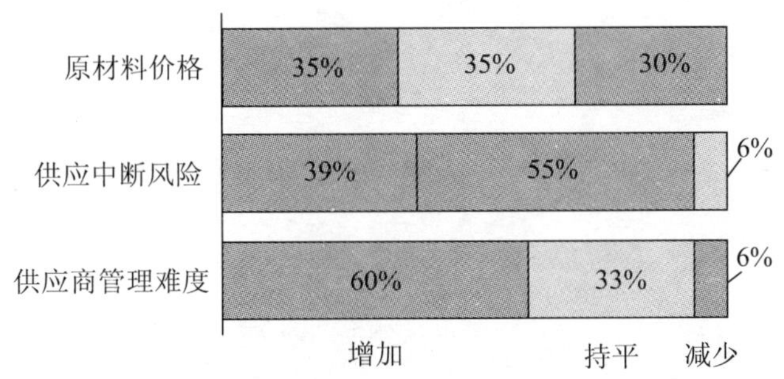

图 28　金融危机对企业采购的主要影响

调查显示，在电子和高科技行业中，55%的企业认为在实施采购管理时遇到最大的阻碍是风险防范措施不足，其次的阻碍是风险防范措施执行不到位。为了更好地实施采购管理，该行业仍需完善和强力执行风险防范措施。如图 29 所示。

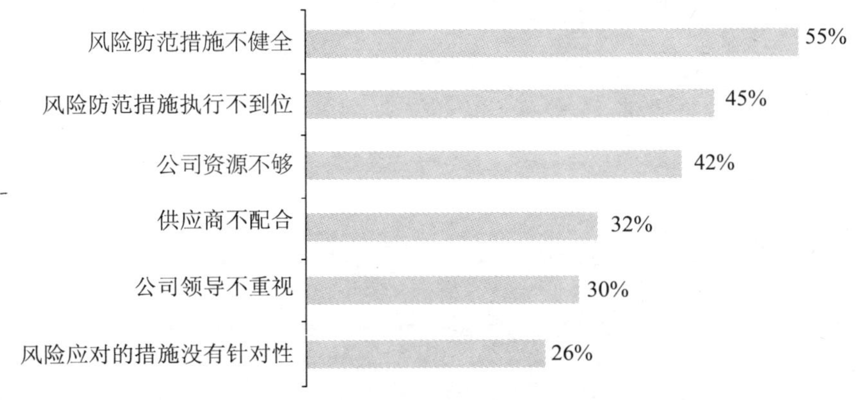

图 29　实施采购风险管理时遇到的阻碍

专题报告二

采购与宏观经济

全面深化供应机制改革，推动我国企业管理转型

王栩男

十八届三中全会之后，中国进入全面深化改革阶段。经济体制改革是全面深化改革的重点，其核心问题是处理好政府和市场的关系，使市场在资源配置中起决定性作用，更好地发挥政府作用。目前，我国正处于制造业加速转型升级的关键时期，我国企业要积极融入转型升级的大潮，立足自身资源和能力，全面深化供应机制改革，推动我国企业采购管理转型和创新。本文作者在结合十八大三中全会精神与国资委、工信部、商务部等有关部委开展的相关研究工作基础上，试图给出有关的建议，供有关部门参考。

一、进一步推行集中采购，推动我国大型国有企业采购管理转型

在市场经济条件下，采购管理一直是企业价值链管理的核心环节。根据中国物流与采购联合会2013年企业采购调查显示，企业采购支出占企业销售收入的比重平均为55%以上，据初步测算，我国每降低1%的采购成本，全社会企业利润增长将超过5500亿，降低采购成本已经成为企业重要的利润源泉。现代采购的特点就是用系统化、集中化的思想统筹整个供应链的功能，强调对供应链中的物流、信息流、资金流加以集成，实现供应链整体效益和效率的最大化。因此，建议在对大型企业，特别是中央企业、地方国有企业现有采购流程进行诊断、分析和再造的基础上，将大力推行企业集中采购作为企业降低成本的重要突破口，这也是国外大型跨国企业如台塑、西门子、IBM、韩国电力等采购战略管理发展的必然选择。

近两年来，我国中央企业已不约而同地选择集中采购作为实现规模效应、提高采购效率、控制采购质量的主要手段。从供应链管理的角度看，实施集中采购，一是有利于加强供应商管理，通过集中采购，企业能够建立起稳定的供应渠道，与实力强、信誉好的供应商保持长期而稳定的关系；二是有利于提升采购专业化水平，通过集中采购，企业能够优化采购组织架构，实现专业化分工和流程化操作，强化采购部门的业务能力和水平，提升管理人员的专业素质；三是有利于降低采购风险，通过集中采购，企业能够动态把握市场供需态势和价格走势，从而实现正确决策和快速调整，有效监控采购资金流动和实物使用，动态分析成本情

况，增强抗市场风险能力。

大型制造企业推行集中采购管理，中小企业通过联合集中采购管理的方式也可以设计多种路径。如，一是鼓励企业通过集中采购网络交易平台推行集中采购的核心抓手，实现横向到边、纵向到底的采购流程应用全覆盖；二是通过行业组织帮助企业做好集中采购的顶层设计，取得各级下属单位、关联企业、供应商、合作伙伴的高度认同，以便于统一思想，调动各方面积极性、能动性，加快推进的进程；三是鼓励结合企业现有采购模式，从专业化、区域化、信息化、标准化、国际化角度分析对标国际领先企业，为后续集中采购的实施做好基础准备工作。

二、加强建设采购公共信息服务平台，规范我国中小企业采购行为，实现创新发展

实体经济要有活力，不仅需要“顶天立地”的大企业，更需要“铺天盖地”的中小企业及小微企业。数据显示，仅以流通行业为例，截至2012年年末，我国流通业就业人数达到9000万人，占全国就业人数比重6.92%。小微企业已经超过4000万家，吸纳了2亿多人口就业。在国家相关政策支持下，我国的供应链信息化平台迎来建设高潮期。据不完全统计，目前我国各类供应链及物流信息平台有上千家。从投资经营主体看，既有政府投资建设运营并提供一定公共服务的平台，也有由企业建设运营以市场为导向的商业化平台，这些平台还积极拓展服务领域，提供了金融、保险、全面解决方案等增值服务。例如，浙江传化“公路港”公共信息交易平台每年减少空载历程3.9亿吨公里，节约柴油5900多万升，减少碳排放19.2万吨。

从总体上看，我国经济市场主体仍显庞杂，市场集中度低，竞争力不强，绝大部分企业都为中小企业，且大多作为供应商出现。一方面，如何规范中小企业的采购行为，确保原材料的采购质量，避免危害人民群众生命安全的道德事件发生；另一方面，克服中小企业在投标过程中的“暗箱操作”行为，在全社会形成“公开、公正、公平”的采购环境，以实现采购业务的操作公开、过程受控、全程在案、永久追溯，已成为中小企业供应商管理亟须解决的重点领域。

政府营造环境，市场配置资源。发挥政府在供应链基础设施建设、技术创新应用、标准制定、规划投入和政策支持等方面的推动作用，提高行政监管和公共服务水平。以企业为主体，通过市场配置资源，形成供应链的持续发展能力。通过加大推进采购公共信息服务平台建设，提升各类信息资源的共享和利用效率。通过加强规范市场秩序，加强对关系国计民生、生命安全等准入管理，形成覆盖准入、监管、退出的供应链管理全流程管理机制。通过加快中小企业商业诚信体系建设，完善信用信息采集、利用、查询、披露等制度，推动行业管理部门、执法监管部门、行业组织和征信机构、金融监管部门等信息共享。

（一）加快推进国家级和区域级公用供应链信息平台建设

一是建议在国家级层面，以国家供应链及物流公共信息平台建设为重点，推动互联互通和信息共享；在区域级层面，各地有关部门充分利用已有的区域级公共信息平台，推动升级改造，实现与国家级平台的互联互通。二是建议商务部、工信部、交通运输部等有关部门加强平台标准的制定和推广工作，加强物联网、云计算、大数据分析等关键技术研究和集成应用。三是建议各有关部门继续鼓励和支持平台运作模式创新，吸引各类市场主体参与，实现平台建设和运营管理的可持续发展。四是建议有关部委利用中小企业等专项基金，继续支持公共信息平台的应用示范工作。

（二）加快研究和制定供应链信息技术、编码、安全、管理和服务标准

一是按照公平、公正、公开的原则，规范信息资源的社会开放服务，提高社会化、市场化开发利用水平，促进诚信体系建设，为政府部门、企业和社会公众提供更好的决策支持和信息服务。二是政府委托第三方专业机构搭建采购公共服务信息服务平台，如通过征信服务，为中小企业建立信用档案，依法采集、客观记录其信用信息；通过供应商认证服务，对中小企业推出的一系列标准化审核、认证服务，通过电子和纸质报告展示，同步发布至全国企业公共服务网站展示；通过为中小企业提供融资服务，解决上下游企业融资难、担保难的问题，打通上下游融资瓶颈，降低供应链条融资成本，提高核心企业及配套企业的竞争力。三是重点研究推广产品与服务分类代码、主数据编码等编码标准；供应链主数据的分类等信息基础标准；研究推广条码、二维码和射频识别等技术在供应链各环节如仓储、配送、集装箱和冷链等业务中的应用标准。推进汽车及零部件、食品、药品、纺织品、农资和农产品等重点行业应用标准体系逐步完善。实现供应链业务流程可视化标准的实施。四是鼓励中小企业参与网上调查、标杆分析、最佳实践等活动，开展全国范围内的中小企业采购基准调研，相关行业组织为中小企业提供必要的诊断和咨询服务等。

三、通过推行绿色采购，倒逼制造企业的转型升级和可持续发展

当前，绿色采购已成为企业战略不可或缺的一个组成部分。企业可持续发展战略应该而且包括产品研发与设计、采购、生产、分销、配送及售后服务等。企业这些环节相互影响、相互衔接，其中，绿色采购已经成为可持续发展战略的重要组成部分。然而，我国绿色采购的现状不容乐观，根据中国物流与采购联合会在2013年对250家以上企业的调研显示，有50%以上的被调查企业尚未制订可持

续发展采购战略，没有形成一套完整的绿色采购体系，其中又以中小企业居多。建议从政府公共采购的需求出发，结合目前谈判过程中政府采购协定（GPA）实际需要，借鉴美国与政府采购相关或配套的《资源保护及恢复法案》（RCRA）、欧盟的《集成产品政策绿皮书》（IPP）等制度和措施，进一步完善我国《政府采购法》《招标投标法》与绿色采购的相关配套制度，进一步发挥政府采购对国内产业可持续发展的示范和推动作用；另外，相关行业协会发挥积极作用，通过制订绿色采购评价体系，对相关行业企业形成一套全面、完整、科学、合理的综合绿色指标体系，为进一步发展绿色采购指明方向，查找企业自身在绿色采购方面的不足。促进企业采取切实的改进行动，使建设“资源节约型、环境友好型”社会落到实处。

四、通过打造供应链管理升级版，实现工业领域和流通领域的深度融合

目前，我国国内市场容量大，城镇化、工业化等需求继续向好，国际市场趋于好转，我国经济形势总体良好，但仍然存在产业结构不合理、产能过剩、经营粗放、采购成本高等问题。这些问题大都与供应链管理与工业化、流通领域的深度融合不够有关。供应链上的信息共享不够，供应计划与工业、流通需求计划脱节的情况依然存在，供应链管理优化还没有上升到国家战略规划高度。为此，我们提出如下建议。

（一）加强供应链信息技术应用，提升流通领域的信息化水平

支持流通企业利用先进信息技术提高计划、采购、生产、仓储、运输、订单等环节的供应链管理水平，支持开发和推广使用于中小企业的信息化解决方案。加强新消息安全建设工作，确保流通产业信息安全。

（二）加强供应链管理，提升制造业企业服务工作水平

一是加强引导规范。建议商务部牵头，联合工信部指导钢铁、有色、汽车、电子等重点行业企业、相关协会开展供应链管理示范工作。二是加强标准建设。组织研究建立工业供应链管理评价指标体系，推进供应链标准化建设。三是鼓励工业企业剥离重组物流业务，促进工业流通专家化。积极完善供应链标准化体系，加大流通标准的制定、实施和宣传力度。

（三）积极培育大型核心制造、流通企业，支持有实力的企业跨行业、跨地区兼并重组

一是在原材料、装备、消费品和电子等重点产业，选择若干有影响力的主制造商，利用信息化提升企业供应链的作业和管理水平，促进精益生产和服务，并

带动产业链上下游协同联动，增强整个行业供应链的管理和运作能力。二是推进煤炭、钢铁、粮食等传统行业的电子商务、大数据、商业智能等信息化集成发展，促进现代流通体系建设。开展网络销售与供应链配送一体化服务建设试点，提高网络零售配送效率，改善消费者体验。

（四）加大供应链管理人才培养力度

一是加大供应链管理的宣传力度，提高全社会对供应链的认识水平和重视程度；二是加强供应链的理论研究和学术交流；三是加强与国外供应链研究与培训机构的合作；四是落实和完善供应链人才使用、交流、奖励等政策，健全供应链人才培养机制，创造良好的供应链人才队伍建设环境。

本文作者认为，没有供应管理体制机制的突破，创新就难以转化为现实的管理生产力，难以带来全面的国家、行业、企业经济效益。建立中国特色的社会主义市场经济体制和深化我国企业供应机制之间存在着必然的、紧密的联系。十八届三中全会《关于全面深化改革若干重大问题的决定》指出：以全面深化改革，必须更加注重改革的系统性、整体性、协同性。如何改进企业的经营管理效率、提高科学技术水平、提升产品质量、有效利用商品市场等重要问题，都与提升企业的供应链管理水平密切相关。供应管理的系统性、协同性在很大程度上能够决定企业管理水平是全局最优，还是局部次优，这也正是西方发达国家里部分从中小企业成长起来的跨国公司在供应链管理理念上近几十年来发展的历史性总结。二十多年来，中国经济伴随着全球经济一体化进程不断加快，特别是制造业、电子商务等的跨越式发展，将中国带入到一个重化工业的发展阶段，也推动了全球范围内的产业变迁和中国制造的全球扩散。现代供应链管理所涵盖及范围，也早已不再是计划经济时代下的供销买卖的交易环节，而是涵盖了从预算、计划、寻源、采购、运输、仓储、通关、财务、供应商关系管理、供应链绩效考评等众多环节全流程的系统工程。当前，全球已经进入了总需求不足和去杠杆化的漫长历程，我国的战略机遇在外表现为我国市场对全球经济复苏的巨大拉动作用和在发达国家呈现出的技术并购计划和基础设施投资机会；在内则表现为我国正在进行的重点行业的结构调整、转型升级、信息化发展、国有企业建立现代企业制度等方方面面的改革深化。

马凯副总理在2014年6月提出的《中国制造2025发展规划纲要》中明确指出，现代制造服务业要率先突破原有的产业链布局，形成具有全球竞争力的强势产业领域。作为现代制造服务业的一个关键组成部分，供应链管理早已越来越多地发挥着举足轻重的战略作用。通过加强对供应链管理水平的提升，可以促使企业采用国际先进的供应管理理念，通过以制造流程为核心、以降低成本为导向、以集中采购为主要特征、以信息化创新为突破口，实现制造企业及相关物流企业、第三方公共服务平台的有效延伸和整合服务，使我国制造工业整体水平向专业化、标准化、国际化的方向实施纵深突破和发展。

我们建议，不仅要充分对标、借鉴发达国家的供应链管理经验，更要大胆实践，以专业化、信息化、国际化为突破口，加快构建既符合国际惯例，又具有中国本土企业自身特点的供应链管理体系，通过供应管理的体制创新、制度创新、管理创新和技术创新，不断探索推进适合我国大型国有企业、中小企业的相互分离、相互制约、相互协调的采购及供应链管理的改革与创新。把握我国战略机遇期内涵的重大变化，谋求中国利益和全球利益的最大交集。

从制造业 PMI 看经济环境和政策变化

陈中涛

从 PMI 来看，2013 年制造业 PMI 指数各月都保持在 50% 以上，全年平均水平达到 50.8%，同 2012 年持平。上半年 PMI 在波动中下降，6 月份降至低点，只有 50.1%。但自 7 月份以后，制造业 PMI 指数持续回升，下半年平均为 51%，高于上半年平均水平 0.5 个百分点，显示经济运行稳中有升，稳中向好。

2014 年一季度，制造业 PMI 指数和非制造业 PMI 指数均有所回落，尤其是新订单指数回落明显，购进价格指数急剧下降，产成品库存指数有所反弹，经济增速有所放缓。进入二季度，PMI 指数出现积极变化，经济增速回落之势受到抑制，运行的稳定性和协调性增强，质量改善，基本发展态势缓中趋稳，稳中趋优。随着稳增长的政策效果逐渐显现，预计全年可望实现经济增长 7.5% 左右的目标。

一、从 PMI 看 2013 年经济发展形势

（一）市场需求持续改善

制造业 PMI 指数中的新订单指数 7 月份以后开始回升，8 月份以后各月均达到 52% 以上，下半年平均水平 52.1%，高于上半年 0.8 个百分点。新出口订单指数回升明显，8 月份扭转连续 4 个月 50% 以下低位运行局面，回升至 50% 以上，12 月份略有波动。2012 年与 2013 年新订单指数走势对比如图 1 所示。

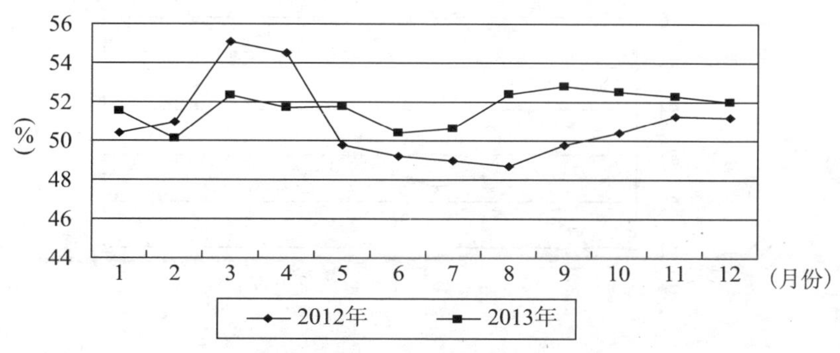

图 1　2012 年与 2013 年新订单指数走势对比

（二）产需增长较为均衡，市场供需状况改善

生产指数、新订单指数差距明显缩小。三季度生产指数、新订单指数平均值分别为52.6%和51.9%，差距只有0.7个百分点，较二季度的1.3个百分点明显缩小。其中，8月、9月两月差距缩小到0.2个百分点以内。四季度生产指数保持较高水平，新订单指数有所回落，二者差距又有所扩大。2013年生产指数、新订单指数走势对比如图2所示。

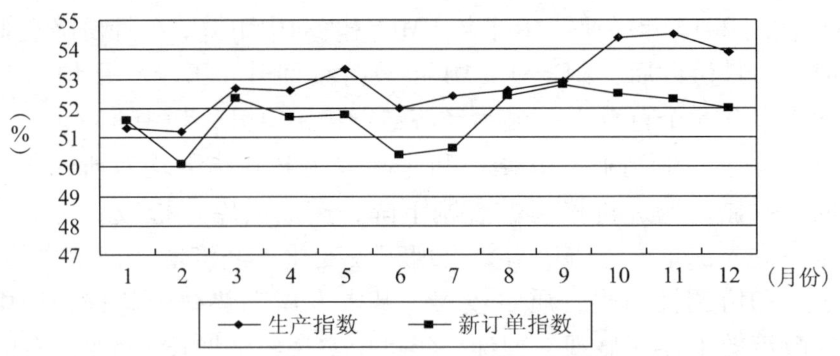

图2　2013年生产指数、新订单指数走势对比

（三）服务业发展加快，经济稳定器作用增强

从非制造业PMI调查来看，下半年服务业商务活动指数平均水平达到53.5%，高于上半年。从具体行业看，同居民消费、旅游和信息消费相关的行业保持快速发展态势，成为拉动服务业活动上升的主要动力。从统计数据来看，2013年第三产业增加值，增长8.3%，占GDP比重达到46.1%。增速和比重均超过了第二产业。2013年服务业商务活动指数走势如图3所示。

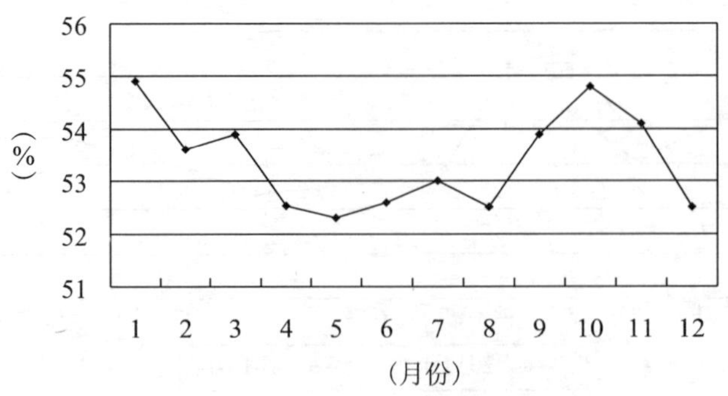

图3　2013年服务业商务活动指数走势

（四）就业稳中有升

从制造业来看，从业人员指数自 7 月份以来连续五个月稳定在 49% 以上，处在相对较高水平。下半年平均值为 49. 1%，比上半年高出 0. 5 个百分点，说明 7 月份以来经济企稳回升，正在逐渐向就业层面传导。国家统计局发布的统计数据显示，2013 年年末，全国就业人员比 2012 年年末增加 273 万人，其中城镇就业人员增加 1138 万人。2013 年制造业从业人员指数走势如图 4 所示。

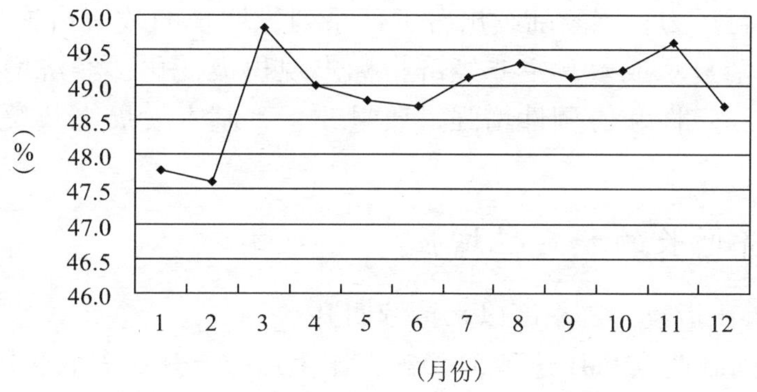

图 4　2013 年制造业从业人员指数走势

（五）企业生产经营形势整体呈现稳中趋升

大型企业 PMI 指数 7 月份以来持续上升，9 月份以后均保持在 52% 以上。中型企业 9 月份以后也逐渐回升。小型企业 PMI 指数虽然没有表现出明显回升，但也基本遏制了下滑势头，保持了基本稳定。2013 年大中小型企业 PMI 指数走势如图 5 所示。

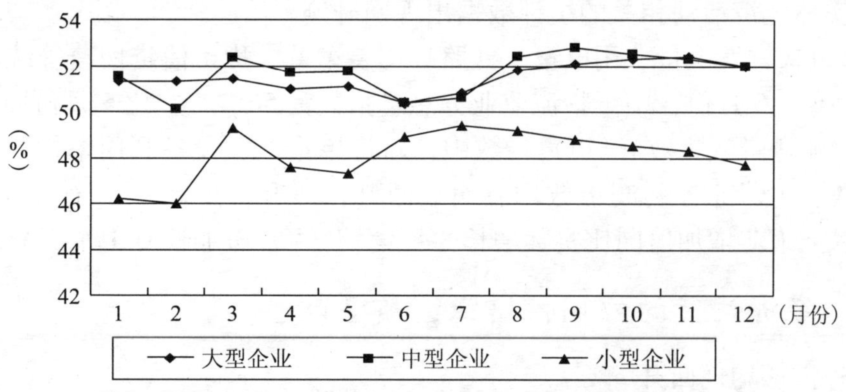

图 5　2013 年大中小型企业 PMI 指数走势

二、从PMI看2014年经济发展形势

由于目前依靠新兴产业发展和结构升级带动经济增长的机制尚没有形成，经济运行中的不稳定性因素、不确定性因素并没有消除。进入2014年以来，经济运行出现了增速再次放缓迹象。一季度制造业PMI指数和非制造业PMI指数均有所回落，尤其是新订单指数回落明显，购进价格指数急剧下降，产成品库存指数有所反弹，反映需求偏弱，经济增长基础仍需巩固。

面对经济下行压力，国家陆续出台了一系列稳增长的政策措施。进入二季度，这些政策措施逐渐显示成效，主要经济指标出现积极变化，经济增速回落之势受到抑制，运行的稳定性和协调性增强，质量改善，基本发展态势缓中趋稳，稳中趋优。

（一）经济增长的稳定性增强

1. 制造业PMI指数，二季度以来持续回升

6月份，中国制造业PMI达到51.0%，比5月份上升0.2个百分点，高于去年同期0.9个百分点。该指数连续4个月回升，特别是5月、6月两月反季节上扬，升幅较之前两月有所扩大，拉动二季度平均水平回升到50.7%，较一季度上升0.3个百分点，较去年同期提高0.2个百分点。6月份，生产指数达到53.0%，比5月份上升0.2个百分点，高于去年同期1个百分点。二季度平均为52.8%，同一季度基本持平。企业采购明显增加，采购量指数上升。最近两月该指数均保持在52%以上，为2014年以来的最高水平。二季度平均为51.6%，高于一季度1.4个百分点。二季度，同制造业密切相关的生产性服务业，如批发业、水上运输业、电信广播电视和卫星传输服务业，商务活动、新订单指数均有明显回升。

2. 同实体经济活动相关的统计数据出现回升迹象

5月份以来，发电量、用电量、铁路日均装车量、货币信贷增速等统计指标也呈现回升迹象。6月份，中国物流业业务总量指数为56.7%，比5月份回升1.5个百分点。物流业景气指数（LPI）指数中，新订单指数、设备利用率指数、库存周转次数指数、主营业务利润指数均有明显回升，回升幅度超过1个百分点。5月份，规模以上工业增加值同比实际增长8.8%，比4月份加快0.1个百分点。

（二）经济运行的协调性增强，质量改善

1. 内外需求均现回升

一方面，国内需求偏弱的局面明显改变。进入二季度以来，新订单指数持续回升，6月份达到52.8%，高于2013年同期2.4个百分点。二季度新订单指数平均值为52.1%，高于一季度1.4个百分点。从我们的调查来看，一些周期性较强

的行业，如化工、金属制品制造业、通用设备制造业等的市场有所启动，订单有明显回升。从反映国内需求的统计数据来看，基础设施投资发力，增速明显提高，带动固定资产投资增速回稳。1—5 月份，基础设施投资，同比增长达到 25%，增速比 1—4 月份提高 2.2 个百分点。受此支撑，全国固定资产投资总额增长 17.2%，增速回落幅度明显缩小，只有 0.1 个百分点，呈回稳趋势。消费增速基本保持平稳。社会消费品零售总额增速保持在 12% 以上。

另一方面，外部需求也趋于改善。新出口订单指数持续回升，6 月份回升到 50% 以上，达到 50.3%，特别是作为我国出口大省的广东省，制造业新出口订单指数 5 月、6 月两月回升尤为明显，分别为 52.1% 和 51.6%。自 4 月份以来，国家抓住世界经济温和复苏、外部环境改善的有利时机，出台了一系列促进外贸稳定增长的政策措施。从优化贸易结构到提高贸易便利化水平，从加快出口退税进度到改善融资服务，多项举措助力我国外贸提质增效、释放新的增长活力。这些数据反映出，促进外贸稳定增长的政策措施初见成效，外部需求趋于改善。

2. 企业整体生产经营形势稳中向好，经济活力有所增强

大型企业 PMI 指数在 50% 以上保持稳中略升；中型企业 PMI 指数回升到 50% 以上；小型企业 PMI 指数虽然仍处在 50% 以下，但走势基本稳定。6 月份，大型企业 PMI 指数小幅上升 0.6 个百分点，中小型企业 PMI 指数受淡季影响略有回落。企业效益水平基本稳定。1—5 月份，规模以上工业企业主营业务收入利润率为 5.47%，同比小幅提高 0.08 个百分点。从调查了解的情况来看，企业积极谋求转型升级的步伐不断加快。比如，许多企业改善管理，以销定产，以产定购，严格控制成本增长和资金占压；加强供应链管理，同供应商结成战略联盟，提高了配送效率和质量，锁定原材料价格，有效控制了价格波动风险；根据市场形势变化，加快业务调整，加大技术研发投入和设备更新改造投资，加快新技术应用，促进产品升级。这些变化，有利于增强微观经济活力，推动宏观经济转型升级。

3. 市场供需关系趋好，价格回稳

制造业 PMI 指数当中的生产指数和新订单指数，二季度均衡地保持在 52% 以上，生产指数平均为 52.8%，新订单指数平均为 52.1%，二者差距由一季度平均 2.1 个百分点缩小到 0.7 个百分点。由于供需关系改善，持续疲软的市场价格出现稳中略升迹象。购进价格指数回升到 50.1%，2014 年以来首次回升到 50% 以上。

4. 经济结构继续优化

二季度服务业新订单指数、商务活动指数均有明显上升，平均值分别为 53.8% 和 51.2%，同一季度相比升幅均超过 1 个百分点。生产性服务业上升尤为明显。二季度，生产性服务业商务活动指数平均为 56.6%，高于一季度 4.7 个百分点；新订单指数平均为 53.3%，高于一季度 2.9 个百分点。生产性服务业发展加快，有利于推动我国制造业创新升级。

从国家税务总局的统计数据来看，第三产业税收增长明显快于第二产业。5 月

份，第二产业和第三产业税收收入分别增长 3.4% 和 6.8%，三产高于二产 3.4 个百分点。作为重要生产性服务业的技术服务等行业税收增长明显加快。5 月份，信息服务业税收收入增长 23.3%，特别是其中的软件和信息技术服务业税收收入增长 26.8%，电信、广播电视和卫星传输服务业税收收入增长 21.9%。税收方面的统计数据，也间接反映了服务业尤其是生产性服务业加快发展的基本态势。

5. 就业形势稳好

6 月份，从业人员指数上升 0.4 个百分点，达到 48.6%，这是 2014 年以来最为明显的一次上升。从不同规模的企业来看，大、中、小型企业从业人员指数普遍上升，尤其以小企业上升最为明显，升幅达到 0.8 个百分点，小企业吸纳就业的主力军作用突出。从业人员指数走势变化，反映出经济走势逐渐趋稳对就业带动作用正在逐渐显现。

下半年经济保持稳定增长，具备一定的基础和有利条件。一是政策效应与改革红利将进一步释放。2013 年已出台的一系列稳增长的政策措施在 2014 年仍会进一步显现。十八届三中全会以后，以简政放权、增强内生增长动力、激发市场活力为目标的各项改革将加快推进。

二是需求增长具有支撑。从投资来看，虽然房地产投资由快速增长向适度较快增长回归趋势不可避免，政府对投资的主导作用也还会进一步下降，但在城镇化加快过程中，铁路、城市地铁和公共设施、环境治理、网络宽带等领域有较大投资增长空间。传统产业在加快转型升级过程中，也将带来更新改造投资的加快增长。简政放权、放宽准入，有利于激发民间投资热情。在居民消费升级、政府增加民生支出等带动下，文化体育、商务服务、节能环保、批发零售等产业投资将保持快速增长。预计投资增速不会出现较大幅度回落，保持在 19% 左右具有较大可能。

从消费来看，随着收入分配改革推进，以及电子商务、信息网络、小额贷款服务等持续完善，信息、文化、教育、健康、旅游、养老等消费热点不断涌现，预计 2014 年社会消费品零售总额仍会保持较快增长，对经济增长的贡献将会有所上升。预计增速保持在 13% 左右。

从出口来看，虽然仍具有较大不确定性，但整体来看保持稳定甚或略有回升，有一定基础。一是 2013 年 7 月份以来，国家出台的促进进出口稳增长、调结构的多项措施 2014 年将进一步显示成效，上海自贸区建设也将发挥促进进出口贸易的作用；二是自 2013 年三季度以来全球经济整体发展势头良好，美、日经济回升，欧元区经济有所恢复，新兴市场经济国家，虽然 2013 年表现欠佳，但由于有比较成本优势和较大的经济增长潜力，后期走势也有望转向平稳。总的来看，2014 年世界经济有望继续保持企稳向好发展势头。从一些机构的预测结果来看，多数观点认为 2014 年全球经济增速将略高于 2013 年。

但由于我国经济仍处于调整过程中，企业经营模式的转变、产业结构的调整仍在继续，特别是传统产业转型升级不可能短期完成；新兴产业崛起，真正发挥对经济增长的支撑作用，也需要时日。据此判断2014年经济增速出现明显回升的可能性较小，预计增速保持在7.5%左右，全年经济运行将突出地表现为一“稳”一“好”两个基本特点。

“稳”就是因为经济运行的整体环境较好，适度增长具有稳定的支撑，预计增速保持在7.5%左右，同2014年基本相当或略有提高，季度之间差别预计也不会太大，走势更为平稳。

“好”主要体现在随着改革深入推进，内生增长动力进一步增强，市场活力提高，经济结构进一步调整优化，新兴产业加快发展，新的增长点加快形成，经济运行的稳定性、协调性进一步趋好。

（三）值得关注的问题

短期来看，经济回升仍面临制约因素。一是经济增长动力仍需巩固。从需求来看，目前房地产行业调整仍在继续，对投资和消费增速的回升具有一定的压制作用。从非制造业PMI指数来看，2014年以来房地产行业呈现明显的收缩态势。上半年，其商务活动指数平均为50.1%，新订单指数只有45.6%，收费价格指数为49.7%。从相关统计来看，5月份，房地产开发投资以及房地产开发企业房屋施工面积、土地购置面积、到位资金仍在继续下降，商品房成交也较为疲软。房地产开发投资占全国固定资产投资比重20%左右，其增速回落是2014年以来固定资产投资回落较快的一个重要因素。商品房销售疲软，将连带影响家具、家电、建材等消费。

二是经济活力仍需加强。从作为经济活动主体的企业来看，企业生产经营依然较为困难，面临资金紧张、成本上升、效益低下等难题。特别是小微企业经营状况没有明显改观。小企业PMI指数仍处在50%以下，回升并不明显。企业预期较为谨慎。企业生产经营活动预期指数虽然保持在较高水平，但有波动。无论是制造业还是非制造业均有所回落。从调查来看，许多企业对后期走势判断谨慎，一些企业仍感到前景不明，甚至认为仍有可能继续下降。从制造业PMI指数中的原材料库存和产成品库存指数来看，仍然处在50%以下低位，反映出在企业赢利状况未能显著改善的情况下，企业补库热情依然不高。

从我们的监测来看，主要统计数据目前继续保持稳中有升，但生产资料市场价格在5月份实现由降转升后，6月份再次转跌。当月环比下降0.53%；同比下降1.94%，降幅较上月收窄0.93个百分点。1—6月份，累计平均价格同比下降3.82%，比年初下降1.27%。从监测的大类品种看，9大类生产资料中有6大类价格环比下降。原煤、成品油和木材价格转升为降；黑色金属、建材和机电产品价格继续下跌，降幅均有所扩大；有色金属、化工产品和汽车价格继续上涨。这反映出产能过剩矛盾突出，需求的释放很快被过剩产能所稀释，传统行业结构调整、转型升级需要一个过程。

（四）政策建议

总的来看，当前我国经济已经进入由原来10%以上高速增长向7%左右中速增长过渡的“换挡”期。在此阶段，应注重通过投资结构优化和提升消费对经济增长的贡献，强化经济的内生性增长基础，促使过渡平稳。在此基础上，通过改善企业经营环境，降低企业运行成本等方式，让企业能够在相对低速增长的环境下，实现正常赢利，提高微观经济活力。

一要配合深化改革进程，优化政策环境，积极扶持中小企业发展，注重激发企业生机和活力，为经济持续向好发展奠定坚实基础。企业是经济活动的基本单位，宏观经济怎么样，归根结底要看企业，看企业是否具有生机和活力。只有企业真正好起来了，宏观经济好转才真正有基础。

二要通过加快创新，创造新的需求，培育新的增长点，提高经济运行的质量和效率。通过加快技术创新，加快产业结构调整，实现消费结构升级，培育新的增长点，形成经济发展新动力。要推动企业经营模式与发展方式创新，尤其是要注重促进流通方式的转变。流通方式的转变，要注重解决两个问题，一个是商流问题，要充分利用电子商务平台，创新交易模式，利用电子商务集成性特点整合市场资源，提升交易效率，降低交易成本；再一个是物流问题，要针对当前流通管理落后、物流效率低、成本高的状况，重点转变与提升物流管理方式，大力推进供应链管理，逐渐形成高效有序、安全可靠的物流体系，以此优化资源配置，提高社会经济运行效率、效益和质量。

三要加强供给端管理，保持市场总供给和总需求基本平衡，为稳增长奠定良好的市场基础。当前我国经济正处在转型升级过程中，国内需求增速趋缓，一些产业供过于求矛盾日益凸显，传统制造业产能普遍过剩。产品生产能力严重超过有效需求，将会造成社会资源巨大浪费，降低资源配置效率，阻碍产业结构升级。在这种形势下，在做好需求端调控的同时，要做好供给端管理。要加快落实“国务院关于化解产能严重过剩矛盾的指导意见”（国发〔2013〕41号），在社会保障体系逐渐健全背景下，要促进优胜劣汰、市场退出机制形成，加快产业结构调整和企业重组步伐，提高产业集中度，抑制产能超前扩张，保持市场总供给、总需求基本平衡，为稳增长奠定良好的市场基础。

从非制造业 PMI 看经济环境和政策变化

武威

2013 年，随着国家稳增长的政策措施成效的逐步显现，经济运行呈现稳中趋升的基本态势。从非制造业来看，商务活动指数平均水平保持在 54.9% 的较高水平。从全年走势看，下半年达到 55.1%，较上半年提升 0.3 个百分点，反映非制造业活动走势也趋于上升。

从各细分指数走势看，经济运行呈现出如下特点。

一是基础建设投资助力经济增长。从非制造业 PMI 数据来看，2013 年土木工程建筑业一直保持在较高的水平，特别是 8 月以后呈现出连续增长态势，其商务活动和新订单整体增速均有所加快。土木工程建筑业主要反映的是以铁路、公路以及桥梁为主的基础设施建设。土木工程建筑业活动的增长，特别是市场需求的增长，意味着基础建设投资具备持续稳定的基础。

二是服务业发展势头良好。2013 年，服务业商务活动指数保持在 53.4% 的较高水平，意味着服务业发展势头良好。从全年变化看，下半年服务业的商务活动指数平均水平达到 53.5%，高于上半年。从具体行业看，同居民消费、旅游和信息消费相关的行业仍保持快速发展态势，成为拉动服务业活动上升的主要动力，在一定程度上反映出市场消费潜力依然较强。特别是信息消费仍将会成为扩大我国消费需求的重要推动力量。

三是成本上涨势头延续。2013 年非制造业中间投入价格指数平均水平为 55.8%，仅较 2012 年同期小幅回落 0.1 个百分点，意味着 2013 年非制造业延续了 2012 年的成本上涨势头。特别是进入下半年，中间投入价格增势明显，平均水平达到 56.6%，较上半年上升 1.6 个百分点。从行业来看，建筑业和服务业的中间投入价格均有明显回升。

四是就业活动趋于稳定。2013 年，非制造业的从业人员指数一直稳定在 51% 以上左右的水平运行，全年平均值达到 51.5%，反映出非制造业吸纳就业的能力较强。

进入 2014 年，非制造业经济稳步增长的势头没有改变，前 7 个月商务活动指数平均水平 54.6%，意味着非制造业经济仍运行在适度较快的合理区间。从各分项指数和行业指数看，非制造业经济呈现如下特点。

一是建筑业活动高位趋缓，基础建设投资仍具发力基础。2014 年前 7 个月，建筑业商务活动指数虽仍保持在 60.2% 的高位，但较 2013 年同期回落 0.4 个百分点。从分行业情况看，受房地产开发投资增速回落影响较大的房屋建筑业活动增速明显放缓，其商务活动指数平均水平较2013年同期回落2个百分点以上，成为带动建筑业高位回调的主因。

体现基础建设投资变化的土木工程建筑业活动增势则较为稳定，其商务活动指数较2013年同期仅小幅回落0.4个百分点。特别是其新订单指数水平保持在52.6%，与2013年同期基本持平，仅微幅回落0.1个百分点，且较2013年下半年还高出0.3个百分点。从企业预期看，1—7月土木工程建筑业的业务活动预期指数均值为65.2%，较2013年同期高出0.7个百分点，反映建筑业对2014年下半年市场形势趋于乐观判断。行业下游需求也具备继续发力的基础。从市场数据看，2014年上半年新开工项目计划总投资196843亿元，同比增长13.6%，增速比1—5月提高0.9个百分点。基础设施投资同比增长25.1%，增速提高0.1个百分点。其中，铁路运输业投资增长14.2%，增速提高5.9个百分点。

二是生产性服务业表现良好。2014年1—7月，与制造业密切相关的生产性服务业的商务活动指数平均水平达到53.9%，与2013年同期持平；新订单指数达到51.4%，较2013年同期上升0.5个百分点，显示制造业回升的传导效应有所体现。一是批发业的商务活动和新订单指数均值较2013年同期均有明显上升，升幅均在3个百分点以上，反映出与制造业相关的大宗商品贸易活动持续活跃。二是水上运输业的商务活动和新订单指数持续高位运行，均值较2013年同期也有较大幅度提升，反映同制造业相关的物流活动，特别是与出口相关的物流活动有所提升。

三是新兴消费热点行业表现良好。2014年1—7月，在消费性服务业中，传统服务业表现仍差强人意。其中零售业商务活动指数均值较2013年同期有所回落，且回落至50%以下；餐饮和住宿业商务活动指数水平虽较2013年同期有所回升，但指数水平仍在50%以下。而新兴消费热点行业如旅游、信息服务等新兴消费热点行业表现依然活跃。一是旅游带动铁路运输和航空运输业活动表现活跃；二是相关旅行社和景点活动增势明显，商务活动和新订单增速较2013年同期均有明显加快；三是互联网及软件信息技术服务业活动继续提升，特别是新订单指数较2013年同期上升4个百分点以上，商务活动指数升幅也在2个百分点以上。

四是小企业经营形势明显转好。截至2014年7月份，非制造业的大中小型企业PMI指数均保持在50%以上，反映出企业经营形势进入景气状态。特别是小企业明显回升值得关注。1—7月，小企业商务活动指数均值升至50%以上，达到50.2%，较2013年同期上升1.8个百分点。自5月以来，商务活动指数连续3个月运行在50%以上。小企业经营形势好转，一方面说明一系列积极扶持企业发展的优惠政策已产生累积效应，另一方面也反映出企业经营的宏观经济环境已经有所改善。

五是成本上涨压力势头明显缓解。2014年1—7月，非制造业中间投入价格指数均值在53.7%，较2013年同期回落1.8个百分点，意味着成本上涨压力不大，较2013年有明显缓解。从环比看，自5月份有较为明显的回升，但7月份结束回升走势，有所回落。从行业看，建筑业和服务业的主要行业的中间投入价格指数均有回落，具有普遍性。企业反映情况显示，反映原材料价格、运输成本和劳动力成本上涨的企业比重较2013年同期均有较明显的回落。价格指数的变化显示当前价格上涨并未形成趋势性变化，整体压力不大。值得注意的是，7月31日，为了缓解企业融资成本高的问题，央行以“量增价滑”的方式开展了14天的正回购，有意引导资金价格下行，此行为被视为短期偏宽松信号。资金面的短期宽松对市场价格的影响仍待观察。

在非制造业经济呈现诸多积极变化的同时，也存在一些值得关注的问题。

一是需求增长基础仍需巩固。2014年1—7月，非制造业的新订单仍保持适度增长，指数均值为51.1%，但较2013年同期回落0.3个百分点。受投资回落影响，建筑业的新订单回落幅度相对较大。服务业的新订单指数均值与2013年同期持平，但仅略高于临界点，为50.6%。

二是要关注就业形势的变化。从业人员指数变化显示，1—7月，非制造业从业人员指数均值为50.4%，较2013年同期回落1个百分点，意味着就业活动增速有所放缓。建筑业的从业人员指数虽仍保持较高水平，但受需求回落影响，指数均值较2013年同期回落1.8个百分点。服务业的从业人员均值较2013年同期也回落了1.2个百分点。2014年以来服务业的从业人员指数虽波动不大，保持稳定，但指数水平仅保持在49%左右，仍需主要挖掘服务业增长潜力，培育居民消费升级动力，创造更多的就业岗位。

总体来看，2014年非制造业经济活动仍保持在较快的发展水平，也反映出了一些积极变化。特别是服务业的发展更为值得关注。自2013年以来，第三产业增加值占国内生产总值的比重首次超过第二产业，增速也快于第二产业。2014年上半年延续了这种结构优化趋势，意味着服务业的发展对经济增长的支撑作用日益明显。因此要着重培育服务业的发展环境。

一是在保持基础建设投资力度的情况下，要着力优化投资结构，重点向结构调整和产业升级的方向倾斜，加大对技术创新、新兴服务业及民营经济的投资力度；二是要通过收入分配制度改革和社会保障体系的建设，充分挖掘居民消费增长潜力，通过发现新的消费热点、提升居民消费能力及改善消费结构等手段增强消费对经济增长的拉动作用，培育市场需求持续增长的动力；三是扶植生产性服务业发展，为其向高端化、精细化方向发展提供政策环境支持。

2014 年中国轻工消费品采购：成本走势回顾与展望

钱慧敏　张铁夫

一、主要价格指标

1. 居民消费价格指数

居民消费价格指数（CPI）① 同比涨幅由 2013 年 10 月的高位 3.2% 放缓至 12 月的 2.5%，如图 1 和表 1 所示。其后，受到食物价格波动影响，CPI 同比涨幅在 2014 年 1—6 月期间在 1.8% ~2.5% 的区间波动。由于我们预计食物价格将继续呈上落走势，预期 CPI 同比涨幅于短期内会在 1.8% ~2.8% 的区间徘徊。

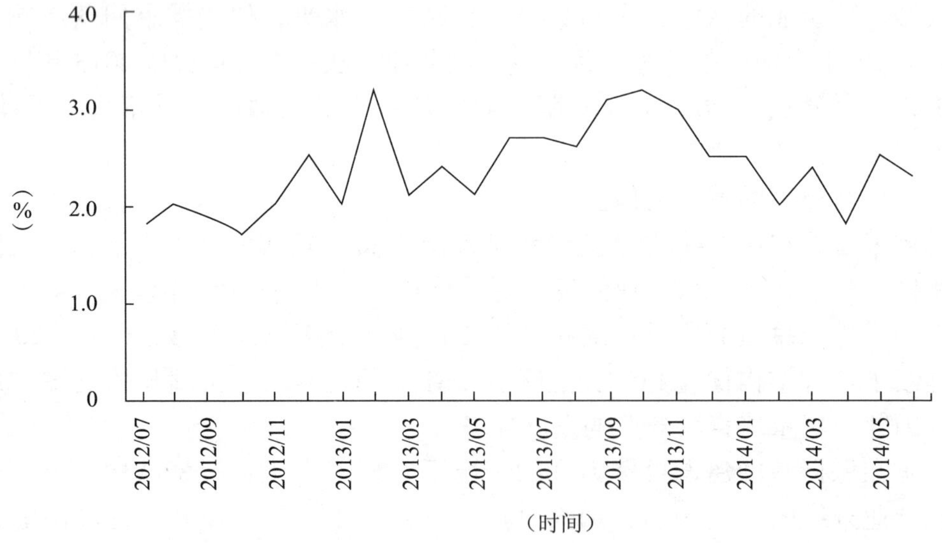

图 1　2012 年 7 月—2014 年 6 月居民消费价格指数同比增长率

资料来源：国家统计局。

---

① 国家统计局编制的居民消费价格指数是反映一定时期内城乡居民所购买的生活消费品价格和服务项目价格变动趋势和程度的相对数，是对城市居民消费价格指数和农村居民消费价格指数进行综合汇总计算的结果。利用居民消费价格指数，可以观察和分析消费品的零售价格和服务价格变动对城乡居民实际生活费支出的影响程度。

表1　2013年7月—2014年6月居民消费价格指数（个别类别）同比增长率　单位：%

	2013年						2014年					
	7月	8月	9月	10月	11月	12月	1月	2月	3月	4月	5月	6月
衣着类	2.2	2.2	2.3	2.4	2.0	2.1	1.9	2.2	2.3	2.3	2.5	2.6
家庭设备用品及维修服务类	1.4	1.4	1.4	1.5	1.3	1.4	1.5	1.3	1.2	1.2	1.2	1.2
娱乐教育文化用品及服务类	1.3	1.2	1.9	2.5	2.8	2.9	3.3	2.1	2.1	2.0	2.1	2.1

资料来源：国家统计局。

2. 工业生产者出厂价格指数

由于国内外需求疲弱，以及原材料价格下滑，工业生产者出厂价格指数（PPI）① 在2013年7月—2014年6月期间继续负增长，如图2和表2所示。

最近几个月，PPI的同比跌幅有所收窄。2014年6月，PPI同比下滑1.1%，是2012年5月以来的最小的跌幅。展望短期内，除非原材料价格大幅反弹，PPI同比增长将继续低企。

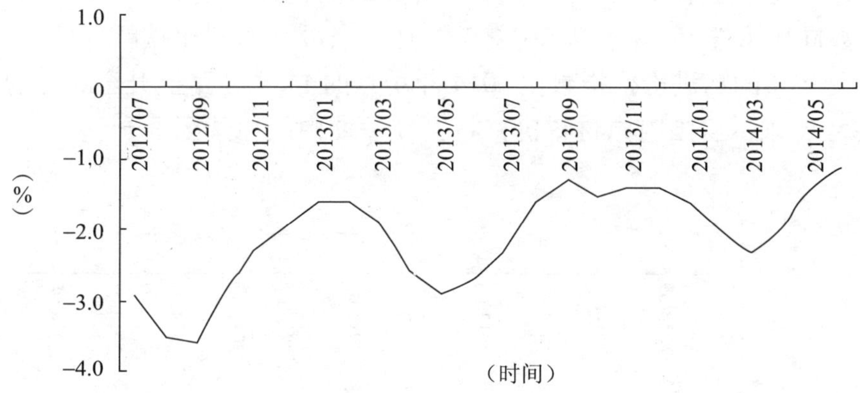

图2　2012年7月—2014年6月工业生产者出厂价格指数同比增长率

资料来源：国家统计局。

① 国家统计局编制的工业生产者出厂价格是反映工业企业生产的产品第一次进入流通领域的销售价格（不含增值税、运费、关税等）。

表 2　**2013 年 7 月—2014 年 6 月工业生产者出厂价格指数（个别行业）同比增长率**　单位:%

	2013 年						2014 年					
	7 月	8 月	9 月	10 月	11 月	12 月	1 月	2 月	3 月	4 月	5 月	6 月
纺织业	0.1	0.3	0.3	0.6	0.6	0.5	0.2	0.1	-0.2	-0.5	-0.4	-0.4
纺织服装、服饰业	1.0	1.0	1.0	1.1	0.9	0.7	0.3	0.4	0.3	0.2	0.3	0.3
木材加工及木、竹、藤、棕、草制品业	0.4	0.6	0.6	0.5	0.5	0.4	0.5	0.5	0.5	0.6	0.9	1.3

资料来源：国家统计局。

二、原材料价格

1. 工业生产者购进价格指数

在 2013 年 7 月—2014 年 6 月期间，工业生产者购进价格指数①的同比增长仍然录得负值，如图 3 和表 3 所示。这反映了制造业企业使用的原材料和能源的价格比 2013 年同期水平为低。

最近几个月，工业生产者购进价格指数的同比跌幅有所收窄。2014 年 6 月，此价格指数同比下挫 1.5%，为 2014 年 1 月以来最小的同比跌幅。值得留意的是，中国制造业 PMI 的购进价格指数由 2014 年 4 月的 44.4 一路上升至 6 月的 50.1，跨过分界点 50，预示着国内原材料价格将会在短期内趋稳甚至上升。

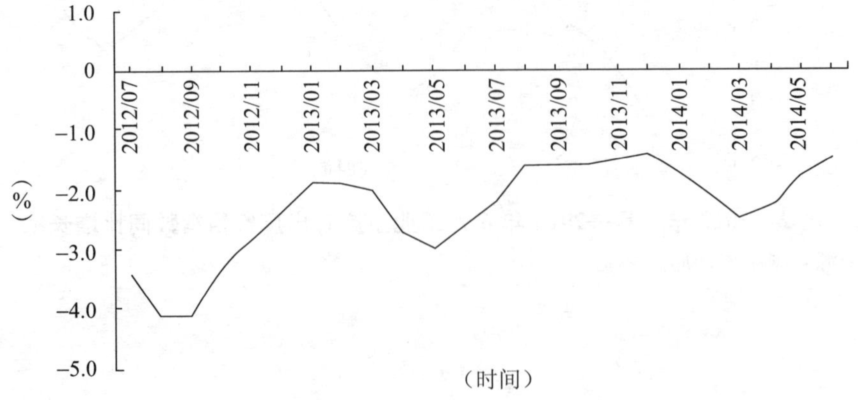

图 3　2012 年 7 月—2014 年 6 月工业生产者购进价格指数同比增长率

资料来源：国家统计局。

① 国家统计局编制的工业生产者购进价格是指工业企业组织生产时作为中间投入的原材料、燃料、动力购进价格（含增值税、运费、关税等）。

表 3　　2013 年 7 月—2014 年 6 月工业生产者购进价格指数（个别类别）同比增长率

单位：%

	2013 年						2014 年					
	7 月	8 月	9 月	10 月	11 月	12 月	1 月	2 月	3 月	4 月	5 月	6 月
燃料动力类	-3.4	-2.6	-3.0	-2.9	-2.6	-2.2	-2.0	-2.4	-3.1	-2.7	-2.0	-1.3
有色金属类	-5.8	-4.5	-5.7	-6.2	-5.5	-6.0	-6.0	-6.9	-7.4	-6.1	-4.3	-3.6
化工原料类	-2.4	-2.1	-2.2	-2.3	-2.0	-1.5	-1.7	-2.2	-2.6	-2.1	-1.8	-1.2
木材及纸浆类	-0.6	-0.4	-0.4	-0.3	-0.2	-0.1	-0.3	-0.4	-0.8	-0.6	-0.7	-0.5
纺织原料类	0.2	0.5	0.7	0.6	0.5	0.3	-0.1	-0.2	-0.6	-0.9	-1.0	-1.1

资料来源：国家统计局。

2. 中国棉花价格指数

尽管国内厂商对棉花①的需求疲弱，反映国内棉花价格的中国棉花价格指数②在 2013 年 10 月初—2014 年 3 月底期间仍呈平稳趋势。在这段期间，中国政府仍推行着棉花收储政策，是国内棉花市场最大的买家，支撑着国内棉价。

然而，自 2014 年 4 月初起，中国棉花价格指数大幅下挫，例如中国棉花 3128B 价格指数就从 4 月 1 日的 19403 下跌至 6 月 30 日的 17332。如图 4 所示。造成国内棉价大跌的主要原因是中国政府在 3 月 31 日按原定计划终止了棉花收储政策，以及在 4 月 1 日将抛储棉基准价由 18000 元/吨下调至 17250 元/吨。

展望短期内，国内棉价将继续低企。目前，一方面，政府的仓库仍积压着大量储备棉，政府很可能会以现行价格继续抛售储备棉，以解决高库存的问题；另一方面，当今年 9 月国内新棉集中上市之时，政府不会再推行棉花收储政策。这意味着政府将不再是国内棉的主要需求来源，而国内厂家将接替政府在这方面的角色。

也要留意的是，政府在 2014 年年内将会在占全国棉花产量超过一半的新疆维吾尔自治区推行名为“棉花目标价格补贴试点”的政策。当棉花价格低于目标价格时，政府将根据目标价格与棉花市场价格的差价、种植面积、产量或销售量等因素，对试点地区生产者给予补贴；而当市场价格高于目标价格时，国家将不发放补贴。我们相信，推行此政策有助鼓励新疆棉农维持棉花产量，有助稳定国内棉花供应。

---

① 棉纤维是一种常见的天然纤维。棉织物的特点是舒适柔软，吸湿性高和易染色，常被用来制造各种服装，尤其是休闲服装、内衣、夏季服装和婴儿服装。

② 中国棉花协会编制的中国棉花价格指数是以全国 200 余家大中型纺织企业的棉花实际到厂价为基础计算。http://www.china-cotton.org/

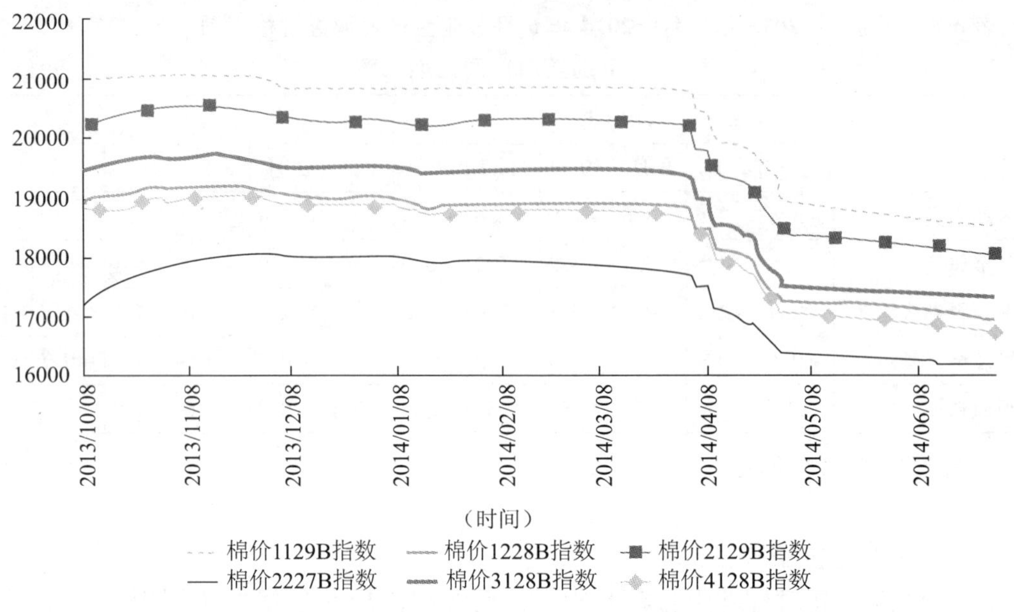

图 4　2013 年 10 月—2014 年 6 月棉花价格指数走势

资料来源：中国棉花协会。

3. 南京羊毛市场报价综合指数

在 2013 年 9 月至 11 月期间，反映羊毛①价格的南京羊毛市场报价综合指数②一直呈向上趋势，指数由 8 月底的 70.28 元/千克升至 11 月底的高位 73.00 元/千克，如表 4 所示。其后，随着需求放缓，羊毛价格由升转跌，指数下跌至 2014 年 3 月底的 71.45 元/千克。不过，自 2014 年 4 月起，受主要产出国澳洲的羊毛价格上升的影响，南京羊毛市场报价综合指数再度上涨，在 5 月底时升至 72.20 元/千克。根据媒体报导，最近国内羊毛需求正在改善，我们因此预期羊毛价格在短期内将表现坚挺。

表 4　　2013 年 6 月—2014 年 5 月南京羊毛市场报价综合指数　　单位：元/千克

	2013 年							2014 年				
	6 月	7 月	8 月	9 月	10 月	11 月	12 月	1 月	2 月	3 月	4 月	5 月
月底指数	71.18	70.55	70.28	71.18	72.75	73.00	72.67	72.05	71.75	71.45	72.15	72.20

资料来源：南京羊毛市场。

① 羊毛纤维是纺织工业的主要原料之一。由于羊毛纤维的热导率较低，在冷湿的环境下有好的保暖性，因此多被用作秋冬季节服装的衣料。

② http：//www.woolmarket.com.cn

4. 涤纶价格指数

在2013年9月中至2014年3月中期间，中纤价格指数①内的涤纶②价格指数呈反复向下走势，如图5所示。例如涤纶POY价格指数就由2013年9月13日的10700下滑至2014年3月18日的8700。我们认为，涤纶价格的下跌，主要是上游原料价格下挫及下游需求疲弱所致。

随后两个多月，涤纶价格指数转呈上落走势。不过，自5月底起，由于涤纶的上游原料对苯二甲酸价格上升，涤纶价格指数大幅上涨。例如涤纶POY价格指数就由5月20日的8900上升至6月30日的10600。然而，鉴于涤纶需求依然疲弱，而对苯二甲酸的供应正在增加，因此我们预期涤纶价格上升的趋势不能持续下去。

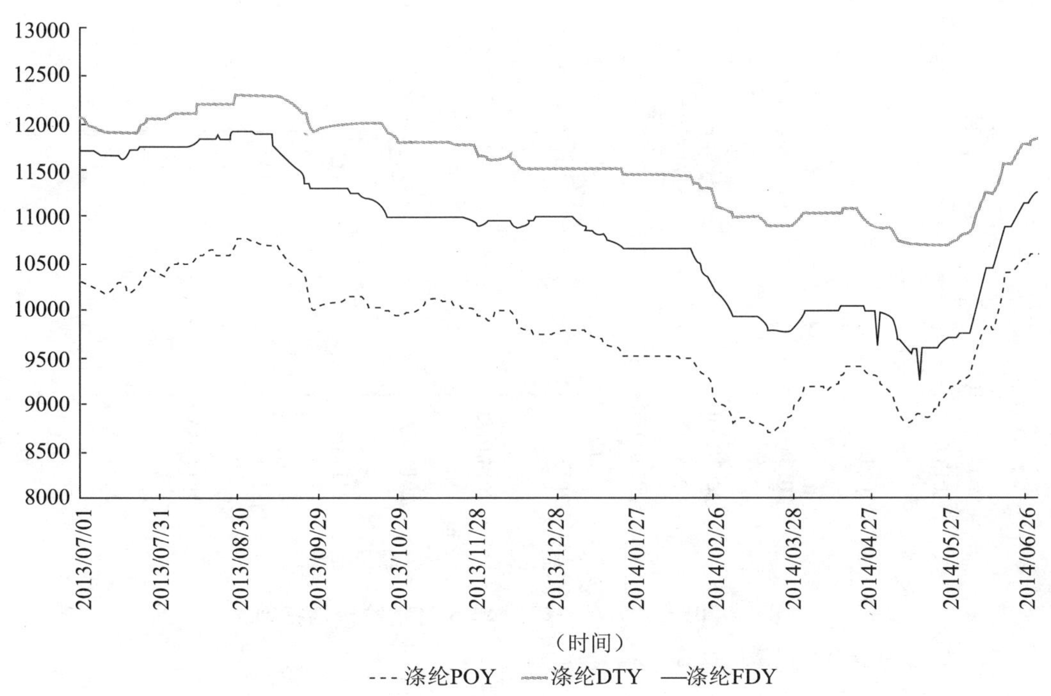

图5　2013年7月—2014年6月涤纶价格指数

资料来源：中国化纤经济信息网。

① 中纤价格指数由中国化纤经济信息网编制。

② 涤纶纤维是其中一种主要的合成纤维。涤纶纤维织物的用途广泛，可被用作四季服装的衣料。由于涤纶纤维织物的特点是受力不易变形，弹性好和吸湿性较低，因此多被用来制造外套衣服。

5. 腈纶短纤价格指数

受上游原料丙烯腈价格大跌的影响，中纤价格指数内的腈纶短纤①价格指数由2013年10月25日的18300下挫至11月25日的16800，如图6所示。随后数月，腈纶短纤价格指数一直企稳在16800。到了2014年1月中，腈纶短纤价格指数转呈上升趋势。我们认为，这与丙烯腈涨价很有关系。自3月中起，腈纶短纤价格指数再趋稳定，一直维持在17900。

值得留意的是，丙烯腈价格在5月中下旬上涨，其后一直处于高位。因此我们预计，腈纶短纤价格在短期内很可能再度上扬。

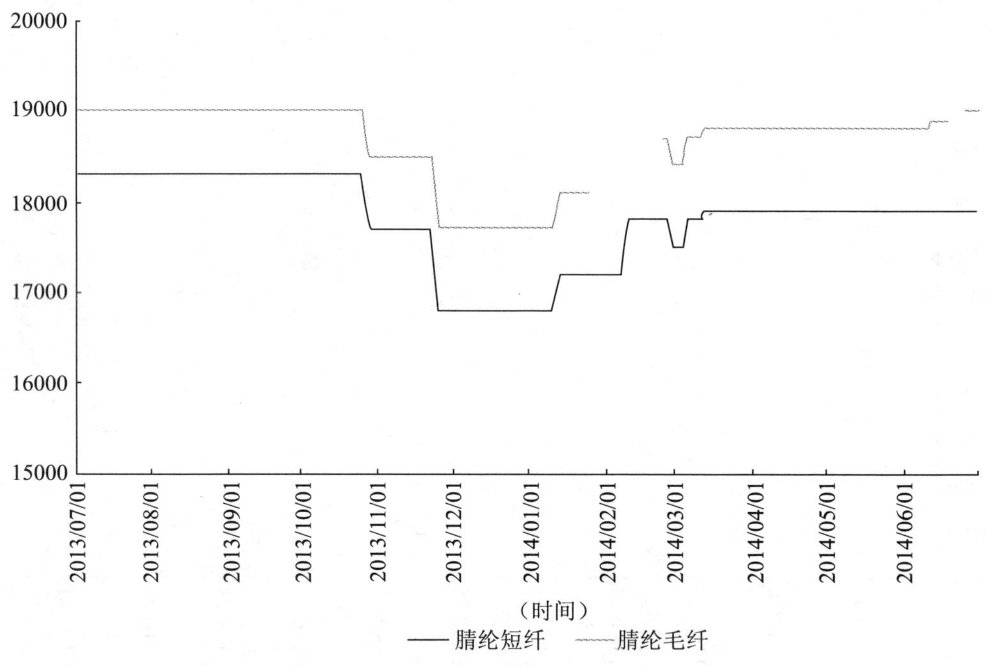

图6　2013年7月—2014年6月腈纶价格指数

资料来源：中国化纤经济信息网。

6. 锦纶价格指数

在2013年11月中至12月中期间，受上游原料己内酰胺价格下挫和下游需求疲弱的因素影响，中纤价格指数内的锦纶②价格指数呈下跌走势，如图7所示。自12月中起，锦纶价格指数转趋稳定。2014年2月中，受需求乏力及上游价格处弱势的影响，锦纶价格指数展开新一轮的跌浪。例如锦纶POY价格指数由2月14日

① 腈纶纤维是其中一种主要的合成纤维。腈纶纤维织物的特点是保暖性和柔软性高，多被用作秋冬季节服装的衣料。由于腈纶纤维价格相对便宜，因此是羊毛纤维很好的替代品。

② 锦纶纤维是其中一种主要的合成纤维。锦纶纤维织物的特点是耐磨性和吸湿性高，以及回弹性较好，常被用作袜子、运动服、紧身衣等的衣料。

的 22400 下跌至 4 月 8 日的 20700。在 4 月初至 6 月底期间，锦纶 POY、锦纶 FDY 和锦纶 DTY 的价格指数表现平稳，而锦纶切片价格指数在这段期间则呈上升趋势。

根据媒体报导，近期下游厂家下单谨慎，反映国内锦纶需求仍然疲弱。不过，有鉴于最近上游原料己内酰胺涨价，我们预期锦纶价格在短期内很可能会回升。

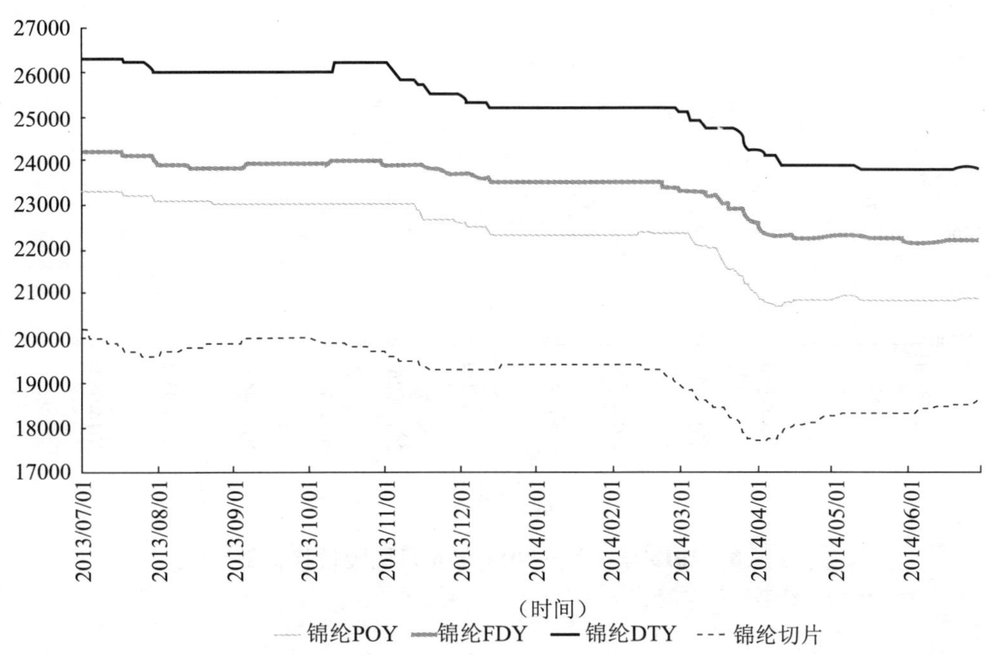

图 7　2013 年 7 月—2014 年 6 月锦纶价格指数

资料来源：中国化纤经济信息网。

7. 黏胶短纤价格指数

在 2013 年 7 月中至 2014 年 3 月底期间，中纤价格指数内的黏胶短纤①价格指数呈反复向下的趋势，如图 8 所示。到了 2014 年 3 月 28 日，黏胶短纤价格指数跌至 11580，较 2013 年 7 月中的高位下跌了约 14%。我们认为，黏胶短纤价格的下跌，主要是由于下游需求疲弱，以及行业库存高企。

随后数个星期，黏胶短纤价格指数转趋平稳。在 4 月底，指数一度急升，由 4 月 21 日的 11530 升至 4 月 24 日的 12100。其后，黏胶短纤价格指数转呈平稳。指数其后在 6 月底小幅下挫，由 6 月 20 日的 12030 下滑至 6 月 30 日的 11970。

由于黏胶的主要上游原料是棉浆粕，以及下游厂商常以黏胶短纤作为棉花的低价替代品，因此棉价和黏胶价格的相关性很高。展望短期内棉价很可能继续偏

① 黏胶纤维是一种人工纤维，是以棉短绒、木浆等为基本原料，经过一系列化学处理而制成。黏胶纤维织物的特点是吸湿性高，柔软，易染色以及抗静电，常被用作夏季衬衫、裙子、睡衣等服装的材料。

软，我们预期黏胶短纤价格将在低位徘徊。

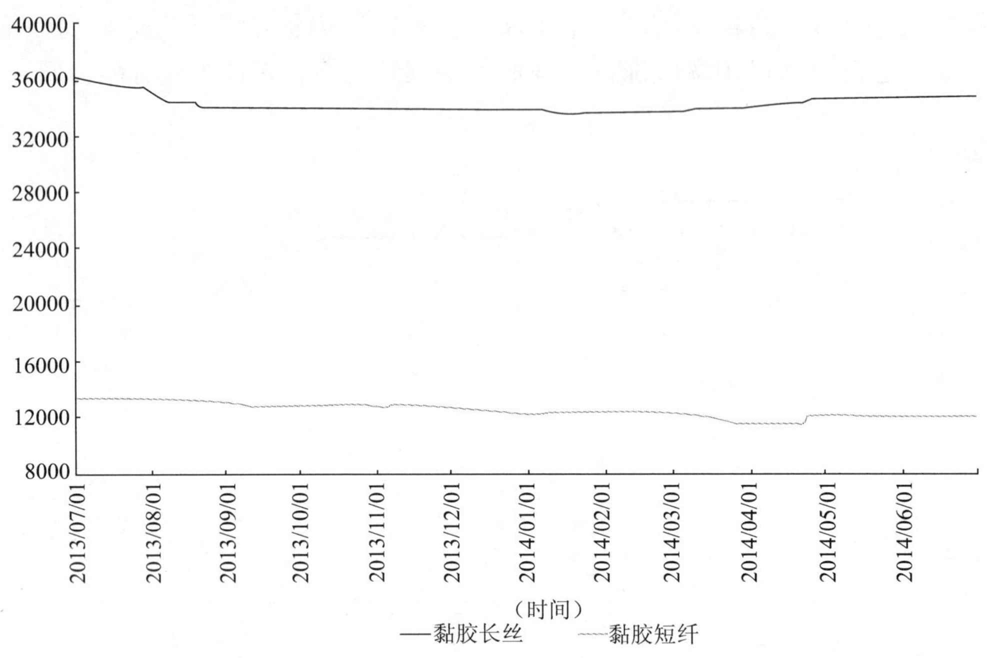

图 8　2013 年 7 月—2014 年 6 月黏胶价格指数

资料来源：中国化纤经济信息网。

8. ABS 树脂价格指数

ABS 树脂价格指数①在 2013 年 7 月至 11 月期间缓缓向下，如表 5 所示。2013 年 12 月和 2014 年 1 月，指数转趋稳定。到了 2014 年 2 月，在国内下游需求乏力的背景下，ABS 树脂价格指数在该月环比下跌了 0.5%，以后在 3 月再跌 0.2%。

踏入 2014 年第二季，ABS 树脂价格指数转为窄幅波动，先在 4 月上升 0.8%，后在 5 月下跌 0.2%，再在 6 月回升 0.3%。由于国内 ABS 树脂需求未有起色，我们预期 ABS 树脂价格在短期内仍然偏软。

表 5　　2013 年 7 月—2014 年 6 月 ABS 树脂价格指数　　单位：%

	2013 年						2014 年					
	7 月	8 月	9 月	10 月	11 月	12 月	1 月	2 月	3 月	4 月	5 月	6 月
ABS 树脂（环比增长率）	-0.5	0	-0.1	-0.5	-0.5	0	0.1	-0.5	-0.2	0.8	-0.2	0.3

① ABS 树脂价格指数由中国物流信息中心编制。

续　表

	2013 年						2014 年					
	7 月	8 月	9 月	10 月	11 月	12 月	1 月	2 月	3 月	4 月	5 月	6 月
ABS 树脂（同比增长率）	-3.3	-2.8	-4.6	-5.3	-2.5	-1.1	-3.8	-6.6	-4.5	-1.2	-1.0	-1.4

资料来源：中国物流信息中心。

9. 聚丙烯价格指数

受上游价格上涨和聚丙烯供应紧张的影响，聚丙烯价格指数①在 2013 年 8 月至 12 月期间呈上升趋势，如表 6 所示。不过，踏入 2014 年 1 月，由于下游需求转弱，国内石化企业不断下调聚丙烯出厂价进行促销，聚丙烯价格指数在 2014 年 1 月至 3 月期间一直呈向下走势。

自 2014 年 4 月起，聚丙烯价格指数有所反弹，在 4 月、5 月和 6 月分别环比上涨 1.2%、1.4% 和 1.2%。根据媒体报导，国内很多生产聚丙烯的工厂在 4 月至 5 月期间进行例行检修，导致聚丙烯供应收缩，因而引发聚丙烯价格上涨。然而，考虑到下游需求仍然低迷，我们认为目前聚丙烯价格的上涨趋势难以持续。

表 6　　2013 年 7 月—2014 年 6 月聚丙烯价格指数　　单位:%

	2013 年						2014 年					
	7 月	8 月	9 月	10 月	11 月	12 月	1 月	2 月	3 月	4 月	5 月	6 月
聚丙烯（环比增长率）	-2.1	0.2	7.7	1.6	2.0	2.1	-2.6	-3.7	-0.9	1.2	1.4	1.2
聚丙烯（同比增长率）	-8.0	-8.6	-3.2	-0.8	2.2	6.3	4.7	1.1	2.2	4.7	6.6	7.8

资料来源：中国物流信息中心。

10. 天然橡胶价格指数

在 2013 年 11 月至 2014 年 3 月期间，天然橡胶价格指数②呈大幅下滑趋势，如表 7 所示。我们认为，这一轮天然橡胶价格下跌的主要原因，是国际天然橡胶供应充裕，以及国内天然橡胶的需求放缓。到了 4 月，该指数才有所反弹，环比上涨 1.1%。在 5 月份，天然橡胶价格指数环比大跌 4.3%，主要是国际天然橡胶价格下跌所引致。在 5 月初，泰国政府宣布其出售橡胶储备计划，因而触发国际

① 聚丙烯价格指数由中国物流信息中心编制。

② 天然橡胶价格指数由中国物流信息中心编制。

橡胶价格下挫。在6月，天然橡胶价格指数环比微升0.2%。

展望短期内，天然橡胶价格将偏软，主要是由于一方面目前天然橡胶供应充裕；另一方面国内汽车库存持续上升，令天然橡胶的需求难有起色。

表7　2013年7月—2014年6月天然橡胶价格指数　单位:%

	2013年						2014年					
	7月	8月	9月	10月	11月	12月	1月	2月	3月	4月	5月	6月
天然橡胶（环比增长率）	-7.5	5.1	6.4	0.3	-2.4	-1.5	-5.6	-8.0	-4.9	1.1	-4.3	0.2
天然橡胶（同比增长率）	-31.2	-23.9	-16.3	-21.0	-20.1	-20.9	-28.2	-34.2	-32.5	-24.3	-24.8	-20.2

资料来源：中国物流信息中心。

11. 有色金属价格指数

有色金属的价格指数①在2013年8月至12月期间呈上落走势，如表8至表12所示。踏入2014年1月，指数转趋平稳。不过，有色金属价格在2月至3月期间又大幅下滑，直到4月份，指数才有所反弹。有色金属价格指数在4月、5月和6月分别环比上涨1.8%、3.5%和0.3%。

近几个月，几个主要先进经济体的经济情况持续向好，应会为各种有色金属的价格带来支持。然而，产能过剩的问题仍在困扰国内各有色金属行业。因此我们认为，目前国内有色金属价格的上升趋势应难以持续下去。

表8　2013年7月—2014年6月有色金属价格指数　单位:%

	2013年						2014年					
	7月	8月	9月	10月	11月	12月	1月	2月	3月	4月	5月	6月
有色金属（环比增长率）	-2.0	1.4	0.4	0.6	-1.2	-0.9	0	-3.0	-4.1	1.8	3.5	0.3
有色金属（同比增长率）	-7.0	-4.6	-7.3	-6.6	-5.1	-6.9	-7.3	-9.6	-11.5	-7.9	-4.3	-3.5

资料来源：中国物流信息中心。

① 有色金属价格指数由中国物流信息中心编制。

表 9　　2013 年 7 月—2014 年 6 月铜价指数　　单位：%

	2013 年						2014 年					
	7 月	8 月	9 月	10 月	11 月	12 月	1 月	2 月	3 月	4 月	5 月	6 月
铜（环比增长率）	−2.8	2.8	1.1	−0.8	−2.0	−0.3	1.8	−3.3	−8.4	3.0	4.4	−0.1
铜（同比增长率）	−9.0	−5.6	−9.6	−10.9	−8.7	−10.2	−9.8	−12.5	−17.6	−11.7	−7.5	−5.1

资料来源：中国物流信息中心。

表 10　　2013 年 7 月—2014 年 6 月铝价指数　　单位：%

	2013 年						2014 年					
	7 月	8 月	9 月	10 月	11 月	12 月	1 月	2 月	3 月	4 月	5 月	6 月
铝（环比增长率）	−1.9	−0.3	0.1	1.3	−0.8	−1.2	−1.4	−5.3	−3.9	0.6	2.9	0.8
铝（同比增长率）	−7.5	−6.6	−6.9	−5.0	−4.5	−5.2	−6.0	−9.2	−11.8	−11.1	−8.9	−9.1

资料来源：中国物流信息中心。

表 11　　2013 年 7 月—2014 年 6 月铅价指数　　单位：%

	2013 年						2014 年					
	7 月	8 月	9 月	10 月	11 月	12 月	1 月	2 月	3 月	4 月	5 月	6 月
铅（环比增长率）	−0.9	3.7	0.5	−1.2	−0.6	−1.0	0.6	−0.6	−1.2	0.1	1.2	0.4
铅（同比增长率）	−7.8	−4.8	−7.3	−8.6	−5.8	−5.8	−5.1	−6.3	−5.5	−2.6	0.9	0.8

资料来源：中国物流信息中心。

表 12　　2013 年 7 月—2014 年 6 月锌价指数　　单位：%

	2013 年						2014 年					
	7 月	8 月	9 月	10 月	11 月	12 月	1 月	2 月	3 月	4 月	5 月	6 月
锌（环比增长率）	0	1.7	−0.4	1.3	−0.4	−0.5	0.2	−0.3	−1.3	0.5	2.1	1.2
锌（同比增长率）	0.4	2.7	−1.5	0.6	2.5	−1.2	−1.6	−3.3	−1.4	1.7	4.0	4.2

资料来源：中国物流信息中心。

三、其他生产成本（能源、交通运输、劳工成本）和汇率

1. 国内原油价格

跟随着国际油价的走势①，国内油价在 2013 年 9 月初至 11 月初期间反复下

① 自 2000 年起，国内原油价格开始参照国际原油价格而定。

跌，如图9所示。自11月中起，国内油价转呈上落走势。以大庆原油为例，其价格在2013年11月11日至2014年2月28日期间在每桶100.58美元至105.75美元的区间波动。

2014年3月初，国内油价一度急升。及后，国内油价转升为跌，直到4月初才见底。其后一个多月，国内油价呈上落走势。自5月中起，国内油价再度向上。大庆原油价格由5月12日的每桶101.59美元上升至6月13日的每桶109.59美元。其后，国内油价有所回调。大庆原油价格反复下挫至6月30日的每桶105.98美元。

石油输出国组织（OPEC）在其于2014年6月初出版的《石油市场月度报告》中预计，2014年全球石油需求的增幅为114万桶/日。该组织同时预计，2014年非OPEC成员国的石油供应的增长为144万桶/日。而值得留意的是，OPEC成员国在2014年6月11日举行的会议上，决定维持目前每天3000万桶的产量目标。因此我们推断，今年全球石油供应的增幅很可能会高于全球石油需求的增幅，并给油价带来下行压力。

不过，根据以往经验，OPEC成员国不一定依照其目标产量进行生产，而且目前伊拉克发生的危机也很可能会影响当地的石油生产。所以，油价仍存在上行风险。

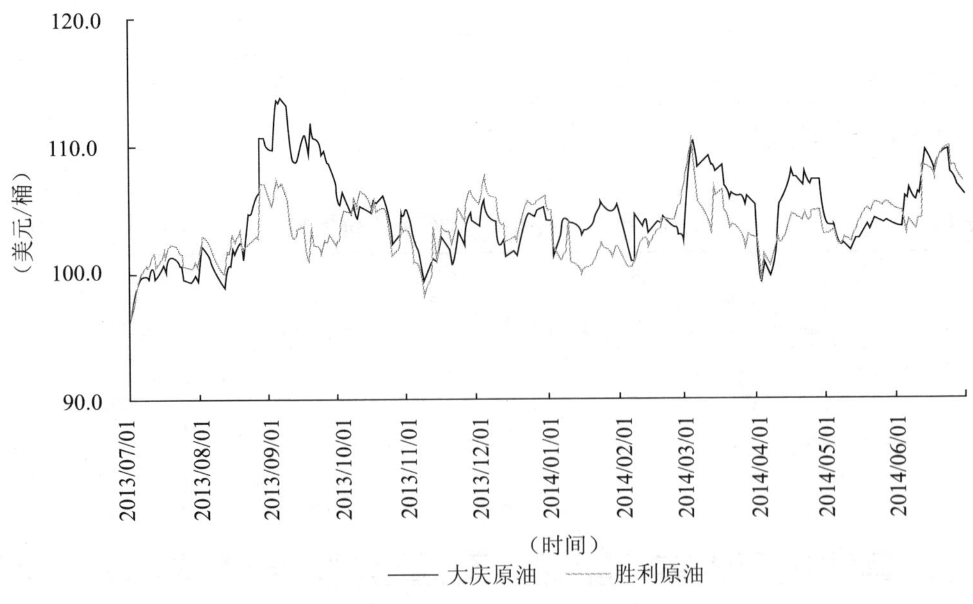

图9　2013年7月—2014年6月国内原油价格

资料来源：凤凰网。

2. 国内成品油批发价格指数

在2013年11月至2014年1月期间，国内成品油批发价格指数①呈向上趋势。其后，指数转升为跌，在2月环比大跌3.1%。到了3月，指数才环比回升0.3%，如图10和图11所示。踏入2014年第二季，国内成品油批发价格呈上落走势。成品油批发价格指数在4月下跌2.2%，在5月回升1.5%，在6月又再下跌1.1%。我们认为，成品油批发价的波动，主要是政府在3月底至6月底期间先后三次上调和两次下调国内成品油价格所致。

展望未来，国内成品油批发价格指数的走势仍将取决于国际原油价格。按照国内现行成品油价格形成机制，政府会根据“一篮子”国际原油价格的变化而调整国内成品油的最高零售价格和批发价格。成品油价格的调整周期为10个工作日，但若汽、柴油的调价幅度低于每吨50元，则不做调整，相关幅度会纳入下次调价时累加或冲抵。

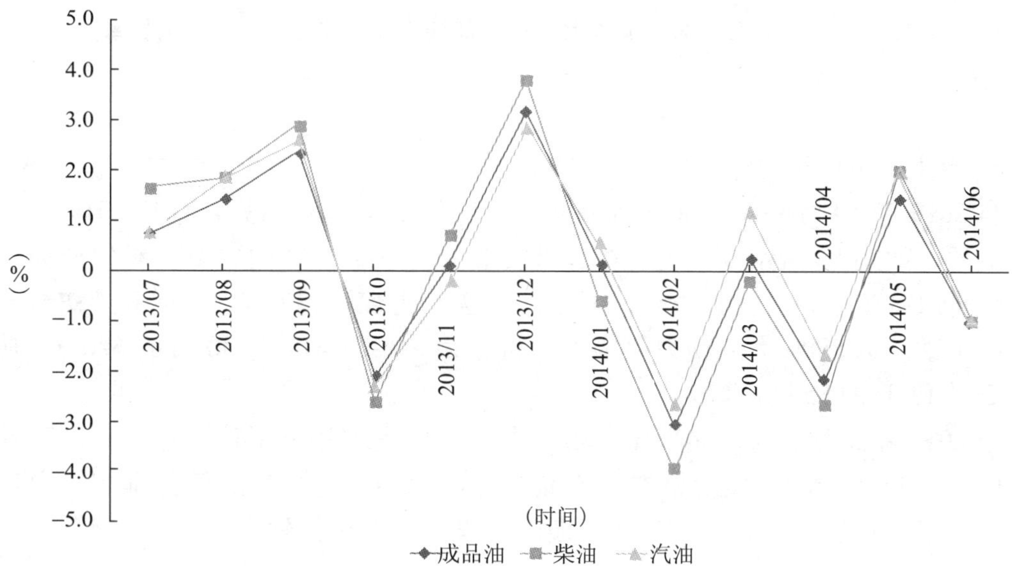

图10　2013年7月—2014年6月国内成品油批发价格指数（环比增长率）

资料来源：中国物流信息中心。

① 国内成品油批发价格指数是由中国物流信息中心编制。

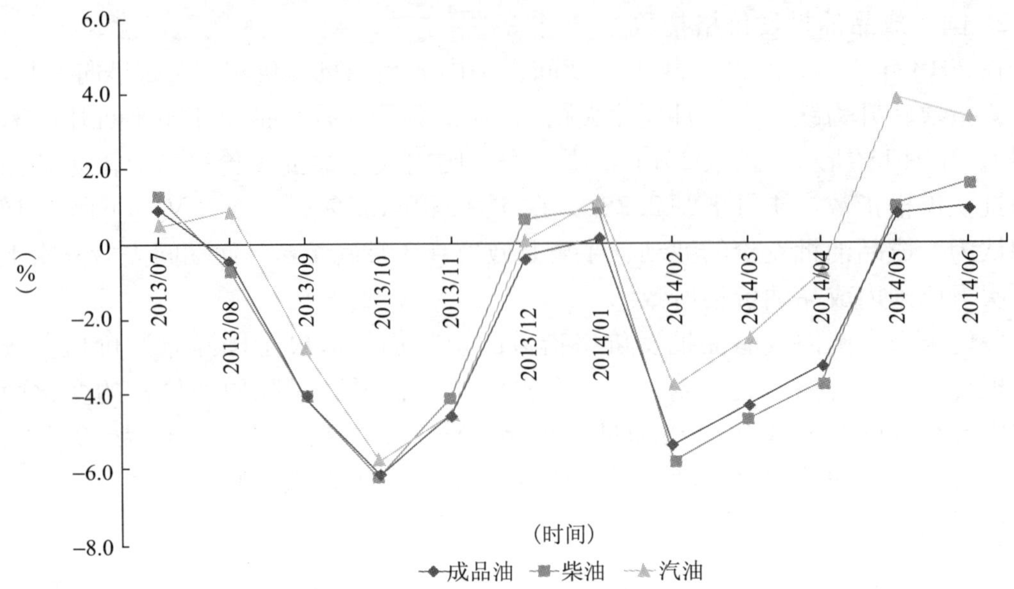

图 11　2013 年 7 月—2014 年 6 月国内成品油批发价格指数（同比增长率）

资料来源：中国物流信息中心。

3. 秦皇岛市场动力煤价格

自 2013 年 10 月底起，秦皇岛市场动力煤价格呈上升趋势，直到 2014 年 1 月初才见顶，如图 12 所示。其后，在需求疲弱的背景下，国内主要煤炭生产商纷纷调低煤价以刺激销售。受其影响，秦皇岛市场动力煤价格在 2014 年 1 月初至 3 月中期间下跌。以 5800 大卡动力煤为例，价格由 2013 年 12 月 30 日的 620 元/吨下跌至 3 月 17 日的 555 元/吨。

自 2014 年 3 月底起，秦皇岛市场动力煤价格表现相对平稳。在 3 月底至 6 月底期间，5800 大卡动力煤价格在 555 元/吨至 565 元/吨之间的低位徘徊。由于需求疲弱，以及煤炭库存高企，我们预期国内煤价将继续偏软。

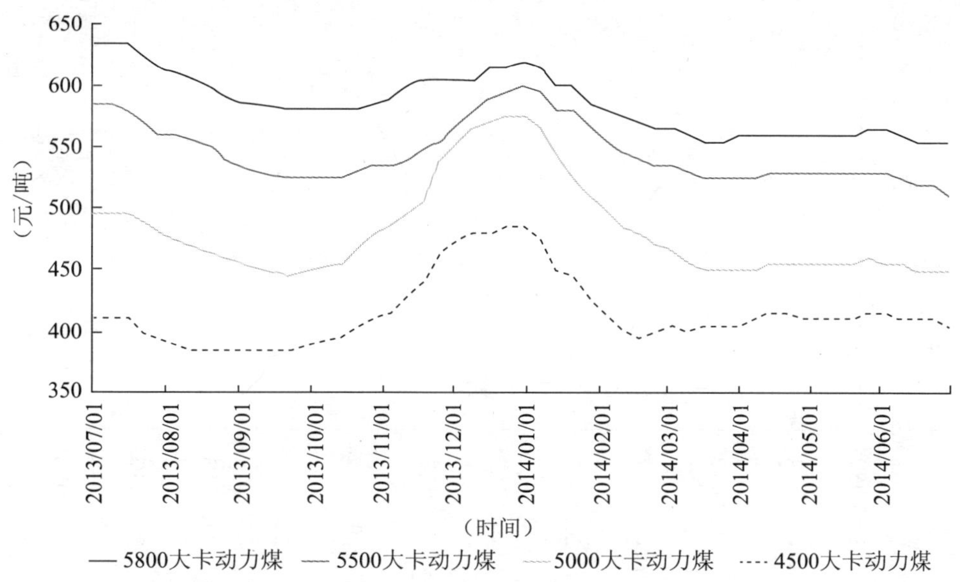

图12　2013年7月—2014年6月秦皇岛市场动力煤价格

资料来源：秦皇岛煤炭网。

4. 中国出口集装箱运价指数

受出口需求波动和船公司增减运力的影响，中国出口集装箱运价指数①在2013年6月底至2014年3月底期间大上大落。在这段期间，运价指数在976.01至1170.59的区间波动。如图13所示。

自2014年4月初起，受惠出口需求好转，中国出口集装箱运价指数转趋向上，由4月4日的1069.66上升至6月6日的1109.03。及后，随着船公司投入运力，运价指数回软，下跌至6月27日的1092.11。展望短期内，由于欧美经济仍在好转，预料中国出口集装箱运价将得到支持。

① 上海航运交易所编制的中国出口集装箱运价指数的12条样本航线包括中国香港、韩国、日本、东南亚、澳新、地中海、欧洲、东西非、美西、美东、南非和南美航线。而运价信息则采集自以下船公司：法国达飞轮船（中国）有限公司、中远集装箱运输有限公司、中海集装箱运输有限公司、韩进海运（中国）有限公司、赫伯罗特船务（中国）有限公司、川崎汽船（中国）有限公司、马士基（中国）航运有限公司、大阪商船三井船舶（中国）有限公司、日本邮船（中国）有限公司、东方海外货柜航运（中国）有限公司、铁行渣华（中国）船务有限公司、太平船务（中国）有限公司、上海海华轮船有限公司、上海市锦江航运有限公司、中外运集装箱运输有限公司和新海丰船务有限公司。

图 13　2013 年 6 月—2014 年 6 月中国出口集装箱运价指数

资料来源：上海航运交易所。

5. 劳工成本

（1）全国城镇私营单位从业人员年平均工资

2013 年全国城镇私营单位①从业人员年平均工资上升至 32706 元人民币，同比涨幅则由 2012 年的 17. 1% 放缓至 2013 年的 13. 8%，如表 13 所示。②

当中，西部地区的城镇私营单位从业人员的工资增长最快。东部、中部、西部和东北部地区的从业人员在 2013 年的年均工资分别比前一年上升 13. 5%、14. 3%、16. 0% 和 14. 2%。东部地区的城镇私营单位从业人员的年均工资为 35847 元，仍远高于其他三大地区的从业人员的年均工资。中部、西部和东北部地区的城镇私营单位从业人员的年均工资分别为 27149 元、30454 元和 28737 元。

表 13　　2012—2013 年全国城镇私营单位从业人员年平均工资

	2012 年	2013 年	
	年平均工资（元）	年平均工资（元）	同比增长率（%）
国内总计	28752	32706	13. 8
其中：制造业	28215	32035	13. 5

① 私营单位主要是指在内资法人单位中由自然人投资设立或由自然人控股，以雇用劳动为基础的营利性经济组织，包括私营有限责任公司、私营股份有限公司、私营合伙企业和私营独资企业。

② http：//www. stats. gov. cn/tjsj/zxfb/201405/t20140527_ 558637. html.

续　表

	2012 年	2013 年	
	年平均工资（元）	年平均工资（元）	同比增长率（%）
地区			
东部地区	31579	35847	13.5
中部地区	23761	27149	14.3
西部地区	26252	30454	16.0
东北地区	25162	28737	14.2

资料来源：国家统计局。

（2）全国城镇非私营单位就业人员年平均工资

2013 年全国城镇非私营单位①就业人员年平均工资为 51474 元人民币，较前一年度上升 10.1%，增速较全国城镇私营单位为低，如表 14 所示。② 在各地区中，中部地区的城镇非私营单位就业人员的年均工资增长速度最慢：东部、中部、西部和东北部地区的从业人员的年均工资分别比前一年上升 9.6%、6.6%、11.9%和 10.7%。

表 14　　2012—2013 年城镇非私营单位就业人员年平均工资

	2012 年	2013 年	
	年平均工资（元）	年平均工资（元）	同比增长率（%）
国内总计	46769	51474	10.1
其中：制造业	41650	46431	11.5
地区			
东部地区	53444	58563	9.6
中部地区	40110	42767	6.6
西部地区	41959	46966	11.9
东北地区	39245	43438	10.7

资料来源：国家统计局。

（3）外出农民工月平均收入

根据国家统计局发布的资料，2014 年 6 月底外出农民工的月平均收入上升至 2733 元人民币。值得留意的是，2014 年 6 月底的同比增长为 10.3%，低于去年年

① 调查对象包括城镇地区全部非私营法人单位，包括国有单位、城镇集体单位，以及联营、股份制、外商投资、港澳台投资等经济单位。

② http：//www.stats.gov.cn/tjsj/zxfb/201405/t20140527_558626.html.

底的13.9%，反映了农民工工资的增长放缓。

6. 人民币汇率

在2013年7月中至9月初期间，人民币兑美元维持窄幅波动的格局。不过，自9月初起，人民币兑美元展开新一轮的升值浪潮。人民币兑美元汇率中间价由2013年9月4日的6.1729升值至2014年1月14日的6.0930，创2005年汇率机制改革以来的新高，如图14所示。

然而，自2014年1月中起，趋势逆转，人民币兑美元开始走弱。人民币兑美元汇率中间价反复贬值至2014年6月3日的6.1710。其后，人民币兑美元汇率中间价反弹至6月10日的6.1451，然后转为窄幅波动，在6.1503至6.1559之间的区间上落（截至6月30日为止）。

同时，在2013年7月初至2014年6月底期间，人民币兑欧元汇率中间价持续波动，如图15所示。于2014年6月底，人民币兑欧元汇率中间价为8.3946。与2014年6月底相比，人民币兑欧元贬值了4.1%。

据国际清算银行公布的数据显示，人民币实际有效汇率指数①自2014年1月起开始向下，如图16所示。于2014年5月，人民币实际有效汇率指数跌至114.05，与2013年年底相比，贬值了4.0%。

展望短期内，人民币兑美元继续走弱的机会似乎不大。近期中国经济情况好转，将有助吸引资金流入中国，从而支撑人民币汇率的走势。

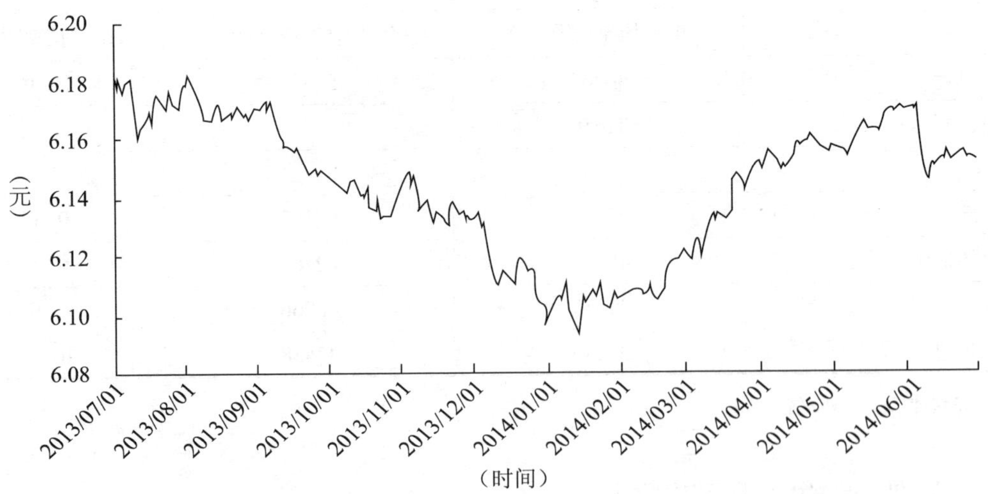

图14　2013年7月—2014年6月人民币兑换美元汇率中间价

资料来源：国家外汇管理局。

① 国际清算银行编制61个经济体的有效汇率指数。名义有效汇率指数是一国货币相对其他国家货币分别形成的双边汇率的贸易加权平均数。而实质有效汇率指数是在名义有效汇率的基础上平减物价指数的汇率指数。

图 15　2013 年 7 月—2014 年 6 月人民币兑换欧元汇率中间价

资料来源：国家外汇管理局。

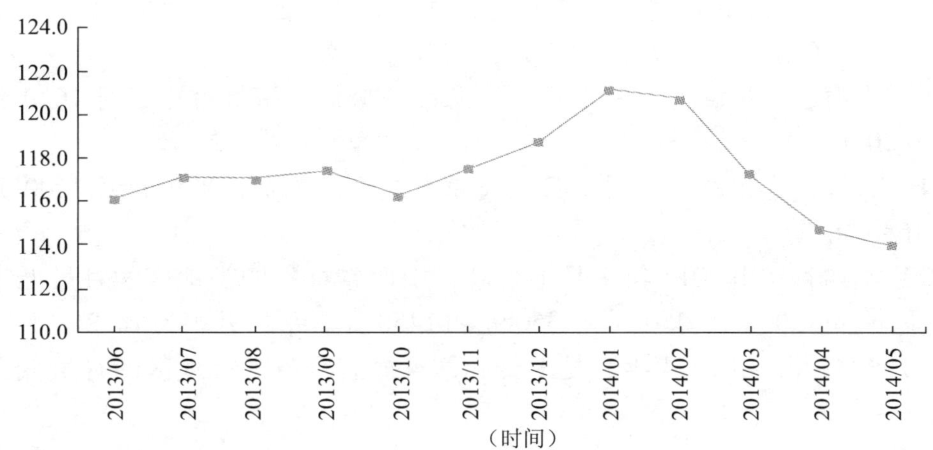

图 16　2013 年 6 月—2014 年 5 月人民币实际有效汇率指数

资料来源：国际清算银行。

四、热点分析

1. 多个省市上调了最低工资标准（2013 年 8 月—2014 年 7 月）

过去一年，有不少省市政府提高了当地的最低工资。详情如下：

（1）福建省：由 2013 年 8 月 1 日起，福建省全省四类地区的月最低工资标准分别提升至950元、1050元、1170元和1320元。①

（2）湖北省：由2013年9月1日起，湖北省全省三类地区的月最低工资标准分别提升至900元、1020元和1300元。②

（3）海南省：由2013年12月1日起，海南省全省三类地区的月最低工资标准分别由1050元、950元和900元调高至1120元、1020元和970元。③

（4）湖南省：由2013年12月1日起，湖南省全省四类地区的月最低工资标准分别调高至945元、1035元、1145元和1265元。④

（5）重庆市：2014年1月1日，重庆市全市两类地区的最低工资标准分别提升至每月1150元和1250元。⑤

（6）陕西省：由2014年2月1日起，陕西省全省四类地区的月最低工资标准分别提升至970元、1060元、1170元和1280元。⑥

（7）山东省：由2014年3月1日起，山东省全省三类地区的月最低工资标准分别提升至1200元、1350元和1500元。⑦

（8）北京市：2014年4月1日，北京市的最低工资标准由每月1400元上调至每月1560元。⑧

（9）甘肃省：由2014年4月1日起，甘肃省全省四类地区的月最低工资标准分别提升至1200元、1250元、1300元和1350元。⑨

（10）上海市：2014年4月1日，上海市的最低工资标准由每月1620元上调至每月1820元。⑩

（11）天津市：2014年4月1日，天津市的最低工资标准由每月1500元上调至每月1680元。⑪

（12）山西省：由2014年4月1日起，山西省全省四类地区的月最低工资标准分别提升至1150元、1250元、1350元和1450元，平均升幅为14.2%。⑫

（13）青海省：由2014年5月1日起，青海省全省三类地区的月最低工资标

① http：//www. gov. cn/fwxx/sh/2013－08/14/content_ 2466840. html.

② http：//gkml. hubei. gov. cn/auto5472/auto5473/201308/t20130829_ 466622. html.

③ http：//xxgk. hainan. gov. cn/hi/HI0101/201312/t20131205_ 1118469. html.

④ http：//www. chinajob. gov. cn/LabourRelations/content/2013－12/03/content_ 863970. html.

⑤ http：//www. cqhrss. gov. cn/u/cqhrss/news_ 54311. shtml.

⑥ http：//www. chinajob. gov. cn/LabourRelations/content/2013－12/26/content_ 873193. html.

⑦ http：//www. shandong. gov. cn/art/2014/3/3/art_ 3883_ 4347. html.

⑧ http：//www. bjld. gov. cn/xwzx/zxfbfg/201402/t20140208_ 34552. html.

⑨ http：//www. gov. cn/xinwen/2014－04/05/content_ 2653751. html.

⑩ http：//big5. xinhuanet. com/gate/big5/news. xinhuanet. com/fortune/2014－03/29/c_ 126331318. html.

⑪ http：//news. xinhuanet. com/local/2014－02/14/c_ 126135425. html.

⑫ http：//www. sx. hrss. gov. cn/news/TZGG/2014/415/14415171136E2FK5AFGE7G1H5953EJI. html.

准分别提升至1250元、1260元和1270元。①

（14）云南省：由2014年5月1日起，云南省全省三类地区的月最低工资标准分别被调高至1070元、1270元和1420元。②

（15）四川省：由2014年7月1日起，四川省全省三类地区的月最低工资标准分别被调高至1100元、1250元和1400元，平均升幅为14.5%。③

（16）江西省：由2014年7月1日起，江西省全省四类地区的月最低工资标准分别提升至1390元、1300元、1210元和1060元。④

（17）内蒙古自治区：2014年7月1日，内蒙古自治区政府将全区四类地区的月最低工资标准分别提升至1500元、1400元、1300元和1200元。⑤

根据“十二五”规划，在2011—2015年期间，最低工资标准的年均增长目标为13%以上。因此，我们预期将会有更多省市的政府在2014年内上调当地的最低工资标准。

2. 多个省市的政府公布当地的企业工资指导线

过去一年以来，多个省市的政府公布了当地的企业工资指导线，如表15所示。企业工资指导线不是强制性的，只是地方政府向当地企业提出的涨薪建议。

值得留意的是，这些省市政府建议的工资增长基线均高于10%。我们认为，尽管企业工资指导线只属建议性质，但会影响企业职工的工资增长预期，企业职工很可能因而期望工资能有双位数的增长。

表15　过去一年省/市公布的企业工资指导线（2013年7月—2014年6月）

省/市	增长上线（%）	增长基线（%）	增长下线（%）	公布月份
成都	17	12	5	2013年7月
福建	—	13	3.5	2013年7月
南宁	16	10	0	2013年7月
上海	16	12	5	2013年7月
甘肃	20	17	7	2013年8月
广东	16	10.5	4	2013年9月
内蒙古	17	12	3.5	2013年10月

① http://www.chinajob.gov.cn/LabourRelations/content/2014-05/09/content_924688.html.

② http://www.chinajob.gov.cn/LabourRelations/content/2014-05/07/content_922729.html.

③ http://www.sc.hrss.gov.cn/zwgk/zwyw/201405/t20140527_19685.html.

④ http://jx.people.com.cn/n/2014/0610/c190260-21387838.html.

⑤ http://www.nm12333.cn/ecdomain/framework/nmrsw/index/ljbeahnieldobbodkjgmpmkmjikdnbfk.do?isfloat=1&disp_template=eiihkkckekkabbodjbkhidbmcjgiligg&fileid=20140703101840731&moduleIDPage=ljbeahnieldobbodkjgmpmkmjikdnbfk&siteIDPage=nmrsw&infoChecked=null.

续 表

省/市	增长上线（%）	增长基线（%）	增长下线（%）	公布月份
天津	22	13	4	2014 年 2 月
山东	20	12	4	2014 年 3 月
山西	20	13	4	2014 年 3 月
河南	—	15	3. 5	2014 年 5 月
湖北	16	10	4	2014 年 5 月
辽宁	17	12	5	2014 年 5 月
四川	18	11	4	2014 年 5 月
新疆	18	15	5	2014 年 5 月
北京	16	12	4. 5	2014 年 6 月
陕西	19	13	6	2014 年 6 月

资料来源：相关地方政府。

3. 政府于 7 月底下调了国内汽油和柴油的最高零售价格

2014 年 7 月 22 日，政府下调国内汽油和柴油的最高零售价格 2. 5% ~3. 0%。2014 年以来，政府先后四次上调和五次下调汽油和柴油的最高零售价格。7 月底汽油和柴油零售价格的下调，为 2014 年以来最大的一次下调。受此影响，运输成本及自设发电机的厂家的能源成本会有所减轻。

根据国内现行成品油价格形成机制，政府会根据“一篮子”国际原油价格的变化而调整国内成品油的最高零售价格和批发价格。成品油调价周期为 10 个工作日，然而当汽、柴油调价幅度低于每吨 50 元时，则不做调整，相关幅度会纳入下次调价时累加或冲抵。

4. 美国进口价格指数（中国为来源地）呈上升趋势

根据美国劳工部的数据，反映美国从中国进口商品价格的美国进口价格指数自 2013 年 5 月起呈反复向上趋势，如图 17 所示。价格指数由 2013 年 5 月的 103. 5 上升至 2014 年 6 月的 104. 1。

鉴于国外需求好转，我们预料美国进口价格指数（中国为来源地）仍将缓缓上升。

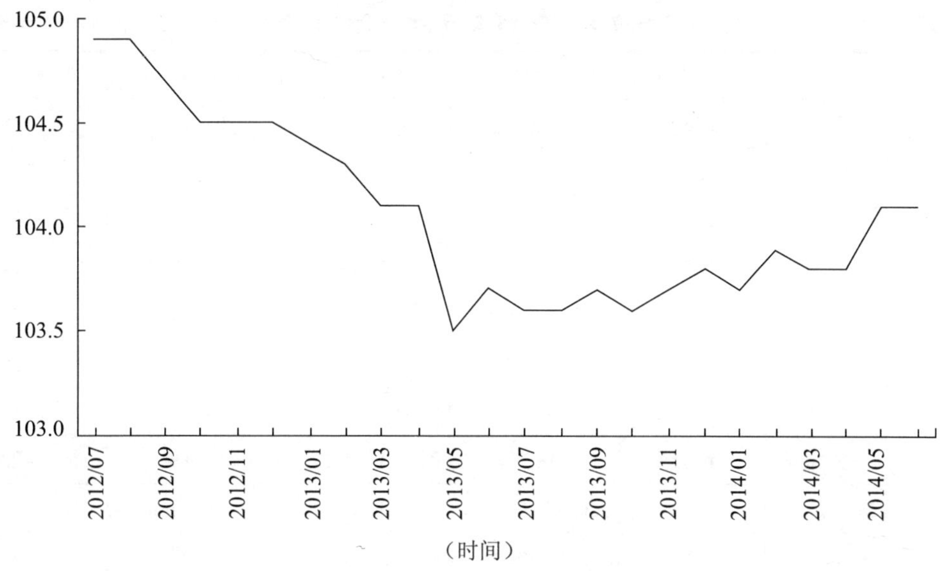

图 17　2012 年 7 月—2014 年 6 月美国进口价格指数（中国为来源地）

资料来源：美国劳动部。

5. 2014 年第二季中国出口同比增长回升

中国出口的同比增长由 2014 年第一季的 –3.4% 回升至第二季的 4.9%，如表 16 所示。然而，其中出口增长加速的一个主要原因是，2013 年 5 月起有关部门开始严厉打击虚假贸易，导致 2013 年 5 月和 6 月基数低。

2014 年上半年，中国出口总值为 1.06 万亿美元。其中，中国对美国、欧盟和日本的出口共占中国出口总值的 39.8%。在这段期间，中国对美国、欧盟和日本的出口同比增长分别为 5.1%、9.4% 和 4.1%，均比同期中国总出口增长（0.9%）高。这反映上述几个先进经济体对中国产品的需求比较强。2013 年 7 月—2014 年 6 月月度贸易资料如表 17 所示。2012 年 7 月—2014 年 6 月出口和进口增长率如图 18 所示。

表 16　　2013 年第三季—2014 年第二季季度贸易资料　　单位：亿美元，%

时间	出口总值	同比增长率	进口总值	同比增长率	进出口差额
2013 年全年	22100	（7.9%）	19503	（7.3%）	2598
2013 年第三季	5622	（3.9%）	5007	（8.4%）	615
2013 年第四季	5953	（7.5%）	5048	（7.2%）	905
2014 年第一季	4913	（–3.4%）	4746	（1.6%）	167
2014 年第二季	5708	（4.9%）	4849	（1.4%）	859

资料来源：中国海关。

表 17　2013 年 7 月—2014 年 6 月月度贸易资料　单位：亿美元，%

时间		出口总值	同比增长率	进口总值	同比增长率	进出口差额
2013 年	7 月	1860	(5.1%)	1682	(10.9%)	178
	8 月	1906	(7.2%)	1621	(7.0%)	285
	9 月	1856	(-0.3%)	1704	(7.4%)	152
	10 月	1854	(5.6%)	1543	(7.6%)	311
	11 月	2022	(12.7%)	1684	(5.3%)	338
	12 月	2077	(4.3%)	1821	(8.3%)	256
2014 年	1 月	2071	(10.6%)	1753	(10.0%)	319
	2 月	1141	(-18.1%)	1371	(10.1%)	-230
	3 月	1701	(-6.6%)	1624	(-11.3%)	77
	4 月	1885	(0.9%)	1701	(0.8%)	184
	5 月	1955	(7.0%)	1596	(-1.6%)	359
	6 月	1868	(7.2%)	1552	(5.5%)	316

资料来源：中国海关。

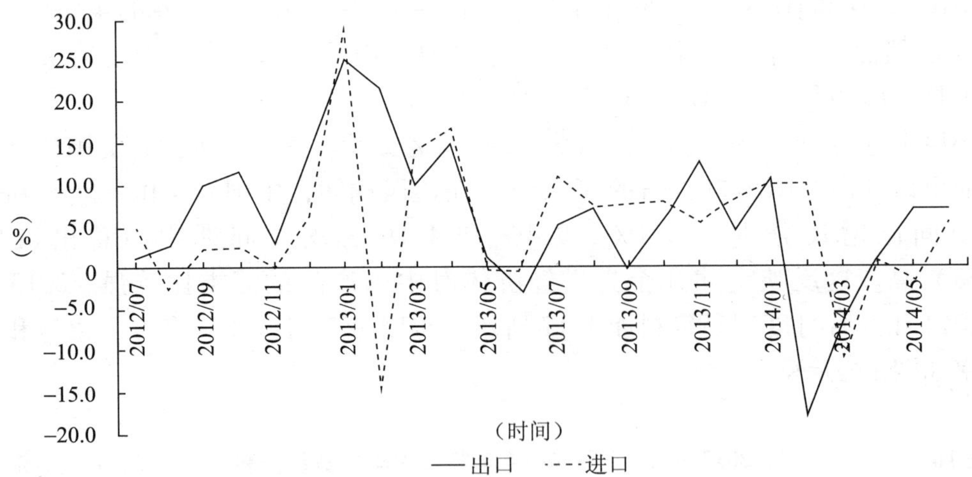

图 18　2012 年 7 月—2014 年 6 月出口和进口增长率

资料来源：中国海关。

中国作为低成本国家采购的发展现状及对策

谢培庆

在过去的30年间，世界各地的制造企业将中国视为“采购的金矿”，中国成为全球制造业的生产据点，吸引了越来越多的跨国公司进驻。2009年，中国最大的200家出口企业中，有153家存在外资持股现象。这是因为中国能够提供廉价的原材料和劳动力，稳定的基础设施和良好的政府采购政策。然而，随着人力及土地成本的不断上涨，中国制造业的成本优势正在削弱，一些产业开始出现滑坡，许多跨国公司正重新考虑在中国的发展战略。开始出现外资撤离中国，投资马来西亚、泰国和菲律宾等东南亚国家的现象。商务部数据显示，2014年1—7月日本对华投资28.3亿美元，同比下降45.4%；美国对华投资18.1亿美元，同比下降17.4%；欧盟28国对华投资38.3亿美元，同比下降17.5%；东盟对华投资41.8亿美元，下降12.7%。

与此同时，国际金融危机后，美国、英国、法国等发达国家正在加紧重振制造业，制造业开始出现回流现象。国际零售商巨头沃尔玛2014年兑现了其2013年宣布将在未来十年采购价值2500亿美元“美国制造”商品的部分承诺，支持购买在佐治亚州生产的聚氨酯凉鞋和木屐；德国知名环保制革厂德威也于2014年宣布在美国建立其在海外的第三家制革厂，专为美国鞋厂提供100%原产于美国的原材料。

中国制造业正面临着来自发达国家和发展中国家的“双向挤压”，中国作为低成本国家采购基地，是否还保持着吸引力，其宏观环境的竞争力是否在降低?

一、中国作为低成本国家采购正面临挑战

（一）劳动力成本提高

中国在过去30年间，依靠着低廉的人工成本和环境成本，曾吸引无数的跨国企业将生产基地转移到中国。但从2008年开始，中国制造业的用工成本开始迅猛上升。据《华尔街日报》的报道，自2008年以来，中国制造业的平均工资水平已累计上升71%。从2005—2010年，中国制造业工人的小时工资增长了约150%，而美国仅增长15%，两者之间的比值从41:1缩小到19:1。中国的劳动力成本在过去这10年节节上升，工人薪资在2012年的年增率达20%。据国家统计局公布的

数据，2013 年全国城镇私营单位就业人员年平均工资为 32706 元，与 2009 年的 18199 元相比，增加了 14507 元，增长 79.71%。

随着中国劳动力成本迅速上升，美元持续弱势，以及危机后美国制造业劳动生产率的迅速提升，中国制造相对于美国成本优势出现大幅减少。在过去 10 年中，美国劳动力成本上升幅度稳定为 2% ~4%，而中国的劳动力成本上升幅度由 2000—2005 年的 10% 上升到 2005—2010 年的 19%，导致其单位劳动力成本占美国单位劳动力成本由 2000 年的 3% 迅速上升到 2010 年的 9%。过去 10 年间，中国的劳动生产率每年提高约 10%，美国约为 2%。2000—2010 年，中国的劳动生产率由占美国的 13% 到占美国的 29%。

中国内地一直以吸引外国直接投资（FDI）而出名，并且从 2001 年加入 WTO 以来不断增长，2011 年 FDI 流入额达到 1238.23 亿美元。截至 2012 年年底，内地实际利用的 FDI 总额达到 1.27 万亿美元。不过，2012 年内地的 FDI 流入额为 1193.42 亿美元，同比下滑 3.62%，这也是自 2008 年金融危机以后的首次下降。根据联合国调查，虽然中国内地仍是 FDI 的首选，但印度尼西亚和泰国等东南亚经济体的排名在显著上升。随着内地的工资和生产成本继续上涨，东盟国家在制造业方面的相对竞争力正日益增加。

（二）人民币汇率变动

人民币汇率浮动幅度增大，增加了企业进出口利润的不确定性。按照实际贸易加权汇率计算，人民币的同期升值幅度为 25.9%。人民币升值使出口企业面临着汇率成本的上升压力。同时，欧元的上下变动以及日元的大幅度贬值让很多外贸企业只愿意接受短期订单，以控制汇率变动的风险。据中国物流与采购联合会 2014 年中国企业采购调查结果显示，有 42% 的企业回答 2013 年人民币汇率变化对企业采购成本的影响与 2012 年相比升高了，有 42% 的企业回答该影响与 2012 年相比是持平的，只有 16% 的企业回答 2013 年人民币汇率对企业采购成本的影响与 2012 年相比是降低了。如图 1 所示。

（三）物流成本偏高

我国经济社会运行的物流成本仍然较高，影响着制造业企业的利润。据国家发改委、国家统计局、中国物流与采购联合会三部门联合发布的《2013 年全国物流运行情况通报》最新数据显示：2013 年全国社会物流总额 197.8 万亿元，按可比价格计算，同比增长 9.5%，增幅比 2012 年回落 0.3 个百分点。其中，工业品物流总额 181.5 万亿元，同比增长 9.7%，增幅比上年回落 0.3 个百分点；进口货物物流总额 12.1 万亿元，同比增长 6.4%，增幅比上年回落 1.3 个百分点。2013 年社会物流总费用 10.2 万亿元，同比增长 9.3%，增幅较上年同期回落 2.1 个百分点。其中，运输费用 5.4 万亿元，同比增长 9.2%，占社会物流总费用的比重为

52.5%，与上年基本持平；保管费用3.6万亿元，同比增长8.9%，占社会物流总费用的比重为35.0%，同比下降0.2个百分点；管理费用1.3万亿元，同比增长10.8%，占社会物流总费用的比重为12.5%，同比提高0.2个百分点。

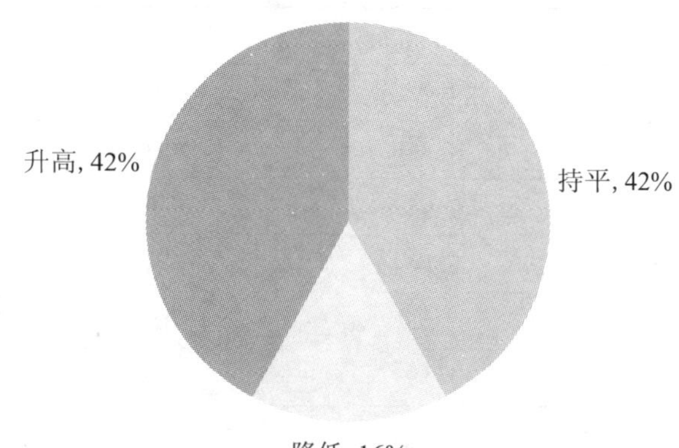

图1　人民币汇率变化对企业采购成本的影响

资料来源：中国物流与采购联合会2014年中国企业采购调查。

2013年社会物流总费用与国民生产总值的比率为18.0%，这一比率不仅高于经济发达国家，比如美国是8.5%，日本是8.7%，德国是8.3%，而且跟经济发展水平与我国基本相当的金砖国家相比也偏高，比如印度为13.0%。巴西为11.6%。2012年统计显示，我国运输费用与GDP的比重是发达国家平均水平的1.7倍，保管费用高2.2倍，但是管理费用高6.9倍，显示我国物流成本偏高。

马士基报告显示，在发达国家，物流成本平均占成品最终成本的10%~15%，在发展中国家，各种低效现象导致物流成本显著增高，占成品成本的15%~25%甚至更高，而对中国的制造商而言，物流成本可高达生产成本的30%~40%。

二、中国作为低成本国家采购的优势与机遇

当然，在清醒地认识我国作为低成本国家采购面临的严峻挑战的同时，也要客观地分析过去几十年来我国作为低成本国家采购的优势与机遇。2013年，德勤有限公司与美国竞争力委员会联合对全球550名制造业高管针对当前制造业营商环境和全球竞争力展开了调查，并发布了《2013全球制造业竞争力指数》报告。在《2013年全球制造业竞争力指数》报告项目中，接受访谈的企业首席执行官依照各国制造业当前与未来的竞争力进行排名，其结果如表1所示。中国再度蝉联当前及未来五年最具竞争力国家的宝座，而过去60年全球三大制造业强国——美国、德国、日本仍然在当前最具竞争力的国家排名中名列前十，其中德国名列第二，美国紧随其后，而日本则位居第十名。五年后最具竞争力国家/地区的前十

名，与当前的排名极为类似，更突显了现今制造业的极度竞争环境；前十名国家/地区中的改变是印度从第四名上升到第二名，而巴西从第八名上升到第三名。

表1　全球首席执行官调查：2013 年与五年后国家/地区制造业竞争力指数排名

当前的竞争力排名			五年后的竞争力排名	
排名	国家/地区	指数评分	国家/地区	指数评分
1	中国	10.00	中国	10.00
2	德国	7.98	印度	8.49
3	美国	7.84	巴西	7.89
4	印度	7.65	德国	7.82
5	韩国	7.59	美国	7.69
6	中国台湾	7.57	韩国	7.63
7	加拿大	7.24	中国台湾	7.18
8	巴西	7.13	加拿大	6.99
9	新加坡	6.64	新加坡	6.64
10	日本	6.60	越南	6.50
11	泰国	6.21	印度尼西亚	6.49
12	墨西哥	6.17	日本	6.46
13	马来西亚	5.94	墨西哥	6.38
14	波兰	5.87	马来西亚	6.31
15	英国	5.81	泰国	6.24
16	澳大利亚	5.75	土耳其	5.99
17	印度尼西亚	5.75	澳大利亚	5.73
18	越南	5.73	波兰	5.69
19	捷克	5.71	英国	5.59
20	土耳其	5.61	瑞士	5.42

注：指数评分为 10 = 高，1 = 低。

数据来源：德勤有限公司与美国竞争力委员会，《2013 全球制造业竞争力指数》。

深入分析前十名最具竞争力国家/地区的总体经济投入和产出，如图 2 所示。投入指标方面，2011 年劳动力成本平均值为 21.9 美元/小时，中国 2011 年劳动力成本为 2.8 美元/小时，巴西 2011 年劳动力平均值为 12.0 美元/小时，中国的劳动力成本相比还是比较低；2012 年企业税率平均值为 26.2，中国税率为 25.0，印度税率为 32.4，巴西税率为 34.0，相比之下，中国在企业税率方面的吸引力也超过印度和巴西。产出指标方面，2010 年制造业占 GDP 百分比平均值为 18.3%，中国

2010 年制造业占 GDP 百分比为 32.4%，远高于平均值，印度为 14.2%，巴西为 15.8%；2011 年制造业出口占全部出口的比例平均值为 59.9%，中国 2011 年制造业出口占全部出口的比例为 93.2%，远高于平均值，印度为 50.3%，巴西为 32.9%。

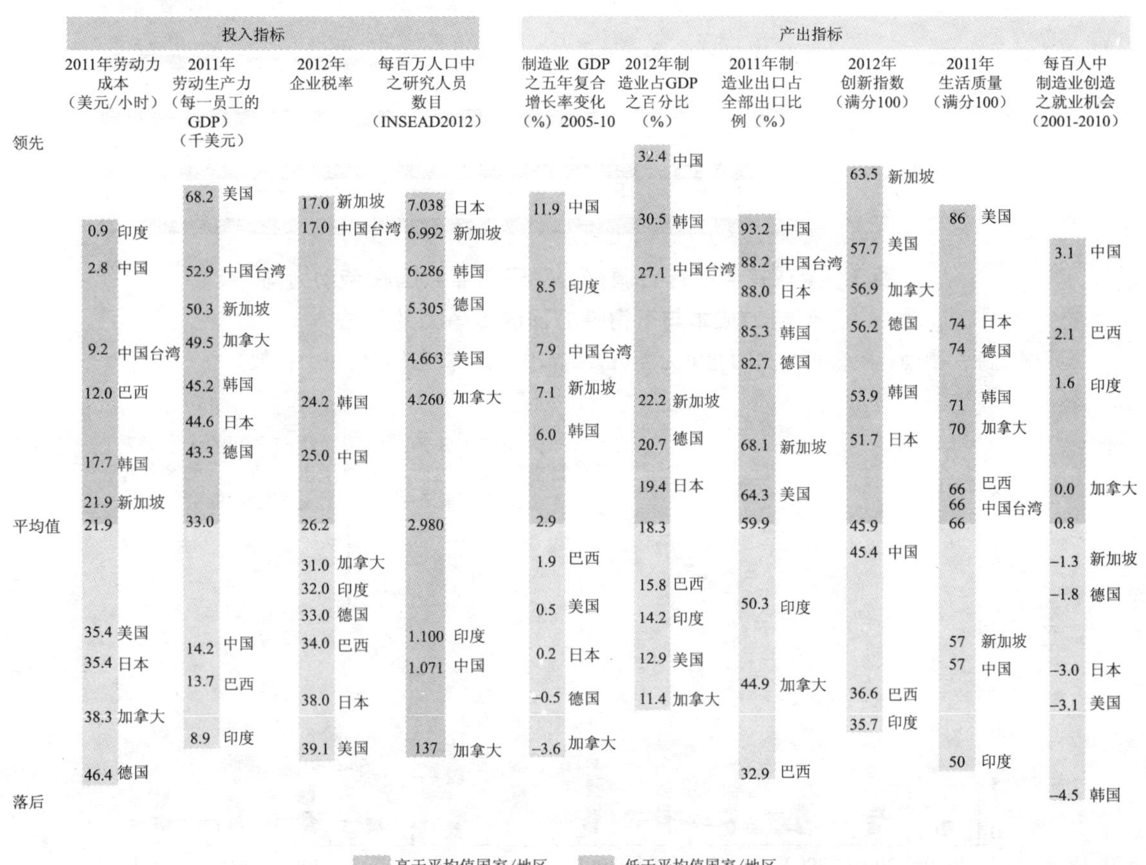

图 2　2013 全球制造业竞争力指数中前十名国家/地区与制造业相关的总体经济指标之比较

数据来源：德勤有限公司与美国竞争力委员会，《2013 全球制造业竞争力指数》。

（一）中国的劳动力与原料价格仍具优势

德勤对全球首席执行官关于焦点六国在劳动力的成本与可得性方面的竞争力的看法调查显示：中国劳动力与原料价格仍具优势。如图 3 所示。同意或者非常同意中国在当地劳动力的成本与可得性方面极具竞争力的比例达 90%；印度该比例为 87%，紧随其后；巴西该比例为 70%；美国该比例为 39%；德国该比例为 32%，日本该比例为 29%。虽然中国的绝对劳动力成本可能比其他低成本国家要高（见图4），但中国有更高的生产力（见图5）和较高的安全性，这是企业外包决策中的两个关键考量因素。

同意/非常同意

中国 90%

印度 87%

巴西 70%

美国 39%

德国 32%

日本 29%

图3　全球首席执行官调查：关于焦点六国在劳动力与原料的成本与可得性方面的竞争力的看法

数据来源：德勤有限公司与美国竞争力委员会，《2013 全球制造业竞争力指数》。

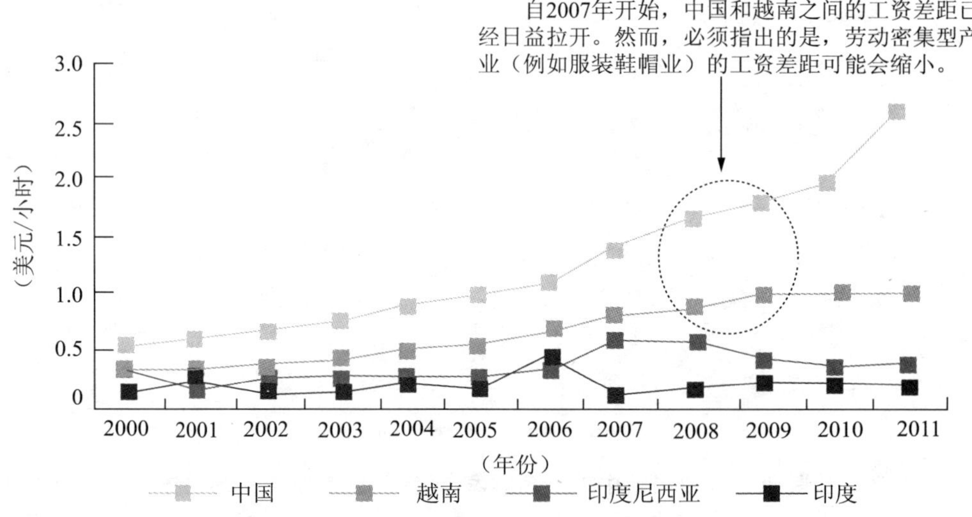

图4　中国与相邻低成本国家小时平均工资的对比

资料来源：埃森哲分析。

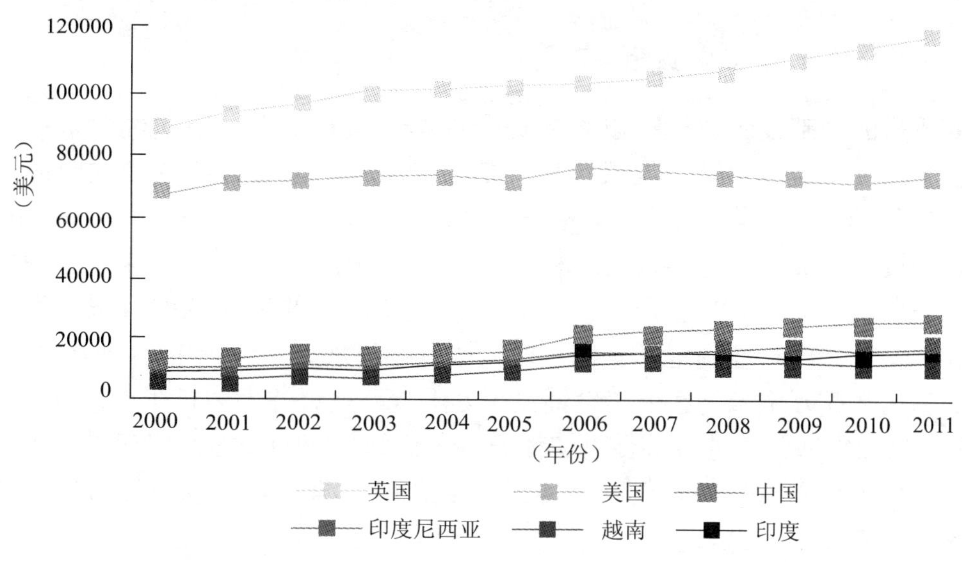

图 5　劳动生产率——各国雇员人均国内生产总值
（购买力平价指数，按理想指数形式计算）

资料来源：埃森哲分析。

（二）健全的供应商网络

随着经济全球化的深入，供应链愈来愈全球化，供应网络内的资源是否充足、供应商的反应是否够迅速、是否有健全的供应商网络，对是否选择该国作为采购基地起着重要的作用。如图 6 所示，受访的高管有 80% 都认为中国在供应商网络方面享有优势。中国集中力量将供应链本土化并创造出集高校、研究机构和供应商于一体的创新中心，拥有运作顺畅的供应商网络，可使得大型跨国公司的生产顺利进行，并持续开发复杂的商品迎合全球消费者的需求。

同意/非常同意
德国 88%
日本 83%
美国 83%
中国 80%
印度 50%
巴西 47%

图 6　全球首席执行官调查：关于焦点六国在供应商网络方面的竞争力的看法

数据来源：德勤有限公司与美国竞争力委员会，《2013 全球制造业竞争力指数》。

（三）便利的基础设施建设

高质量的基础设施建设可以直接提升成本与过程效益，改善经营效率。中国凭借在公路、高铁、桥梁等领域较强的基础设施能力已超过美国和欧盟成为世界上最大的基础设施投资国。数据显示，1992—2012 年，中国将大约 8.5% 的 GDP 用于基础设施建设，远远超过美国和欧盟的 2.6% 的平均水平。在未来，中国基础设施投资依然很大，高速公路、高速铁路、民航机场的发展依然有很大潜力，中国为相关基础设施行业制定了宏伟目标：从目前到 2020 年，中国计划建设 70 座新机场，新增 2.3 万千米高速公路，铺设 3 万千米高铁，并大力扩张港口设施，如图 7 所示。除加大铁路、港口等促进实体商品运输的物流的交通网络建设，未来中国对包括职能电网、宽带和其他网络等促进信息与能源的有效流通的信息基础设施的建设投资力度也很大。

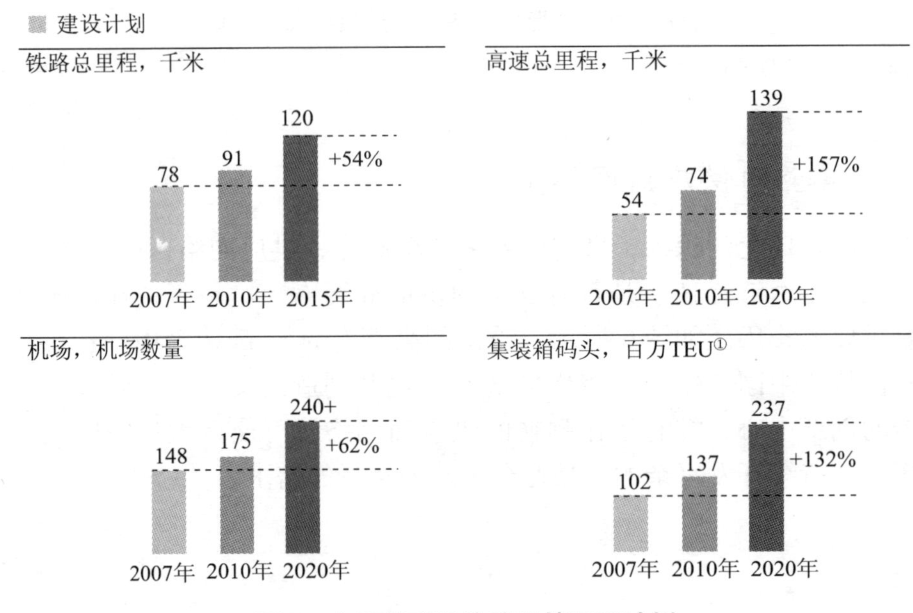

图 7　中国基础设施建设情况及计划

注：①20 英尺集装箱单元。

资料来源：H1S 环球通视，全球水务情报局，经济合作与发展组织（OECD）的国际运输论坛，OECD 永续盘存法，麦肯锡全球研究院分析。

（四）巨大的国内市场需求潜力

我国具有大国大市场的突出优势，这是中小国家难以比拟的。麦肯锡报告显示，收入为 1.6 万 ~3.4 万美元的中国家庭数量将从 2010 年的仅 6% 上升至 2020 年的 51%，这意味着中国有着强大消费能力且活跃的消费者，这些消费者需要更复杂、更高质量的商品，使得大型跨国公司对中国的兴趣依旧浓厚，出于贴近我国市场的考虑而选择在中国境内生产。如图 8 所示，受访高管中有 77% 同意或非常同意中国在当地市场吸引力方面极具竞争力，在这点上，巴西和印度远不及中国。

	同意/非常同意
中国	77%
美国	77%
德国	75%
日本	64%
巴西	61%
印度	61%

图 8 全球首席执行官调查：关于焦点六国在市场吸引力方面的竞争力的看法

数据来源：德勤有限公司与美国竞争力委员会，《2013 全球制造业竞争力指数》。

三、中国作为低成本国家采购的应对策略

基于当前我国作为低成本国家采购面临的形势和我国作为低成本国家采购的优势与机遇，建议从政府、行业协会及企业三个层面采取以下几个方面的应对策略。

（一）政府采取政策法规的支持

1. 着力促进产业链整体升级和创新

在当前的全球供应链体系中，我国制造产品大都处于“微笑”曲线价值最低的“制造—加工—组装”环节，在技术专利和上游资源采购上较多地依赖欧洲、美国和日本等发达国家和其他掌握资源的国家。从价值创造活动看，制造业的利润主要来源于品牌、核心技术、销售、服务与物流等。建议政府要从基础研究、技术标准、知识产权等方面入手，提升产业设计、生产制造、系统集成、市场营销等环节的能力和水平，增强全产业链的竞争优势。

2. 建立健全在华跨国公司监测预警机制

一是加快建立在华跨国公司的监测预警机制，密切关注美、日、德等国家在华跨国公司的动向及战略调整方向，对有苗头的跨国公司进行及时沟通协调，改善其在华经营环境。二是研究加强中西部地区与跨国公司在国内进行产业转移的对接，鼓励跨国公司向我国欠发达地区转移产能。

3. 营造好的营商环境

政府要积极营造好的营商环境，一是要主动减少各种审批制度，减少政府的

行政干预，充分发挥市场配置资源的作用；二是要降低企业营商成本，比如：企业物流环节的过路费、过桥费；三是要切实减轻企业的税收负担，降低企业的融资成本，为企业的发展注入更大动力；四是要运用关税、税率手段扩大出口，切实保障人民币汇率的相对稳定。

（二）发挥行业协会引导作用

相关行业协会要积极发挥引导作用，促进行业自我发展、自我完善，促进采购业的健康发展。一是积极向企业界传递最新采购与供应链管理相关知识与信息，鼓励企业将相关理论、技术用于实际采购中，提升企业的竞争力，激发微观市场主体的动力。二是制定绿色采购、采购合同等标准，规范行业采购行为，促进相关行业的健康发展、科学发展、可持续发展。三是收集行业自身的实际数据，针对企业存在的实际问题向相关政府部门提出建议，同时辅助政府部门开展相关调研。四是组织采购及供应链管理人员的相关培训，提升采购与供应链人员的专业素质。

（三）企业自身积极应对

面对上升的成本压力，盲目转移生产地点只会带来更大的投资要求，企业作为采购主体，应该充分发挥自身作用，积极应对。

1. 提高采购人员专业水平

采购成本一般占到整个公司销售额的50% ~80%，采购人员的素质和技能直接影响企业的采购绩效，企业应加强对采购人员的专业培训，提高企业采购人员的整体素质和技能，如今中国地区具有国际承认资质的采购专业人员（CPM，CPSM）还是少数，需要大力推动，促进采购效率提升。中国物流与采购联合会在2012年推出了中国采购职业人员能力模型，也意在推动中国本土采购及供应链管理人才的素质和能力提高。

2. 加强采购创新力度

为了充分发挥采购的效益，实现采购的利润杠杆作用，企业应加强采购创新力度。一是加强采购方式创新，适时地选择采购方式，创新地运用。二是加强采购流程创新，充分考虑供应商的设计、生产和管理特点，关注自身企业的生产、销售流程，将采购流程融入到企业的整体运作流程、研发流程、销售流程当中去。三是加强采购技术创新，将EDI、电子发票、电子采购、数据管理等新技术运用于采购过程，降低采购成本，提高采购效率。

3. 协同供应商共同提高劳动生产率

现在的市场竞争不是单个企业与企业之间的竞争，而是供应链与供应链之间的竞争，企业应与供应商密切合作，尤其是战略供应商，充分调动供应商的有效资源，共同通过成本降低、创新、风险缓解、可持续发展和增长，实现价值优化，共同提高劳动生产率。

专题报告三

中国企业采购实践

产业迁移对采购供应管理的影响

杨冠军 安俊龙

一、引言

从2008年全球金融危机以来，我们看到越来越多的企业正在或已经离开中国。就此摆在我们面前的主要问题是：

（1）这样的产业迁移现状如何？

（2）产业迁移对中国经济的复苏以及中国企业的发展会带来怎样的影响？

（3）中国的企业应该如何应对产业迁移？

（4）作为采购供应管理人士又该做些什么？

本文将就产业迁移及其对企业采购供应管理的影响展开初步的研究和分析。

二、外资企业和国内企业现状

（一）外资企业的迁移

美国“制造业回归”的提法始于奥巴马在2009年11月的讲话，其提出要增加美国的生产和出口，从而使美国的经济建立在岩石而不是沙滩上；要发展传统制造业在内的各种经济类型，而不是过度依赖服务业和金融业。此后，奥巴马政府先后推出了“购买美国货”、《制造业促进法案》、“五年出口倍增计划”、“内保就业促进倡议”等多项政策，帮助美国制造业复兴，美国经济逐渐体现出了政策效果。根据波士顿咨询集团2012年4月对美国制造业企业的调查，在年销售额达10亿美元的企业中，有37%表示正计划或积极考虑将生产设备从中国转移到美国；在销售额达100亿美元以上的最大型企业中，有48%采取了回流措施。例如电气设备制造商爱默生（Emerson）已将工厂从亚洲搬到了墨西哥和北美，以更接近客户；制造家庭用品的瑞典企业宜家（IKEA）已建立了其在北美的首家工厂，以此来削减运输成本；电动工具制造商Desa将生产从中国转移到了美国，因为其节省的运输和原材料成本要高于增加的劳动力成本；2013年美国北卡罗来纳州的伯灵顿棉纱工厂将生产重心转移回美国，目前，该企业在中国有2家分公司，墨西哥有3家，而美国有7家，北美业务占总业务的83.3%。此一系列举动的结果就是美国非农私企就业人数持续增加。如图1所示。2014年4月商品生产领域就业增加了 24000 个工作岗位，制造业投资恢复明显。于是，近几年来关于美资制造业是否已经回流的话题讨论热度较高，而这一现象背后其实有着深刻的历史原因。

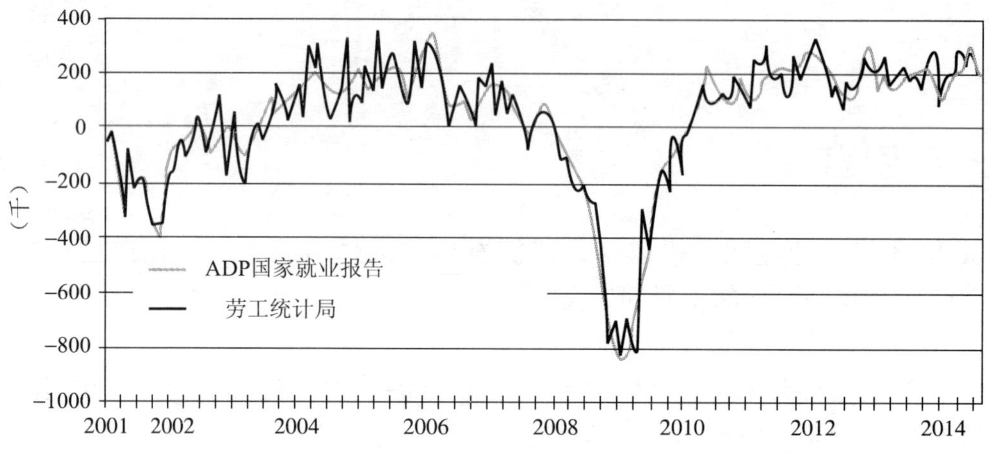

图 1　全美非农私营企业就业变化趋势

数据来源：美国自动数据处理公司。

第二次世界大战结束以来，全球分工体系和贸易格局发生了深刻变革。从产业价值链看，一个重要的趋势是美国等发达经济体逐渐向具有高附加值的价值链两端延伸（主要指市场与研发），而将处于中间环节、附加值较低的制造业向中国等新兴经济体转移。这一分工的结果使得自 20 世纪 70 年代起，发达经济体制造业普遍经历了趋势性萎缩。20 世纪 50 年代初，美国制造业增加值占世界总和的近 40%，到 2002 年这一占比降至 30%，2012 年进一步跌落至 17.4%。如图 2 所示。

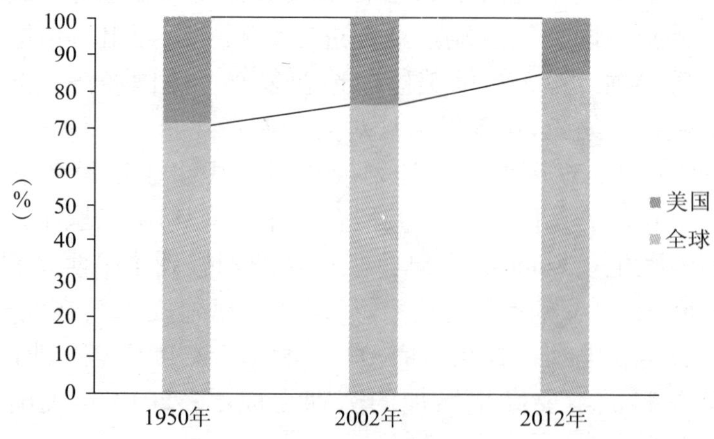

图 2　美国制造业贡献值

在此期间的2010年，美国保持多年世界第一的制造业大国地位被中国取代。但自2008年全球金融危机发生后，美国制造业萎缩的趋势似乎发生了“逆转”。相对于其他行业，近年来美国制造业增加值及就业出现了一定程度的回升。数据表明，1970—2009年，美国制造业增加值在GDP中的占比从24.4%降为12%，但此后开始企稳，在2012年回升到12.3%。从绝对值看，近年来美国制造业的增长（扣除价格因素）也快于法国、英国、意大利、加拿大等主要工业国家，同日本的增速相近。

因此，一些高附加值制造业和非全球布局的美资公司部分回流美国是客观事实，是全球制造业发展到一定程度的产物，也是全球制造业格局的动态调整表现之一，但却是全球范围内的多元流动而非单方面的回流美国。就美资企业来讲，有些回流美国；有些则流转至非洲、东南亚，以及更靠近美国消费市场的拉丁美洲地区。例如微软集团有计划把其在中国、匈牙利等地的大部分诺基亚手机生产线转向越南。根据计划微软集团将关闭匈牙利Komarom全部工厂，转移中国北京和东莞的一部分生产，把墨西哥Reynosa的工厂转变为维修中心。同时将扩大在越南北宁工厂的生产规模，把生产线从2013年的6条增至2014年年底的39条。

（二）中国企业走出国门

与此同时，中国的企业也没有故步自封地原地不动。我们同样也看到越来越多的中国企业走出去进行跨国收购和开工厂，跨越国境的供应链战略正在形成新的趋势。2013年9月中国国务院总理李克强在夏季达沃斯开幕式上就表示，预计未来5年中国对外投资将达到5000亿美元。这一数字相当于中国以往历年海外投资额的总和。

2014年春节前夕，联想集团收购频频。先是在1月23日与IBM达成协议，以23亿美元收购其X86服务器业务，又于除夕之日与谷歌达成协议，以29亿美元收购后者的摩托罗拉手机业务。两项收购如能完成，联想将成为全球第三大服务器厂商和智能手机厂商。联想集团海外拓展的步伐早在9年前就开始了，2005年联想就收购了IBM的PC业务。经过几年的整合和业绩起伏，联想的营业额现已从收购前2004—2005财年的28.9亿美元扩张逾10倍，达2012—2013财年的340亿美元，高居全球PC销量榜首。这样的成绩不但远远优于方正、同方等国内同行，即使与IBM、惠普或戴尔等相比也毫不逊色。

在白色家电行业，广东志高空调有限公司基于劳动力、土地等成本，也在考虑把组装工厂开到相对比较便宜的国家去。海信科龙在顺德厂区的产能已经发挥到了极致，为了企业的进一步发展，寻求新的布局，该企业成立海外投资建设事业部，负责海外选址建厂。目前，其在南非、埃及、阿尔及利亚的三个工厂已建成投产，在东南亚地区、中美洲墨西哥和巴西等市场也正在开拓之中。

中国资本投资海外也是备受关注。中国投资经历了几个阶段：从最开始注重获取资源；到2008年国际金融危机后“海外抄底”，低价获取国外的品牌、技术；再到如今，中国投资进入更加理性和市场化的新阶段。

这里，我们看到的不仅仅是海外投资、建厂，还有越来越多的企业将其采购供应链延伸到了海外，开始了一轮全球范围的资源采购。那么，中国企业走出去的目的地在哪里？2014年中国物流与采购联合会调查显示，我们看到几乎所有的企业都积极地在海外寻找供应源。其中，关注东南亚市场的占比12%，仅次于欧洲和北美。

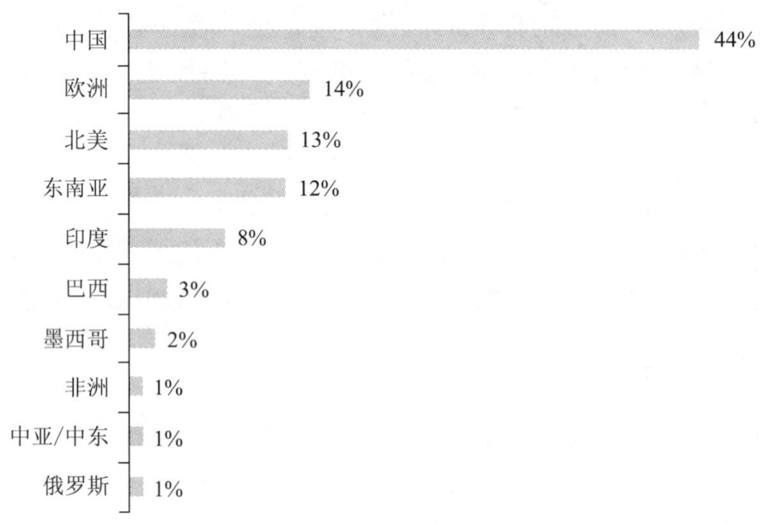

图3　企业寻源国家

客观上分析，不能笼统认为在华企业都在离开中国，流向美国。而是大多数企业正在全球范围内布局，构建新的全球供应网络。因此，采购供应职能也在相应地积极应对海外寻源的工作。

对于外资企业的迁移和中国企业的走出去，我们以典型的美资企业的回流和中国企业的亚洲战略做分析。

三、美资企业回流和中资企业走出去

（一）美资制造业的回流分析

近几年来，有部分在华美资制造企业选择回迁美国，也有部分企业在美国本土加大投资。但是不能因此确定美资制造业回流是一种趋势。这些选择回迁的企业大多限于高附加值产业，而许多以商品为重点的批量生产领域，如消费电子设备组装或大批量服装制造则不在此列。

• ET 水系统自 2002 年以来开始在中国大连生产灌溉控制系统，最近却将生产和组装迁回美国加州。回迁加州一方面会提升生产速度，降低生产成本，另一方面会提高生产的质量和数量，也会加速产品的开发和创新。

• 高端炊具制造商 All－Clad Metalcrafters 正将盖子生产从中国迁回到美国，目的是更贴近客户和其主要的工厂并降低资本成本。

• 电子产品制造服务公司 AmFor 为缩短交货响应时间和易于设计修改等原因，将离岸线束生产和一些总装从中国和墨西哥迁回到了俄勒冈州并在实施精益生产方式之后发现，其到岸成本均低于它使用海外供应商的成本。

• 法鲁克系统供应商宣称它正在将一些烫发器和干发器的总装从中国和韩国迁回到德州的一个拥有 1000 工人的工厂内，以降低部分库存成本。

• NCR 公司也紧跟在销售地建立工厂的时代热潮，将其服务于北美地区的自动取款机生产线从中国、印度、巴西和匈牙利迁回至乔治亚州的新厂。

由此看来，美资回流只是个别企业在全球化产业调整的背景下的行为，是为了产量、质量、更接近客户等不同目的的行为，我们需要正确认识并面对这种产业的迁移。实际上，它提供的就业岗位有限，而且往往依赖于巨额的公共补贴。最重要的是，为了与中国等低工资国家竞争，这些新的就业岗位提供的医疗和养老等方面的福利比以往的产业工人享受的要少。

低工资并不是美国为制造业“复兴”付出的唯一代价。联邦、州和地方政府机构往往还需要提供巨额补贴。田纳西州给大众公司的补贴大约为 5.77 亿美元，相当于每个岗位 28.85 万美元。阿拉巴马州为了拿到空中客车（Airbus）的 1000 个工作岗位，提供了价值 1.58 亿美元的优惠措施。华盛顿州政府为波音公司提供 87 亿美元补贴。即使提供上述各种补贴，美国的制造业岗位自 2010 年 1 月以来只增加了 56.8 万个，相对于 2000—2009 年间失去的近 600 万个工作岗位来说，只是个小数目。

美资制造业的回流，不仅仅是美国政府积极努力（税收减免政策等）的结果，更重要的是来自供应链经营和成本的压力，此外还有风险防范、客户服务等多方面的原因。

就供应链经营和成本的压力，主要可以从两个方面来分析：一方面是美国新出现的优势，另一方面是中国市场环境逐渐显露的劣势。

1. 美国新出现的优势①

（1）政策优惠。美国联邦政府和各州政府都给予制造业大幅度的税收优惠，使得美国制造业的吸引力正在上升。支持和推动制造业发展，是美国产业政策的重要组成部分。在金融危机影响下，近年来美国对制造业的政策支持力度明显加强。

① http：//ccln. gov. cn/sixiang/sixiangx/guandianhuicui/76457－1. shtml.

（2）廉价天然气能源。天然气不像石油和煤炭等能源容易在国际上进行交易，其价格更具地域性，而美国地区丰富的天然气资源和对其非传统资源基础（如页岩气）的不断开采使美国天然气出口增加、进口下降，两者比率从2008年的24%跃升至2013年的55%。据预测，美国的油气产量在2020年前将增加10%~15%，甚至高达30%~50%。能源繁荣为美国制造业发展提供了能源成本优势和新的投资增长点。美国天然气价格大幅走低，中国的价格高出美国大约40%。

（3）劳动效率高。在劳动力成本方面，由于生产率提高和劳动市场变动等因素，近年来美国制造业劳动力成本出现较为明显的下降。2002—2011年间，在主要发达国家中（G7集团），美国是唯一经历了单位劳动成本下降的国家。而在同一时期，作为世界第一制造业大国的中国，却出现了劳动力成本上升快于生产率提高的势头。

（4）宽松货币政策。早在新千年伊始，美联储通过各种传统工具和融资渠道创新，在较长时间内推行宽松货币政策，造成了所谓的“廉价美元”局面。国际货币基金组织公布的数据显示，从2001—2013年，美元实际有效汇率指数从约130降至92。这为美国制造业及相关出口带来了明显的价格优势。

2. 中国市场环境逐渐显露的劣势

（1）成本快速上升。中国国内由于用工成本、运输成本持续上涨，使得中国制造业的优势正在减退。波士顿咨询公司的研究显示：未来五年，中国制造业的工资成本估计将每年上涨17%，而美国的涨幅将仅为3%。中国工人的平均生产率不及美国同项指标的1/3，从而抵消了中国的低工资优势。劳动力成本仅仅是影响制造业成本费用变化的一部分因素，其他因素包括电力和工业用地成本。事实上，中国工业用地的商业价格要比美国高出许多。为了确保低廉的用地成本，制造企业需要将厂址迁至内地，但此举又必然招致更高的运输成本和丧失在主要沿海城市业已形成的工业群集优势。除此之外，远洋航运费用的增长和人民币升值也是导致中国制造业日渐委靡的两大重要因素。即随着社会不断老龄化，劳动力数量可能在数年后下降，进而推动工资进一步上涨，影响中国在全球的竞争优势。

（2）供应链风险加大。制造业的外包使得全球的供应链异常脆弱，例如日本海啸打乱了全球供应链，很多公司都陷入了关键零部件供应断货的尴尬境地。

（3）通货膨胀因素。中国日益严重的通货膨胀也是外国制造业需要考虑的一个重要因素。中国的通胀水平已经上升了6%以上，而美国大约为3.5%。如果通胀保持3.5%的水平，再假设中国劳动力价格相对美国人年均上涨15%，那么2020年之前，中国的“廉价”成本则完全消失。

（二）以 PESTEL 分析中资企业应该如何跨出国门[①]

无论是中资企业为组织开发海外市场服务而提供供应链管理，还是作为中国供应商需要应对下游客户海外寻源的战略，对于目前纷繁复杂的局势，作为供应管理人员，我们应该做好准备，积极应对这样的局面，做出合理的评估和应对准备。

针对中国企业走出去的全局分析，我们应用了管理学上的 PESTEL 分析模型（又称大环境分析）。通过分析宏观环境，不仅能够分析外部环境，而且能够识别一切对组织有冲击作用的力量。它是调查组织外部影响因素的方法，其每一个字母代表一个因素，可以分为六大因素：政治因素、经济因素、社会因素、技术因素、环境因素、法律因素。

下面，我们以越南为例，利用 PESTEL 分析，来观察中国企业在越南寻找供应商或者向位于越南的采购企业供应的各项影响因素。

1. 政治因素

这里包括了政府的管制和管制解除、政府采购规模和政策，例如是否有诸如优先购买本土生产制造的产品的条款，其中美国政府于 2009 年就有了“购买美国货”的条款。政治因素还包括了某些特种产品进出口关税，所有专利的保护数量，政府的财政和货币政策的变化，一些特殊的地方及行业规定，世界原油、货币及劳动力市场的变化趋势，国家针对性的进出口限制，以及其他国家的政治条件等。

尽管目前及未来若干年内，中国及世界的政治形势基本趋于稳定的政治局面。但是，需要注意的是一些局部地区的政治民族和宗教方面依然会有潜在或者明显的不可协调性。例如，2014 年越南发生的多起针对中国和其他亚洲国家与地区的投资企业的暴力袭击，这些都是企业在选择供应源转移或者拓展海外市场之前必须认真考虑，事先就应该做出必要准备与安排的。

2. 经济因素

受到经济发展周期的影响，当地居民的失业率、就业状况、消费水平等决定了消费群体受经济影响的状况。并且总体经济发展还会影响当地的财政政策和货币政策的走向。2003 年前后，已经有中国企业选择到越南投资。而 2008 年金融危机之后，越南的低廉的劳动力成本、较低价格的工业原料等更是吸引了包括中国企业在内的众多外国企业。由于中国企业不仅面临金融危机造成国际购买力下降的难题，而且面临人民币升值对外商到中国采购和中国商品出口的影响，中国的中小企业不得不开展海外投资，实现当地生产和当地销售。这样的做法一方面可以避免人民币兑换美元升值的出口劣势；另一方面，有竞争力的产品直接到国外销售可以降低出口成本，绕开贸易壁垒。

① http：//baike. boraid. com/doc_ 28056. html.

因为劳动力成本等优势，越南近年来也成为众多产业的投资热点。有公开资料统计称，截至2013年3月底，中国对越南投资有效项目899个，合同总额47.1亿美元，在101个对越南投资的国家和地区中排名第13位。投资主要集中在加工制造业、建筑建设等行业。越南国家统计局的数据显示，截至2014年4月20日，2014年越南共吸收外国直接投资32.28亿美元，其中来自中国（包括香港、澳门和台湾地区）的占18.5%。①

3. 社会文化因素

我们以生活方式的变化对商品的要求影响为例，商品的发展中往往经历了从不了解到尝试再到接受，推进到普遍接受最后成为娱乐生活中的不可或缺的环节部分，甚至产生相应的商品文化。随着人们对商品功效的深入探索，理解商品对人的正面作用，进而因此所形成的接受程度，对本地产品与进口商品的不同态度，对于产品的文化属性的差异化要求等都会促进产品本土化生产制造的不同方式和要求。

4. 技术因素

综合目前的状况，越南的现有科研能力和综合技术发展的可持续能力比较弱。因此，我们认为越南适合生产企业发展，却不适合高科技企业。这就决定了采购组织必须明确区分哪些采购可以延伸到如越南、巴基斯坦之类的东南亚国家地区。而对于那些技术含量高，甚至涉及专有技术、最新技术发展的采购供应就需要将眼光投向欧洲和北美市场。

5. 环境因素

这里需要考虑以下几点。一是我们的行业与相关行业发展趋势处于何种程度，相应需要考虑的是可能要面对的生产制造环境。这里的环境包括非产业环境即自然环境、道德标准以及媒体关注程度。众所周知，在东南亚地区的自然环境中，有可能涉及的是雨季的高湿度、不确定的地域洪水等潜在风险。二是越来越多的国际劳工权益保护组织的活动也在唤醒当地劳工的权利意识。因此，采购企业不应该简单地追求最低劳工成本，更应该综合考虑各项成本以及因此可能的社会影响。三是越南的环保评级规定很少，这吸引了很多生产光电产品的外国企业，但环评低标准导致了严重的重金属污染。在短期看，可能对一些企业会有眼前利益，但是从长远角度看，一定需要考虑未来的成本增加的可能性。

6. 法律因素

当地国家地区的基本法律认识包括了宪法和当地的民法、劳动保护法、公司法和合同法、环境保护法、消费者权益保护法以及行业公约等。我们不仅仅要了解法律内容，也应该知道当地人对于法律的认识和遵守状况。

---

① http：//news.163.com/14/0609/16/9UAHT13B00014JB6_all.html.

四、对策与总结

产业迁移是趋势，我们更应该用发展的眼光来看待。低端加工企业和高能耗、高消耗企业的离开，这正是产业进步和发展的自然规律。提升经济发展的行业水平，促进高科技企业的进步，是企业自身努力的结果，同时也是外界环境变化和危机所赋予的动机。

对于中国企业而言，走出国门，应对全球化挑战是大势所趋。在目前的宏观经济环境中，倒逼着中国的企业更快地进行升级转型，这里的转型包括以下三个方面。

1. 由“制造”向“创造”的转型

中国的企业应该越来越多地将自身的实力从复制不走样转型为创造的新路上。中国的企业不应该总在引进技术和知识，一再地复制。在经历了改革开放初期近30年所积累的经验，我们通过实践所掌握的技能应该促进中国的企业实现自我的创造。与过去的努力和挫折相比，中国创造的转型的确正在发生。这不仅仅是在新兴的互联网企业中，也在越来越多的实业中发展。

2. 从“招商引资”向“招才引智”的供应链职业化人才转型

在过去，由于历史原因和自身财力原因，很多企业都在努力寻找与外商和外资的合作，希望通过吸引外来资本和技术提高自身的技术和制造实力，并期望借此来开拓国际市场。在经历了30年的实践和努力，我们可喜地看到越来越多的中国企业正在成长和壮大。我们也看到今天的中国企业越来越多自信地走向过期市场。在21世纪，企业的发展越来越离不开优秀的供应链管理人才，正是因此，我们现在更应该提倡招才引智。需要的是通过引进高素质供应链管理人才的国际背景和实践经历，为企业带来的先进供应管理和采购战略理念和丰富的实践经验。正如上面提到的，在企业延伸海外采购供应时，必须考虑当地的法律环境。这就需要采购组织能够尽快地引进熟悉当地法律的人才。只有了解当地的天时地利与人和后，才可以尽快地融入海外环境中，才能够充分利用当地的各种资源。对企业的当地生产制造、商业运行、全球供应链发展做出更有成效的贡献和成绩。

3. 从“硬实力”到“软实力”的转型

与从引进资金和项目转化到引进人才一样，过去的企业的进步往往依赖于设备的建设和发展。而在今天的中国企业，不应该仅是关注与硬实力相关设施的建设，更需要先进管理经验和管理体系的建设。越来越多的企业已经拥有了世界级的生产设备，但是，他们依旧缺乏有效供应链管理的组织和领导，这样可能会造成先进设备的闲置或者劳工等的应用不当。越来越多的企业需要的是供应链软实力的建设。唯有利其器，方能善其事。企业才会有进一步的专业化、国际化的发展。

总之，在国际环境风云变化的今天，在中国的本土竞争力面临更多挑战的时刻，中国企业的发展更需要开拓全球化的步伐。这样的步伐，应该是经过深思熟虑的，切实可行的，是结合企业的供应链管理的战略发展，综合海外实际的情况，充分利用人力资源和当地实际资源的稳健的发展道路。

国有企业采购现状的调研与分析

宫迅伟

目前，国有企业（以下简称国企）尤其是大型国有企业，一般为地方或中央的直属企业，具有相当大的企业规模，企业成立也有较长的历史，在计划经济环境下逐渐成长起来，在市场上具有一定的垄断地位。虽然经历了市场经济的一系列变革，但管理上还保留着很多计划经济时代的管理痕迹，有时候国企还承担着社会变革时期的一些特殊任务，尤其是在应对经济危机时，国企在关键时期发挥了一定的作用。因此，在一些关系到国计民生的领域，国企还处于不可替代的地位，国家还进行一定程度的保护，但随着市场经济的不断发展和市场资源的重新配置，私营企业的逐步壮大，一定会有越来越多的领域向私营企业开放，准许私营企业参与竞争，不同所有制企业竞争环境会趋向平等，市场竞争会愈加激烈。

基于此背景，根据中国物流与采购联合会2014年调查数据，对国企采购进行了分析，希望通过数据分析了解国有企业采购现状，寻找国企与私营企业、外企的差异，能使不同所有制企业的采购管理者相互学习与借鉴，继而提升国企的竞争力，为国企和政府的决策者提供一些参考意见。

一、采购组织方面

1. 采购集中度与私营企业、外企相当，但直接物料集中度稍高

集中采购的实现可以通过集中采购业务需求，打造培养专业化的采购团队，建设明确的集中采购流程、制度与规范。企业通过集中采购由专业的人干专业的事情，从而可以更好地降低采购成本、提高采购管理水平。

现在国企的集中采购管理部门同私营企业、外企一样，也基本包括了公司所有采购项目，既包括直接物料，也包括间接物料和服务项目的采购，但国企在直接物料集中度方面稍高些于私营企业和外企。调查显示，在直接物料的采购集中度方面国企为79%，私营企业为70%、外企为60%。外企采用集中与分散相结合更多些，占29%，私营企业为16%、国企为13%。直接物料采购模式如图1所示。

间接物料的采购集中度方面国企为33%，私营企业为23%、外企为19%，回答集中分散相结合的依次为外企45%、私营企业39%、国企33%。间接物料采购模式如图2所示。

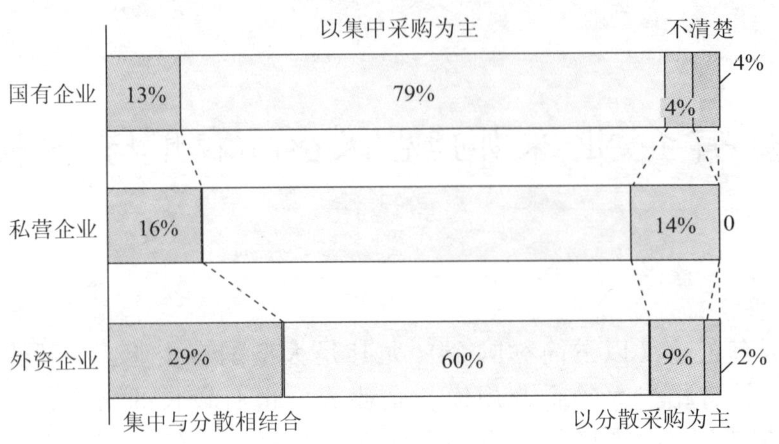

图 1　直接物料采购模式

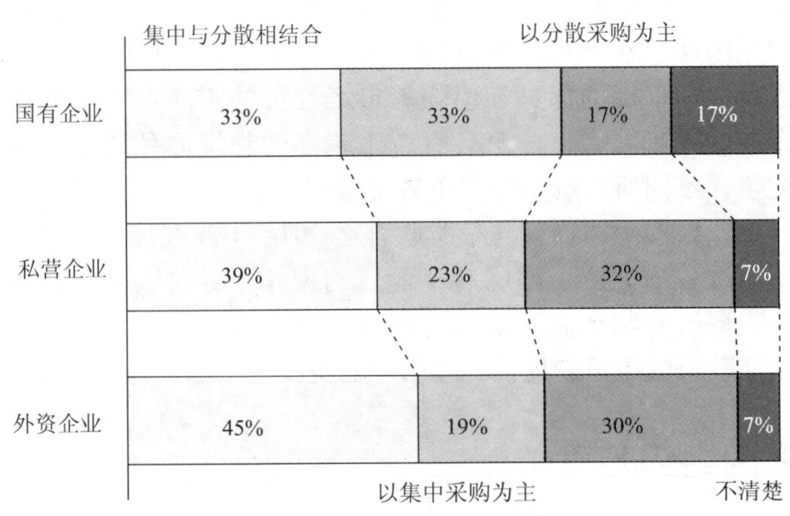

图 2　间接物料采购模式

从这些数据看，国企更加重视集中采购、外企更加重视集中与分散相结合。

集中与分散的程度，是很多企业在实施集中采购时决策的重点。集中与分散的程度要主要决定于企业间个体的差异，需要考虑很多因素，如材料差异性、企业与供应商地点分布、企业战略、财务管理、人事制度、管理流程等。但也可以使用麦肯锡开发的测试表做个简单测试，通过测试了解企业在集中采购与分散采购之间应该如何权衡。如果在表 1 中，企业回答“否”的数量较多时，说明企业实施集中采购的潜力越大，可以考虑进一步推进企业集中采购。

2. 国企和外企的采购流程都相对完善，但在创新方面有所差距

调查显示，国企、私营企业、外企在“建立了与 ERP 相适应的采购管理流程数据”方面，回答“是”的分别占到了 29%、30%、32%。但是在“对于不同复杂程度的业务，采购品类管理的操作流程和工具”的品类采购方面，国企与外企

差不多基本持平，分别为25%和24%，相比之下，私营企业相对弱些，仅为9%。

实施品类管理是管理水平的一种体现，现在一些规模较大的公司都会采用这种方法。因为不同的物品在面对不同的供应市场时会有不同的规律。因此，在物品分类的基础上实施不同的采购策略，这是一种科学的管理方法。私营企业在这方面相对薄弱，可能是民企采购物料偏于简单、料号较少，另外就是管理水平相对较弱的原因。

在“流程成为采购创新动力”方面，外企较强，为7%，之后依次为国企4%、私营企业2%。流程对一个企业的作用不能低估，工作流程是工作效率的源泉，流程能够决定效率，流程同时能够影响效益。好的完善的流程能够使企业各项业务良性开展，从而保证企业的高效运转。相反地，差的不完善的流程则会使得企业内问题频出，出现部门间、人员间职责不清、相互推诿等现象，从而造成资源的浪费和效率的低下。因此，设计、建立科学和严谨的工作流程并保证这些流程得到有效执行、控制和管理，对一个企业、一个单位或部门来说至关重要。流程可以保证质量，同时也可能降低效率，管理落后很大程度上就是流程落后。流程是企业创造价值的机制，是一组共同给客户创造价值的相互关联的活动进程。很多外企都设有流程经理，专门负责流程的梳理、制定、修改和执行，可见对流程的重视。

下面是一家外企的流程经理岗位职责，可供参考：

（1）根据公司发展现状，对关键业务流程进行梳理、诊断，并参照行业流程标准进行流程方案的设计，建立标准化业务流程；

（2）建立完善的流程管理机制，推动业务流程管理的规范化，确保标准化流程在各部门的落实实施；

（3）负责流程改善项目的开展、实施和评估，以及其他精益项目的支持与协助；

（4）构建公司知识管理体系平台，并实施持续改进、优化；

（5）负责公司流程标准的培训、宣贯；

（6）审视、优化基于业务流程的系统，对公司业务流程、标准及系统的有效性、符合性等指标负责。

3. 成本被列为企业采购KPI第一位，国企相比外企、私营企业更重视交货期，外企相比国内企业更重视流程创新、绿色环保

调查显示，把成本列为采购关键绩效指标（KPI）第一位的国企、私营企业、外企分别为95%、98%、96%，排在KPI第二位的指标有所不同，国企较多选择的是交货期，而私营企业和外企都选择了供应商管理。把交货期列为KPI第二位的国企高居91%，而私营企业、外企分别为55%、69%，这之间的差距之大，显示出国企在供应商交期方面的关注度较高，也将其作为采购管理中的又一大重要工作。

在“新技术应用、流程优化创新、绿色环保”三个方面，私营企业关注度较

低。如新技术应用方面，国企、外企分别为14%、10%，私营企业为8%；流程优化创新方面，国企、外企分别为27%、15%，而私营企业为8%；绿色环保方面，国企、外企分别为14%、21%，私营企业为8%。

4. 在2014年的工作重点中，国企非常重视交货期和寻源，外企更加重视供应商管理

工作重点能够反映企业管理现状和价值取向，从工作重点分析中，能够看到企业现存的问题点以及关注点。调查显示，除成本外，其他前几位的工作重点如表1所示。

表1　　工作重点调查结果　　单位:%

2014年工作重点	国有企业	私营企业	外资企业
交付期	77	46	56
寻源（供应商开发）	73	58	56
供应商管理	59	58	75
风险管理	59	50	42
质量控制	59	48	54

国企在交货期方面给予了更多关注，表现出国企供应商交付存在一定的问题。根据采购的现实情况分析，造成交付不及时的原因很多：有交期给予不充分问题，现实表现就是“急”单很多；有供应商能力问题，没有对供应商的供货能力进行充分必要的评估；也与迟付供应商货款有关，调查显示国企较多不能按时付给供应商货款。准时交货是供应商基本的任务，准时付款是对买方基本的要求，这是对合同基本的承诺和尊重。

要解决交期问题，就要从采购前的交期规划、采购中的交期执行、采购后的交期控制等几个方面去改善，表2给供应商交期跟踪和改善提供了参考。

表2　　供应商交期跟踪和改善

采购前交期规划	采购中交期执行	采购后交期控制
1. 卖方 （1）了解设备利用率 （2）物管及生管能力 （3）JIT系统实施情况 （4）生产交货计划表 （5）给合理交货时间 2. 买方 （1）确定交货日期及数量	1. 卖方 （1）了解备料情况 （2）了解良品率 2. 买方 （1）提供必要技术支持、模具等 （2）加强跟催 （3）交期及数量变更通知 （4）实施免检入库	1. 验收 （1）加强验收 （2）短交或超交的处理 2. 供应品管理 完成交易后剩料、模具、图纸的回收 3. 改善 （1）交货延迟原因分析

续　表

采购前交期规划	采购中交期执行	采购后交期控制
（2）准备替代来源 （3）慎选运输方式 （4）储备生产能力购买 （5）考察供货柔性（数量和品种）		（2）确定是否更换供应商 （3）要求供方改善运输方式 4. 供应商考核 （1）执行奖惩 （2）逾期罚款 （3）签长期合同

5. 企业都非常重视培训，但培训导向各有不同

培训是提高采购管理水平和采购人员素质最快的方法，所有企业都意识到培训的重要性。企业里采购与日常消费者买东西不同。消费者的采购是自由的，可以选择买与不买，也可以选择从不同卖家中购买，但企业的采购就不同，有明确的技术要求、明确的数量要求、明确的价格要求、明确的交货期要求、明确的供货商要求，这些要求使得采购必须是“专业”的。

中国物流采购联合会和美国供应管理学会 ISM 开展的采购人员专业认证，如 CPM/CPSM，进一步提高了大家对采购专业性的认识，也促进了企业的管理者对采购专业性认识，使得企业越来越重视采购培训了。经过调查发现，与 2013 年相比，接近 75% 的企业在培训费方面持平或增加，但私营企业需求更为旺盛，从“减少预算”数据看，私营企业最少，具体见表 3。

表 3　　培训状况调查情况　　单位：%

	国有企业	私营企业	外资企业
持平	36	51	41
减少	23	10	22
增加	41	39	37

从培训市场上看，外企参加培训的人数相对较多，这主要是因为外企管理层重视培训、采购人员愿意参加培训，他们喜欢了解新工具、新理念，在课程选择上“预算”导向明显；私营企业需求旺盛，表现出私营企业发展速度很快，管理水平和人员水平跟不上企业发展的速度，私营企业管理者感觉到发展压力，管理层与员工一起参加培训的现象很常见，非常重视“实用落地”的培训，在课程选择上在“问题”导向明显；国企从培训次数上看也重视培训，但往往缺少一定的课程设计，针对性、系统性较差，有些学员表现出学习意愿不那么强烈，“领导意愿”导向明显。

6. SQE 职能的设置

供应商质量工程师（SQE）的职能是保证供应商提供的产品和服务质量符合公司的要求，因此它在选择供应商、评估供应商、供应商绩效改进、涉及供应商的客户投诉等方面都需要介入，并在有关质量方面进行主导。这个岗位设在质量部似乎更能表现质量方面的专业性，在国企有人认为这样可以与采购分权，预防采购腐败，这有一定的道理。但 SQE 与采购员分属在不同部门，毫无疑问，会降低沟通效率。为什么很多外企，尤其是欧美企业，会将这个职能放在设置在采购部门呢？把 SQE 职能设置在采购部门，变成采购职能的一个分支，这使得采购部门可以自如调动这个资源，更好地使用 SQE 这个职能，与供应商一道提升供应商质量水平。采购管理的最高境界就是对供应商产品免检，因此，目前越来越多的企业开始重视 SQE 职能，并将此职能设置在采购部门。SQE 职能归属如表 4 所示。

表 4　　SQE 职能归属　　单位:%

SQE 职能归属	国有企业	私营企业	外资企业
在采购部门	22	35	55
不在采购部门	78	65	45

二、供应商管理方面

1. 国企很多都是“有手段，但不完善”，执行力方面需要增强

供应商是企业的资源，如何管好用好供应商是企业采购管理水平的重要体现。在供应商管理方面，各个企业会根据自己的情况采用不同管理手段，对此中国物流采购联合也进行了调研，具体调研数据如表 5 所示。

表 5　　供应商管理手段　　单位:%

供应商管理手段	现状	国有企业	私营企业	外资企业
供应市场定位分析	有，但不完善	65	70	55
	有，但没执行	13	4	4
供应商偏好分析	有，但不完善	48	48	38
	有，但没执行	4	7	8
供应商开发培育流程	有，但不完善	68	57	36
	有，但没执行	5	9	6

续　表

供应商管理手段	现状	国有企业	私营企业	外资企业
供应商质量管理流程	有，但不完善	74	57	28
	有，但没执行	0	6	4
供应商关系管理流程	有，但不完善	39	50	38
	有，但没执行	17	6	6
建有优秀供应商库	有，但不完善	23	44	35
	有，但没执行	14	7	7
供应商年度评审计划	有，但不完善	26	35	23
	有，但没执行	13	10	7
标准供应商评审表格	有，但不完善	22	39	16
	有，但没执行	4	13	2

从调查结果不难看出，同民企私营企业、外企一样，国企大多都是“有，但不完善”，在“执行力”方面国企还是显示出比民企私营企业、外企差些。如供应商市场定位分析、供应商关系管理流程、优秀供应商数据库、优秀供应商年度评审计划方面，国企回答“有，但没执行”明显比民企私营企业和外企多些。这反映出国企中形式的东西多些、抓落实少些，如何提高执行力是国企的一个课题。提高执行力，需要提高采购人员的意愿和能力，涉及技能、激励机制、职业生涯等方方面面。当然，它不仅仅是采购部门的问题，也是个公司管理上的一项系统工程。

2. 重视供应商绩效评估结果的落实

供应商绩效管理是供应商管理水平的一个检验阶段，前期供应商管理得如何，在绩效上完全能够反映出来，因此各个企业都会设立绩效评估体系并定期开展评估，但是企业如何真正利用好评估的结果，帮助供应商进行改善，却是另一个需要解决的问题。据调查显示，在评估结果使用方面，外企明显好于国内企业，从表8可看出，国企、私营企业、外企依次为8.70%、7.55%、30.40%。结果重在使用，不使用的结果是无效的，国内企业在此方向需要有所提升。这些方面，各个企业的数据如表6所示。

表6　　**供应商绩效评估**　　单位:%

供应商绩效评估现状	国有企业	私营企业	外资企业
定量的评估供应商的质量、成本、交期等基本参数	26	51	18
建立了供应商评估体系与标准，并定期对供应商进行评估	65	42	51

续 表

供应商绩效评估现状	国有企业	私营企业	外资企业
能够利用评估结果推动供应商的绩效不断改善和提升；评估体系紧跟企业的战略发展、客户和市场要求	9	8	30

3. 国企付款情况并不乐观，弱于外企和私营企业

按合同及时付款是采购方重要的一个承诺，这关系到自身的信誉和供应商现金流平衡，关系到供应商健康的运营，继而关系到自身的持续供货和正常运营。但在中国市场上，不及时付款的现象普遍存在，这既有企业现金流管理的问题，也有是否重视合同守信用的问题。付款调查情况如表 7 所示。从表 7 中可以看出，国企在付款及时性方面，弱于外企、私营企业，这可能是审批流程、现金流、人为意识等原因造成的。但是，不及时付款在一定程度上会影响国企的信誉。这个结果表明，国企需要在付款及时性方面做出改进，否则，供应商积极性会降低，继而影响供货，影响合作关系，导致恶性循环，影响企业正常运营。

表 7　　付款调查情况　　单位:%

付款情况	状况	国有企业	私营企业	外资企业
付款准时性	晚三个月以内	55	35	23
	晚三个月以上	0	7	3
	准时	45	57	74
使用承兑汇票	使用承兑汇票	74	72	38
迟付天数	180 天	35	32	21
	30 天	12	15	27
	90 天	53	54	52

4. 企业持续关注供应商财务状况

供应商财务状况会影响供应商持续供货能力，尤其是对于长期供货的供应商，财务进行评估已经成为供应商评估的一个重要组成部分。定期考察供应商财务状况如表 8 所示。从表 8 中可以看出，针对供应商财务状况，国企与外企都给予了较多关注，都定期、不定期地对供应商财务状况进行了评估，私营企业对供应商财务状况关注度有待增强。虽然国企比较重视供应商财务状况，但之前的调研结果也表明国企对供应商回款不好会直接影响供应商财务状况，这点需要国企引起注意。重视供应商财务状况，只能说明在意识上明白重要性，不能及时付款给供应商，就不能保证供应商的财务状况良好。这要求企业做好现金流管理、优化付款

审批流程、使用多种融资模式改善企业财务状况。供应商是资源，要让供应商健康发展，只有获得供应商可持续的供货能力和供货的稳定性，自己才能稳定发展，因此，有很多企业甚至给供应商直接融资，或利用供应链金融模式，帮助供应商融资。

表 8　　定期考察供应商财务状况　　单位:%

定期考察供应商财务状况	国有企业	私营企业	外资企业
从不主动了解	4	30	8
进入供应商名单后就不再考察	26	17	26
不定期进行考察/交流	52	46	38
定期考察	13	6	26
其他	4	2%	2

5. 供应商数据库管理

供应商数据库管理，主要就是进入和退出机制，以及现有供应商的提升，如果不能根据评估结果进行奖惩，会影响对供应商的激励，影响供应商的提升速度和质量。从表 9 中看出，国企同外企一样，都有供应商准入和退出机制，并且都有定期现场审核，但在根据结果对供应商奖惩方面，国企稍显逊色，再次反映出国企的执行力问题。

表 9　　供应商数据库管理　　单位:%

<table>
<tr><th colspan="2">供应商数据库管理</th><th>国有企业</th><th>私营企业</th><th>外资企业</th></tr>
<tr><td rowspan="2">供应商准入机制</td><td>有，完整的体系</td><td>65</td><td>33</td><td>64</td></tr>
<tr><td>有，主要是技术/质量上的门槛</td><td>26</td><td>41</td><td>23</td></tr>
<tr><td rowspan="2">供应商退出机制</td><td>有，完整的体系</td><td>48</td><td>35</td><td>43</td></tr>
<tr><td>有，主要是技术/质量上的门槛</td><td>30</td><td>31</td><td>24</td></tr>
<tr><td>供应商现场考核</td><td>是</td><td>95</td><td>89</td><td>94</td></tr>
<tr><td>定期现场考核</td><td>是</td><td>62</td><td>44</td><td>67</td></tr>
<tr><td>考核后奖惩制度</td><td>有</td><td>38</td><td>49</td><td>52</td></tr>
</table>

6. 对供应商社会责任方面的要求

这个调研调查结果显示，在管理理念和社会责任方面，国内企业还有很大的提升空间，与外国先进企业还有很多差距。忽视绿色环保、忽视低碳，这些最终都会影响到可持续发展，影响生态，使青山不绿、碧水不清，可见这方面任重道远。对供应商社会责任方面的要求调查结果如表10所示。

表10　　对供应商社会责任方面的要求　　单位:%

对供应商社会责任等方面要求		国有企业	私营企业	外资企业
绿色环保要求	未来3~5年将会要求	19	29	22
	有要求	43	40	60
低碳及可追溯	未来3~5年将会要求	24	31	23
	有要求	29	29	50
社会责任	未来3~5年将会要求	38	31	20
	有要求	29	27	62
可持续发展	未来3~5年将会要求	35	28	23
	有要求	35	30	59

社会责任是指企业在赚取利润的同时，主动承担对环境、社会和利益相关者的责任。评估供应商的社会责任，促进供应商重视环保、重视可持续发展、重视企业的社会责任，是很多大型跨国公司通行的做法，如EHS、COC评审等。SA 8000社会责任标准是众多社会责任标准中的一个，是1997年公布的全球第一个有关企业道德规范的自愿性国际标准。

社会责任管理体系（Social Accountability 8000 , SA 8000）就是一种以保护劳动环境和条件、劳工权利等为主要内容的新兴的管理标准体系。20世纪90年代初，美国服装制造商Levi－Strauss在类似监狱一般的工作条件下使用年轻女工的事件被曝光。为了挽救其公众形象，该公司草拟了第一份公司社会责任守则（也称生产守则）。随后，耐克、沃尔玛、迪斯尼等大型跨国公司纷纷制定了自己的生产守则。欧洲、美国和澳大利亚也先后出现了一些关于"企业社会责任"的多边组织，特别是西方发达国家的一些非政府组织的参与，逐渐形成了企业社会责任运动，并随着经济全球化而逐渐波及全球，尤其是处于全球生产链环节上的发展中国家。1997年，总部设在美国的社会责任国际组织（SAI）发起并联合欧美部分跨国公司和其他一些国际组织，制定了SA 8000企业社会责任认证标准。它涉及童工、强迫劳动、健康与安全、歧视、惩戒性措施、工作时间、工资报酬、管理体系等内容。SA 8000成为全球第一个社会责任认证标准。

SA 8000是自愿性非强制性标准，因此很多跨国公司也使用自己的类似SA 8000的标准对供应商进行社会责任要求。近年来，越来越多的跨国公司在订单中加入社会责任条款，要求企业必须接受并通过社会责任审核才能进入电子订单系统，有些跨国公司明确提出，供应商必须通过社会责任标准认证才能获得订单。当然，社会责任审核也是发达国家对发展中国家贸易上的一种“蓝色壁垒”，通过对劳工环境等评估来削弱发展中国家的成本优势，所以社会责任标准是经济全球化背景下劳工标准之争的一种表现形式，对于发展中国家尤其是我国而言是一把双刃剑，从短期看是弊大于利，从长期看是利大于弊。

企业社会责任是政府、非政府组织、投资者和消费者对企业的要求，企业作为社会公民，应当承担这些社会责任。青山绿水是人们对美好生活的向往，社会文明进步是人们美好生活的希望，十八大明确提出要建成美丽中国、生态中国、文明中国，这进一步提出了对企业社会责任方面的要求。富士康跳楼事件、三鹿奶粉三聚氰胺事件、上海福喜麦当劳过期食品事件、江苏昆山中荣金属公司粉尘爆炸事件、全国持续不断的大面积雾霾、“老虎苍蝇”层出不穷的腐败案件，这些都使政府会对企业提出越来越严格的要求，使消费者越来越急迫地呼唤企业必须重视社会责任，使企业意识到抓社会责任的重要性。

美国供应商管理学会对供应管理者的社会责任做了描述，具体如表 11 所示。

表 11　　美国供应管理学会（ISM）对企业社会责任的表述和分类

分　类	描　述
环保意识	• 确保供应商采取环保行为 • 从供应商处采购材料都是环保的 • 尽量回收并重新使用零部件和材料 • 识别和寻找无危害的替代品
道德问题	• 不要制造虚假数据或文件借以从供应商处获利 • 不要夸大问题严重性以获得供应商妥协 • 不要把自己造成的错误推卸给供应商 • 不要把供应商机密数据告诉其他供应商
多元化	• 开发来自于少数民族所有公司和女性所有公司的供应源 • 增加多元化的供应商数量
人权及生活质量	• 确保供应商不与使用血汗劳动力的公司交易 • 确保供应商遵守《童工法》 • 要求供应商为其员工支付基本生活工资
安全隐患	• 确保供应商的工厂通过审计和安全操作检查 • 确保购进的零部件和材料安全移动
社区及慈善主义活动	• 帮助发展本地供应商 • 拍卖或捐赠从供应商处收到的礼物

7. 质量工具方面的常规工具使用较多，先进工具使用不够

工具的作用不用多讲，人人明白，好的先进的工具可以提高效率、保证效果。近些年，消费者对产品质量的要求不断提高，因此，企业在质量工具方面也不断创新，人们不断探寻是否有更先进、更有效的工具可以提高质量、保证质量，满足日益提高的消费者对产品质量的诉求。从表12 和表13 中可以看出各种质量工具的使用情况。供应商质量工具的运用如表12 所示。

表12　　供应商质量工具的运用　　单位：%

质量工具	国有企业	私营企业	外资企业
来料检验	86	87	84
不合格报告	57	70	68
QC 小组	57	45	37

先进质量工具的使用情况如表13 所示。

表13　　先进质量工具的使用情况　　单位：%

质量工具	国有企业	私营企业	外资企业
质量新 7 种工具	29	4	17
统计过程控制（SPC）	24	17	48
质量功能展开（QFD）	5	10	13
防错技术（POKAYOKE）	10	8	19
试验设计（DOE）	19	11	13
失效模式分析（FMEA）	33	19	44

调查结果显示，在国企里，质量工具使用前三位的是来料检验、不合格报告、QC 小组，这是些常规质量工具。从表13 中也不难看出，在失效模式分析、防错技术、质量功能展开、统计过程控制等先进质量工具使用方面，外企使用最多、频率较高，国企与外企还有较大差距。当然，质量工具也不一定是越新越好，任何一个工具的使用都需要持之以恒才能产生效果，但使用先进的质量工具也是一种理念、一种态度，而且有些先进工具，是当下非常流行的，也是实践证明行之有效的质量管理工具，国企应当加强这方面工具的使用。

三、成本控制方面

1. 国企使用招标较多，表现出国企在招标方面有较多的偏好

招标是一种有效的成本降低方法，因此被广泛使用，但也不能过度使用。因

为，只有市场竞争充分、购买量足够的物品才适合招标，并且也需要有专业的招标人员按照规范的招标流程操作，才能达到招标的效果。采购竞价工具的使用情况如表 14 所示。

表 14　　采购竞价工具的使用情况　　单位：%

采购竞价工具	国有企业	私营企业	外资企业
公开招标	48	25	21
邀请招标	86	54	68

从表 14 中可以看出，使用招标方面国企明显高于私营企业和外企，这也与国企非常强调合规性有很大关系。国企的投资人是国家，国家要求降低成本、避免腐败往往要求企业必须招标，也制定了《招投标法》和《政府采购法》，这些法律主要是约束国企、政府的采购行为。如《中华人民共和国招标投标法》第三条规定，“在中华人民共和国境内进行下列工程建设项目包括项目的勘察、设计、施工、监理以及与工程建设有关的重要设备、材料等的采购，必须进行招标，包括：

（1）大型基础设施、公用事业等关系社会公共利益、公众安全的项目；

（2）全部或者部分使用国有资金投资或者国家融资的项目；

（3）使用国际组织或者外国政府贷款、援助资金的项目。”

在这些法规的影响下，国企大量使用了招投标，但也存在滥用和使用不规范的问题。所谓滥用，是指不管是什么物品、不管供应商市场什么情况，一律采用招投标。由于招标流程长，因此采购效率会变低，另外由于有的物品供应市场有限，就那么几家，时间长了，总是那几家参加投标，供应商间很熟悉，串标不可避免，当然还有买方与供应商串通这种腐败现象产生。更为普遍的是还存在标后压价的行为，这种不规范的招标不仅让供应商叫苦不堪，还使得“业主”选择“意向供应商”，甚至“寻租”成为一种可能，导致招标没有达成效果，滋生了很多腐败。

2014 年 6 月 20 日，国家审计署办公厅公布了对中石油、华润、中国烟草等 11 家央企的 2012 年度财务收支审计结果，结果发现除 2 家公司外，其余 9 家公司均在采购过程中存在违规行为，涉及总金额超过 533 亿元，主要问题是未按规定进行公开招标、未经批准变更招标方式、采用公开性和竞争性不强的询价等非公开招标方式、对投标单位资质审查不严等。

招标投标机制是市场经济条件下资源配置的有效手段，招标投标活动在我国国民经济发展中发挥的作用十分重要。我国《招标投标法》及其实施条例以及相关法律法规，对招标投标活动的规定已较为完备，但真正执行起来出现很多问题。究其原因，主要是没有建立招标投标信息一体化体系，招标投标活动的实施和管理分散，有些连投标人的信用信息也没有在集团内得到统一应用。电子招投标是解决这个问题的一个有力手段。

2013 年 2 月 4 日，国家发展和改革委员会第 20 号令公布了《电子招标投标办法》（以下简称《办法》）。推行电子招标投标，是中央惩防体系规划、工程专项治理，以及《招标投标法实施条例》明确要求的一项重要任务，对于提高采购透明度、节约资源和交易成本、促进政府职能转变具有非常重要的意义，特别是在利用技术手段解决弄虚作假、暗箱操作、串通投标、限制排斥潜在投标人等招标投标领域突出问题方面，有着独特优势。

实践证明，它可以有效地消除信息壁垒、加快信息流动、保证信息统一、突破时间和空间限制。该《办法》分总则，电子招标投标交易平台，电子招标，电子投标，电子开标、评标和中标，信息共享与公共服务，监督管理，法律责任，附则共 9 章 66 条。该《办法》于 2013 年 5 月 1 日施行以来，一些央企和领先的招标代理机构已在着手推行电子招投标，少数已经建成平台，相信它们的示范作用很快就会显现出来。

当然，信息技术只是一个工具，指望它解决所有的问题也是不切实际的。

2. 降低成本的方法

降低采购成本是企业非常重要的一项工作，企业会采用各种手段方法降低采购成本。国企使用多种手段降低成本，使用较多的是招标、引入竞争供应商、研发介入等方法，国企对招标方面的独特偏好，使得国企在采购管理中必须要处理好如何保证招标效果，如何恰当使用招标，如何防范招标过程中的风险等问题。国企、外企都较多使用了集中采购，私营企业、外企更多使用了谈判。调查反映了企业降低采购成本手段使用的情况，具体如表 15 所示。

表 15　　采购降低成本的方法　　单位：%

序号	采购降低成本的方法	国有企业	私营企业	外资企业
1	引入竞争供应商	79	67	69
2	寻找替代物料	58	54	58
3	集中采购	50	39	46
4	研发等部门介入成本控制（担负成本责任）	46	32	28
5	招标	42	28	26
6	谈判	38	42	61

3. 成本数据库和明确的年度成本降低指标

成本数据库管理显然对控制成本有至关重要的作用，每个优秀的公司都会非常注意积累成本数据，建立成本数据库，为降低成本和公司管理提供基准和参考。成本数据库管理情况如表16所示。

表16　成本数据库管理　单位：%

成本数据库管理	国有企业	私营企业	外资企业
是否建立数据库	73	65	76
是否明确年度降本指标	73	77	87

4. 财务部门在采购审批中的角色

财务部门在采购审批中的角色这个问题上，国企明显不同于外企和私营企业。这与国企注重合规有关，国企有上级主管部门，这些主管部门也会定期对采购活动进行审计，国企是国有的，会受到法律法规的很多约束，比方《招投标法》、《政府采购法》，这些使得国企采购格外注重合规，财务部门在采购中参与较多。但财务部门如何参与存在改善空间，如果财务部门过度参与，可能不仅达不到效果，还延长了流程、影响了效率。这样的例子很多。有的公司，由于财务强势介入，过度参与，甚至“取代”了采购，进行价格谈判，这弱化了采购人员应当承担的职责，甚至由于多人参与，分散了责任，找不到可以真正对成本“负责”的人。财务部门重要的角色是提供标准价格或目标价格，使采购价格控制有目标，财务部门的另一个重要角色是完善流程进行审计，使采购有法可依、有法必依。财务部门在采购审批中的角色如表17所示。

表17　财务部门在采购审批中的角色　单位：%

财务部门角色	国有企业	私营企业	外资企业
参与采购价格谈判	26	22	7
参与采购价格审核	52	39	36
参与采购价格审计	65	35	33
参与制定并提供采购价格基准	22	22	27
以上都不参与	13	31	36

综上，可以看到，国企、外企、私营企业由于其所有制不同、成长环境不同、管理机制不同，在采购管理方面呈现出不同的特点，并且这些调查结果与日常大

家掌握的信息是一致的。

调查显示，国企在合规性、招标、财务参与方面高于私营企业和外企，在流程落实和执行力方面弱于私营企业外企；国企在一些常用管理工具使用方面与外企一样，使用高于私营企业，但在先进工具使用上还是落后于外企；国企在绿色、可持续发展、低碳、社会责任方面，已经表现出重视，但与外企仍有差距；国企在及时付款、现金流管理方面，比私营企业、外企都表现差些，强力需要改进。可见，国企有改进空间，当然，彼此也有可以相互学习之处。

国有企业招投标管理实践问题初探

刘协和

我国国有企业是国民经济的重要支柱。据财政部公布的统计数字显示，2013年全国国有企业资产总额达到104.1万亿元，其中，央企资产为35万亿元。国有企业在我国社会主义市场经济建立发展过程中发挥着重要的基础性作用，但同时也经历着全球范围市场经济优胜劣汰的洗礼。

进入20世纪90年代以来，国有企业面临的国内外环境变得极为复杂，市场竞争也日益激烈，为了生存进而在竞争中保持优势，企业必须在生产经营的起始环节就充分利用外部资源，全面提高竞争能力。于是，质优价廉地获取外部资源就成为企业供应链管理的基本任务。如何更快捷有效、低成本、高质量地获得资源，使企业在短时间内满足客户需要、提升竞争实力，一直是业内人士不断探索和追求的目标。分析国有企业招标采购的特点，新时期下所面临的主要问题、政策环境和行业现状，从既体现效率、兼顾公平，又实现权利制衡的角度出发，探索我国国有企业招标采购管理，对降低国有企业采购成本，提高国有资金的使用效率，提升自身实力，维护良好的市场竞争环境将具有重要的意义。

一、国企招标采购的发展历程

长期以来，国有企业采购一直以来比较“神秘”，似乎总罩着一层朦胧的面纱，这主要是因其曲折的历史所致。不同的历史阶段，采购所扮演的角色有所不同。计划经济时期，物资处于短缺状态下，采购人员需要“跑采购”，以提供生产后勤保障；改革开放后，在双轨制阶段，央企采购似乎“神通广大”，到了市场经济阶段，供大于求，采购似乎有“灰色地带”嫌疑。现实中的采购，确实是一个历史概念，最早来自市场体系，不同阶段采购的关注点和价值也不一样。初期阶段是为了获取产品，是一个为生产服务的部门，负责保障供应；接下来，随着企业作为市场经济主体地位的确立，采购发展成第三利润源，需要通过其开源节流、降本增效；后来，发展到战略采购，要求部门协同，追求全生命周期成本最低；未来的采购，将会是一个价值协同的概念，实现供应链的管理与优化。

国际知名的管理咨询公司麦肯锡和科尔尼均对采购战略管理模型做过深入分析。招标有助于降低交易成本，这是招标作为采购手段能够经久不衰的内涵。根据诺贝尔经济学奖得主科斯（Coase，R. H.）在1937年提出的交易成本理论，交易成本主要包括：①信息搜寻成本；②协商与决策成本；③签约成本；④监督成本；⑤执行成本；⑥转换成本，交易本身不创造价值，但规范的招标能与供应商协同减少非增值活动，有效降低信息搜寻成本、协商与决策成本、签约成本；高水平的招标项目还能降低监督成本、执行成本、转换成本，即更能降低无形交易成本。实践证明，推行招标采购是提升采购能力的重要抓手之一，已越来越被国有企业接受。在国家全面实施《招标投标法》和《政府采购法》的大背景下，招标采购已经成为国有企业采购的主要方式。十八大以来，为落实关于大幅提升信息化水平、推进信息网络技术广泛运用的要求，国家发展改革委会同国务院七个部门，按照中央惩防体系规划、工程专项治理工作，以及国务院关于做好《招标投标法实施条例》贯彻实施工作部署，在全面总结我国实践经验并借鉴国际规则的基础上，起草并发布了《电子招标投标办法》及其技术规范（国家发展改革委等八部门20号令），于2013年5月1日起施行。这给国企招标采购真正实现电子化开启了新的篇章。与传统招投标相比，电子化招标投标在提高采购透明度、节约资源和交易成本、利用技术手段解决弄虚作假、暗箱操作、串通投标、限制排斥潜在投标人等突出问题方面具有独特优势。招标采购电子化也是适应国家转变经济发展方式的形势要求，促进招标投标实现规范、透明、高效、低碳的有效途径。

国有企业招标采购，一方面需要科学理性面对采购理论发展与招投标行业现实实践，另一方面需要大力提升招标采购管理水平。推行阳光采购、电子化招投标，完善招标制度，兼顾效率与公平，这不仅是国有企业自身发展的需要，更是我国健全完善社会主义市场经济体制、发挥市场在资源配置中的基础性作用的制度前提。

二、转型升级中的国企招标采购的鲜明特点

对于国有企业来说，由于使用的是国有资金，所以其采购行为大都应通过招标方式进行。国企自引入招标方式以来，为国民经济和社会发展、推进重大项目建设发挥了不可或缺的重要作用，主要表现为：树立竞争意识、鼓励企业参与国际国内竞争、提高企业经济效益、推进体制改革乃至提升经济发展整体素质和质量等。

在中央加快转变经济发展方式重大决策的指导下，国企作为我国国民经济的骨干和脊梁，正处在从战略高度谋划和推进转型升级的过程中，亟待在转型升级中做出表率。采购虽然只是企业战略管理的一个重要方面，但由于其在供应链中的特殊地位和作用，对促进企业转型升级、调整和优化企业结构发挥着不可替代的作用。当前国企招标采购呈现出以下特点。

1. 央企和大型国企已基本形成较成熟的招标采购管理模式，并将其融入战略

采购体系

央企和大型国企的招标采购管理理念与国际上采购管理的成熟几乎是同步的。战略采购是在供应链环境下的一种新兴采购模式，主要是通过与关键承包商、供应商建立战略伙伴关系，将合作伙伴经营纳入企业自身战略经营范围，形成优势互补的联盟。如中石油、中石化、中海油、国家电网、中国移动等，都在同步发展战略采购，同步强化供应链管理理念和思想。以中石油为例，自2010年开始结合自身实际加强工程、物资、服务的统一招标管理，提出了“管办分开、分级分类管理、专业化实施”的工作思路和模式，从总部层面不断规范招标文本、招标流程、专家抽取、招标平台和管理规范等，取得了积极效果。2012年下半年以来，该公司在一级物资授权集中采购中强调最多的就是招标，并组织开展了“三集中”招标活动，即集中时间、集中地点、集中组织。这种招标由总部监管，由授权集中采购组长单位提出，由专业的招标机构严格按照《招标投标法实施条例》具体实施，实现了招标采购的规范化、专业化、集约化。另外，该公司对承包商、供应商、服务商实行准入制度，有一套完整的准入流程。

2. 积极探索先进的方法和手段

很多国企的招标采购方式正逐渐从传统走向现代，无论是集中采购、安全采购、绿色采购、ERP系统的应用，还是框架协议、电子招标、反向拍卖等手段的实施，都使得采购的科学性、有效性和创新性进一步提升。如今，电子商务方式已经非常活跃，央企已经全面发展起电子商务，将招投标纳入电子商务。其他各类国有企业也在招标采购活动中积极响应国家开展电子招投标的工作，带动全社会招标采购信息化建设。

3. 属于监督审计的重点

国企的招标采购环境复杂，采购管理参差不齐，属于监督审计的重点，这也是国企采购一个非常重要的特点。当前国企的某些体制机制尚在进一步健全完善之中，许多行业或专业缺乏有效竞争的环境和土壤，这个过程中时常会出现一系列招标的不规范问题，对国企开展的审计监督，有利于提高采购资金使用效益，防止国有资产流失。据了解，国家审计署与地方审计监察部门包括企业内部的内审和监察机构在例行审计、监察过程中，都把企业的招标采购作为重要的内容进行重点审计和监察，对于一些重大采购项目，还直接派员全程参与招投标活动，有效地堵塞了漏洞，防范采购风险，极大地提高了采购安全。

三、目前我国国有企业招标采购管理存在的主要问题

我国国有企业特别是大型央企采购管理制度经过多年的发展，取得了许多成绩，但是也还存在很多问题，如市场环境、体制机制、民主法治监督、企业自律管理等方面还有待进一步健全。

第一，一些国企，特别是央企的采购组织历史包袱重。目前，央企由于脱胎于传统计划经济供销体制格局，一个普遍的现象是采购人员臃肿，且人员及组织结构不合理，有些人员文化程度偏低，接受新生事物能力弱，主要还是具有依赖行政调拨、被动接收的习惯思维，并没有认识和发掘采购流通是“第三利润源泉”的意识。

第二，集中采购和战略采购工作开展进入深水区。集中采购、战略采购是采购管理的必然，虽然各家企业的发展模式和路径不尽相同，但随着工作的深入，遇到的难题都同样越来越多。从业务层面看，大多都面临着标准、编码、需求、技术等难题；从企业内部看，采购管理的体制机制是难点；跳开企业看，主要还是法律及机制不完善，企业采购受制多、干扰多，且深受“关系也是生产力”等观念影响，各种“关系采购”“人情采购”“明招暗定”等腐败问题时有发生，形势依然严峻。经济要发展、市场要解放，央企亟待通过集中采购、战略采购努力破解机制难题。

第三，缺乏相应的制衡机制。有些国企由于缺乏纵向与横向的分权制衡机制，企业的采购活动主要由采购管理部门操作，其他部门缺少发言权，不能客观、系统地反映供应商全面情况。采购活动中多数没有做到事前多部门参与、事中监督、事后控制，采购决策权力集中于少数领导手中，对领导决策权缺乏制衡机制。

由于招标采购领域有着巨大的经济利益，各利益主体通过不同方式介入其中进行博弈，使得原本单纯的经营活动变成一种权力寻租，也成为一处容易滋生、诱发腐败及不正之风的“雷区”。招投标成为国企高管落马的高发领域。据北京师范大学中国企业家犯罪预防研究中心课题组调研分析，在犯罪“落马”的国企高管中，涉及招标采购的就占18.8%，在犯罪原因中排名第二位。原本制度设计是建一道预防腐败的“防火墙”，反而成为企业家的“绊马索”。

第四，现代技术融入滞后，规范有效的管理制度缺失，电子招投标等由于各种因素推广落后于需要。由于缺乏全国统一的组织管理体系和统一的作业标准与作业流程，各地政府成立的招标采购中心在机构设置、人员编制、隶属关系上五花八门，管理规范和采购业务操作流程也是多种多样，造成政府采购市场的地区封锁和相互分割，阻碍全国统一的政府采购市场的形成和市场效率的实现。

此外，招标采购机构自身采购手段落后，采购效率不高。我国尚未就政府招标采购的信息化制定相关法律和技术标准，政府招标采购信息化步伐严重滞后于西方发达国家。政府招标采购中心的工作人员缺乏系统的业务培训，专业素养参差不齐，难以适应形势发展的需要。

以上问题的存在，是对招标采购制度的现实挑战。一方面，严格强调依法招标时，容易出现教条、僵化、本本主义、照搬照抄等行为或现象，知其然不知其所以然，所谓“一管就死”；另一方面，过分强调招标采购为业主服务，往往以程序烦琐、耽误生产或市场条件不具备为由，图省事图方便，抛掉了采购最根本的

“竞争”特征，以“议”代“竞”，随意性很强，又所谓“一放就乱”。

四、当前招标采购的政策和行业环境

1. 市场开放，机构整合

随着招标代理机构的资质逐步放开，从事招标代理业务的企业将失去资质审批的门槛保护。企业只要在营业执照的经营范围中登记招标代理业务、具备一定数量取得招标职业资格的从业人员，即可开展招标代理业务。行业的竞争将会更加激烈。据住房和城乡建设部2014年6月发布的统计公报，截至2013年年末，全国有5731个具有工程招标资质的代理机构。而国家发改委批准具有中央投资项目招标代理资质的招标代理机构也有700多个。其他行业主管部门也通过不同方式批准了数量可观的专业招标代理机构。代理机构高度同质化，且专业化程度不高，如此庞大的专业招标代理机构，构成了具有独特特点的专业招标代理模式。这种庞大的第三方专业代理机构在市场经济发达、竞争机制比较完善的西方国家是极为少见的，我们国内许多专业招标代理机构想要与国外同行交流都难觅对象。

2. 市场逐步规范，规则趋于统一

在实际工作中，一些地方政府、行政监督部门违反《行政许可法》和《招标投标法》及相关法规的规定，在其发布的规章和规范性文件中普遍将招标投标监督方式异化为审批；擅自在招标投标活动中增加审批环节、设置审批事项，或以形式上的备案行使实质性审批，招标投标交易场所越位揽权代为行使监督部门的职责，或扮演招标代理机构的角色。据中国招标投标协会统计，全国各部门、各地区发布的各类涉及招标投标采购的法规、文件、规章、办法近千件，相互之间又有许多冲突矛盾，不仅使招标采购代理机构和投标商常常感到无所适从，而且这些规定和做法也剥夺了招标采购当事人的自主决策权，干预招标投标活动的正常进行。

针对上述现象，从2012年5月国家发展改革委等三部委发布《〈招标投标法实施条例〉贯彻实施指导意见》，要求对涉及招标投标法规、规章，以及规范性文件进行一次全面清理，到2013年9月国务院发布《关于严格控制新设行政许可的通知》，再到国家发展改革委委托中国招标投标协会联合地方招标代理机构收集、分析各部门、各地方发布的规范性文件一系列举措，可以看出，中央就招标投标市场环境的规范发展已下大决心，法规清理后的成效也将逐步显现。

3. 电子招标投标发展势头强劲

随着社会的多元化发展与人们对网络虚拟服务的逐渐认同，电子招标采购正在逐渐取代传统模式的招标采购，电子化招标投标以信息技术和网络技术革新传统招标采购业务。从国内外的大量实践来看，与传统的纸质招标相比，电子招标投标并非排斥发挥人的作用，而是更好地发挥人的作用，它将招标投标活动中程序性工作用计算机来取代，将人的精力解放出来，投入到更高层次的专业型服务中去。我国自1999年在外经贸纺织品配额招标工作中采用“电子招标”的方式以来发展至今，虽然在实施电子招投标方面有着良好的外部环境和基础，但是，因为制度和管理的长期缺位，电子招投标工作基本上处于无序发展的阶段。2013年国家发改委出台《电子招标投标办法》，按照功能定位的不同，将电子招标投标系统区分为交易平台、公共服务平台和行政监督平台，还统一了技术标准和数据接口要求，为实现电子招标投标的互联互通提供了制度保障，对规范业务实施、推动行业发展起到积极的引导和促进作用。可以预见，电子招标投标将会使招投标的效率得到了质的跃升，更会使招投标活动的服务和管理发生了革命性的变化。

4. 公共资源交易场所的定位将逐步明确

为了解决招标采购中的问题，中央有关机构在一些地区推行建立公共资源交易平台制度，将招标采购活动统一纳入一个机构运行，取得了一些初步效果。但是，我们也应该看到，目前公共资源交易体系尚处初始阶段，一些理念制度还不甚明晰。个别地方上马的公共交易服务平台，就如一个大超市，简单地把工程建设、医药采购、土地矿业转让等依靠行政手段拼在一起，里边还是各干各的，隐含一些新的潜在问题。

按照《国务院办公厅关于实施〈国务院机构改革和职能转变方案〉任务分工的通知》（国办发〔2013〕22号）部署，由国家发展改革委会同财政部、国土资源部、环境保护部、住房城乡建设部、交通运输部、水利部、税务总局等有关部门，在2014年6月底前就整合建立统一规范的公共资源交易平台提出方案，由中央编办对方案统筹协调、提出意见。该通知结束了原由纪委监察系统为主推动整合工程建设项目招标投标、土地使用权和矿业权出让、国有产权交易、政府采购等平台的历史，为出台更科学、更有前瞻性的操作方案提供了组织安排。2013年国家发展改革委曾就此密集召集专题会议、多次调研和听取各方意见，近期将就工程建设项目招标投标交易平台建设重点听取意见，并形成方案。该方案将对招标投标的交易场所的定位和作用产生重大影响，进而对招标采购工作带来深远影响。

五、跨国企业采购管理的实践及经验

很多世界领先的跨国公司的采购效率和效益要优于国内企业，采购腐败行为也要少于国内企业。其经验总结起来，有几个方面。

1. 采购被认为是企业战略的重要组成部分

跨国公司认为采购直接关系到企业的利润、产品质量和服务能力，以及采购策略的制订，因此大多有本企业战略采购的思想，从关注单价到更多地关注总成本；供应商的数目由多到少甚至到单一；供应商的关系由短期交易到长期合作；

采购部门的角色由被动执行到主动参与。

2. 采购部门组织分工明确、相互制衡

跨国公司的采购部内部组织分工细致而且相互制约。通常根据采购物品种类的不同区分重要性，并且以此为依据确定采购成员的组成及流程规范的严格程度。为了防止腐败，在内部制度设计上把不相容的职责分开，负责批准采购申请的人，不得参与所批项目的具体采购，负责具体采购的人不得批准支付，即采购决策、采购实施、采购支付三分离。此外，成立跨部门的采购委员会，采购主管权限相互制约。

3. 供应商考核的定期化、定量化和常态化

对供应商进行确实可行的考核是保证采购绩效的必要途径。只有对供应商考核标准明确、指标细化量化，并且形成固化的制度规范才能为使考核落到实处从而发挥其效力。

4. 成熟的绩效考核制度

绩效考核不但是调动员工积极性的主要手段，而且是防止业务活动中非职业行为的重要手段。好的绩效考核可以实现采购人员主观上必须为公司的利益着想，客观上必须为公司的利益服务，没有为个人谋利的空间。跨国公司通过量化业务目标和等级评价对采购工作进行绩效考核。

六、对我国国有企业采购管理的有关建议

结合招标行业的发展现状和跨国企业的采购管理经验，落实与完善招标采购制度，需要从宏观层面和业务层面同时着手，为此提出如下建议。

（一）宏观层面招标采购制度的建立

1. 深入推广招标采购制度，保证竞争择优

随着央企现代企业制度的建立，旧有的采购模式被打破，央企采购的过程应该逐步公开化，抛开利益暗箱博弈或冲突，把采购回归到市场的大格局中来。初期看，必须按照我国《招标投标法》和《招标投标法实施条例》（简称《实施条例》）进行招标采购，长期看，必须更大程度、更广范围体现和维护竞争择优。

企业的竞争战略决定了企业的采购需求。哈佛大学商学院著名教授、被商业管理界公认为“竞争战略之父”的迈克尔·波特提出竞争战略理论，将竞争战略可分为总成本领先、标新立异、目标集聚三种。对于央企而言，要实现总成本领先，必须首先追求采购成本最优。

在党的第十八次代表大会上，李克强总理提出：“必须不失时机深化重要领域改革，坚决破除一切妨碍科学发展的思想观念和体制机制弊端，处理好政府和市场的关系，实施更加积极主动的开放战略，增强发展的动力与活力。”把这种要求

运用到央企采购中来，就是要通过开放市场，实现市场决策、科学决策、民主决策，要通过推行招标，发挥市场在资源配置中的基础性作用。

当前，唯有招标才有可能更好地体现公平竞争。作为央企和大型国企，要率先垂范、维护形象，要坚定不移地通过竞争的方式来选择厂家、选择合作伙伴，这既是企业自身业务发展的需要，是开源节流、降本增效的需要，也是体现社会责任和经济责任、维护公平公正市场秩序的需要。

2. 积极建立国企招标采购制约和监督机制

制度决定了人与人、人与事、事与事之间的关系，也限定了人们的选择范围。招标采购中出现的一系列不规范现象，从制度层面来看，都源于现行的招标制度没有形成应有的制约和监督关系。在中纪委第二次全体会议上，习近平总书记讲话时指出："要加强对权力运行的制约和监督，把权力关进制度的笼子里，形成不敢腐的惩戒机制、不能腐的防范机制、不易腐的保障机制。"招标采购不应成为权力，而应成为一种机制。采购如果回归到市场经济的本源，按照新一届政府所倡导的"该放给市场的一定要放给市场，该让社会解决的一定要让社会解决"，进入法治经济、竞争经济、信用经济的体系，按照一定的程序和规则实现优胜劣汰，就一定能够变权力为机制。只有这样的制度设计，才能体现出市场在资源配置中的基础性作用。要认识到专业化的采购为企业带来的战略意义，全面推行集中采购模式，克服在多级分散的传统管理模式下"保供应、轻效益"的取向，建立一套与企业其他制度相匹配的科学、完善的采购管理制度和一套严格规范的采购工作流程及内控管理体系，通过制衡的机制和流程来规范权力，将采购人职责按照不相容职责分离的原则进行分解和制衡，明确管理职责以及与风险管理、法律事务、监察、审计等职能部门对招标采购活动的管理职责分工，推进企业内部招标采购的标准化规范化，从而提高采购的效率、效益。

（二）大型国企要加强招标采购制度的建立与完善

央企的招标采购已发展了多年，很多企业都积累了丰富的实践经验。但随着宏观层面的逐步改善，国企招标制度的落实和完善必将进入一个新的阶段。在这个过程中，招标制度本身也需要在创新中发展、在创新中完善。下一步，关键就是要如何真正体现出竞争机制兼顾效率与公平的特点来。

1. 在招标采购程序上控制关键节点

要保证国有企业招标采购内部机制有效运行并能达到预期目标，其招标采购管理过程必须程序化、规范化。抓住前期市场调研、采购审批、评标专家抽取、开标、评标、定标等关键环节，以保证招投标活动在公开、公平、公正的市场环境中进行是至关重要的。

（1）采购前期市场调研。项目需求单位对采购项目的前期市场调研是实施招标采购的必要环节，也是关键环节，在很大程度上决定招标采购的结果。招标采购过程中的许多腐败事件都是在市场调研环节发生的。因此，对产品的市场调研要由项目需求单位的人员和纪检相关人员组成调研组，共同到实地考察，防止采购人与其中某家投标人勾结串通。调研结束后，调研组要认真撰写调研报告，报告要客观真实地反映被调研单位的实际情况，并作为此项目招标后续工作中重要而关键的依据。

（2）采购方式审批环节。项目单位在采购活动中，要依据市场调研情况，提出采购方式的申请，提请项目审批部门批准。对于达到公开招标金额的而不公开招标，项目单位如果认为所实施的项目不具备公开招标条件，必须对项目进行充分的论证，阐明原因，提供调研报告，并对推荐的供应商进行书面说明理由，报项目审批部门批准，而不能具有随意性。

（3）招标采购文件编制环节。投标人的资格、评标标准和方法、合同主要条款等各项实质性条件和要求都要在招标采购文件得以确定，因此编制招标文件对于整个招标投标过程的合法性和科学性，以及实现招标目的的可能性，具有基础性影响。招标文件的编制应当依照《招标投标法》和《政府采购法》的规定，符合国家相关法律法规，各项技术标准应符合国家强制性标准，不得含有倾向性或者排斥潜在投标人的内容，保证投标人的机会均等，体现公平性；评标标准要统一，体现公正性。

（4）开标评标环节。开标的最基本要求和特点是公开，保障所有投标人的知情权，维护各方的合法权益。开标要按照招标采购文件确定的时间、地点开标，对投标人逾时送达的投标文件要拒收；检查投标文件的密封情况；对投标文件的主要内容是否公开。评标是否合法、规范、公平、公正，对于整个招标结果具有决定性作用。评标委员会的组成是否符合经济、技术专家占评委会总人数的2/3以上等有关规定；评标专家是否按照招标采购文件规定的评标标准和办法进行评标，有无异常打分、发表倾向性意见的情况；评标委员会成员是否私下接触投标人并是否严格执行回避制度等情况；评标结束后有关材料的留存及销毁情况；评标委员会成员、招标采购工作人员和代理机构人员是否履职尽责等情况。

（5）定标及合同签订环节。招标的目的就是选定中标人，定标环节主要是在评标委员会推荐的中标候选人中按照规定确定，是否严格履行中标人公示环节，公示时间是否合理。合同签订可以说是整个招标投标过程的最后一个环节，是项目执行的一个法律依据。招投标双方要按照招标文件和中标人的投标文件的相关条款，在中标人确定后30日内签订书面合同，招投标双方不得私下订立背离合同实质性内容的其他协议。

2. 在技术手段上实现招标采购信息化和信息公开化

一是推进电子化招标采购。国企应当按照专业化和系统化管理特点，积极运用电子信息技术完成招投标全过程，制定和落实工作目标，实施计划和保障措施，提高招标投标的效率和透明度。二是推进招投标信息公开，发挥社会监督。国企和有关项目核准部门或招标投标行政监督部门应当根据招标投标法律法规规定内容、程序和时间要求，通过国家依法指定的媒介公布招标项目核准方案、招标公告、资格预审公告，中标候选人公示和中标结果，合同履行结果等信息。

3. 在能力上重视招标采购人员素质的提高

招标采购管理的专业化首先是采购人员的专业化，提升采购人员职业操守、提高采购人员专业能力势在必行。首先要不断加强采购人员廉洁从业教育，其次要积极推行招标职业资格制度，根据有关规定标准和实际需要制定具有招标职业资格人员的数量，以此提高职业素质，推进招标采购人员的专业化，最后要加强采购人员工作绩效的考核。

4. 建立行之有效的绩效考核制度

绩效考核是采购工作不断改进和完善的基础。处于不同阶段、不同特点的国企需要制定不同的采购绩效考核标准和考核制度。采购绩效考核标准不是一成不变的，而是动态的，需要随着组织的发展而发展。把实际绩效与绩效考核标准进行对比得到的各种数据对于采购组织调整、采购业务人员素质提升均会起到积极作用。

5. 畅通投诉举报渠道

国企要积极配合行政监督部门对有关招标采购投诉举报案件的处理，对在招标采购过程中发生的违法违纪线索，应及时转请有关行政监督部门和监察部门处理。

七、总结

招标采购内涵很广，很多问题值得探讨，尤其需要在实践中不断积累、总结和提炼，并结合理论不断充实、完善和提升。国企要完善并落实招标制度，必然受到各种环境和条件的制约，不可能一蹴而就。西方发达国家的公共采购制度经过二三百年的探索与实践，已将优胜劣汰法则内化为自觉行动，并在采购理念、方法和手段上不断创新发展，建立起了较为完善的体系，我们在借鉴其中的合理因素的同时，也要从企业实际出发，在宏观和业务两个层面，完善符合自身的招标采购制度，兼顾效率与公平，以实现招标采购管理水平的不断提升。

电子招投标：某电力集团物资采购的新探索

石新泓

在经济增长放缓的大环境下，企业从“重开源”转向“重节流”是一个自然的选择。中国物流与采购联合会的研究表明，企业采购总支出占销售收入的比例为55%，因此采购顺理成章成为“节流”行动当中最受人关注的一个领域。

如何通过管理、制度、技术等方面的不断创新，对采购管理进行优化，这始终是摆在某电力集团面前的一个重要课题。该集团一直非常重视物资采购管理的创新，多年来取得了一系列显著的成果，例如公司的“发电企业物资超市的创新构建”“电力物资网上商城的构建与实践”和“三级物资供应保障体系构建与实践”分别于2010年、2011年和2012年获得全国电力行业企业管理创新成果一等奖。

自国资委2012年开展央企管理提升活动以来，该集团积极对标国内外的先进企业，以深化三级物资供应保障体系为主线，不断强化物资集约经营，着力构建体现区域配送特色的、标准化的物资全委托代管模式和全委托集中采购模式，在华中、山东、东北、华北等区域全面推广实施，取得了良好的效果。

2013年年初，该集团决定再次在技术上投入更大的精力，启动了电子招投标系统平台建设，作为落实该集团针对物资物流产业的工作要求，继续提升物资集约化管理水平和降本增效的重要举措。2013年10月31日，企业电子招投标交易和管理平台按期顺利上线。平台的建成进一步促进了公开、公平、公正和诚实信用的招标投标秩序，为集团采购管理的持续提升进一步巩固了基础。

该电力集团下属有一个专业性的物资公司，物资公司承担着集团物资采购管理的重要职能。物资公司创办于2003年，目前经营范围涉及物资集采配送、招标服务、国际经贸、设备监理、联合储备、设备制造、电子商务等业务，连续两年入选“中国物流企业50强”。得益于集团的持续快速发展和物资经营管理的集中度的提升，物资公司的规模增长迅速，2010年营业收入仅为46.34亿元，而到2012年已经增至147.68亿元。

物资公司下设一专业招标代理机构——A招标有限公司（以下简称“A公司”）。A公司具备工程建设项目招标代理机构甲级、机电产品国际招标机构乙级和中央投资项目招标代理机构乙级等一系列专业资质，是中国招标投标协会“诚信创优”5A级先进单位。

一、开展制度创新，通过集采配送降低采购成本、提升整体效益

2003 年年初，随着电力体制改革的推进，各类投资主体纷纷转向电源建设领域，电力项目开工规模迅速增长，电厂所需设备短时间内大量集中，供需矛盾异常突出，成为影响工程建设进度的主要制约因素。例如，主蒸汽、再热热段、再热冷段和高压给水这四大管道主要依靠进口，同时管道和管件等设备的规格各不相同，过去的惯例是按单个项目招标采购，金额较小，制造厂家不愿接受。

针对这一情况，该集团进行了认真研究和分析，决定对 16 台 600 兆瓦机组的主汽和再热热段管道等进行打捆，通过招标进行采购，以期降低采购价格，同时保证同类型机组间的管道可以便利调剂。这样一来，该项目吸引了管理制造领域几乎所有企业，最终采购价格与同期类似项目相比，主汽和再热热段管道平均优惠幅度达到 35. 3%，管件平均优惠幅度达到 25%，充分展现了打捆招标和集中采购的规模优势，供应周期也顺利得到满足。随后，该集团组织了深入的研究，并且发文明确由物资公司开展四大管道、管件以及国产通用物资等 13 项物资的集中采购、打捆招标和配送工作，以制度化的方式对前述经验予以固化和推广。

为达到“物资资源配置最优、物资采购成本最低”的工作目标，物资公司针对集团设备物资高消耗、采购规模大、需求类型稳定、可预见性强等特点，于 2004 年开始对基建物资和生产物资进行集中采购。对这些通用物资实行的采购原则是“同等条件下价格优先”，以选取性价比最优的产品为最终目的，力求实现“公平、公正、科学、严谨”。

集团为了既发挥集中采购的规模优势，又保证生产一线的需求得到及时满足，逐步建立起三级物资供应保障体系：物资公司本部及在京专业公司为第一级，区域物资配送中心（公司）为第二级，基层电厂物资管理部门为第三级。区域物资配送中心（公司）负责开展区域物资集中采购、仓储、配送和区域物流体系建设，代表物资公司在区域行使物资管理职能，对物资供应保障发挥着十分重要的承上启下的枢纽和桥梁作用。目前，物资公司组建的区域配送中心（公司）覆盖了该集团旗下的南方、华中、华东、山东、川渝、西北、华北、东北、内蒙古和大渡河等区域的公司。

随着集中采购工作的不断深入和三级物资供应保障体系的建立，再加上程序严格、运作规范的物流配送，大幅提升了采购工作的专业化水平，保障了集团工程建设和生产经营的物资需求，物资公司的经营效益也在不断提升。通过集中招标采购，通用物资价格与单个项目采购相比平均降低约 15%，其中四大管道和进口物资降低约 20%；进口变送器采购价格平均降低 30%，汽机旁路平均降低 22%，柴油发电机平均降低 12%，各配送中心（公司）开展集采配送业务后，配

送价格较市场价格下降10%～30%不等，降本增效成效明显。

集团还将加快推进在基层电厂建立物资超市的工作，依托区域物资配送中心，采取赊销代储等方式，努力实现基层电厂通用性物资的“零库存”。所谓网上超市，指的是通过公开招标采购，实行供应商准入制度，与所有中标供应商签订代存代售协议书，物资先进货上架，待用料部门领用并使用合格后才与供应商结算付款。资金结算仅限于领用后的物资，并且分批定期进行，未结算的物资仍归供应商所有，可随时退换货。目前，该集团已运营电厂物资超市60余家，经营种类包括标准件、工机具、轴承、办公用品等20多类4000个品种。据不完全统计，2008—2013年，物资超市累计为企业减少流动资金占用21亿元。

二、规范招标程序，树立诚信品牌，有效降低工程造价

物资实行集中采购之后，单次交易的金额通常都比较大，因此只要具备招标条件的，基本都采用招标的方式进行。2009年9月，为进一步加强招标管理工作，该集团成立了招标中心，这对开展集中招标采购工作起到了极大的推动作用。自此，该集团通用物资的集中采购招标工作，由集团招标中心统一管理，由物资公司实施集中采购和配送。截至2013年年底，物资集中采购的范围从最初的13项扩展到70余项。

该集团的招标工作实施“四个统一”管理。一是统一计划，所有招标活动均纳入统一的招标计划，未列入计划项目一律不得招标；二是统一流程，明确统一的招标文件编审、公告发布、开标、评标、定标等管理流程；三是统一标准，所有的招标活动执行统一的招标文件范本；四是统一平台，所有招标项目原则上都委托给A公司。

面对电力行业基建项目减少、招标业务量萎缩的不利局面，物资公司不等不靠，迎难而上，在做好传统火电项目基础上，重点关注水电、风电、太阳能、核电、天然气等新能源项目建设，大力开拓民用建筑、运输、矿业等相关产业项目，确保招标代理业务覆盖面和市场份额不断扩大。经测算，集中打捆招标项目总体中标价格较概算下降约10%。

然而，集中采购难免受到基层单位明里暗里的排斥，这不完全是因为人们常说的“动了人家的奶酪”——我们必须承认，集中采购的确存在一些与生俱来的缺点。比方说，由于采购部门不靠近生产一线、采购人员对现场条件不太熟悉、审批的链条长，有时还为了刻意追求采购的集中度，在服务质量、采购周期和反应速度等方面，难免无法满足实际用户的需要。

针对这些先天不足，近年来物资公司认真落实集团招标三级管理制度，把下属的A公司作为服务窗口，不断规范招标管理和操作流程，充实服务人员队伍，加强专业技术培训，完善专家库建设，并且实行招标项目前期咨询、中期走访、

后期回访的全流程跟踪服务。公司还在各区域设立招标项目部，把服务延伸至建设一线，采取专人蹲点方式，在一线服务、协调和督促，通过真心实意的服务和优质优价的产品换取基层单位的信任和支持。

A公司先后完成包括集团在内的5个电力公司的主机、辅机等100多个大型建设项目的招标代理业务、工程结算咨询工作，业务范围涉及火电、风电、水电、煤化工、太阳能、煤矿、瓦斯发电等多个领域，基本实现了这些电力公司系统内业务的全覆盖。

三、搭建信息平台，加快优势融合，提高采购工作效率

该集团对信息技术在采购领域的应用也一直非常重视，近年来物资公司更是坚持“以现代物流业为核心，以电子商务和信息化建设为手段”的工作思路，促进优势业务融合，积极发展电子商务，大力推行阳光采购，全面推进电子招投标系统平台建设，取得了明显的成效。

早在2004年，为确保集团三级物资供应保障体系的有效运作，物资公司启动了对应的信息化建设工作。2005年开发完成物资管理信息系统，实现了从电厂生产（管理）项目登记、预算、统计、物资需求计划制订及审批、采购计划平库及审批、销售订单制订及审批、物资出入库、物资台账、物资超市管理、物资配送中心与电厂业务的交互、招投标信息发布等信息化管理。2006年7月，物资商务网开通，2011年升级为中国电力商务网，为集团下属的上百家电厂提供电子询价采购等业务。

2012年，物资公司按照集团“大力发展电子商务，力争所有物资采购必须通过电子平台实现”的总体要求，以立足集团、服务集团为目的，高起点统一规划电子招投标系统平台建设方案，积极创新管理模式，不断完善供应商和专家服务体系，全力推进招评标业务全过程网上进行。

2013年10月31日，全新的电子招投标系统如期正式上线运行。系统的建设从正式启动到上线运行仅仅用时6个半月，创造了国内企业建设全流程电子招投标系统的新纪录。依托这个新平台，物资公司把原来的招投标系统和电子采购系统当中的会员管理功能剥离出来，结合物资管理信息系统、财务信息系统、业务（合同）管控系统的供应商、电厂等用户信息，建立统一的会员管理系统，进一步规范招标程序，降低招标成本，可以更好地为电厂、供应商提供服务。

四、项目分析

（一）项目建设背景

2012年3月，国务院国资委在中央企业全面开展管理提升活动，采购管理是其中最重要的议题之一，并先后两次召开专题会议推进集中采购和电子采购。2013年5月1日，《电子招标投标办法》正式施行，国家开始大力推行电子招投标。该集团抢抓国家推进电子商务的有利时机，加快建设电子招投标平台，积极推进招标采购电子化、标准化、精细化、统一化管理。结合该办法，物资公司与国内领先的电子招投标软件供应商一起，加紧对电子招投标系统进行完善。

平台建设于2013年年初启动，经过选定技术框架、需求调研分析、系统设计开发、整体测试等阶段工作，于10月31日正式上线运行，实现了集团招投标业务由传统模式向全流程电子化管理的顺利转型。

（二）平台建设过程

2010年开始，物资公司对国内外电子招投标系统市场情况进行广泛调研，结合集团招标管理制度，对招标投标业务进行全面梳理，制定招标代理业务工作标准、管理标准和技术标准，为平台建设做了大量准备工作。在系统建设过程中，从人员队伍建设、需求管理、质量控制等方面加强软件过程方法论指导，制定严格的流程控制。在需求调研阶段，召集各相关业务单位反复沟通、讨论和论证，形成严谨的业务模型、规范的管理流程。系统开发完成后，于9月开始组织了长达一个多月的高强度用户测试，10月8日开始组织系统用户培训工作，建立完善的培训机制、形成规范的培训材料。同时，对电子招投标模式下的配套制度建设工作极为重视，共计完成6大类规章制度的梳理、编制，保障了系统上线后的正常运行和管理。

（三）系统平台功能与使用情况

在满足国家《电子招标投标办法》及附属《技术规范》要求的基础上，遵循集团招标管理规章制度及行政监督管理要求，搭建全流程电子招投标平台，实现了会员管理、招标方案、会议流量管理、投标邀请、网上发标、网上售标、网上投标、网上澄清、网上开标、网上评标、定标管理、保证金管理、专家库管理、费用管理、招标异常、行政监督、电子归档、网上支付及短信通知等核心业务模块，系统运行所必需的安全认证体系和开评审监控等硬件和软件环境。某电力集团电子招投标系统如图1所示。

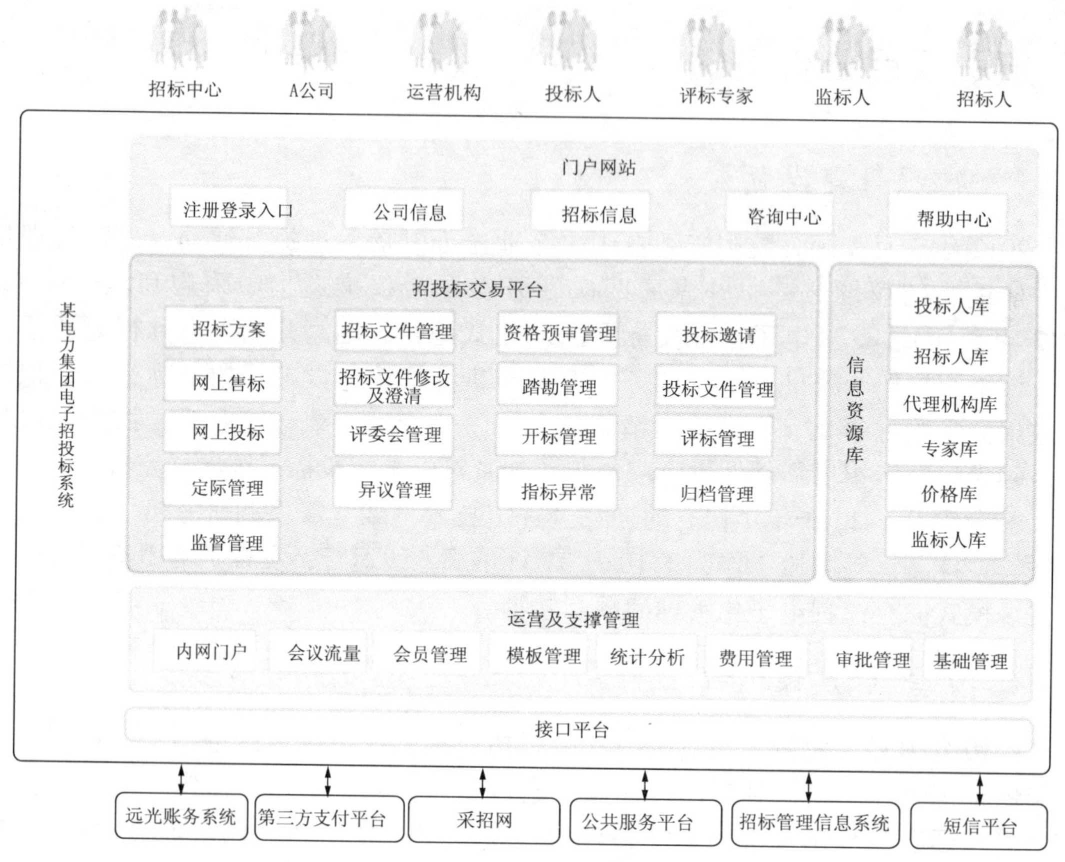

图1 某电力集团电子招投标系统

系统于2013年10月31日上线之后，11月26日圆满完成首批项目网上在线开标，各项功能达到实际应用要求。从2014年1月7日起，又先后有9批集中采购项目完成网上开标评标，其中有三批项目每次解密的投标文件超过100份，每批项目都在预设的45分钟内完成，这标志着该集团的招投标业务完全实现由传统模式向全流程电子化的转变。用优质高效的网络平台为投标人提供标书购买、网上投标、在线开标、在线澄清等自助服务，可以进一步提高投标效率、节约投标成本。电子招投标平台还能极大地提高招标公司的员工的工作效率，节省招标公司组织项目的直接成本，大幅提升招投标活动的透明度。

（四）与原有采购信息系统的关系

电子招投标系统与原采购信息系统都是该集团物资采购的平台。需要招标、询比价采购的物资在电子招投标系统中进行招投标采购和询比价采购，两个系统之间不存在数据交换的关系，只是共享集团的供应商信息库。电子招投标系统与集团招标管理信息系统之间具有接口，审批后的招标计划通过招标管理信息系统进行公开招投标，在电子招投标系统完成招标后的招标结果再反馈到招标管理信息系统中。

（五）电子招投标系统上线的意义

1. 电子招投标系统实现了招标投标业务全流程的电子化。一是招标文件编制可自动套用模板，大大减轻了工作量；二是网上远程即可参加开标，降低了投标的费用成本；三是系统可自动实现数据的提取、关键参数的比对，让评标工作更加容易；四是系统可如实记载并保存招标投标的各个环节，方便过程控制和资料查阅；五是系统支持资料的自动归档，效率大大提高，方便调阅。

2. 招投标业务流程程序化，减少人为因素的干扰。一是系统遵循严格的流程控制和前后逻辑控制，杜绝传统的流程不规范行为；二是系统具备完善的过程记录、结果记录，系统操作留痕并可追溯；三是管理部门可随时随地在系统内进行工作检查，实时监察与事后检查一键完成。

3. 作为基于《电子招标投标办法》建设的电子招投标系统平台，在业内具有重要的示范性意义。该集团电子招投标平台业务范围覆盖货物、工程、服务全部招标类型，技术框架具备良好的通用性、开放性和可扩展性，底层设计支持多家招标代理机构模式，可在满足该集团招标管理及行政监督基础上，立足服务市场，根据其他企业的招投标管理需求，进行业务流程的灵活配置、二次开发，即可实现快速适应、短期见效，具有广泛的推广价值。

五、着眼长远，开拓视野，依托电子招投标平台探寻发展新方向

电子招投标平台投运后提高了招投标各方的工作效率，加强了对招标全过程的监管力度，并将对物资公司的长远发展起到积极的作用，未来我们还可以开展大量的完善和优化工作。

该电力集团将继续紧扣《电子招标投标办法》及其技术规范的要求，继续推进电子招投标平台的建设，在业务范围上覆盖集团的全部招标类型，在进一步提升采购的集中度的同时，更好地服务于基层电厂的生产经营需要，并且结合集团供应商管理办法，搭建完善的供应商信息和关系管理平台，形成供应商数据库，更好地辅助招标采购管理。

在平台规模化运行的基础上，依托电子平台资源，积累和挖掘大数据，最终建立“工程与设备价格数据库”，逐步提升服务层次，开展采购支出分析，为集团的采购管理、投资决策提供依据，为招标人提供招投标领域的专业管理咨询、价格咨询工作，帮助招标人优化招标采购管理体系，由程序性服务向专业型服务、顾问式服务发展，成为客户的采购管理顾问和成本管理专家。

该电力集团将坚持把提高招投标业务运营水平和实现管理创新作为电子招标平台建设工作的出发点和落脚点，将平台建设成为行业内具有较高知名度和竞争力的专业门户，在立足服务国电内部业务的同时，以规范化管理、标准化服务、专业化经营的品牌形象进一步拓展外部市场。

迎接供应商质量管理提升的拐点

王为人

中国供应商已经成为世界各大公司的首选，世界500强企业几乎都在中国有采购办事处或者建立工厂。世界银行的数据显示，自2012年我国制造业增加值为20792.62亿美元，约占全球制造业的20%，与美国相当，成为世界制造大国；2013年规模以上工业增加值同比增长9.7%；2013年我国装备制造业产值规模突破20万亿元，是2008年的2.2倍，年均增长17.5%，占全球装备制造业的比重超过1/3，稳居世界首位。工业和信息化部的数据显示，我国多数装备产品产量位居世界第一位。2013年发电设备产量1.2亿千瓦，约占全球比重的60%；造船完工量4534万载重吨，占全球比重的41%；汽车产量2211.7万辆，占全球比重的25%；机床产量95.9万台，占全球比重的38%。然而，与世界先进水平相比，我国制造业“大而不强”，其中质量问题尤为突出，质量制约着“中国制造”的竞争力。根据中国物流与采购联合会的调查，在客户的质量投诉中，有些行业高达70%~90%的问题可以追溯到供应商的产品不合格。五个行业客户质量投诉中供应商问题占比如图1所示。供应商的质量管理已经成为采购的一个重要任务，越来越多的组织已经开始意识到供应商的质量管理对自身产品/服务质量的重要意义。

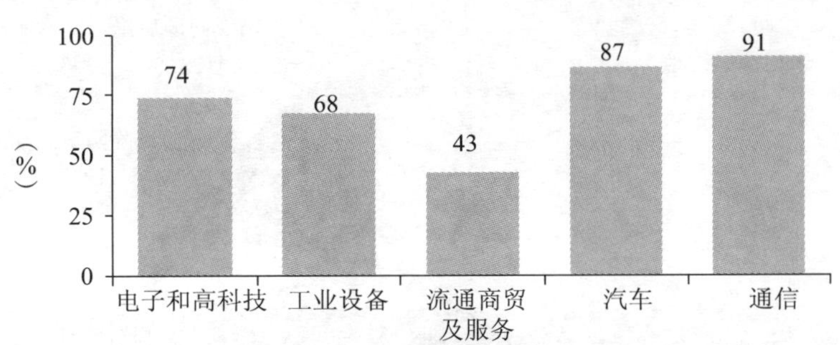

图1　五个行业客户质量投诉中供应商问题占比

2014年中国企业采购调查报告对供应商准入机制和淘汰机制、现场考核情况、供应商评估、供应商来料水平、重要二级供应商的质量要求、供应商质量改进中使用的主要质量工具、质量改进采用的管理方法等供应商质量管理相关的主要指标进行了调查。根据调查报告及其他一些相关的数据，形成了以下一些分析和发现。

一、供应商质量管理的组织和治理

如何构建供应商质量管理的治理形式和组织结构以确保对采购结果的影响是当今企业面临的一项挑战性任务，质量治理意味着设定方针、战略和整体质量目标。具体到供应商的质量管理活动中，表现为发现问题后的修复工具、风险防范活动、符合性活动、持续改进活动、供应商绩效管理以及来料质量检验。根据企业对各项活动的资源分配和重要性，调查结果如图 2 和图 3 所示。

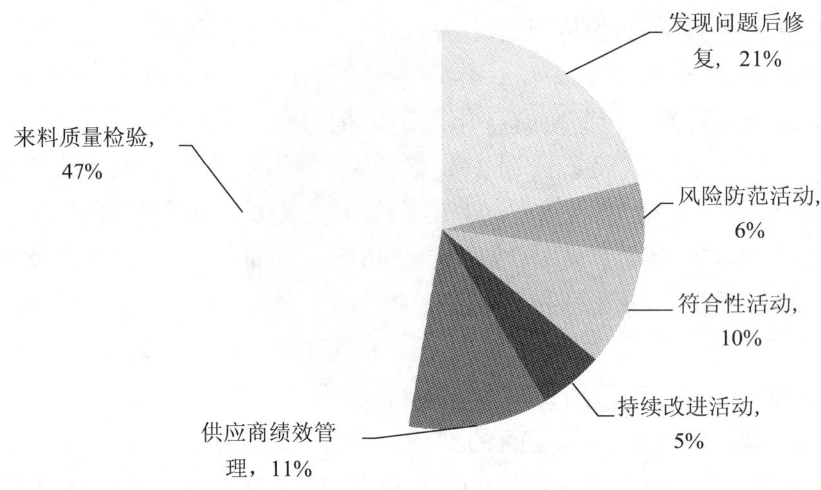

图 2　企业对供应商质量管理各项活动的资源分配

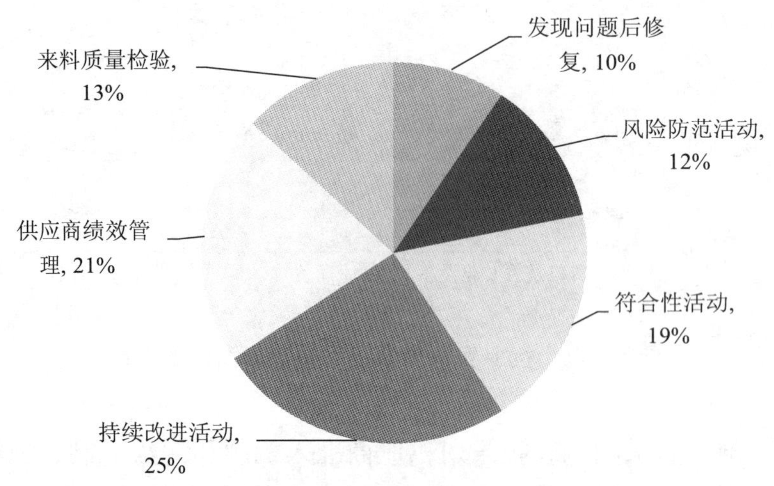

图 3　供应商质量管理各项活动的重要性

从图 2 和图 3 的差别可以看出，企业中采购人员对于供应商质量管理的认识和实际操作情况还是有很大的距离的。主要的原因是，在实际工作中面临的现实质量问题只能用来料检验和发现问题后的修复活动来抵御，虽然认识到持续改善和供应商绩效管理的重要性，但在资源分配上还没有足够的能力。

在供应商质量管理中组织形式也起到重要的作用，大型组织大都采用集中的质量部门，而小型组织则依赖于组织的最高管理者，或者将功能分散于各个职能部门，如表 1 所示。

表 1　　供应商的质量管理结构　　单位：%

	供应商企业规模			
质量管理模式	<3000 万	3000 万~10 亿	10 亿~50 亿	>50 亿
集中的质量部门	17	32	36	38
最高管理者负责	45	26	17	9
质量功能分散于各部门	38	42	47	53

而在供应商质量管理的职能归口上，有 13.3% 的被访组织中该职能属于质量部，27.5% 属于采购部门，而还有 8.4% 的被访组织建立独立供应商质量管理部门。许多采购组织及采购管理者都在探索，供应商质量管理的职能放在哪个部门更为合理，随之对优劣势有许多的讨论，但并没有给出答案。调查也表明，有 68.5% 的受访者指出供应商质量管理的职能是因为习惯或自然形成的。更值得注意的重要结论调查是，有 40.8% 的企业没有设立供应商质量管理这一职能。

二、供应商产品质量交付水平

控制来料产品质量是供应商质量管理的基本任务。中国物流与采购联合会组织的小批量样本调查显示，企业的产品来料合格率在 86.9%，略低于 2014 年国家质量监督检验检疫总局发布的《质检总局关于公布 2013 年国家监督抽查产品质量状况的公告》中的 88.9%，图 4 是公告中近 5 年的数据报告。报告还指出，占产业主导的大、中型生产企业产品质量基本稳定，小型生产企业数量多，产品抽样合格率相对较低。

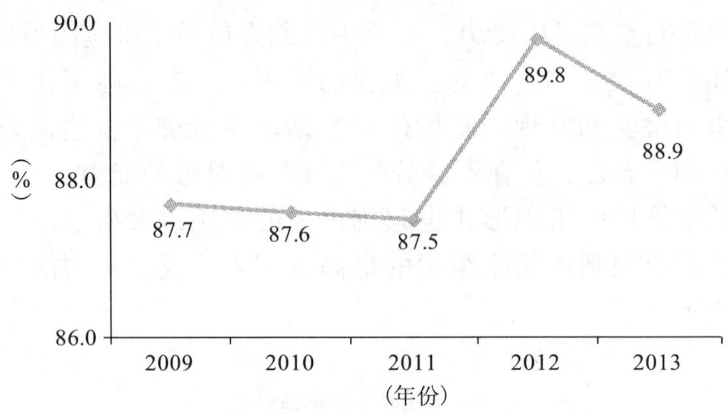

图4　近5年国家监督抽查产品抽样合格率

调查还表明，有23%的企业对供应商实行免检，而相对国际大公司基本免检的趋势，还有很大的差距。

一次交检合格率是衡量制造过程质量水平的重要指标。一次交检合格率低，就意味着过程存在大量的不合格和浪费，会给企业造成很大的损失。同样，如果供应商生产过程中的任何浪费，也都将转嫁到最终的客户，或者削减自己的利润。在2014年发布的《2013年工业企业质量管理现状调查报告》中，受调查装备制造企业报告一次交检合格率平均值为95.8%，其中通用设备企业平均一次交检合格率为96.4%。但在中国物流与采购联合会的调查中，有76.8%的采购组织没有对其供应商的一次交检合格率进行统计，在做统计的23.2%受访采购组织中，供应商的一次交检合格率平均值为82.6%，远远低于装备制造企业报告一次交检合格率平均值，说明在供应链的上游企业生产过程的质量控制水平低于处于主导地位的下游企业，供应商的质量控制水平低于主机厂，企业的采购人员对供应商过程质量控制还可加强。

质量损失反映了产品、零部件的质量水平，直接关系到顾客满意乃至企业的品牌和形象，也会对经营结果造成重要影响。《2013年工业企业质量管理现状调查报告》显示，仅有56.0%的企业对质量损失进行统计，质量损失占销售额的比率均值为1.15%，其中一半企业的质量损失大于0.6%。仅有53.9%的企业测量主导产品在保修期内的故障率，平均故障率为2.3%。一些成功实施质量成本的世界级著名大公司的统计表明，质量成本占销售额的比率达15%～30%，其中质量损失占销售额的比率为10%～15%，这个数值过小只表示这些企业还没有建立完整的质量成本的统计。在调查中更发现，在做质量损失统计的受访企业中，有91.7%的企业是因为TS 16949和国军标质量成本管理的要求，而主动统计质量成本的企业只占9.3%，这说明供应商的质量成本管理工作的驱动力几乎完全地来自认证及采购方的压力。采购组织对自身及供应商质量损失关注不够，主导产品在保修期内的故障率偏高，且没有对供应商的问题做出统计分析。对以上数据的总结是：我国近半数的供应商质量管理还比较粗放，没有从经营管理的高度认识质量问题，还未通过质量损失、保修期内故障率等分析指标驱动质量改进，提高企业的经济效益。中国工程院关于制造强国的研究表明，我国工业产品质量损失较大，2011 年直接损失达到 2111 亿，而这两年随着生产规模的递增，质量损失也呈现出上升的趋势。

三、供应商设备能力和水平

调查显示，99.2% 的企业的设备和装置能够满足产品质量要求，仅有 19.5% 的企业认为优良的装备创造了市场竞争力。而对设备的管理维护一般是出现问题时予以处理（66.1%），能够系统开展全面生产维护（TPM）的企业比例仅有 10.1%（见图 5）。这说明我国装备制造业的装备水平比较高，但是对于设备的管理还是事后管理，没有从预防和全寿命周期的角度开展设备保全活动，设备管理能力不足。但采购组织认为只有 64.2% 的供应商的设备和装置能够满足产品质量要求，认为仅有 13.3% 的供应商利用其优良的装备创造了市场竞争力，能够系统开展全面生产维护（TPM）的供应商比例仅有 8.4%。供应商的装备水平远远落后于采购组织，供应商的设备和设备管理能力还不能满足采购组织的要求，供应链上游的装备落后于下游的供应链核心企业水平。

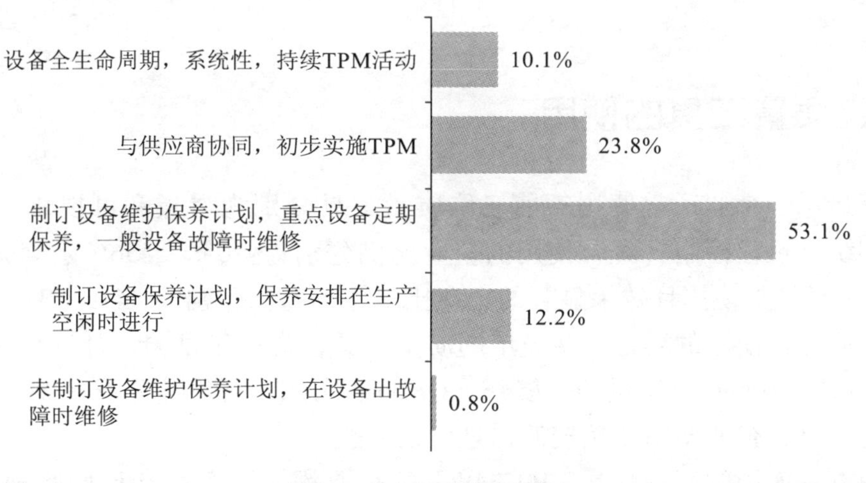

图 5　企业设备管理能力

调查显示，47.6% 的企业最重要的三个关键设备来自发达国家和地区的进口设备，即关键设备的国产化率为 52.4%，汽车制造业关键设备的国产化率最低。虽然整个装备制造业的关键零部件 71.1% 来自国内（包括在国内的合资、独资企业），专用设备和仪器仪表制造业 60% 的关键零部件需要进口。有 79% 受访的采购人员表示，在生产线关键岗位上，使用者不信任、不愿意采购国产设备，这说明供应商提供的关键产品和关键零部件的产品质量与发达国家还有明显的差距。

四、供应商质量管理流程

调查显示，96.9%的企业建立了供应商质量管理流程（见表2），随着企业的规模加大，流程更加完善，但另一项调查表明，在对供方提供的原材料或零部件的质量控制方面，能够根据市场及客户需求，主动且有计划地制定和实施供应商的质量预防和纠正措施的企业不足两成（18%），这说明我国大多数企业还没有将质量管理延伸到供方的生产环节，对采购产品质量控制的事前预防能力还比较欠缺，91.45%的企业对重要的二级供应商提出质量要求，但使用质量工具和方法进行供应商质量管理的只有58%。

表2　　企业供应商质量管理流程的状况　　单位：%

状况	<3000万	3000万~10亿	10亿~50亿	>50亿	总计
没有	25	4	3	0	4
有，但不完善	50	44	34	24	37
有，但没执行	6	6	1	3	4
有，较完善	19	47	61	73	56

五、质量工具的使用

调查显示，企业经常使用的前三位质量工具分别为看板和可视化、质量老7种工具和统计过程控制（经常使用的企业比例分别为：63%、56%、44%），如图6所示。工具经常使用且效果显著的企业比率并不高，分别为44%、31%和27%。大部分企业经常使用的还是一些简单的质量工具，类似于试验设计（DOE）、标杆比对（benchmarking）、质量功能展开（QFD）、韦尔布可靠性分析（Welbull）等比较复杂的工具，企业使用比例较低，且效果一般。

管理方法使用的调查显示，90%以上的企业均采用了方针目标管理和合理化建议，其中60%以上的企业认为实施效果很好，这表明大部分企业实施且有效的仍然是一些简单的管理方法。需要高层管理者支持和系统规划的管理方法，诸如六西格玛管理（推进并取得较好效果的企业为12%）、精益生产（推进并取得较好效果的企业为24%）等，由于其管理理念和方法的适用环境尚待完善，导致大部分企业推进过程止于表层而不能深入。这表明企业由于管理理念滞后于发展规模，或经验式管理根深蒂固，大部分还停留在使用简单的方法进行质量改进，没

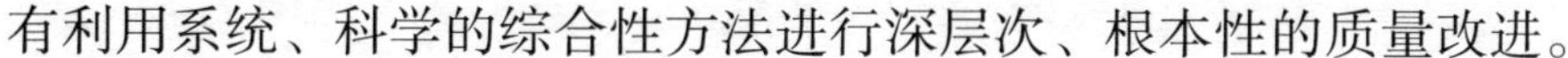

有利用系统、科学的综合性方法进行深层次、根本性的质量改进。

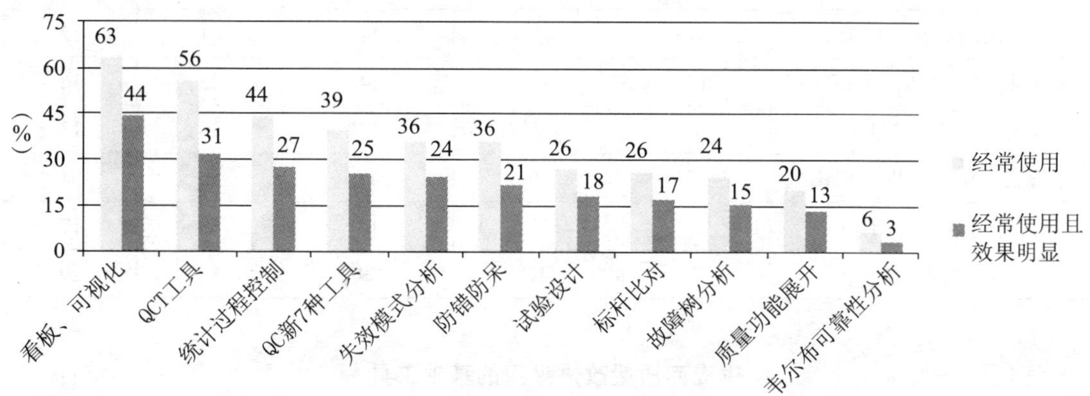

图6　企业质量工具的使用情况

而相对于企业本身，对供应商质量改进中使用最多的质量工具还是来料检验和不合格报告，值得注意的是，不同行业和企业规模并没有显现出太大的差异。这个调查给出的结论比上面的总结更加令人忧虑：企业对来料的质量控制还停留在把不合格品堵在家门口外，以及解决返工、返修的问题，而对先进成熟并有效的质量改进方法并没有实质性地在供应商的现场被推动。这也说明供应商的质量管理活动还有很大的空间可以提升。如表3、表4所示。

表3　供应商质量改进中使用的主要质量工具　　单位：%

企业规模	<3000万	3000万~10亿	10亿~50亿	>50亿	总计
来料检验	93	86	83	81	85
不合格报告	73	72	70	57	68
8D	27	41	44	49	43
现场辅导	33	48	50	47	48
QC小组	40	36	45	43	40
PDCA流程	13	30	41	46	35
质量老7种工具	7	17	14	19	16
质量新7种工具	0	14	21	20	16
统计过程控制（SPC）	27	31	40	59	40
标杆对比（Benchmarking）	7	20	26	36	25
看板、可视化（Kanban）	20	27	38	34	31

续　表

企业规模	<3000 万	3000 万 ~10 亿	10 亿 ~50 亿	>50 亿	总计
质量功能展开（QFD）	7	7	12	21	12
防错技术（POKAYOKE）	13	13	14	22	16
试验设计（DOE）	7	7	11	26	13
失效模式和影响分析（FMEA）	20	29	41	56	38
故障树分析（FTA）	7	12	15	30	17
可靠性分析	7	27	29	37	29

表 4　　供应商质量改进采用的基础工具　　单位:%

企业规模	3000 万 ~10 亿	10 亿 ~50 亿	>50 亿	总计
来料检验	24	35	26	27
不合格报告	21	26	16	20
8D	26	28	26	26
现场辅导	10	11	16	12
QC 小组	6	4	15	9
PDCA 流程	15	22	18	17
质量老 7 种工具	4	2	4	4
质量新 7 种工具	3	4	9	5
统计过程控制（SPC）	12	24	19	16
标杆对比（Benchmarking）	8	9	7	9
看板、可视化（Kanban）	7	7	9	7
质量功能展开（QFD）	2	2	2	2
防错技术（POKAYOKE）	4	4	4	5
试验设计（DOE）	1	7	0	3
失效模式和影响分析（FMEA）	10	22	29	18
故障树分析（FTA）	3	2	6	3
可靠性分析	4	7	4	5

在表5 和表6 中可以看出一个奇怪的现象，在供应商质量改进上，大的管理工具使用比例比具体的操作性工具高得多，这反映出的问题是：给供应商的概念性手段多，落实到具体使用操作少。另外，还有一个现象是对供应商现场管理及其有效的5S 活动在我们的调查中反映出推行的高，收效的低，这不能证明5S 没有效果，在日本和欧美大型企业中，5S 及现场管理的推行几乎都放在供应商的基础管

理的层面，是供应商管理推动的最多也是最行之有效的工具。这个结果反而说明了是我国的采购组织对 5S 推动的方法或措施不够得力，这个数据与常常听到企业对 5S 是表面文章的抱怨是吻合的。一方面，许多企业在追求世界最先进的管理技术；另一方面，基础质量工具被放在一边，弃之不用。

表 5　供应商质量改进采用的管理方法　单位:%

企业类型	电子和高科技	工业设备	流通商贸及服务	汽车	通信
六西格玛 /精益六西格玛	44	37	21	52	32
精益管理	65	63	47	69	45
流程再造	31	27	35	43	35
卓越绩效模式	20	13	21	19	16
方针目标管理	33	30	41	17	35
零缺陷管理	25	12	21	45	19
全员设备维护管理（TPM）	22	16	6	36	6
5S/6S	58	57	26	52	39
QC 小组	35	27	29	36	35
合理化建议	40	42	47	38	39

表 6　供应商质量管理方法实施的效果　单位:%

企业类型	电子和高科技	工业设备	流通商贸及服务	汽车	通信
六西格玛 /精益六西格玛	27	29	11	32	21
精益管理	39	43	32	38	38
流程再造	18	11	11	14	17
卓越绩效模式	2	4	4	3	8
方针目标管理	14	10	14	3	13
零缺陷管理	16	8	7	22	4
全员设备维护管理（TPM）	2	3	0	14	4
5S/6S	8	15	7	8	17
QC 小组	10	6	14	5	13
合理化建议	10	15	21	8	17

从图 7 中看出，在质量改进上，需要改变的是将领导层的管理工具细化落实到具体的质量工具上，这还有很长的路要走。

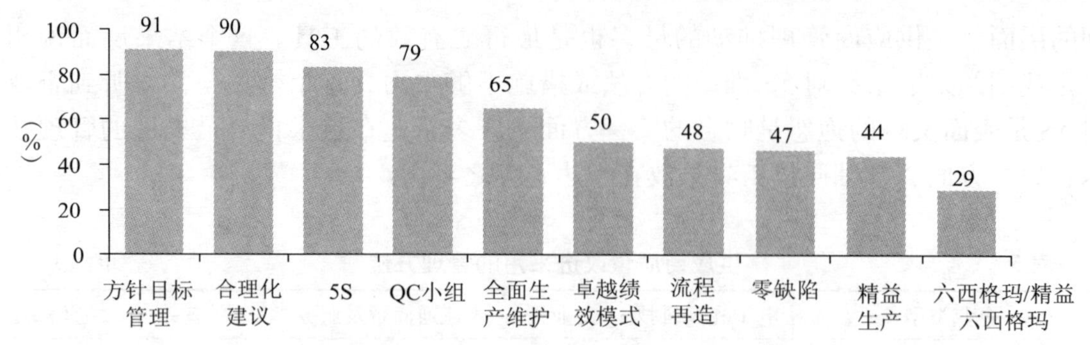

图7　在质量改进方面所采用的管理方法情况

目前美国制造业比较流行的、普遍的管理方法就是源于日本丰田的精益六西格玛管理。其特点是在六西格玛强调了解过程特征、规律或属性等基础之上，更注重精益部分，也就是基于对过程特征的了解，以更少的成本组织生产、库存，以减少不必要的环节，从而使收益或效益最大化。

将统计学方法、工具应用到工业领域并对生产质量工作产生影响，在美国是非常普遍的。类似SPC这样的优秀工具，其应用的总体目标就是通过对质量关键节点严格的控制，降低可能出现的质量波动或不稳定因素，而这才是提升质量的核心。在中国，应用正确方法工具进行质量管控的意识和行动仍需要进一步在整个供应链上各个环节推动，包括核心企业及供应商。

六、供应商质量教育培训

调查显示，85.0%的企业在职工质量培训方面有投入规划，并确定了预算，但50%的大中企业在教育培训方面的投入不到销售收入的0.25%。平均来说68.0%的企业员工参加过培训，但是50%的企业员工培训课时数不足12小时/人·年，半数中层以上干部的质量教育时间不足15小时/人·年。而39.2%的被调查企业认为员工素质是企业目前最需要加强的要素之一，这说明在员工质量教育培训方面投入不足是我国工业企业普遍存在的现象。装备制造业企业员工年培训小时数如图8所示。

调查显示，能够对培训进行适宜评价并改进做法的供应商比例仅为47.4%，供应商具备自有培训能力的比例仅为23.5%，能够针对不同企业性质开发学以致用的教材的企业比例为16.7%，能够建立网络化教育平台的企业比例仅为4.2%。一些在制造业应当普遍使用的质量管理方法在企业中应用且取得明显效果的比例很低，如统计过程控制（SPC）为23.6%，现场质量工具为19.7%。企业应加强在这两方面的培训。进一步的调查显示，供应商在教育培训方面存在顶层规划缺失、自有师资不足、培训方式传统落后、教材针对性不强等诸多问题。

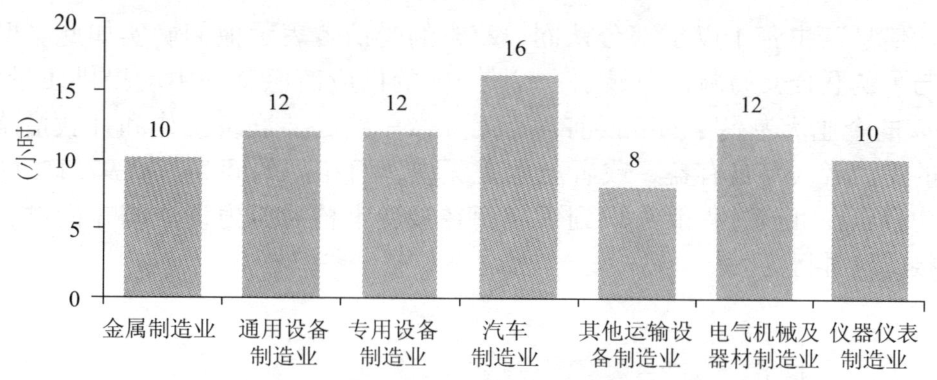

图8　装备制造业企业员工年培训小时数

在采购组织内部，对质量培训和教育的统计也给出了相近的结果。调查显示，能够对培训进行适宜评价并改进做法的企业比例仅为54.8%，企业具备自有培训能力的比例仅为28.1%，能够针对不同企业性质开发学以致用的教材的企业比例为35.9%，能够建立网络化教育平台的企业比例仅为9.0%。同样质量管理方法培训取得明显效果的比例也很低，如全面生产维护（TPM）为28.8%，失效模式和影响分析（FMEA）为21.8%。而采购组织对供应商质量管理的培训提出要求并进行考核的比例只占22.3%，对供应商实施培训的采购组织只有不到17%。

虽然政府和有关质量组织均建立了针对质量管理人员的职业资格考试注册制度，但是只有24.0%的供应商衔接建立了质量专业人员培养及资格认定制度，33.7%的供应商没有将质量专业人员的队伍建设扩展至研发、采购、服务等过程，供应商质量专业人才数量和能力均不能很好地满足顾客和公司战略发展的要求。特别是，采购组织中设立供应商质量管理工程师（SQE）或类似岗位的比例为23%。

七、建立质量文化

当前出现的一个明显的特征是，组织转变成为客户的真正合作伙伴。从质量的定义到质量过程的控制，再到质量测量，客户在各个环节都密切关联。

原则上，透明度是采购方与供应商沟通的关键，但实践中往往很难实现。大多数中国制造企业还停留在不出问题、别出事、求生存，以及能够通过国家检验标准审核就可以的阶段。另外，一些做质量或扮演质量角色的部门管理人员更多的是忙于隐藏那些“丑陋的事实”，藏起那些不太愿意曝光的数据与信息。“美国制造业目前已经发展到了更加开放、更加透明的阶段，生产过程中能够隐藏的东西越来越少，这是一个阶段性的转变过程。”在美国质量协会的一份名为《发现2013》的全球质量状态研究项目的报告中，对质量信息透明度的调查情况并不乐观（见图9）。在所有反馈中，41%的组织对“与客户分享有关产品和服务质量绩效方面的信息”主张予以了部分认同；27%的受访者表示他们确实如此。但在中国物流与采购联合会的调查中显示，只有3%的供应商愿意并主动提供质量信息，有87.9%的企业认为在客户审核前自己需要做一些必要准备工作和补救措施，有74.2%的受访者认为是有益，或者至少是无损，而相同的问卷，有97.1%的采购人员认为自己在审核过程能意识到供应商在接受审核时努力设法掩盖问题，并表示不能接受这种行为。

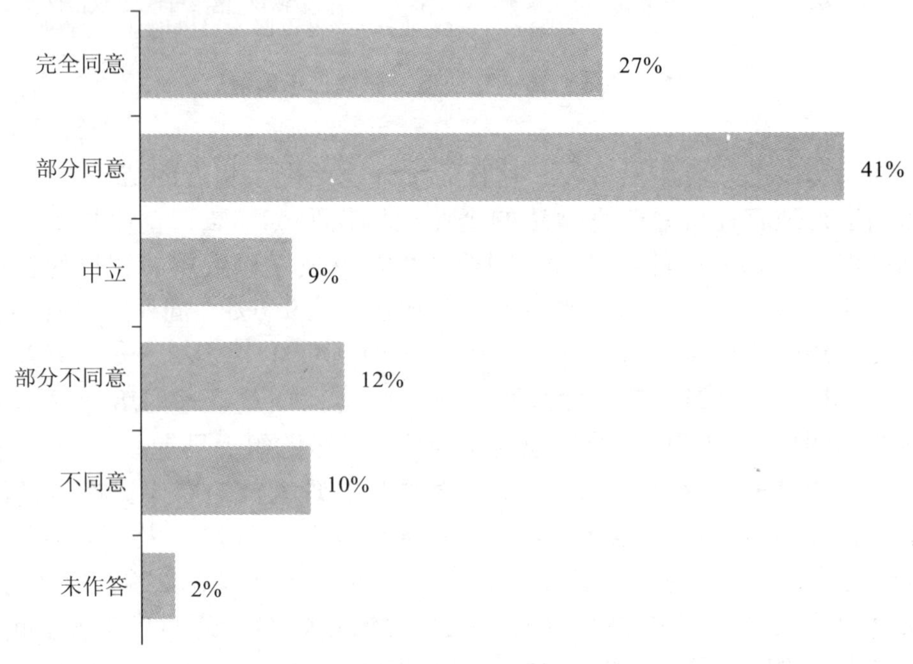

图9　质量信息透明度调查情况

注：由于数据四舍五入，百分比之和不等于100%。

质量文化的另一个问题是组织如何激励员工完成关键质量任务，《发现2013》的调查显示，55%的组织通过管理者的正式认可给予员工以激励。中国物流与采购联合会的调查显示，给予供应商的绩效优异者的激励措施放在前两位的是：成为优秀供应商和采购份额的增加（但大多数情况下，采购的份额被价格所左右，再有受到运输、最小和经济批量、供应商产能、折扣的诸多因素影响，份额的迁移并非易事）。第三种激励措施几乎找不出来。而对于供应商质量表现优异者，有14%的采购企业声称有激励措施，但并没有落实。

八、供应商给全社会的质量信心

中国供应商在价格、交货的速度方面有着非常大的优势，但就质量而言，目前西方国家（包括美国、欧洲在内）的客户在寻找高品质供应商时，第一时间想到的却不一定是中国。日本、德国，甚至韩国的供应商都比中国企业更有优势。到目前为止，中国制造给世界客户市场的印象，还不属于第一梯队的质量提供商，质量仍是中国供应商突围的一个比较大的门槛。但只有质量才是他们日后在市场站稳脚跟的基础，打造中国经济的升级版，只能从质量上去寻找突破口，而不是其他方面。

例如，阿斯顿·马丁在向美国国家公路交通安全管理局提交文件召回 1.7 万辆超跑，理由是负责塑造油门踏板杆的中国供应商使用东莞一家公司提供的假冒塑材，致使 2008—2014 年款的多数车型油门踏板杆可能断裂，从而增加撞车风险。发现问题之后，阿斯顿·马丁就将这家中国供应商推到台前，正是利用了人们对中国供应商水平的堪忧。中国零部件供应商本身来讲在消费者以及整车制造商眼中都被标上“质量低”的标签，很多购车族都在询问什么样的零件属于进口或者国产，反映出对于当下国产零部件的一种不信任的状态。作为对比，采购对供应商的来料满足度反而较高，但即使这么高的满意度，来料免检率却非常低，如表 7 所示。

表 7　　供应商来料水平　　单位:%

状况	电子和高科技	工业设备	流通商贸及服务	汽车	通信	总计
超过 80% 来料都能达到公司的要求	85	87	88	72	72	82
基本免检	15	6	6	26	22	13
完全不能达到公司的要求	0	0	0	2	0	0

提升质量，让更多的消费者认可和接受，这些方面都需要国产零部件供应商进行认真思索，低劣质量毁掉的不仅仅是自身及供应链下游的企业，更可能毁掉整个国产行业生存状态，奶粉行业、食品行业都是非常明显的例子。为什么现在很多人宁愿花更多的钱去海外购买奶粉却不愿意购买国产奶粉，事实上，当下的国产奶粉没有任何质量的问题，例如伊利、蒙牛和光明执行的进货检验标准远远高于欧洲一些国家，但是此前的质量问题，让消费者失去了最基本的信任感，这种状态让整个行业都举步维艰。

而麦当劳和肯德基供应商使用过期臭肉被查封的事件，又给供应商的质量以重重的一击，使还没有恢复信心的中国消费者又陷入了谷底，更重要的是，伤害的可能是消费者的健康。在调查的细节中，供应商的质量部经理表示：“使用过期原料是高层授意”；牛肉的保质期可以“请帮忙延长”，在这里质量管理的基本要素被践踏。无论麦当劳、肯德基、必胜客是否知道其供应商存在大量采用过期变质肉类原料的行为，这种伤害的责任和影响都不可能逃脱。

九、展望

供应商质量管理是产品质量最重要的保障因素之一，这一点已经得到了几乎所有组织的认同。从今年的整体调查结果可以看出：①对供应商的质量管理的认识已经上升到战略的高度；②质量组织的设计也已经有所完善，但实践中还没有完全脱离以来料检验为主的手段；③采购组织对一次交检合格率没有足够的重视，反映出企业还是仅仅关注于不接受不合格品，而将产品质量控制延伸到供应商现场的努力还是不够，对供应商过程控制的力度不足；④虽然采购中对成本的敏感性非常高，但对于质量成本管理的推动主动性并不高，供应商相信降低质量成本可以在保证不伤害质量的条件下削减成本，但真正实施质量成本管理并收到效果的企业并不多，大多数供应商没有挖掘出质量损失的根源，则更无从谈起质量成本控制；⑤在设备投入上，供应链下游企业的装备要明显高于上游供应商，TPM保养水平也优于供应商，这是供应商质量管理需要加强的一个环节之一；⑥在质量工具使用上，企业追求先进管理工具的引入，但对基础质量工具的现场效果则有待提升，同样体现在对供应商质量培训上的投入还有待提高；⑦在质量文化建设上将成为供应商质量提升的目标之一，在供应链上分享透明的质量信息，鼓励供应商进行质量改善，而不仅仅是“控制”质量，惩罚质量不良品。更重要的是，在整个供应链上，主导企业肩负着提升中国产品质量地位，为“中国制造”贴上“高质量”标签的神圣使命。

通过每年的采购调查报告，找出供应商质量管理的一些关键性指标，包括来料合格水平、过程控制能力、质量成本控制、装备及维护水平、质量管理工具的使用及供应商培训、供应商质量文化建设及社会的质量信心等，可以逐步描绘出中国供应商质量管理发展的轨迹。

中国过往30多年的经济发展堪称奇迹，但未来的发展中，只有质量的提升才是奇迹延续的动力，事实上，我国一些优秀的制造企业已经开始应用优秀的质量工具，并且取得了不俗的效果。多年后，全世界或许会惊奇地发现，其实中国供应商的质量拐点早已开始。

创造价值，躬行实践——供应链社会责任

王为人 牛津玲

随着中国经济社会的发展，承担社会责任（Social Responsibility，SR）成为全社会对中国企业的普遍期望。企业在追求经济利益的同时必须关注员工的利益，关注社会的利益，注意保护环境，节约能源，考虑可持续发展。宏观方面，能源危机、环境恶化、贫富分化和食品安全是全球社会所面临的重大挑战。中国作为迅速发展中的大国，在环境、能源、财富分配和食品安全方面，更是面临着许多亟待解决的棘手的问题。企业社会责任（Corporate Social Responsibility ，CSR）的范围早已经不再局限于某个企业，而是扩展到供应链中不同环节、不同地域的由各种节点企业组成的联动整体。而核心企业在供应链企业社会责任的遵守和履行中占据着突出而重要的地位，影响着供应链企业社会责任实施功效与成败。由于核心企业在供应链视角下企业社会责任管理中具有举足轻重的地位和作用，所以其必须担负起引导整个供应链成长和发展的责任。因此，面对这一背景，如要加强整个供应链企业社会责任，则要特别发挥核心企业的影响力，通过核心企业的龙头角色来带动供应链整体履行社会责任，使整个供应链的节点企业都履行相关企业社会责任，使供应链最终实现经济利益和社会效益的最佳平衡：一方面对企业自身的可持续发展负责，另一方面也对企业的利益相关者负责，特别是对最终消费者负责。

实现供应链中整体企业社会责任的方式主要是供应链的企业社会责任的一体化管理。但一方面严格的市场准入制度迫使下游企业必须遵守企业社会责任，否则难以跻身全球供应链；另一方面对于企业社会责任在供应链管理中的分配与传递，作为处在供应链下游的供应商则关注在如何能使其在社会责任方面拥有自己的议价能力，防止核心企业转嫁责任，损害自身利益。而供应链上的各企业在社会责任分配上也存在反向“长鞭效应”，供应链上游的问题可能通过链条在整个供应链特别是客户端发酵、放大。供应商通过实施企业社会责任，可以提高企业的竞争优势；供应链企业社会责任治理具有明显的商业目的和利益驱动，政府的强制行为选择将成为供应链企业社会责任履行的重要促进力量；供应商接受来自于供应链的企业社会责任治理可以提高本企业资源优势，为企业升级做铺垫。因此，作为供应链的核心企业，其视角也多是如何督促供应商遵守企业社会责任。

一、供应链企业社会责任沿革与宏观环境

简而言之，供应链企业的治理内容就是供应链中各企业都应当遵循具体的企业社会责任，核心企业在供应链的社会责任大致包括雇员甄别活动（主要防止童工和强迫用工等）、最低工资保障、工时限制以及对供应商的监督。当然，世界前500强跨国公司并不局限于较低层次的企业社会责任，早已开始向公众公布其企业社会责任报告并将其作为重要的战略组成部分。但是，对供应链企业整体的社会责任则缺乏系统而深入的研究。

随着世界经济一体化的步伐日益加快，供应链上各个企业在面临巨大机遇的同时，也面临越来越多的来自国内外的挑战。一方面，企业需要增强竞争力，另一方面，伴随着来自企业内外的压力，已逐步认识到企业社会责任的重要性。但我们要清醒的知道：社会对企业社会责任的认识是一个长期性的过程。数十年前，国外的发达国家，如日本的“水俣病事件”，英美的“光化学污染事件”“种族歧视事件”和“非法使用劳工事件”等，都给这些发达国家的相关行业带来了致命的打击。然而，随着企业自身和社会对企业社会责任的日益重视，发达国家的企业已经开始通过各种途径履行企业社会责任。但是，相关产品的消费者对企业却提出了更高更严的要求，为了增强竞争力，欧美等发达国家的企业从20世纪七八十年代开始了产品和服务的外包，这既能降低产品和服务成本，又能对本国企业社会责任要求进行一定程度的规避。面对这一情况，这些企业的利益相关者难以接受这样的社会责任转移，纷纷指责这类跨国公司“转移污染”，或者通过“血汗工厂”的代工赚取利润。因此，大型跨国企业不得不再一次对自身企业社会责任的履行进行了一系列的变革——即强烈要求其供应链的下游企业也履行一定的企业社会责任以满足各种利益相关者的需求。

随着我国经济的突飞猛进，我国的对外开放格局已经从过去单纯的“引进来”到现在“引进来，走出去”并重的局面。“引进来”的企业，大多数情况下也是处在供应链核心地位的龙头企业，对我国的相关合作伙伴提出了越来越多、越来越全面的企业社会责任要求。“走出去”的企业，毫无疑问，作为我国先进生产力的代表，一方面要不断提高国际竞争力，另一方面也要深刻认识到履行企业社会责任的必要性。

供应链的企业社会责任不仅需要得到有效的实施，同时，其实施结果也应当进行有效的分析与评估，其又可以大致分为两类：一类是企业对自身履行社会责任的评估，另一类是外部评估，其中，外部评价是重点；通过绩效评价，可以满足行业需要，也有利于社会监督，并通过建立的指标体系对多个供应链的厂商进行绩效分析。从利益相关者评估，企业社会责任影响评价，企业社会责任增值评价等多方面对企业社会责任绩效进行评价。

二、供应链社会责任的实践

随着政府、社会和消费者对企业社会责任的日益关切，企业对社会责任也越来越重视，许多企业将社会责任放到了企业战略的高度进行运作。而近年来，表现得最为突出的是年度性的企业社会责任报告的披露，公众的视角、媒体的报导都集中于各个企业的社会责任报告的形式、篇幅和内容，许多大公司也将社会责任的报告做了大张旗鼓的宣传，有的企业还将报告发布的日子设立为“企业社会责任日”。可以看出整个社会对此的重视程度。

2013 年到 2014 上半年，就企业社会责任报告的发布情况，报告数量平稳增长，越来越多的企业和组织加入到报告发布行列，来自民营企业的报告数量增幅较大。通过网络等渠道，共搜集到报告 2125 份，相比 2012 年，增幅为 14.1% 。据初步统计和测算，中国已经有至少 3000 家以上的企业和组织发布了社会责任报告。

2013—2014 年报告总体质量有所提高，具体体现在 10 页以下的报告数量及比重呈逐年下降趋势，30 页以上的报告数量及比重逐年增长，报告披露信息量增大。但报告可信性不见提高反而略有降低，统计中只有 17.1% 的报告披露了负面信息，报告可信性得分率只有 25.89% 。

报告集中发布的平台机制的巨大作用持续增强，政府部门、行业组织对报告发布的影响和带动作用日益增强。例如，中国工业经济联合会、中国纺织工业联合会、贵州省工业经济联合会、天津经济技术开发区环保局、上海市期货同业公会、广东房地产协会等已连续多年为企业和组织提供社会责任报告的发布和交流平台，且依托这些平台发布的报告数量呈逐年增长趋势。

报告实质性进一步增强，但关键绩效数据披露存在明显不足。报告普遍对出资人、员工、客户、社区、环境和政府等利益相关方的信息披露较多，但对供应商及供应链的社会责任执行情况的信息披露非常少。

在发布的企业社会责任报告中，有 53% 的报告里涉及供应商的内容，但主要描述企业在自身发展过程中，由于采购活动为社会上的供应商提供了多少就业岗位及产业发展的机会，而对整个供应链的社会责任几乎没有在报告中体现。例如，对销售渠道及销售上的社会责任努力及结果；对供应商生产过程、原材料供应的社会责任状况等，都没有在报告中体现出来。

社会责任的范畴并没有统一的定义，部分类型企业对社会责任确定了范畴，例如中国纺织企业社会责任管理体系由管理体系、劳动合同、童工、强迫与强制劳动、工作时间、薪酬与福利、工会组织与集体谈判权、歧视、骚扰与虐待，以及职业健康与安全十个要素构成核心要求。总结各方面，特别是企业发表的社会责任报告的内容，对社会责任的范畴，可以大致包括以下几个方面：

绿色环保、可持续发展、清洁生产、社区贡献、商业道德、道德和廉政建设、劳工保护、供应商多样性、公司治理、安全生产和职业健康、增长及发展、依法纳税、质量管理、慈善和扶贫、志愿服务、支持教育。

对于质量管理是否属于供应链社会责任存在的一定的争议，但无可置辩的是，为消费者提供健康、安全的产品，是制造商的基本义务，也反映了企业经营理念的道德底线。做“良心”产品应作为整个供应链上达成共识的价值观之一，特别在目前的环境下，我们支持将“提供安全健康的高质量产品”作为中国当下的供应链社会责任内容。

中国物流与采购联合会2014年对采购及供应链的社会责任的状况进行了调查，其中有36%的受访企业表示在采购活动或供应商选择、绩效评估中提出了社会责任的内容。从中得出，企业对自身的要求要多于对供应商的要求，而对供应商社会责任的要求多数限于环境保护、商业道德、安全生产和职业健康、道德和廉政建设、劳工保护及依法纳税。从集中地这几项要求看出，采购方对供应商的社会责任要求还停留在比较浅显的层级。据一项调查表明，有97%的组织和企业要求采购必须阳光和廉洁，有32.4%的组织和供应商签订了抵制贿赂的反腐声明和协议，但只有5.6%的组织对供应链的下游，也就是销售提出抵制行贿反腐的要求。从近年重大案件的披露，在采购活动中出现索贿受贿问题的大多数是组织的最高管理者。

关于社会责任的内容来自国内外主流的行业机构及大公司对于企业社会责任披露的报告的内容，作为社会责任，它不仅仅是对供应链的主导企业的要求，也是对整个供应链的要求。

从社会到企业对供应链社会责任的认知是共同的，供应链核心企业在供应链管理中始终发挥着主导作用。核心企业控制和协调供应链的整体运行，并对供应链的运作进行评估；同时，核心企业对供应链的战略选择也发挥着主导作用。核心企业的主导性为供应链企业社会责任的落实提供了支撑点，使得核心企业能够相对容易地在供应链中贯彻企业社会责任。在调查中的发现也支持这一观点，大企业对供应商社会责任的执行情况也证实了这一点。企业绿色采购和可持续性的执行情况如图1所示。

从绿色和可持续性发展的分解指标看，对采购及供应商提出要求的比例高，但形成量化指标的比例相对低一些，但有半数以上企业对供应商的社会责任提出了要求，已经是一个不小的数据（见图2），说明社会责任在企业的采购中已经得到了充分的重视。

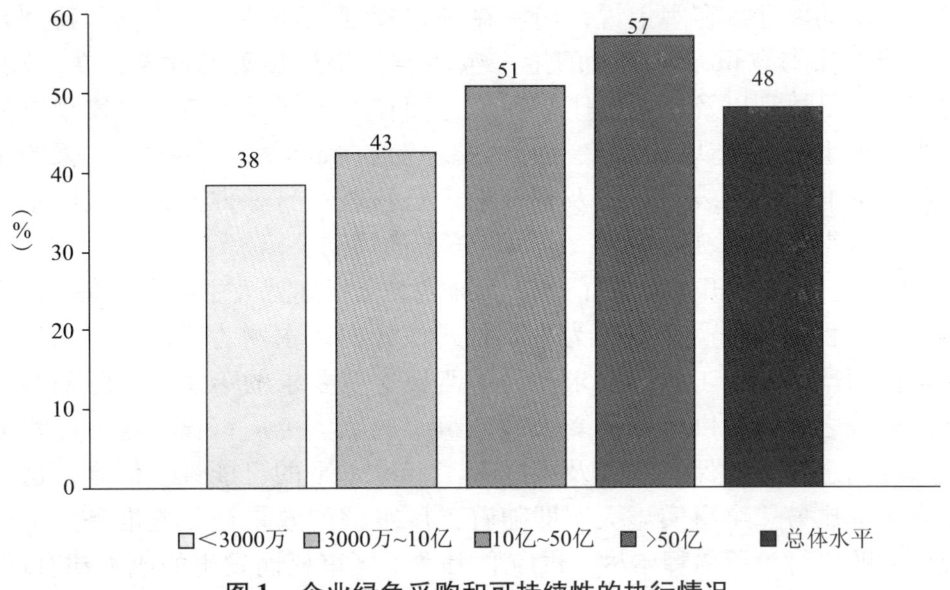

图 1　企业绿色采购和可持续性的执行情况

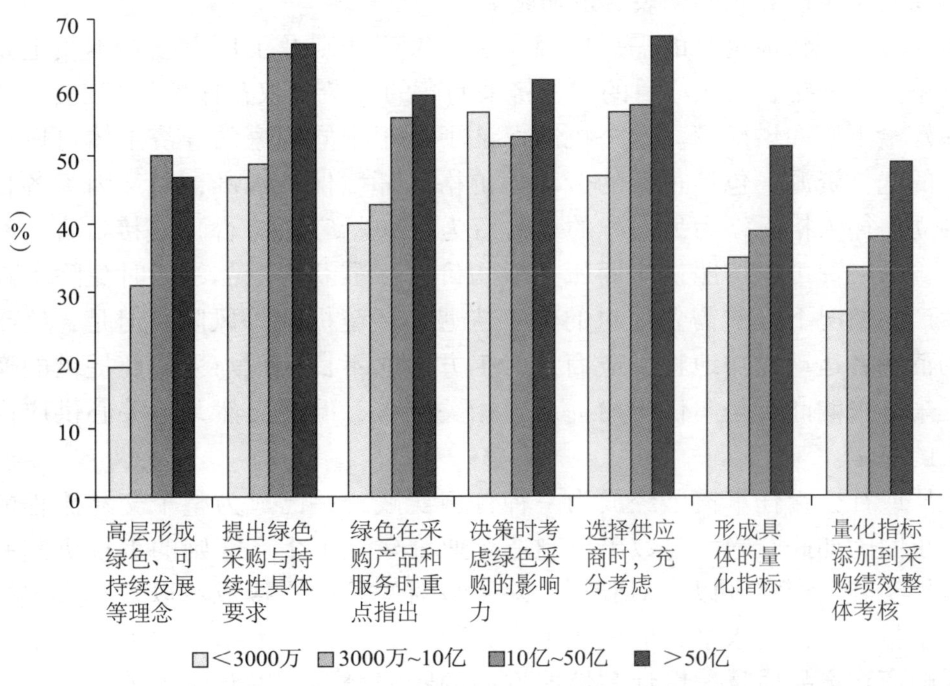

图 2　企业绿色采购和可持续性的分解指标

但从各大企业对供应商的社会责任考核和要求中能看得出来，对供应商的社会责任的要求主要体现在环保要求、各种认证要求、安全生产、劳工保护需求等方面，而各大企业又特别地对劳工保护非常重视，设立了这一项目的专项供应商验厂的标准和流程。

这一活动的展开，客观上说，确实在一定程度上促进了供应商，特别是一些小企业的劳工保护意识，使工人的生产生活条件得到显著的改善，在劳动合同、工作时间、薪酬福利以及职业健康与安全方面存在的严重不符合法律规定的情况大为减少。但也不可否认，相当一部分的验厂是在走形式。一方面，采购企业的审核员拿着标准的检查表对员工及其驻地进行检查；另一方面，员工则拿着事先准备好、并背得滚瓜烂熟的答案，应对审核员的拷问。

从20世纪90年代开始，除了质量、价格、交货期三大主要供货条件之外，国际采购商以“供应商生产守则”为主要方式正式向以中国为代表的产品供应企业提出了具体而严格的劳工状况要求。为了监控这些要求的落实，国际采购商在供货合同之外或之内要求供应商接受采购商组织的频繁工厂审核。这一过程无疑具有促进供应商遵守劳动保护法律及国际劳工标准水平的可能性。但是，这一可能性现在看来远比另一个事实虚无，即随着工厂审核的效果被预先准备、记录作假和审核中的贿赂行为所稀释殆尽，供应商因为工厂审核而发生的成本却有增无减，并使得很多供应商越来越无法珍视“人权”、“社会责任”等理念——而这似乎也与采购商实施生产守则的初衷背道而驰。

造成这一现状最重要的一点原因在于，生产守则及工厂审核在本质上是一种消极的单方面安排，其核心目的就是将采购商的“劳工权益保护”“社会责任”等风险转嫁给下游的供应商。这一机制保证了处于不同国家的经济主体可以充分利用各自的优势资源，包括很低的劳动力价格和环境保护水准，而又因为各自所具有的独立法律人格无须为另一方的经营行为（包括守法与否）直接负责。在这种情况下，采购商可以按照供应商所在地的价格标准获得产品，同时免除了在自行组织生产的情况下必然需要面对的劳工待遇、环境损耗等风险。但是，鉴于欧美国家的消费者运动成功地将供应商在劳工方面的不良表现与采购商提供的产品联系了起来，采购商于是向供应商提出了相关要求，但是显然并不关心供应商由此所产生的成本。

验厂或社会责任审核已经成为一种普遍实践，并已成为整个交易流程的必经部分。正因为如此，绝大多数出口制造企业都建立了生产守则的审核机制并安排专人监控实施生产守则以应对验厂。除了应对验厂的直接成本以外，这类措施可能改善了员工的福利水平，但也从多个方面实实在在地大幅增加了生产企业的成本。采购商在产品质量、设计和性能方面的频繁变动，以及对此类变动的短期通知同样使得采购商不得不压缩成本开支，包括员工福利的提升或进行超时加班。不难发现，多数采购商的产品加工定价标准中并没有供应商反应能力这一变量因素，另一个对于供应商能力更具有实质影响的因素则是供应链上利益分配的失衡。这样两个原因成为绝大多数供应商实施企业社会责任的最大障碍，而他们对于采购商发出的呼吁也正好是“提供稳定的订单”和“提高生产商的产品价格”。虽然绝大多数供应商都意识到了上述结论，且多数供应商对采购商也都有上述两种期望，但是多数供应商在与采购商的谈判中，却都未曾以社会责任的投入为理由提出过这些要求。很多原因都可以部分地解释这一现象，例如行业内的激烈竞争、谈判意识和能力的缺乏甚至于面对“道德落差”而产生的信心匮乏等。验厂所能发挥的正面作用正在持续消退，且随着供应商社会责任绩效的不断提高，生产守则的标准要求及验厂实践的必要性也正受到越来越广泛的质疑。

就企业是否应该承担社会责任也受到来自各方面的不同声音：首先一些经济学家的反对声音是在自由企业制度中，企业管理者必须对股东负责，做到股东利益最大化，把投资人的钱花到公众利益上，实际上是未经股东的许可情况下花钱，同样，企业从事社会行为而花费的成本是通过提高产品价格而转嫁到消费者身上的，管理者是在花消费者的钱；其次有的观点认为企业社会责任这一概念是将社会和政府的责任转移到企业身上。实践中，在供应链的调查中更是发现，76.5%的供应商是因为下游客户的要求才被动推动社会责任。

三、供应链企业社会责任相关标准的推行

社会责任的国际性标准中最重要的文件是全球契约（Global Compact），它是为承诺依据在人权、劳工、环境和反腐败方面普遍接受的十项原则进行运作的各企业提供的一个框架。作为已有100多个国家数以千家企业参加的世界上最大的全球企业公民行动倡议，全球契约的首要关切就是展示和建立企业及市场的社会正当性。

企业社会责任发展的一个趋势是国际上的标准和规范越来越多，供应链上核心企业对供应商的认证要求也随之加强，国际标准化组织还制定了ISO 26000《社会责任指南》来规范企业行为，对企业在社会责任方面进行约束，这是社会责任的最重要的一项国际标准。ISO 26000将企业社会责任（CSR）概念推广到任何形式组织的社会责任（SR），在全球统一了社会责任的定义，明确了社会责任的原则，确定了社会责任的核心主题，并描述了以可持续发展为目标，将社会责任融入组织、战略和日常活动的方法，概括了社会责任的基本特征和基本实践，表达了社会责任最佳实践和发展趋势，是国际利益相关方代表对社会责任发展达成的基本共识，并最终取得了具有发展潜力的成果。标准的核心部分覆盖了社会责任内容的七个核心主题，包括：组织管理、人权、劳工、环境、公平经营、消费者权益保护、社区参与社会发展。对供应链来讲，有了ISO 26000，也就有了新的工具去处理供应链的社会责任问题。在整个全球化的市场上，在不同的国家、不同的地域、不同形式组织之间，对社会责任的原则、对社会责任的主题、活动领域，有一个基本共识和平台，这无疑会向价值链的利益相关方提供新的机会推进合作，有助于为可持续发展做出贡献。但调查显示，只有7.2%的受访者对ISO 26000有所了解，ISO 26000这一最重要的社会责任国际标准亟待推广。

作为企业社会责任报告（CSR）的内容格式和报告指南，全球报告倡议组织

（Global Reporting Initiative，GRI）于2013年5月22日发布了最新的GRI G4《可持续发展报告指南》，以促进所有公司和组织报告重要的可持续信息，并提高可持续报告的相关性和质量。特别是GRI G4增加了新的报告内容：通用披露中的治理，道德和诚信；具体披露中的供应链，反腐败，温室气体排放，管理方法，其中供应链的部分具体到供应商劳工状况的审核，供应商人权状况的审核，供应商社会影响的审核。报告将对供应链社会责任的发展有着推动作用，特别是将供应商社会责任状况的审核作为标准的披露内容，有助于企业将供应链纳入到自己的社会责任中。中国社会科学院《中国企业社会责任报告编写指南（CASS－CSR2.0）》给中国的企业社会责任报告的格式和内容作了类似的标准。

"CSC9000T中国纺织企业社会责任管理体系"是中国的第一个、目前也是唯一一个标准化的行业社会责任管理体系。它正是在上述两个方面推进中国的社会责任建设：中国纺织服装企业主动的自我能力完善和国际供应链上公正的、协作性的社会责任联动机制的建立。中国纺织企业社会责任管理体系总则及细则由管理体系、劳动合同、童工、强迫与强制劳动、工作时间、薪酬与福利、工会组织与集体谈判权、歧视、骚扰与虐待以及职业健康与安全等十个要素构成核心要求。

由美国绿色建筑协会建立并推行的《绿色建筑评估体系》（Leadership in Energy & Environmental Design Building Rating System，国际上简称LEED），是目前在世界各国的各类建筑环保评估、绿色建筑评估以及建筑可持续性评估标准中被认为是一个有影响力的评估标准。在中国有近300个项目申请LEED认证并注册，但在对自身及供应商厂房的LEED认证还没有看到报告。

国际范围内，各个行业也发布了许多相关的标准，例如，《电子行业行为准则》（Electronic Industry Code of Conduct，EICC）列出了各种标准，以确保廉洁经营、工作环境安全、工人受到尊重并富有尊严，以及生产流程对环境负责。它涉及电子行业的供应链，包括原始设备制造商（OEM）、电子制造服务（EMS）公司和原始设计制造商（ODM），以及为生产电子产品提供设计、销售、制造和/或商品和服务的订约劳工。跨国间也有一些标准，例如，《经济合作与发展组织跨国企业准则》强调跨国企业及其供货商及分包商以实现可持续发展为目的，对经济、环境和社会发展做出贡献，尊重人权，开展的符合合理商业惯例的企业活动，遵守环境、健康、安全、劳动力、税收、财政的法规或制度，坚持良好的公司管治。

从调查结果来分析，企业执行最多的还是目前比较普遍使用的ISO 14000环境管理体系标准、OHSAS 18000职业健康安全管理体系标准、RoHS欧盟强制性标准这三个标准（见图3），原因是在供应链上大部分核心企业对上游供应商提出了类似基本要求。其他一些要求主要来自欧盟的政府要求及行业的非强制性规范。特别执行欧盟要求的企业，主要针对的是出口到欧盟国家的产品。

另一个标准《产品碳足迹》虽然在国际上应用非常广泛，但在这次的调查中，只有电子和高科技行业中有11.86%的企业采用该标准，其他几个行业都为零。

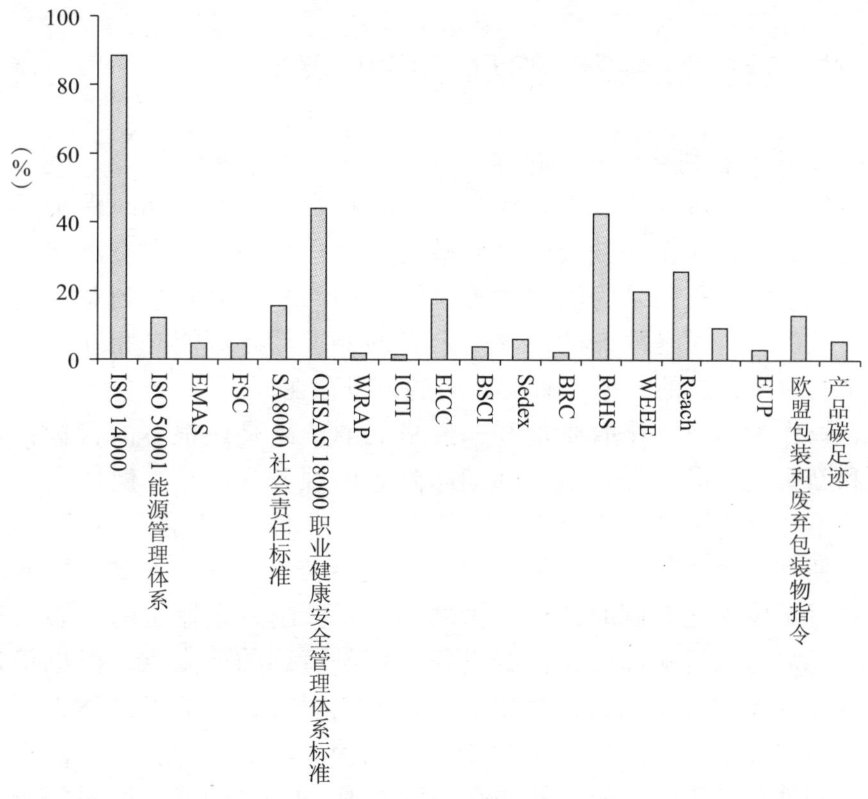

图 3　各项标准在供应链的推动情况

对社会责任标准的推动最重要的一个原因是成本考虑，有 39.05% 的受访者表示推动社会责任使得企业成本增加，有 41.90% 反映是有些增加；另一个原因是，消费者绿色认知与需求不够，但缺乏供应商的理解与配合的比例并不高，说明供应链核心企业在社会责任的主导地位是不容忽视的（见图 4）。

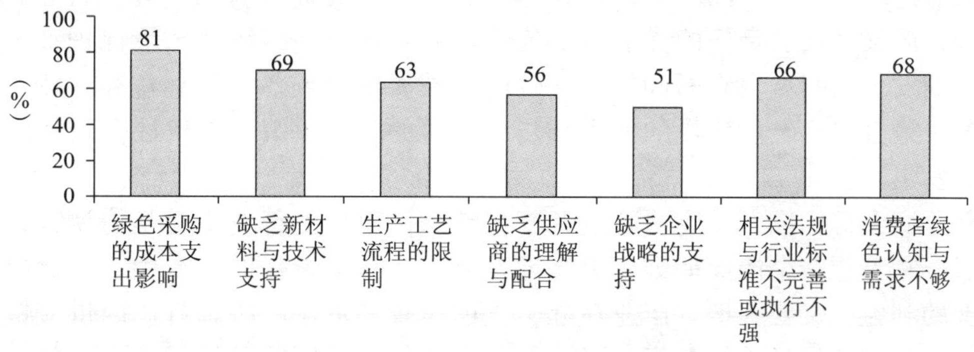

图 4　企业实施社会责任的障碍和现状

四、供应链社会责任的几个关键议题

1. 社会责任的各利益相关方的诉求

社会责任的实施包含几个主要目标：一是在发展生产的同时保护环境，实现可持续发展；二是企业作为社会公民对政府、对社会的义务和贡献；三是企业的道德和价值观的弘扬；四是为消费者提供满意的产品。但各个利益相关方的诉求不完全是一致的，有时是冲突的，甚至自身的要求都有可能是相互矛盾的。他们所起的作用有时是正向的，但也有反方向的力量存在。

消费者：作为客户，获取质量好、价格低的产品是最根本的目标，客户还追求个性化和新奇的产品，并希望得到随叫随到的服务和产品。但他们又有一颗慈善的心灵，不愿意看到自己的产品来自血汗工厂（如“毒苹果”手机）。他们要求得到新鲜、便宜的蔬菜和水果，但都知道种植劳工和运输工人拿着微薄的薪水加班加点、日月星辰为之赶制时，又会为之动容，而谴责企业主的良心被利益和金钱所熏黑。总之，消费永远站在社会责任特别是道德的最高点，但也正是消费者才是社会责任发展的真正动力，冒犯消费者、无视客户利益者必然灭亡，但绿色的可持续的消费理念不会天然地生存于每一位消费者的心中，正向消费观需要被宣传，深入到消费者心中。网上的调查表示，有99.6%的受访网民特别赞同社会责任，但如果实施社会责任造成价格上涨，只有14.8%的人会接受产品10%以下的提升，表示社会责任的成本应该由供应链上的企业承担，与消费者无关。

社区：这是一个最实用主义的团体。各地反对垃圾站的抗议活动，非常滑稽地反对高压线的建设，反对磁悬浮的建设，都是因为涉及自己的切身利益，只因为它们就在自己的家门口。这个团体对企业对自己所产生的影响非常敏感，但也正是他们的诉求，才使得一些企业不敢胡作非为，肆意践踏社会责任的底线。

政府：政府是一个裁决者、道德标准制定者、消费者的保护者、弱势群体的守护神，但又是社会责任的受益方，政府还需要在发展经济和环境保护，短期利益和长期发展之间做出判断和平衡，政府还被要求兼顾各方的利益和立场。政府过激的决策会阻碍经济建设的前进脚步，政府的不良决策会导致社会责任的各类灾难的发生。

行业协会：标准、规范的制定者。在整个供应链上行业协会是协调人，又是推进者，它希望整个产业能健康有序地发展。在社会责任的践行中，它需要照顾本行业的利益，又要维护本产业在社会上的声誉和形象，协调行业内供应链上各个环节对社会责任投入的分配，还要在与别的行业及国际贸易保护主义的斗争中维护本行业的利益。

供应链中小企业：一方面，社会责任的聚光灯不会照射到自己身上，社会特别是媒体对小企业的行为因为没有公众眼球效应而不会加以关注。在追求利益最大化的情况下，许多企业采取的行动不是主动承担自己应有的社会责任，而是逃避，只因为这样的成本最小，如果在供应链上发生社会责任风险，遭受谴责的首先是供应链上的核心企业。如果不是下游企业的不断验厂、规定，小企业的社会责任状况会更加不尽如人意。但另一方面，供应链的核心企业在竞争和博弈中掌握着话语权，特别是不断地降低上游小供应商的产品价格，使供应商的生存环境更加恶劣，促使供应商以社会责任的执行水平降低去弥补利润的空缺。

供应链上核心企业：从社会责任的报告发布的分布也可以看出，在统计的2125份社会责任报告中，几乎没有小企业的踪影。大企业，特别是供应链上的核心企业不完全是社会责任执行的主体，但却是被关注的焦点。关于这些企业一举一动的消息都被放大、被广泛的传播。事实上，核心企业的行为无论从效果和影响都是巨大的，公众对大企业的要求也更多、更高、更细、更严格。基本上近些年来关于社会责任的报导都是关于大企业的，但公众记住和关注的还都是负面的报导。大企业也有自己的优势，不少企业利用社会责任给自己的企业造势加分，将自己塑造为有正义感、有道德、有良心的优秀企业公民。在供应链上，大企业通过验厂、供应商社会责任守则、认证等手段，将风险、成本、责任转嫁给上下游企业。

媒体：媒体不完全是利益相关方，但在其中起着推波助澜的重要作用。没有媒体的报道，人们就不知道葛兰素中国公司的一些员工用如此不道德的手段去践踏社会责任的底线，也无从知晓患者吃的药片中含有如此大的贿赂成本。媒体的揭露、曝光比企业的社会责任报告更加有力，更能推动社会公正、公平的发展。但媒体本身也是企业，是利益的追逐者，它对供应链社会责任执行的负面及破坏作用也不可小视，许多企业小心翼翼地处理和媒体的关系。

投资者：投资者是闻着金钱的味道，追随着利润而翩翩起舞的飞蛾。投资者追求利益最大化，又期望降低风险，许多上市公司报表中披露社会责任状况的目的一方面是为了向社会展示这是一家负责任的企业，另一方面是为了给投资者以信心，表明对这家企业的投资没有或者极少有社会责任方面的风险。但因为企业过多地承担社会责任而损害了投资者的利润，则必然会遭到投资者的反对和阻挠。统计表明，短期投资者只有17%表示会在投资时考虑企业的社会责任状况。

员工：显然员工是社会责任实施的受益方之一，社会责任在企业的推动改善了员工生活和生产环境，保护了员工的权益，但深入讨论，社会责任的推动并非确信无疑地使得员工受益，社会责任的推动必将推高人力成本，而使得企业向低成本地区转移，使本地员工丧失工作岗位，人力成本的提高也会促使企业减少用工。另外，由于整个供应链社会责任投入的增加，特别是下游核心企业转嫁成本，使得上游小企业的生产成本上升，最终企业试图通过各种方法消化成本，包括人力成本。企业中的员工对社会责任的推动是作为实践者，包括绿色环保，节能减少浪费，及对社会的公益和慈善事业，更重要的，企业员工也是社会责任的接受者。劳工保护、安全生产、职业健康等都关系到员工的切身利益，但在企业中，员工能够对社会责任产生影响的作用非常小，远远小于来自下游客户的要求，对员工状况的改善主要来自客户验厂的压力及劳工市场的状况。

竞争对手：竞争对手不完全是利益相关方，但对整个供应链上的社会责任的影响力是巨大，一方面，社会责任已经成为企业战略和竞争优势之一，特别是当社会责任作为采购方的一道必考题时，不实施社会责任就没有资格参与竞争；另一方面，许多企业对社会责任的实施采取观望态度，特别是中小企业，就像博弈论中的“智猪游戏”，他希望竞争对手们先作为，而自己等对手们有了成功经验，再跟风不迟。竞争会促使社会责任的推行，也会是一个障碍，在规模3000万元以下的企业中，只有13.3%表示正在有计划地推行，或考虑推行社会责任，而只有6.4%的企业表示已经或正在对其供应商提出社会责任的要求。

2. 社会责任在供应链上的传导

（1）供应链凸显社会责任长鞭效应。社会责任的要求实际上由消费者提出，由采购商传递，由供应商实施，并意图由工人等获益，而这一机制所产生的成本压力和效果则可能沿着这一链条结构不断放大。一个简单的事实即可印证这一发现：从社会责任的源头来看，消费者团体的一个批评意见就可能促发采购商在供应链上采取社会责任行动，最常见的就是制定生产守则。为了实施生产守则，采购商则仅需将这一守则附加于订单之上或之外做一传达，供应商就可能需要付出相当一部分成本来应对验厂，而如果验厂所要求的措施得到落实，工厂的工作场所状况和工人福利就可能会有很大的改善。但调查的显示是，在非国有企业中，有76.8%的企业员工参与了社会责任的活动，这其中参与活动的是厂内义务消防员的占87.3%，义务安全检查员占54.8%，及车间现场义务药箱管理员占41.63%。还鲜有一线员工参与企业劳工保护的决策中。

综观企业对社会责任的落实，一方面，很多企业在对自身的社会责任状况是大张旗鼓的宣传，作为企业形象和营销的手段，似乎希望将在公司对社会责任的投入通过形象宣传给挣回来，被戏称为拉大旗做虎皮；另一方面，对待供应商的方法是，通过认证、验厂、声明、协议等手段，避免供应商的社会责任风险给企业带来负面的影响，还没有发生，就先将自己洗清漂白，省得惹上一身骚，这不是期望中供应链应负有的社会责任，更不应该是供应链核心企业的主导作用。

（2）对于社会责任也有不同的声音。根据国家统计局统计，2014年1月到6月，我国服装类商品价格指数全年保持平稳。同一时期，根据中国纺织工业协会的调查，服装加工企业的人力成本则普遍上升20%以上。这说明供应链长鞭效应（bullwhip effect）似乎也发生在生产守则机制下的供应链社会责任领域，而且有着独特的效应表现。

供应链的长鞭效应与经典的供应链上的需求变异放大现象不同，需求长鞭效应是产品的终端使用者的轻微抖动传递到供应链形成巨大需求波动，而供应链社会责任长鞭效应存在四个特点。首先，传导是双向的，消费者的社会责任诉求通过“认证”、“守则”、“协议”等方式，一级一级地被施加于供应链的上游；而上游供应商的问题和过错也通过供应链在核心企业中爆发，最终可能形成社会责任灾难。其次，责任链长鞭可以放大社会责任的实施效应，但是对于所有传导环节而言，这一效应体现在成本和压力上，而对于供应链末梢的工人等利益相关方而言，这一效应则是实施社会责任的效果；这再次说明，在这一链条结构中，采购商和供应商都是社会责任的消极参与者。再次，虽然社会责任长鞭的根部从理论上来看最终也执掌于消费者手里，但是与产品需求不同的是，由于处于消费者下游环节的采购商是这一过程的消极参与者，同时也由于消费者社会责任要求的分散性和事后反应性，消费者对社会责任的“需求”通常不会在这一链条结构中被自动体现出来，因而采购商实际上对责任链长鞭效应的发挥具有相当程度的控制力。最后，责任链长鞭效应的存在可以使得采购商与供应商在供应链上的合作或者非常牢固，或者非常脆弱，因为适当的摆幅显然会产生供应链上的向心力和牵引力，但是摆幅过大则可能使链条轻易断裂。这其实也再次说明，采购商的采购活动需要与供应商在社会责任方面建立一定的基于协商和市场环境的动态关联，才能使责任链上的长鞭效应不产生破坏性。

现行的国际供应链格局是一个利益选择和博弈机制，而并非一个价值传导机制，因而在这种供应链格局中引入验厂等社会责任实施措施必然会使其成为一个消极和被动的体系。这种格局最低限度地降低和转移了采购商的成本和社会责任风险，而供应商则在这一体系中承受了最大的成本压力和责任诉求，并且使工人等利益相关者也成为消极的“受益者”而非权益主体。这种状况最终反过来又强化了采购商的订单强权，并导致了供应链结构中在利益合作基础上的价值对抗及生产守则和验厂制度的几近破产。

可见，采购商在整个供应链中处于统治地位。要在供应链关系中落实社会责任价值，采购商负有主要责任来引导整个供应链在社会责任领域建立起一种各方主动、双方互动和多方联动的价值保障模式。

3. 供应链社会责任的几个特殊诉求

和企业自身的社会责任不同，供应链社会责任有其特殊议题需要讨论。

第一，供应链社会责任不等同于物流的社会责任，但它是供应链社会责任的重要组成部分。物流几乎涵盖了所有产业的所有领域和部门，具有很强的产业关联度和带动效应，其社会责任的履行对促进社会产业融合，打造绿色供应链和供应链可持续发展有着广泛和深刻的影响，在能耗、环保、安全、职业健康等方面有着重大影响。国家经济的快速发展催生了物流企业的快速发展，其完全有理由在服务社会的同时回报社会，履行社会责任是物流企业发展过程中的一项重要使命。中国物流与采购联合会发布了“2011 年中国物流企业 50 强名单”中其中 8 家企业曾发布过社会责任报告。调查表明有 67% 的受访者认为供应链社会责任就是物流的社会责任。

在供应商选择中，有85%的受访者执行或部分执行了供应商年度评审计划，在这其中有24%的企业表示制定了定量的评估供应商的质量、成本、交期等基本参数；50%的企业建立了供应商评估体系与标准，并定期对供应商进行评估；26%的企业能够利用评估结果推动供应商的绩效不断改善和提升，使评估体系紧跟企业的战略发展、客户和市场需求；但另一项调查表明，在选择物流供应商时，应用上述流程的企业只占16%。而对物流企业提出社会责任要求的企业只占6.4%；进一步地，企业内部物流体系中及供应商送货过程中考虑安全生产的企业占78%。而深入要求环保、绿色运输、节能减排、优化运输以降低能耗等要求的企业只有14%。

有73%的受访企业同意，物流外包的主要原因之一是为了转移风险。对物流供应商选择中，对社会责任的考虑所占的比例并不高，实际上，物流供应商的选择归口与采购部门并按照供应商选择流程实施的比例不到14%。

第二，在商业道德中，主要考虑的是信守合同，诚信经营，但调查发现企业“信守合同，诚信经营”的对象是指客户。供应商的账期在60～90天的达38%，90天以上的达19%。而拖延货款的比例达到51%。有80%的受访者认为拖欠供应商货款不是商业道德问题，而是力量对比的结果。但另一项调查显示，2013年我国有八成企业遭受买方拖欠货款，相当一部分中小企业因客户拖欠货款而倒闭；而全社会都在寻求政府和金融的力量去拯救小企业的资金短缺。我国另一大顽症是拖欠农民工工资，企业拖欠工资除了一些恶意和不法商人之外，最重要的原因是客户，特别是大客户迟迟拖欠货款，拿不到合同的尾款已经是一些行业的惯例。而政府要求施工企业必须缴纳工资的保证金，初衷是保护农民工的利益，而这无疑将本来就资金短缺的小企业推向深渊，使之雪上加霜。

目前，大企业将业务经营风险转嫁给中小企业，导致其破产、停滞的比例逐月上升，据估计已达到15%，而且账期变长、承兑汇票等让中小企业被动埋单等现象比比皆是。我国中小企业的应收账款一般占企业资产的半数以上，远高于国际上20%的平均水平。目前国有大型企业拖欠中小企业账款问题比较普遍，这严重影响中小企业的健康发展。更加让人忧虑的是，63%的受访者认为，拖欠货款的能力是企业竞争力强的表现，有48%的企业拖欠供应商货款是因为下游企业的货款没有收到，还有72%的采购员收到过管理层的尽量延期付款要求。93%的受访者同意拖欠供应商货款是“拿别人的钱做自己的事业”，是正当的。

从社会责任角度出发，大企业要有社会道德意识和社会责任感，尤其国有企业要为中小企业创造优越的条件，不应随便压价、延迟账期，政府要加以引导。大企业如果不重视小企业的生存环境，以为自己家大业大就不怕企业倒闭可能会遭遇更大的问题。实际上小企业如果倒闭紧接着就会影响大企业，甚至拖垮大企业。这就是供应链的连锁反应。

第三，供应商员工的稳定性也是供应链的保障条件之一。供应商员工的稳定性与企业的员工待遇有紧密关联，过去珠三角几十年的发展是建立在大量招募内地廉价劳动力的基础之上，当采购商们还沉浸于低成本劳动力的进一步盘剥之喜悦时，突然一夜之间出现了珠三角的民工荒，民工们用“回家”“逃避”来抵制恶劣的生活和生产条件，供应商找不到低价的劳工了，核心企业则缺少物料供应，而造成的结果则是供应链的断裂。

中国的社会责任状况有着另一大特殊问题——“留守儿童”。中国有高达2.6亿名流动工人外出务工——这是一个充满了希望、忍耐和艰辛的故事。许多人通过外出务工改善家中的经济状况，并且获得更多的机遇，但流动工人自身和家庭也为此付出了巨大代价。中国目前有6100名万留守儿童，他们的父母因为身处大城市和工业区无法照顾和教育自己的孩子。与家人分离导致父母认为自己尽管面临诸多困难，这些在城市或工业区奋力拼搏的身为父母的流动工人仍怀揣梦想：希望和子女生活在一起，希望子女接受完善良好的教育，希望和其他城市居民享受同等福利……

在供应链上核心企业，在解决员工福利上有着漂亮的答案，国有企业对员工有着令人羡慕的待遇，而另一些大企业，在这方面也有投入，例如比亚迪、富士康建立了自己的幼儿园和实验小学。但问题主要出在供应链的上游上，这些为核心企业服务的供应商并没有，也没有能力为流动而来的员工解决家庭和孩子的困难，指望小微企业都去建小学幼儿园是不现实的，但这些供应商吸纳着90%的外出务工者。一位世界著名企业的采购经理谈到他去供应商做审核，看到供应商的员工待遇和家庭状况，及与自己所在公司的情况做比较，不禁感叹万千，但自己又无能为力，因为无论是供应商绩效审核还是社会责任审核，都没有具体地包含到员工的家庭生活及远在千里之外的留守孩子的感受。

对于外出务工的流动员工，政府一直在努力，支持流动工人面临的子女平等教育的机会、家庭廉租房和社保待遇等问题的解决；大量的社会组织志愿者等多方力量为流动儿童和其家长提供服务。但作为承担供应链社会责任的核心企业在对整个供应链，特别是上游企业的供应商员工伸出“责任”之手，还是有可能，并具有现实意义的。我们可以为远在世界另一端的地震、水灾慷慨解囊，为什么不可以为近在咫尺的上游供应商的员工提供一些微薄的帮助呢？例如，上面那位采购经理动员了自己企业的员工为供应商的员工做一些对口自愿服务。

流动工人的幸福梦想与供应链的稳定性有直接而重要的关系，企业对流动工人父母给予的支持力度决定了流动工人的幸福程度。与此同时，工人的幸福与否也与企业的持续运营有着密切关系。报告显示，在受访的家长中，有40%的家长因为考虑到孩子而辞职，9%的家长经常这样做，这直接导致企业难以留住熟练且稳定的工作人员。

供应链的社会责任的推动对于生活稳定和中国梦的实现有着重要的意义，让劳动者有尊严地生活和工作是社会责任在中国一个重要的话题。

第四，可持续只有放在整个供应链上才可能实现。调查表明，只有68%的受访者误解可持续发展的定义，认为可持续发展是企业自身不断提升发展。可持续发展的定义为“持续发展是在满足当代人需要的同时，不损害人类后代满足其自身需要的能力”。可持续发展不仅仅是国家和社会的责任，还是供应链上所有节点，特别是核心企业的社会责任。大多数企业都考虑到环保三废问题，在调查中也发现，有36%的企业考虑到节能减排，只有18%的企业在采购时考虑使用可再生和可回收材料，进一步地对供应商提出上述两项要求的不到7%。而在发布的企业社会责任报告中，给出具体可再生和可回收材料使用量数据统计的不到1%。

可持续在供应链的社会责任上的另一个表现反映在订单的平稳性上，只有7%的企业表示订单的平稳性会影响到社会责任，但没有一个受访者表示会考虑供应商生产线节能减排、设备利用平衡与订单平稳性上做出平衡，认为订单的波动来自客户，满足客户需求是不容有任何妥协。但在供应链上的牛鞭效应，下游客户需求的微小波动在供应链上游生产的巨大变化，会造成生产的不平衡，无论在能耗、设备利用还是人员安排上都与清洁生产相违背。但减少波动性不是一个企业所能实现的，是整个供应链的任务，特别是卷入最终使用者的参与，将绿色消费、可持续的理念植入消费者的价值观中，这符合联合国及各国政府所倡导的“可持续发展是以保护自然资源环境为基础，以激励经济发展为条件，以改善和提高人类生活质量为目标的发展理论和战略。它是一种新的发展观、道德观和文明观”。消费的需求要符合发展的可持续性，“不能超越资源和环境的承载能力；应努力做到使后代人有同样的发展机会，同一代人中一部分人的发展不应当损害另一部分人的利益；必须建立新的道德观念和价值标准，学会尊重自然、师法自然、保护自然，与之和谐相处”。“没有买卖就没有杀害”的广告词被许多人质疑，没有人穿裘皮大衣，没有人吃鱼翅，才没有买卖，消费是根源。

订单的平稳性从另一个角度说，采购方应该对供应商的员工超时加班部分承担责任。由于需求的长鞭效应，越是位于供应链上游，超额加班的现象越严重，不可否认，超额加班是企业主平衡生产以获取利润的重要手段，这些企业一方面不希望增加产能，以防止订单波动的下滑风险，另一方面无节制地接受、承诺订单，计划不周，造成了本企业的员工常常处于超额加班的状态，但供应链下游的超额需求则是更重要的原因，有98%的采购方承认本企业的要求供应商提前发货，或延期发货，临时加量或减量，紧急订单比例占总订单的30%以上，超过50%这种订单的企业有48%。有92%的采购员坦言有过直接要求供应商加班完成本企业的紧急订单；有71%的采购人员认为“自己意识到这种行为可能有悖于社会责任，但满足客户需求，完成企业订单的优先级要高于供应商员工的超额加班的影响”。

库存不仅仅是企业生产中的浪费，其更违背可持续的精神。大量的资源、大量的能源、大量的劳动力投入，最终生产多余的产品，成为呆死料存放在仓库，或被作为垃圾倒掉，再次威胁环境。但库存一直作为企业的运作指标，很少考虑为可持续的社会责任。作为供应链的重要考核指标，库存一直困扰着供应链上的所有企业，但大多数企业采取的态度是将库存的压力转嫁出去，尽量将自己的库存做到最小化。有76%的采购者表示，要求供应商备足库存，但不会对上游供应商的多余库存负责。而作为供应链上的核心企业糟糕的预测及与上游供应商信息的阻碍，没有进行供应链整体库存的协同，是造成库存暴涨的罪魁祸首，而市场上的过度竞争者对库存起着推波助澜的作用。电子行业和服装行业的现象最为典型，据估算，每销售一台电子产品需要在整个供应链上游8.4台的库存量去支撑；而床上用品的销售周期只有2个月左右，过期的产品只能下架，为新品腾出空间，但为此供应链上已经产生的10倍以上库存。供应链上的库存不仅仅是社会责任的压力，最终将导致供应链的崩溃，中国几家体育用品公司几乎都被库存压弯了腰杆。

理想的供应链是责任与利益匹配，如果在责任时代我们仍然不得不用“供应链”指代现行的贸易结构，那么这一概念应该被赋予新的内涵，构筑供应链的各方在实现价值方面的责任应该与其利益诉求相匹配。所以，如果社会责任价值是一种市场需求的话，那么这一价值的实现应该和其他价值一样基于市场的主动行为，并且这种主动实现价值的行为在市场中将表现为采购商和供应商之间的协作机制，而这些协作机制则包括充分的沟通与协商、必要的技术共享和能力培养，以及合理的风险共担和成本分摊。一个理想的融合了社会责任价值的供应链，将是一个主动、互动和联动的网络，在这个意义上，供应链、价值链或责任链应当建立一种有关社会责任的互动机制，这种机制比采购商和供应商之间现有的验厂体制更具主动性和互动可能。

五、供应链上社会责任的评估

可以看出目前对企业对供应链社会责任的实施状况的评价是依照企业自身是否发表社会责任报告，或企业是否通过一些社会责任的认证来反映的，社会上一些机构则更加注重对企业发表的社会责任所披露的内容来评价，而主要的指标是报告的规范性，甚至报告的长度都作为评价的内容。对企业社会责任做一个评价指标还没有一个成熟的方案，对供应链上整体社会责任更没有评价体系，国际上有些机构试图找出一些方法以评估企业的社会责任的推动深入的程度。2012年的《中国采购发展报告》专题研究之一是对绿色采购做了一个评价方法，称为“绿度”。实际上将绿色采购推广应用到社会责任上，推广到整个供应链上可以形成一套指标体系，供应链上的社会责任成熟度水平可以描述如下。

0级：完全没有社会责任意识和活动；

1级：开始零星地在供应链上实施一些社会责任的活动；

2 级：对供应链上成员提出社会责任要求，并进行审核；

3 级：系统性地规划供应链各个成员企业社会责任的要求；

4 级：承担供应链上社会责任的主导作用，对供应商的社会责任进行帮扶和持续改进；

5 级：整个供应链成为行业及所属领域的社会责任楷模，领航者。

供应链上的社会责任的实施具有重要的意义，但评价体系有着诸多的困难，最重要的是在社会都在关注企业社会责任报告的大环境下，让企业自觉自愿去评价执行的水平，时机还不够成熟，大多数企业还是被动地实施社会责任，将企业社会责任报告作为向客户营销及向投资者示好的一种手段，还没有上升到企业的战略和执行层面，再有作为供应链的社会责任，涉及面广，不仅仅是一个企业，而是整条供应链，其范围的界定不可能非常清晰，因而评价也比较困难。但根据上面对供应链社会责任的分析，供应链社会责任评价体系的建立并不是不可能的，在未来随着社会、政府和消费者意识和要求的提升，供应链社会责任评价体系会被企业所接收。

总体来说，供应链的社会责任核心主题主要在五个方面：第一个是人权，第二个是劳工关系，第三个是环境，第四个是可持续性，第五个是反腐败。

目前国内产业界和国际供应链上社会责任建设的主要任务在于两个方面：一个方面是供应商需主动完善企业内部与各利益相关方互动和联动的机制，即相关的企业管理制度；另一个方面则是在供应链上突破验厂的桎梏，建立更为积极、主动的供应链协作和联动机制。在这个意义上，供应链、价值链或责任链应当建立一种有关社会责任的互动机制，这种机制比采购商和供应商之间现有的验厂体制更具主动性和互动可能。

六、供应链社会责任的治理实践

如上综述，核心企业与供应商有着很微妙的关系：一方面，他们是甲乙方的关系，照理供应商的社会责任（CSR）表现应属内部管理，与采购企业无关；但另一方面，如果供应商被发现存在问题，负面舆论的落脚点还是在核心企业身上。因此，如何更好管理供应链的 CSR 表现以及协助供应商提升能力是很值得研究的。

在供应链的管理上，CSR 对于核心企业和供应商是两个完全不同的概念。自 20 世纪 90 年代开始，投资者、媒体和 NGO 对企业透明度的要求越来越高，消费者也开始希望了解产品的制造过程以做选择——他们不希望买到不安全、不健康和不道德的产品。从此，良心消费和反对“血汗工厂”等理念开始在欧美国家出现并席卷全球。国际品牌开始要求供应商符合相关的标准，即遵守采购商的生产行为守则（Code of Conduct），以及供应商所在地的相关法律法规。随后，很多行业标准也应运而生，如服装行业的 WRAP、电子行业的 EICC、玩具行业的 ICTI

等。一些非营利组织，如 ETI、BSCI 等，也希望核心企业在全球进行采购时确保供应商的劳工与环境表现。品牌企业会派内部人员或第三方到供应商工厂进行审核，如果供应商不达标，品牌企业会要求并提供协助以作改进，情况不理想的则会取消订单。

对于供应商来说，CSR 的定义就相对比较狭隘——就是如何满足客户的需求，达到社会和环境合规，即符合客户与当地政府在劳工和环境上的标准，以维持订单和确保生意。对大部分供应商来说，CSR 只是守法，是客户制定的游戏规则，是需要额外付出的成本，也是在不自愿的情况下进行所谓的“CSR”改进。

中国企业也许会问：为什么我要协助我的供应商提高 CSR 表现？它们又不是我的子公司，它们只为我提供服务，我没有责任和能力去影响它们的内部管理。其实，这种想法是错误的，我们可以从两个方面去看待这个问题。

首先，要考虑的是核心企业的品牌危机。国际品牌的经验清楚地告诉我们：“供应商犯的错，核心企业的责任”，因为这是核心企业对其供应商的选择。消费者不会知道到底谁生产你的产品，但他们会在意你的产品在什么环境下生产，如果你的产品有问题，责任还是落在你身上。尽管相对欧美国家，我国的媒体和 NGO 还处于初步发展阶段，以批评和压力推动企业 CSR 表现的机构也比较少，但这样的情况正在慢慢改变。

过去有很多组织会专门批评在中国采购的跨国企业与其供应商的 CSR 表现，例如在中国香港的“大学师生监察企业无良行动”（SACOM）。该组织从去年开始也刊登有关中国核心大企业不良行为的报告，例如玖龙纸业的污染问题。这样的组织与国外媒体有着良好的关系，一旦消息在知名媒体上曝光，国外的投资者必会以此作为参考，直接影响到准备走出去的企业。媒体现在也开始对企业的供应链管理感兴趣，例如搜狐之前曾设立了一个电子行业绿色供应链的排名；《南方周末》曾派记者去富士康当工人，以深入了解富士康的劳动环境；很多媒体也开始从新型的社会媒体中（如微博和 BBS）收集企业在生产条件、劳动条件上的丑闻以做报道。此外，民众也开始利用新的传播技术来监督企业，例如“双汇事件”就是通过微博快速传播，让很多消费者对双汇的产品望而却步。随着舆论体制越来越完善，企业忽略供应链 CSR 管理的成本会变得越来越大。

其次，要考虑因忽略供应商 CSR 表现而导致的出口危机。国际社会对于亚洲出口产品的要求越来越严格，例如欧盟已开始立法要求在一些特定的行业，如电子行业，要求进口商达到 RoHS、WEEE 等的安全和环境标准。另外，消费者也希望看到更安全、更环保的产品，一些与碳排放相关的标准如 ISO 14064 等在消费者的心目中变得越来越重要。这些标准的内容都与企业社会责任中的环境、安全和健康表现相关。为达到这些标准，企业非常需要供应商在 CSR 上的配合，以应对日益严重的出口压力。因此，协助供应商提高 CSR 表现也是对企业自身商业价值的提高。

中国企业对供应链 CSR 管理还存在迷思。在中国，供应链的 CSR 管理还处于起步阶段，一些国际知名的中国品牌核心企业已经开始对其供应商进行审核并提供协助，但了解供应链 CSR 管理的企业还是少数，要全面展开工作还是“漫漫长路”。

在我国的食品行业，如三鹿、蒙牛、伊利和双汇出现问题时，都将责任推到了供应商身上，这个现象很值得我们反思。为什么会出现这种情况？主要有两个原因：首先，很多大核心企业还是把 CSR 等同于公益慈善，忽略了其他方面的考虑，一家成熟的企业对 CSR 的理解应该是全面的，能够把理念落实到企业管治、人力资源管理、市场推广、公共关系和供应链管理等各个方面；其次，中国核心企业对于品牌管理的意识还很薄弱，以为产品出现问题只是供应商的责任，与自己没有关系。实际上，作为采购方，他们有责任确保产品的安全。供应链管理是确保产品质量的重中之重，尤其是在原材料采购和生产环节。如果不花精力加强自身的采购管理，在发现问题后不协助供应商进行改善，产品责任最终还是落在企业身上。如果连最基本的产品安全都做不好，就枉论其他公益和慈善行为了。此外，在公众意见的层面上，国内消费者也开始不接受核心企业的解释，认为企业对自己出品的产品责无旁贷，最现实的是：不管产品是哪个供应商生产，包装上都是贴着你的标签，这样的品牌危机是企业怎么推卸也推卸不了的。

“昨日入城市，归来泪满襟，遍身罗绮者，不是养蚕人。”——大约 1000 年前北宋诗人张俞的《蚕妇》，仍能形象地反映出供应链上公正、均衡的利益与责任分配存在的矛盾。但随着社会责任观念及知识的普及、劳动者意识的普遍提高和政府与社区等利益相关方在社会责任领域的各种积极行动的不断涌现，社会责任作为消费者所需求的产品的一种新的内在价值应当与其他产品价值一样，用主动的市场行为加以实现。为此，积极构建实现社会责任价值的供应链互动、协作和联动机制，促进供应商在社会责任方面的能力建设，并协助其消除相关风险。并从而以主动、积极和创造性的行为缔造供应链及其产品上的社会责任价值。

金融危机下的供应链风险管理

王福寿

一、全球化竞争下的供应链风险分析

1. 供应链风险起源分析及案例

在市场竞争日趋激烈、需求多变的大背景下，供应链的多参与主体、多地域、多环节的特征，使得供应链内外部各种不利因素形成供应链风险。供应链风险是供应链因意外情况而出现中断的可能性及其造成的影响。随着企业对供应链要求的不断提高，上下游企业整合协同的诉求日益迫切，使得供应链复杂程度不断升级，同步产生的供应链风险也日益凸显。尤其在金融危机发生后，很多风险呈现出叠加放大效应，给企业经营带来更多的不确定性。

导致供应链出现风险的原因有很多，其中比较主要的原因是供应链全球化、精益生产的风行、缩减供应商群体、集中生产和集中配送、不断扩大的业务外包范围等。其一，目前的市场形势下，成功的国际化大企业大多是全球多点采购、多点销售，也有不少采取多点生产，这就导致企业的供应链体系分布在全球各个区域，也就受到越来越多的风险影响，这也是“蝴蝶效应”在供应链上的一个体现。其二，越来越多的企业接受并认同精益的概念，希望通过精益的思想指导企业消除浪费、压缩投入，以提升供应链效率。缩减供应商群体、集中生产、集中配送和采用 JIT 的模式压缩库存，这些方法在使得供应链运作更经济的同时也使得供应链对个别供应商的依赖度增加，风险应对的灵活度有所降低。其三，目前外包已经成为企业供应链管理中的常见方式，通过引入专业的外部公司承担企业某些业务功能，对降低供应链总成本、提高响应速度、提升产品和服务质量都有着积极意义。但如果对外包业务管理不善也可能带来管理成本上升、核心信息和技术泄漏、质量不稳定等风险。比如波音 787 梦幻客机的正式交付一再延迟，就跟过度外包有密不可分的关系。

按照供应链的风险来源，可以将供应链风险分为两大类，分别是外部风险和内部风险。其中供应链外部风险包括自然灾害、社会风险、经济环境变化、法律与监管风险等。外部风险中最为常见的就是自然灾害引起的风险，例如 2008 年春节期间中国南方雪灾引起的供应链中断，导致沃尔玛、家乐福的门店出现大面积缺货。突如其来的暴雪切断了沃尔玛、家乐福的供应链，从 2008 年 1 月 28 日开始，沃尔玛深圳总仓（配销中心）的货都堆着，运不出去。关键是在受灾严重的湖南、湖北、江西等中部地区，公路被冰雪覆盖走不了车，北上、西去的货物受阻。有些货车堵在路上好几天都过不去，造成几百个货柜箱困在了路上，两家全球500强超市的门店出现大面积缺货的情况产生。

供应链内部的风险包括市场需求风险、采购供应风险、订单履行与物流交付风险、企业内部运营风险、财务风险等。以财务风险为例，2013年7月，广东省中山市某LED灯饰厂负责人欠薪逃匿，拖欠400多名工人工资总额近100万元，拖欠供货商货款近2000万元。据该厂负责人向公安机关交代，灯饰厂经营不善，亏空情况严重，资金链断裂。由于供应链上的传导效应，某一家企业发生财务风险后，会连累上下游很多家公司。

2. 供应链风险类别分析

由于供应链风险种类多样，我们可以对供应链涉及的内外部风险进一步分类。如下表所示。

风险来源	大类	小类
供应链外部风险	自然灾害	地震
		火灾
		洪水
		飓风
	社会风险	政府更迭
		国有化征收
		供应商破产
		恐怖袭击
		电脑黑客
		劳工纠纷
	经济环境变化	经济衰退
		汇率变化
		税率与征税方式
		银行利率
	法律与监管风险	海关政策
		出口退税
供应链内部风险	市场需求风险	需求不明朗、波动大
		客户取消订单
	采购供应风险	供应商提前期波动大

续　表

风险来源	大类	小类
供应链内部风险	采购供应风险	单一供应源
		质量问题
		供货中断
	订单履行与物流交付风险	交期过度承诺
		交付模式或交付条款不合理
		送货不及时
		运力不足
		海关管制
	企业内部运营风险	库存风险
		流程风险
		信息系统风险
		人员能力风险
	财务风险	偿债风险
		融资性流动风险

备注：因为业界对供应链风险管理的分类尚无统一认识，上述分类方式仅供参考。

二、国内企业的风险管理现状及问题

为了解国内企业的采购风险管理现状，中国物流与采购联合会做了大规模的抽样调查。受访企业的分布如图 1、图 2、图 3 所示。从图 1 中可以看出，企业所有制方面，中外合资或外资企业为主，私营企业也占到 16% 的比重；在行业分布方面，以电子和高科技、工业设备为主，这些行业的供应链管理相对来说更为复杂些；企业规模方面，年销售额超过 10 亿元的企业接近一半，可以说绝大多数企业的规模都超过了 3000 万元。

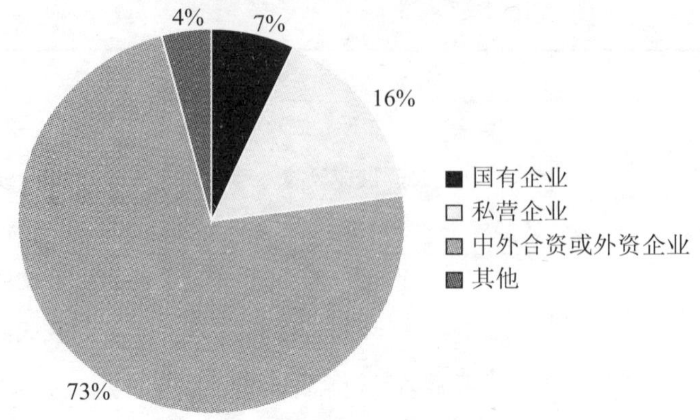

图1　受访企业的企业所有制特点

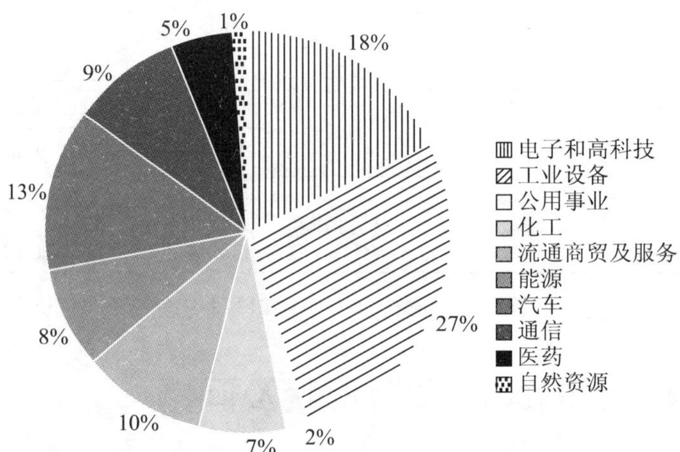

图2　受访企业的行业分布

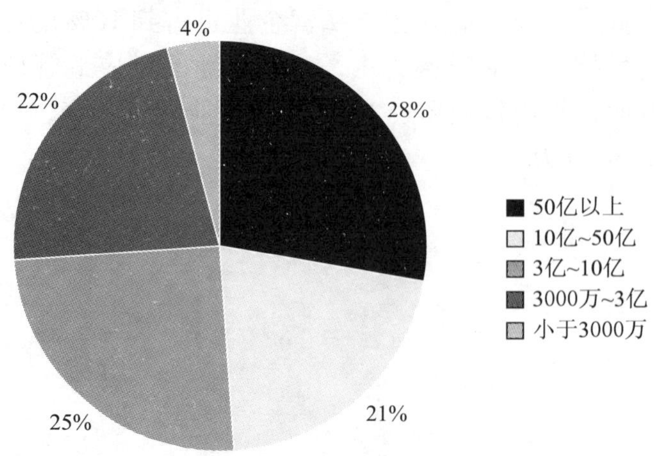

图3　受访企业的规模

从企业风险的分布上来看，对受访企业影响较大的风险按影响程度从高到低有：①原材料数量/价格的变化；②过度依存单一或有限供应商；③供应商的质量与履约情况不佳；④法规/政策的应用、遵循和变动；⑤劳动力成本的上升；⑥市场需求波动；⑦汇率的变化；⑧供应商的财务风险如破产；⑨公司的采购计划或合同管理不佳；⑩自然灾害等造成供应条件变化；⑪供应商质量管理体系不健全；⑫供应商的技术风险；⑬供应商所在国家和地区的政治动荡和战争风险。让人担忧的是，还有12%的企业竟然还没有进行采购风险管理。

在风险控制手段方面，企业采购部门用到的主要手段有：①慎重选择供应商，重视供应商的筛选和评级；②加强过程跟踪和控制；③多家供货；④依赖于合同管理应对风险，建立采购授权和审批制度；⑤不定期去供应商现场考察；⑥对采购人员和管理人员进行风险管理培训；⑦主要依靠年度预算及策略规划；⑧供应商财务状况分析；⑨定期地开展风险识别、风险分类、风险评估及风险对策的活动。我们惊喜地发现，有接近6成的受访企业开始采取风险防范手段，而非被动性地承受风险。

尽管企业已经开始对风险管理有所重视，但是存在的问题仍然很多，如图4所示，具体体现在风险防范措施的制订和落实、公司资源投放、领导重视、供应商配合等几个方面。

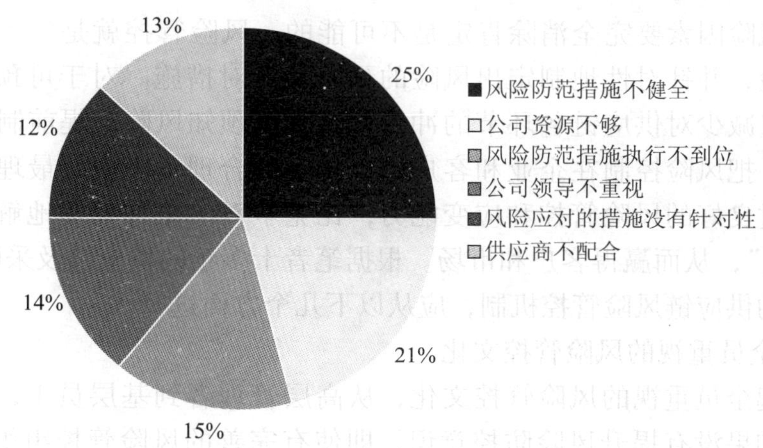

图4　受访企业风险管理中存在的主要问题

就风险发生的频次而言，如图5所示，46%的受访企业表示在2013年有1~3起风险发生，表明了风险存在的普遍性。但是也有47%的受访企业表示过去一年中没有风险发生，这或许跟企业对风险的理解有关。

按照企业风险管理的规范程度，我们可以对企业的风险管理成熟度进行简单的评估。其中有29%的受访企业是没有机制流程、也没有组织的，完全是属于问题驱动型，这类公司对风险的抵御能力就非常低；50%的受访企业已建立了风险评估与应对流程，但尚无正式风险管理组织；只有21%的受访企业建立了完整的风险管控体系，既有风险评估与应对流程，还有正式的风险管理组织。

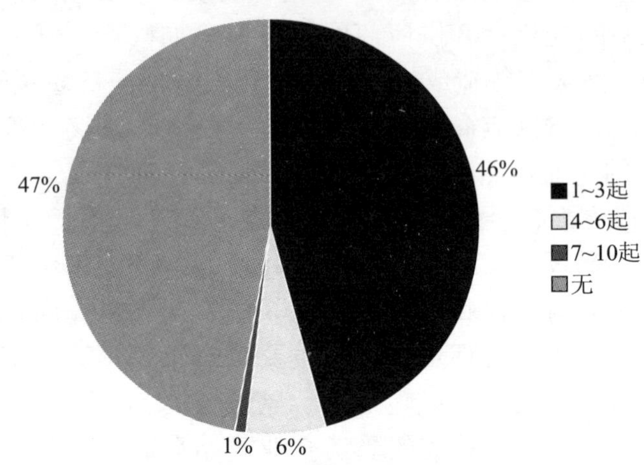

图5　受访企业风险发生的频次

三、端到端的供应链风险管控机制

供应链风险因素要完全消除肯定是不可能的。风险管控就是要提前识别出所有可能的风险，并针对性地制定出风险的预防和应对措施。对于可预知风险，及时规避，尽量减少对供应链各环节的冲击；对不可预知风险，提前制定应急机制和工作流程，把风险控制在企业和客户可以接受的合理范围内。最理想的风险管理，就是通过良好的风险管控和应变能力，比竞争对手更加完美地解决风险，变“危”为“机”，从而赢得客户和市场。根据笔者十多年的供应链及采购工作经验，认为端到端的供应链风险管控机制，应从以下几个方面进行。

1. 培养全员重视的风险管控文化

要建立起全员重视的风险管控文化，从高层管理者到基层员工，都要有风险管控意识。如果没有提升风险防控意识，即使有完善的风险管控组织、流程、机制，也只会是表面工作，导致风险识别不全面、预防措施无实效、应对措施不落地，结果各个环节仍处于天天救火的繁杂工作。计划、交付、研发、质量、生产、采购、设计等各个环节都要有风险管控意识，实现风险管理各链条的衔接和完善，并把风险管理的要求落实到具体的业务活动和流程中。

2. 制定系统有效的风险管控机制，加强持续管理

供应链风险的管控，不在于复杂的流程、高层的签字甚至亲自参与，而在于制定系统有效的风险监控、高效的风险信息传递和预警、有效的预防应对措施及完善的跟踪关闭机制。企业的供应链时刻处于运营状态，不确定因素也随时可能

发生，因此对于风险的管理必须建立日常运作机制，把风险的管控嵌入到业务流程中，每个环节如供应商引入、采购招标、订单下达、产品交付、仓储、货运等都有相应的风险识别体系，并通过信息传递和沟通机制，及时有效地预警风险，协同制订应对措施，且设置专门人员，跟踪应对措施的落地直至风险关闭。企业之间则可以使用电子数据交换（EDI）系统进行互连，分享预测、库存、物流等信息，使供应链各个环节可以协同合作。

3. 选择可以作为坚实后盾的供应商资源，提升供应柔性

供应商资源是企业供应链的重要一环，通过选择优质的供应商，可以规避很大一部分潜在的不确定风险。优质的供应商，可以提供稳定可靠的质量、及时柔性的交付、畅通有效的信息传递，产品质量风险、交付短缺风险就可以相应降低，即使一旦发生不可预知风险，优质供应商的反应速度和恢复能力也能帮助企业取得更多的反应时间。而且，在选择供应商的时候，应当尽量避免独家供货的情况出现，即使是设计方案独家，也要提前做好备份替代方案，这样一旦发生供货问题，可以及时切换方案，保障供货，提升供应柔性。

供应商是否优质，是动态的，也是相对的。首先，供应商的经营状况和市场策略并不是一成不变的，对重要供应商必须定期地给予关注，收集其财务状况、市场状况、质量控制、技术能力等各方面的异常动态，分析其可能对供应链造成的影响。其次，供应商和企业的合作关系应该是平等的。如果客户本身规模较小，即使是业界最优秀的供应商，因为地位的不均等，合作关系也可能会出现“以强凌弱”的现象。譬如一旦出现产能紧张需要分货的局面，大小客户分配供货份额的优先级肯定不同，小客户甚至可能长时间无法分到货，供应风险无法规避，给企业带来无可挽回的损失。或者虽然是规模很小的供应商，但如果供应商重诚信、产品质量好、交付及时、成本，也可以逐渐培养，反而可以建立供应商的忠诚度。

另外，和现有供应商保持良好的合作关系也尤为重要，这是供应链稳定运作、成功进行风险防范的先决条件。企业和供应商共同重视契约和诚信精神，加强信息交流与共享，共同制订风险防范计划，齐心协力应对风险。而且，可以共同探讨实施供应链的柔性机制，如通过 VMI、JIT、长周期产品备料、库存责任处理等，提高供应链的弹性。

4. 库存水平、质优价廉和交付及时性的动态平衡

企业供应链风险管控中，库存水平、质优价廉和交付风险规避永远是一个矛盾。充足的库存，可以规避产品交付短缺风险，但会影响公司的库存周转水平和现金流。有竞争力的产品采购价格，可以增加企业收入和利润，但可能会带来质量风险和交付风险。因此，对于风险管控小组来说，如何设置合理的库存水平、最优的价格和良好的质量保障，是一个所有供应链管理者面临的难题。目前尚无适用于所有企业的通用解决方案，企业必须根据自身的实际情况，探索适合自己供应链状况和经营策略的最佳动态平衡。

5. 快速响应的风险应急处理机制

供应链风险管控，除了日常的风险梳理和规避之外，也要做好应急事件的处理准备。供应链是一个复杂的、多环节的系统，很容易发生一些突发事件，如供应商设备突然损坏、员工罢工、自然灾害等，这些都是突发的、不可预知的风险。因此，必须建立相应的应急小组和应急事件处理机制。企业可以根据近几年的日本“311”地震、泰国洪灾等事件处理过程中的经验和不足进行总结：风险应急处理机制一般要包括成立风险紧急应急小组，并第一时间安排评估风险影响程度和风险影响范围；在此基础上，对供应链风险进行紧急度和严重度排序，优先处理最高级别风险。另外，还要确定紧急协调和协同机制、定期沟通和决策机制，以便及时决策风险应对中的各种问题。或者所有相关人员联合办公，以便第一时间对风险的最新动态、处理进展进行跟踪。

为了更及时有效地评估风险影响程度及范围，企业可以建立“供应链风险地图”，即收集企业的所有供应商的工厂所在地，一级、二级甚至三级原材料的产地，主要运输路线，是否有替代品，公司产品 BOM 等信息，一旦某些区域或某些供应商发生不可预知风险，根据地图可以快速搜寻影响到哪些产品供应、是否有替代品，以及影响到哪些产品的供货，进而快速锁定风险，启动应急措施。当然，“供应链风险地图”可以通过软件实现。像 2011 年日本“311”地震发生时，大客户都很关注这对供应链交货的影响到底有多大，尤其沃达丰、英国电信等欧美高端运营商。很多中国本土公司因为缺少供应链风险管理手段，只能笼统地告诉客户风险有限，但很难打消客户的疑虑。欧美几家 IC 大厂结合供应链风险地图，迅速评估出受地震影响的工厂、产品，以及影响程度，并测算出恢复时间，能够给客户一个非常满意的答复。

通过应急处理机制，可以一定程度上化解供应链中出现的意外风险，减少对供应链运营造成的冲击。若应急处理机制充分有效，可以发挥出比竞争对手更快的响应速度，就可以化“危”为“机”，实现对竞争对手的弯道超车。

大数据对采购与供应链的影响

陈兵兵 刘慧

一、大数据时代给采购和供应链带来的挑战和机遇

1. 大数据时代及其特征

大数据（Big Data）是指所涉及的规模巨大的数据。随着时代的不断进步和科技的飞速发展，互联网、物联网、移动通讯、管理信息化、电子商务等技术不断相互渗透，并作用到国家、企业和民生的方方面面，今天，人们用大数据描述和定义信息爆炸时代产生的海量数据，以及在合理时间内达到撷取、管理、处理，并整理成为帮助人们处理事务和决策等更积极目的的资讯与知识。

美国互联网数据中心指出，互联网上的数据每年将增长50%，每两年便将翻一番，而目前世界上90%以上的数据都是最近几年才产生的。2020年，全世界所产生的数据规模将达到今天的44倍。从这些数据每天增加的数量来看，世界目前已进入大数据时代。

大数据时代凸显了数据资源的重要意义。2012年奥巴马政府宣布投资2亿美元拉动大数据相关产业的发展，将“大数据战略”上升为国家战略，将大数据定义为“未来的新石油”，把对数据的占有和控制视为陆权、海权、空权之外的另一种国家核心资产。2013年，法国政府发布了其《数字化路线图》，列出了将会大力支持的五项战略性高新技术，“大数据”就是其中一项。2012年，日本总务省发布“2013年行动计划”，明确提出“通过大数据和开放数据开创新市场”。联合国在2012年发布的《大数据政务白皮书》中指出，大数据对于联合国和各国政府来说是一个历史性的机遇。我国也将大数据产业看作为战略性产业，成立了“大数据专家委员会”。在“大数据”2014年十大趋势预测中，包括了数据商品化与数据共享联盟化、大数据生态环境逐步发展等内容。同时，大数据专家委员会预测，2014年大数据在互联网和电子商务、金融（股市预测、金融分析）、健康医疗（流行病监控和预测等）、生物信息、制药等方面将会有令人瞩目的应用。

大数据时代是大数据价值充分发挥的时代。据赛门铁克公司的调研报告，全球企业的信息存储总量已达2.2ZB（1ZB = 1024EB，1EB = 1024PB），年增67%。世界上每分钟产生1700TB的数据，但是吸引我们的不仅仅是这个庞大的数字本身，而是我们如何利用这些数据。大数据可以运用到各行各业，在宏观经济方面，IBM日本公司建立经济指标预测系统，从互联网新闻中搜索影响制造业的480项经

济数据用以计算采购经理人指数的预测值；印第安纳大学利用谷歌公司提供的心情分析工具，从近千万条网民留言中归纳出六种心情，进而对道琼斯工业指数的变化进行预测，准确率达到 87%；在制造业方面，华尔街对冲基金依据购物网站的顾客评论，分析企业产品销售状况；一些企业利用大数据分析实现对采购和合理库存量的管理，通过分析网上数据了解客户需求、掌握市场动向，等等。据麦肯锡公司测算，大数据将给美国医疗服务业带来 3000 亿美元的价值，使美国零售业净利润增长达到 60%，使制造业产品开发、组装成本下降 50%，而大数据所带来的新需求，将推动整个信息产业的创新发展；根据经济与商业研究中心的最新研究，大数据将为英国经济增加 2160 亿英镑（约合 3467 亿美元）以上的潜在收益。

2. 大数据时代给采购和供应链带来的挑战和机遇

第一，商务环境和商务模式变得越来越复杂，且更加动荡、多样和个性化。第二，电子商务业务模式的飞速发展打破了国家疆界，使得跨境业务速增、商业活动频繁，同时伴随着数据量的剧增。第三，大数据应用处理成为企业和社会竞争发展的重要焦点。第四，有效挖掘大数据成为时代面临的重要课题。第五，许多企业对大数据的重要性认识不足，没有充分了解其价值。

下面是一些机构对大数据的调研、认知和应用研究，从不同的方面展示了其发展现状。

（1）Gartner 公司 2013 年一份名为《2013 年大数据普及程度背后的炒作》的报告指出：在受访企业中，有 64% 正在或是即将进行大数据工作，但实际的状况却不尽如人意，其中很多企业并不知道他们能够使用大数据做些什么。2012 年，有 27% 的企业开始从事大数据相关的工作，有 31% 计划于两年内展开大数据项目。而 2013 年，有 30% 的企业已经引入了大数据，计划参与的企业比例也增至 34%。造成这一现象的原因是不少企业都认为大数据能够帮助他们提升用户体验、改进企业效率或是发现新的商业模式或产品。56% 的企业不知道如何从数据中获取价值；41% 的企业无法将这项技术与公司战略结合起来；34% 的企业缺乏大数据的处理能力；33% 的企业难以整合多样的数据资源；29% 企业的基础架构遭遇挑战；27% 的企业面临隐私和数据安全问题；26% 的企业在对大数据项目投资上存在疑惑；甚至还有 23% 的公司不知大数据究竟为何物。大数据面临的主要挑战如图 1 所示。

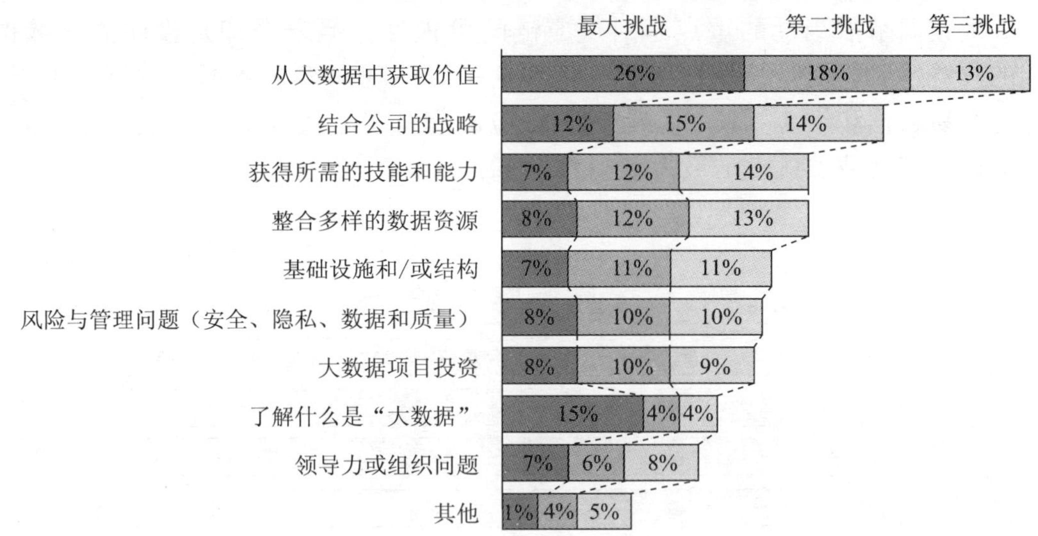

图 1　大数据面临的主要挑战

资料来源：Gartner Group。

（2）供应链视角研究公司（Supply Chain Insights Research Firm）2012 年对有关大数据与供应链管理的研究表明：企业已经意识到对大数据及其技术缺乏理解。调查发现以下六种情况。

①正在进行的大数据项目中，有 36% 的组织目前有一个跨职能的团队为其供应链评估大数据的潜在价值。

②项目通常由首席信息官 CIO 负责，评估供应链大数据使用和分析技术的团队领导是 CIO 的占 47%，是业务部门领导的占 21%，具有一个跨业务职能管理团队的占 21%。

③企业的信息管理系统的复杂度高，通常有多个系统支持他们的供应链，因此数据量巨大并且整合困难。当前供应链中复杂的管理信息系统如图 2 所示。

④数据增长快。8% 的受访者在单个数据库里具有 PB（千万亿字节）级别的数据，47% 的受访者预计未来五年内在其数据库里具有 PB 级别的数据。而且在那些正在进行大数据项目的企业中，有 68% 预计在五年内其数据库里具有 PB 级别的数据。

⑤在企业自我评价使用不同的数据类型的能力方面，应用最好的数据首先来源于传统供应链的事务处理数据（有 58% 的受访者使用该类型数据，说明该类数据仍是企业最熟悉的）、新型的地理与地图数据（有 47% 的受访者使用该类型数据）和产品的可追溯性数据（有 42% 的受访者使用该类型数据）；其次来源于物联网上的各种设备数据（有 28% 的受访者使用该类型数据）和运动应用数据（有 26% 的受访者使用该类型数据）。调研显示受访者对结构化数据类型的掌握程度更高。企业使用大数据的能力如图 3 所示。

⑥大数据举措当前的重点是对供应链的可视性，但未来却是投向需求数据。预期的收益越大，现行绩效评级就越低，这一点体现在需求数据的领域。由于更加熟悉交易数据和供应系统，具有较长供应链和跨多个边界的零售商表示，着重于供应链的可视性被认为是最为重要的。

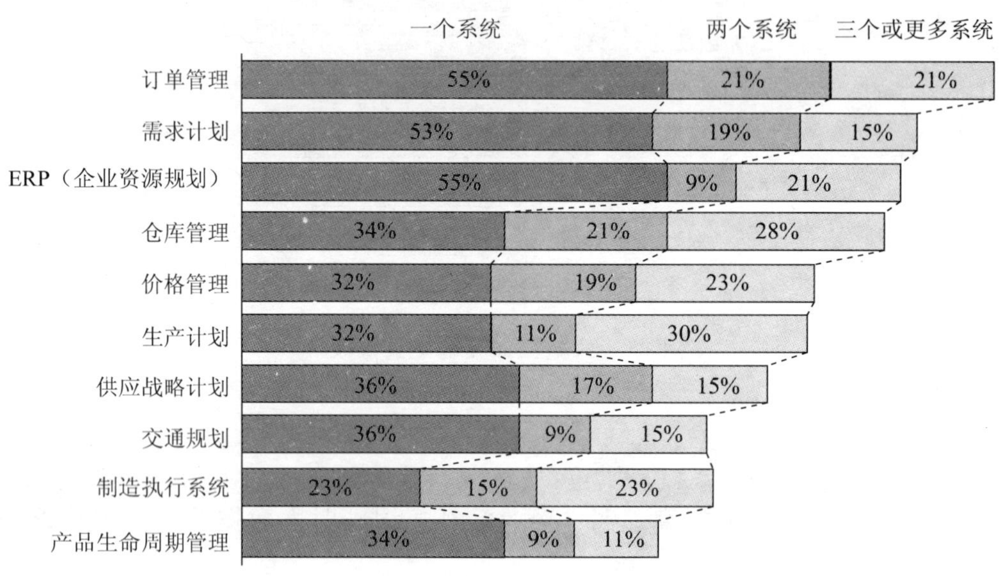

图2　当前供应链中复杂的管理信息系统

资料来源：Supply Chain Insights。

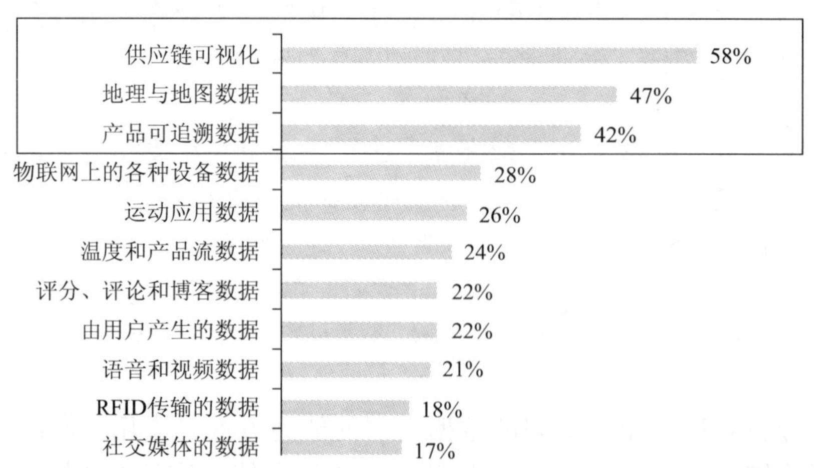

图3　企业使用大数据的能力

资料来源：Supply Chain Insights。

2013 年 7 月，Supply Chain Insights Research Firm 又做了进一步的量化研究，目的是了解和研究供应链的领导者们正在构建的驾驭大数据的能力。这个研究是基于 123 家制造商（占受访企业的 59%）、零售商（占受访企业的 26%）、批发商/分销商/合作商（占受访企业的 12%）和第三方物流提供商（占受访企业的 2%）的一项在线调查。

受访者中 31% 是供应链团队（是团队成员的占 15%，是负责人的占 12%，是其他岗位的占 2%，是支持人员的占 1%）；25% 是 IT 团队（是总监的占 15%，是首席信息官的占 3%，是负责人的占 3%，是经理的占 2%，是系统管理员的占 1%）；44% 为其他团队（是销售团队的占 16%，跨职能业务领导的占 10%，是财务的占 7%，是 BI 分析员的占 3%，是市场人员的占 2%，是其他的占 6%）。受访者角色如图 4 所示。

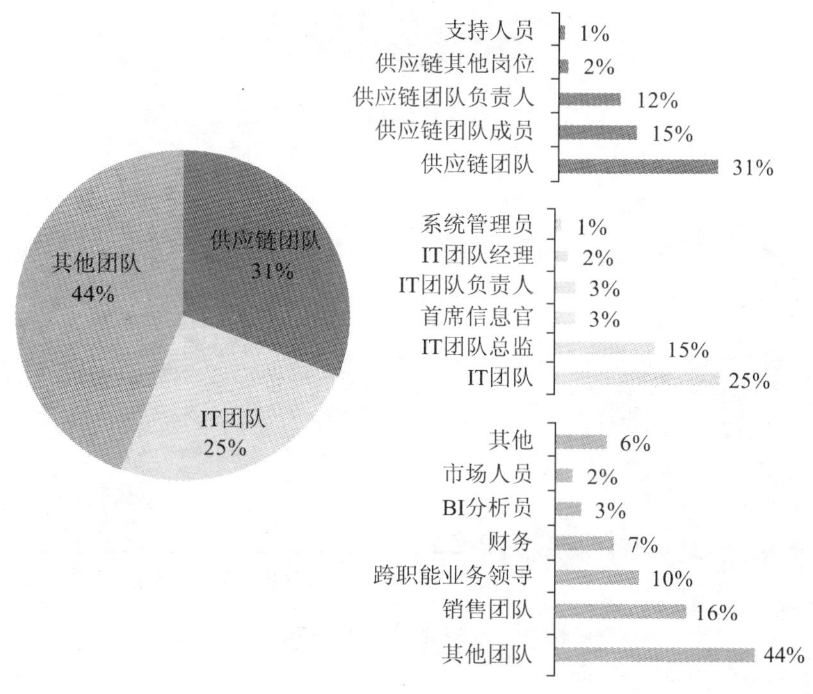

图 4　受访者的角色

资料来源：Supply Chain Insights。

调研显示出大数据的应用更多的是一个机会，而不是一个问题。认为有机会的占 76%，毫无概念的为 11%，而在大数据方面存在问题的有 12%（见图 5）。尽管数据库在不断增长，但可以被管理，然而，最大的数据库不是企业资源规划（ERP）数据库，而是在产品的可追溯性数据的领域。

受访者中已经开展一个大数据应用项目的占 28%，另外 37% 的受访者有计划地开展大数据项目，有 20% 没有开展大数据活动的计划（见图 6）。那些认为有机会应用大数据的受访者认为，大数据应用的最大机会在于对相关新型数据的管理，而不是对数据的体量或速度的管理。

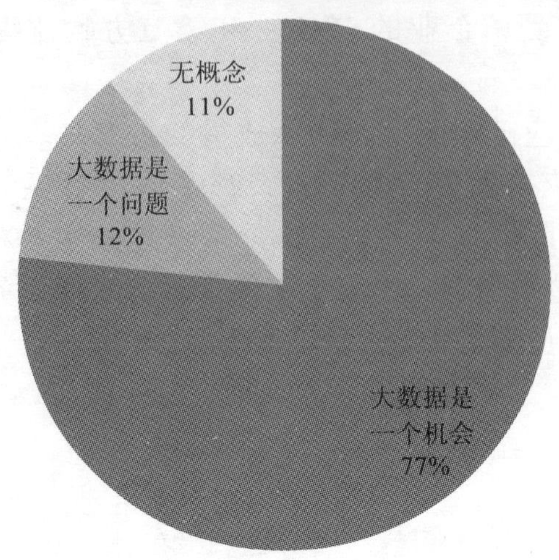

图5　对大数据应用的认识

资料来源：Supply Chain Insights。

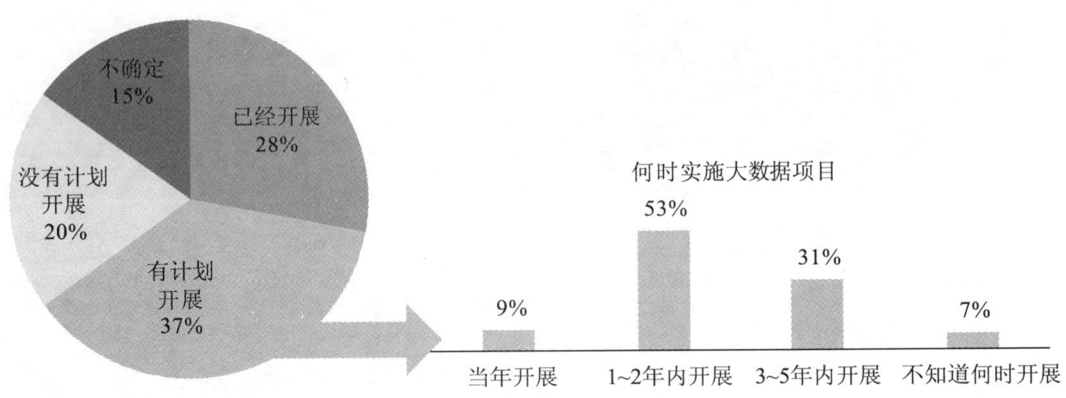

图6　大数据项目开展情况

资料来源：Supply Chain Insights。

在那些打算开展大数据项目的受访者中，准备当年就开展的占9%，1～2年内开展的占53%，3～5年内开展的占31%，不知道何时开展的占7%。

关于供应链重点要素中，目前排在前三位的分别是：需求与供给的易变性（51%）、应用大数据的能力（43%）、业务增长速度（34%）与人才问题（34%）。供应链重点要素如图7所示。到2020年，驱动供应链成为卓越供应链的前三个趋势的分别是：数据可视化（46%），增强供应链的可视性（39%）和大数据（37%）。卓越供应链2020年的趋势如图8所示。

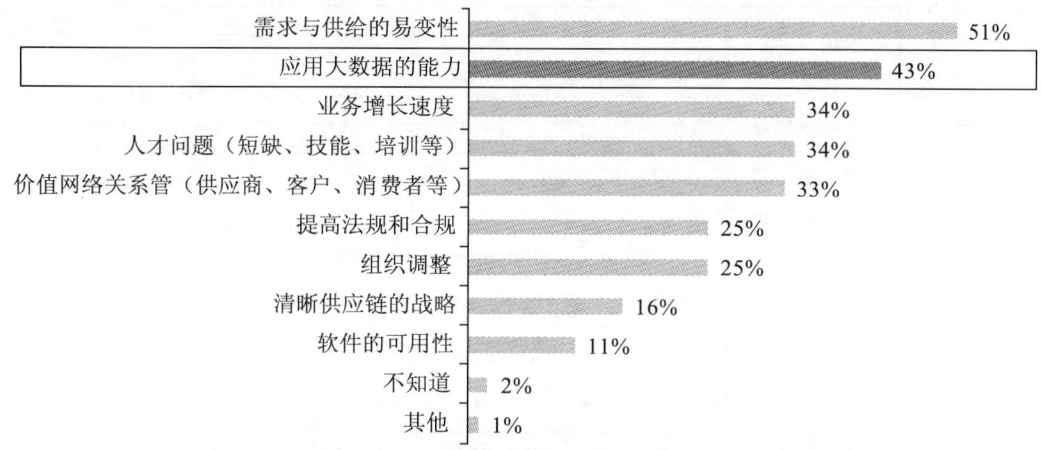

图7　供应链的重点要素

资料来源：Supply Chain Insights。

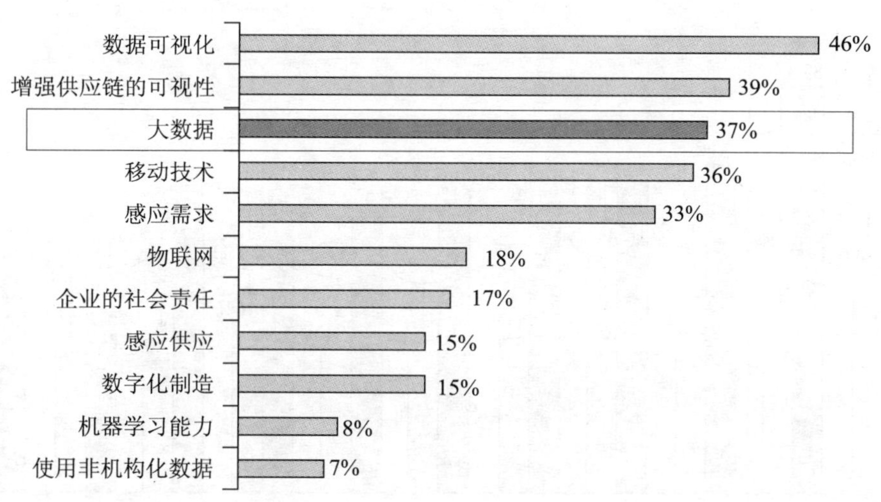

图8　卓越供应链2020年的趋势

资料来源：Supply Chain Insights。

目前大数据的应用还是处于起步阶段，未来更多的机会与应用是出现在“需求”领域。需求计划、订单管理和价格管理位列前三位，是目前从大数据中获益最高的领域。大数据带来利益的领域如图9所示。

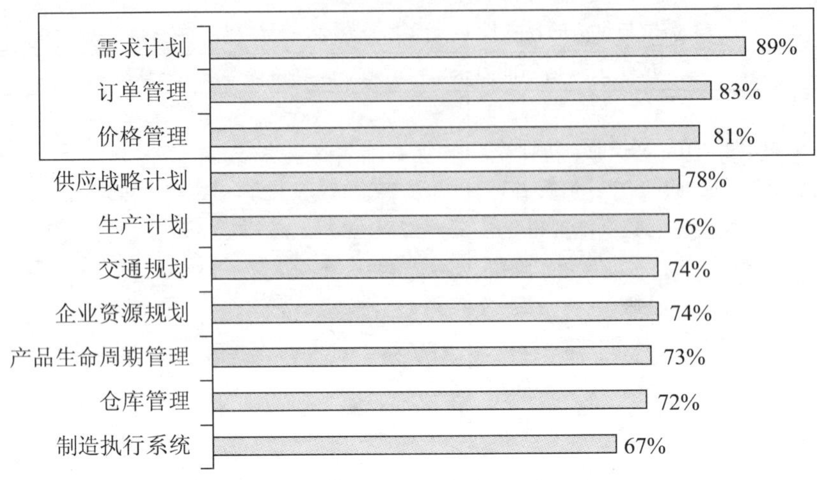

图 9　大数据带来利益的领域

资料来源：Supply Chain Insights。

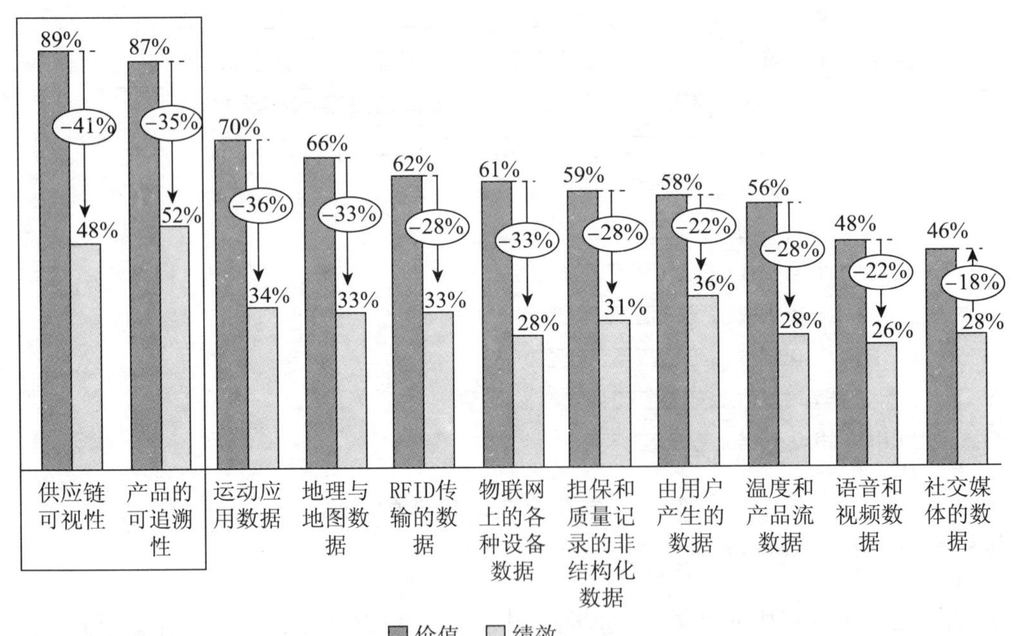

图 10　数据类型的价值与其绩效之间的比较

资料来源：Supply Chain Insights。

数据类型的价值与其绩效之间的比较如图 10 所示，图 10 中深色的柱形代表数据类型的价值，浅色的柱形代表数据类型绩效，度差柱形里的数据是二者的差距，数值越大说明企业在该数据类型上远没有达到应该获得的价值，还存在很大的空间去努力获取该类型数据的最大价值。从图 10 中可以看出，在供应链可视性与产品的可追溯性数据源方面，无论是价值还是差距都排列在前 2 位，有较大的潜力可以挖掘。

目前在供应链上应用大数据的重心更多的是靠近市场的需求端和营销领域，相对于采购与供应领域，市场需求领域更多地首先开展了大数据的应用，许多企业也已经收获颇丰。因此，在采购与供应领域应该努力迎头赶上时代的步伐，利用大数据为企业和供应链的供应做出更大的贡献。有了充足的数据，若将其转变为价值还必须有好的方法和先进的工具。在供应链上，大数据最突出和最能转化价值的应用是借助于商务智能（BI）软件系统和供应链管理（SCM）软件系统来实现。

二、大数据环境下采购和供应链管理中的商务智能技术应用

今天，客户需求的个性化特征越来越突出，电子商务和互联网营销已全面普及，多样化的营销方式随之不断涌现，移动互联网与社交已逐渐进入社会生活与工作的不同层面，而传统的管理模式和手段却已很难把握和管控需求的变化。

大数据时代，消费者能够选择购买完全客户化的商品，或从一个可供选择的环境下自行定制商品，例如在网上购买计算机商品时，消费者可以根据自己的需要和喜好定制化购买；对于商家来说，为了扩大销售范围、增加市场份额，他们通常采用特殊的促销策略，将多种相关联的商品实行深度捆绑和关联销售。个性化驱使商品的生命周期越来越短、淘汰率不断增大，迫使新品推出越来越快、越来越多；在某些特定的时间点，电商们会采取大面积的降价销售手段，例如“双十一”、圣诞节等，引发消费者大规模的购买行为。

通常，在社会与市场的新环境、新形势下会涌现出新的商业业态、模式和行为等，这些都为供应链上的需求与供给平衡匹配带来新的难题，使得企业更难以掌握市场需求与资源整合，导致需求与供给失衡，预测不准。当需求信号传递滞后使得采购与供给计划赶不上需求变化时，就会造成库存大量积压的同时还常常出现库存短缺的现象。这样一来，成本的上升吞噬了赢利。

对于这些难题，企业可以充分利用大数据技术，基于已有的业务数据，运用商务智能（BI）和供应链管理（SCM）等信息化技术，对各项关键业务进行深度的挖掘与分析，掌握其特性与特征，发现改进的机会并对其进行优化，从而实现由粗放管理到精细管理的转变。对于改进的业务可以落实在采购与供给业务的各项工作和各个方面，目前应用较多或收获较大的环节主要为需求预测、采购战略和业务规则的制定、采购业务的分析与改善、供应商的管理、库存占有量的降低、日常业务可视化监控和预警等方面。

案例分析：大数据驱动联合利华供应链

消费者从超市货架上取走一瓶联合利华生产的洗发水对联合利华（中国）来说，就意味着它的1500家供应商、25.3万平方米的生产基地、9个区域分仓、300

个超商和经销商都因此而受到牵动。

这是构成公司供应链体系的一些基本节点。它的一头连接着来自全球的1500家供应商，另一头则是包括沃尔玛、乐购、屈臣氏和麦德龙等在内的总共约300个零售商与经销商所提供的超过8万个销售终端。此外还关联着清扬洗发水、力士香皂、中华牙膏、奥妙洗衣粉等16个品牌将近3000多种规格的产品，以及在中国超过100亿元人民币的年销售额。每当消费者买走一件产品，联合利华整条供应链的组织运转就会受到相应的影响。

1. 深度数据挖掘与需求分析

不同于家电、汽车等耐用消费品比较容易预测消费趋势和周期，快速消费品行业由于其消费者的购买频次更高，消费结构更为复杂，以及销售过程中充满许多不确定性，企业较难对它做出需求预测。最头疼的情况是大客户采购，这种情况可能使超市的现有库存顷刻间耗尽。为了避免类似的手忙脚乱，又不想增加库存加大成本，更不想丢失客户，联合利华需要准确地预测未来的销售情况。每天，分散在全国各地的业务人员巡店后，将销售数据输入到一个手持终端，源源不断地把销售情况汇总到公司的中心数据库里。与此同时，直接与公司总部数据库对接的诸如沃尔玛POS机系统和经销商的库存系统等，将店里的销售和库存数据及时反映到公司的中心数据库中，使不论上海中国总部还是伦敦全球总部的管理人员，都能了解到中国超过1万家的零售门店在任何一天内的销售情况和业务数据。其余还有7万多个销售终端的数据更新以周为单位。这些大样本的数据来源，可以保证销售预测的波动（例如令人头疼和难以预料的团购情况）能被控制在合理的范围水平内。

但仅仅通过汇总购买行为这类数据，还不足以准确预测出未来一段时间内的需求，那些代表预测销量和实际销量的分析曲线，只是依赖数学模型和复杂的计算完成了理论上的工作，还需要做进一步的分析。这就需要其他的业务数据，例如对某产品制订的促销方案是降价还是买赠、在某时段内投入了多少宣传力度、覆盖了多少区域或渠道等，都会影响到该产品最终增加的销量，同时还要与其他业务部门如生产、采购、财务、市场等团队进行协同，共同利用这些数据预测和分析结果。

联合利华按照16个品牌的产品形态划分出四大业务类别，每个品类都有一个团队预测产品的销售情况，并进一步分析影响采购、生产环节的实际运作。当洗发水以瓶为单位售出后，采购部门得到的信息则是原材料A和包装材料B又将会有新的需求，在系统里一瓶洗发水会被分解成40多种原材料，这些数据会落实在其物料清单（BOM）上。

2. 全球协同采购

按照公司实行的全球化范围的采购与生产体系，消费者购买行为对采购、生产的影响就是全球性的。目前，联合利华旗下400多个品牌的产品在六大洲270个生产基地生产，所有涉及原料和包装材料的采购问题，包括采购地和供应商的选择，以及采购规模与频次的安排，都是全球范围内统一进行调配。这种全球化的操作将在成本集约上体现出规模效应，但同时也对公司的供应商管理水平提出了挑战。

2002年，联合利华在上海成立了全球采购中心，从中国向全球出口原料及成品，这里生产的牙膏最远销售到智利，中国的供应商总数规模在1500家左右。利用大数据与业务分析，一些能够同时提高合作方效率的合作会在这里开展：一些在内部被评定为A级的供应商被视作战略合作伙伴，它们会为生产提供定制化的材料，而自己的设计与研发人员也会对供应商的设备、流程等十分熟悉，双方会针对一款新产品在很早期就开始合作，联合利华会从技术方面对供应商提供指导。

联合利华利用大数据对供应商进行管理，有一套全球共同执行的标准。一个跨部门的管理团队每年会重新审核供应商等级，对A级供应商更是到场审计两次，不仅是技术水平、产品质量、资金规模等常规指标，还包括绿色、环保、用工条件等社会责任方面的情况，如果在其中哪个方面没能达到要求，就将面临从采购名单里消失的风险。

3. 高效协同生产

每当商品售出时，生产部门就要和计划部门对接对售出产品的数据做出响应。根据售出产品的相关数据，生产计划经理进行分析并做出决策。除了通过需求计划，经理得到需求预测，他还必须获得其他业务信息，例如通过采购团队掌握所有供应商的交货能力，通过工厂负责人了解目前生产线上的实际产能，等等。然后，将这些信息会聚在一起统筹分析，做出下一段时期内的产能供应水平。

根据这些大数据，工厂最终制订出生产安排，指挥一个年产值为140亿元的生产系统在每一周、每一天里如何调度它的每一家工厂、每一条生产线、按照速度和专长的不同安排生产（洗发水生产线就有10多条），完成300多个规格的洗发水生产，以尽可能达到产能最大化，以满足分散在全国各地甚至世界其他地区不断增长的购买需求。关于消费者打算在何时何地购买这瓶洗发水的行为，将给联合利华的分析人员带来一道复杂的统筹学问题。

4. 渠道供应链管理，赢在货架

联合利华在全国设有9个销售大区，首先成品从合肥生产基地的总仓发往上海、广州、北京、沈阳、成都等9个城市的区域分仓。为了保证这瓶洗发水能够准时到达最终的货架，分销资源计划员既要规划路线，又要考虑库存成本和各条运输线上波动的运输能力。比如，春节将是联合利华产品的销售旺季，而临近春节时往西方向的铁路线会很拥挤，公路运输也比较忙，还需要考虑很多发生在路上的临时突发的状况。因此，必须有充足的数据进行详细周密的分析，并与其他业务部门协商，做出例如“规划如何在西区提前建立库存”等的决策。

联合利华用活了数据，从超市货架上每个产品的变化，一直到自己的供应商，这是一条能产生出高价值的数据链路，而利用链路上每一节点的数据优化和改进业务，使得业务运营获得了骄人的好成绩。例如通过对缺货的分析，找出导致一瓶洗发水在货架上缺货的真正原因：是门店方面没有及时下单，还是系统虚库存，又或者是因为库存堆放问题等，找到了真正的原因进而改进了缺货率，使其重点门店的货架满足率提高到了98%，上升了8%（货架有货率每提高3%，就会带动产品销售提高1%）；又如与超商启动了回程车项目优化，在联合利华合肥总仓、乐购嘉善总仓、乐购合肥门店之间，把双方的取货、发货和运输线路放在一起进行分析和优化设计，减少了返程时的空车率，节约了10%左右的物流成本，同时也完成了公司对碳排放降低的要求；再如，通过分析与优化，提升了服务效率和客户的投资回报率。2011年联合利华的这一排名从2004年的20名之外上升至第2名，实现了它“赢在客户”的目标规划，无论在它的销售、采购、库存、生产，还是在物流等方面的业务都有了很大的提升。

三、大数据环境下采购和供应链管理的优化与决策

日益复杂的商业环境使供应链网络结构的合理性问题成为当前供应链管理的一个重要难题，也是企业供应链管理面临的一个全新挑战。企业与供应链管理人员面临着不断提升客户满意度、迎接全球化经营的挑战，他们希望能不断地扩张业务并占领更多的市场，能开发和生产更多、更好的产品，在最恰当的时间和地点，以最低廉的成本、最优惠的价格、最好的状态与质量为最合适的客户提供最佳的商品和服务，能有效地识别和确定供应链策略实现成本与服务的平衡，并以此获得自身的利益最大化。

长期以来，企业与供应链的管理者苦于缺乏有效的管理方法和技术手段，无法以科学与正确的决策与优化指导业务实现最佳运营，比如：

- 在原有的服务水平基础上，原料/零部件应从何处获得成本最低？如何在保持该成本基本不变的情况下提升服务水平？
- 应采取什么采购策略来平衡既定的成本与服务？
- 是自行建立仓库还是由供应商建立仓库？设在何处最合适？
- 仓库里的货物应该为哪些生产或经营点供货？供应多少并以什么方式供给为最佳？
- 如果投入新品或开拓新市场，如何整合现有/新供应商的能力支持目标生产产能？
- 在季节性需求将增加时应提前储备多少库存存货？
- 当供给能力出现不足时是开拓现有供应商供货能力还是寻求新供应商？
- 应该在哪些工厂（DC、仓库等）生产（配送、存储等）哪些产品？分别生产（配送、存储）多少能够实现价值最大化？

- 是否要增加（或减少）经营设施（工厂、仓库、DC、服务中心、门店等)?
- 仓库（DC）里各种物资的库存策略怎样制订才能最大限度地降低库存和减少缺货?
- 某个供应商（工厂、DC、仓库）应该给下游哪些节点提供供给？供给什么？分别供给多少利润最大?
- 整个分销与配送网络应该设置几级库存？分别是怎样的库存量设置才能即时满足市场需求，又同时实现网络库存最小化?
- 应该怎样定价和用什么方式的促销才能以最低的成本增加销售额?

上述问题的复杂性在于其涉及极多因素和这些因素之间的平衡，想要通过“拍脑门”的人工方式或简单的计算根本无法解决。要想对这些问题做出最优化的决策，必须有大数据为基础，用 BI 分析提炼数据，由供应链管理系统的模拟优化功能对整个供应链网络或某些局部环节进行模拟优化。模拟优化的对象可以是事件、设施、路径、流程、产品、运输、节点等，也可以是这些元素组成的网络以及相关的业务，既可以是单目标优化，也可以是多目标优化。一般情况下，供应链的优化决策工作原理与流程如图 11 所示。

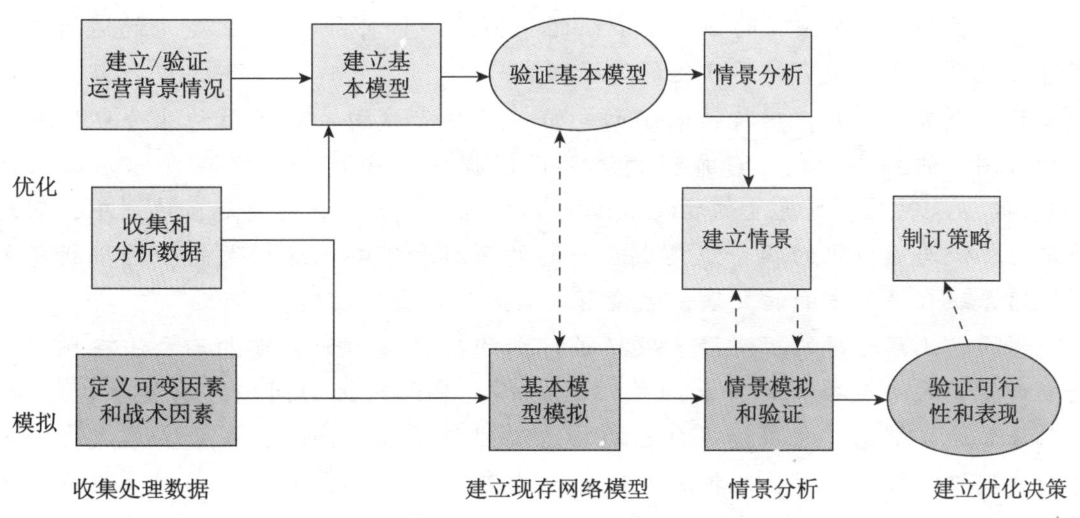

图 11　供应链的优化决策工作原理与流程

案例分析：供应链优化案例——福特公司供应链供给业务的优化

为了增强竞争力，福特公司采用业务数据和优化工具成功地与它的数千个供应商和服务商实现了紧密的业务连接。

福特公司在全球有 4000 多个供应商，为它分布于全球的 100 多个制造工厂供货。福特的目标是渴望能有一种好的方法优化其复杂的、覆盖全球的供应与生产网络，采用互联网将其汽车生产的供给业务、供应商和服务商连接在一起，直接与供应商和物流服务商交换并共享发送物料与生产计划的信息。它采用供应链优化建模的方法，可以同时对一个接近无限元素的数据类组进行筛选和评估，在此基础上进行优化，为福特提供一个可选择的基于排序的决策流程。

优化系统在获得与部件和生产业务相关的数据后，产生一个优化的、与福特预定的供给业务优先权相吻合的优化供给流程。这些优先权因素可以很容易地被引入到每一次的模拟运行中，这使福特能够平衡供应链网络中的元素和细微的差异，从而提供了具有“what if”的高级分析功能。

例如，某些生产计划经理可能打算在他们的工厂里实施特殊的策略和处理过程来接收和管理库存与部件，如在自己的仓库里保持少于2个小时的库存量这样的策略。在实施这些业务变革前，可以在优化系统中插入约束因素，然后通过该系统观察约束因素对供给成本和网络中其他因素产生的影响。运用这种优化方法，福特公司就可以做出优化的决策。例如，“如果花费了×去做某事，是否能够得到大于×的价值呢?”“在供给网络中，这是一个正确的业务决策吗?”

福特公司的网络相当复杂，全球供给部门雇用了300名左右的物流专业人员从事将进货物料运送到装配点，将汽车从工厂送给经销商和全球客户等业务。总装厂的整车平均需要大约2500个部件。接近4000个全球供应商运送零部件和组件到31个生产发动机和转速器的工厂、13个冲压厂和54个装配厂。从那些装配厂，整车被运往200多个国家的20000多个经销商处。福特每年65亿美元的运输费用实际上包含了所有现有的现代化的运输模式。

为了更靠近客户，福特转向了面向订单的生产，由消费者驱动业务环境和采用精益制造的生产方式，它希望物流部门能提供一个建立在潜在资源基础上的“完善的、及时的和可重复的物流成本评估方案”。另一个期望是在计划中，实现将进货物流与同步化的物料流集成在一起的目标和策略。这样做面临的挑战是美国铁路系统在服务方面的欠缺，运输形式需要转向公路运输。

然而，工厂一级的阻碍经常破坏了计划的执行，例如进货卡车无法在预定的地点卸货，无法直接将部件和组件运送到各个装配线上的问题常有发生，等等。福特清楚地了解到，它必须将自己的物流流程与物流伙伴的流程紧密集成在一起才能实现这一目标。福特的物流服务商包括潘世奇物流公司（Penske）、环世物流集团（Worldwide Logistics）、联邦快递（FedEx）和Autogistics（UPS的一个分公司）等，福特认为与这些服务商无缝集成业务的基础是信息的集成与共享。

福特在三个阶段上对缩短新车型项目的供给进货周期做了优化，即战略阶段、战术阶段和运作阶段。战略阶段包括资源决策，例如，由一个工厂变化而产生的多种资源方案、货币与贸易问题、市场问题等。然后，这些信息被输入到一个策略模拟制订方案中，供应与物流成本在这一模拟过程中被评估后，再反馈到战略优化过程。当资源决策方案确定后，运作计划过程就开始了。福特将其物流需求提供给领先的物流服务商，由它们通过设计物流网络来支持该计划。这个系统不仅使福特能快速、灵活地适应变化的情况，还增加了对供给策略的可预见性。

最具影响的是以最小的总成本优化北美装配厂的物料进货越库作业（cross - docking）的数量和理想位置，福特对相关成本因素和供应链网络的影响与约束进行了建模分析。对于21个装配厂、1500个供应商和46000个不同的进货零部件和组件，优化系统在特定的假设下进行模拟。根据需求量检查了供应商的位置和需求点后，福特原准备在供应链网络上设置45个配送中心作为越库作业的场所，经过近2个月时间的建模和模拟分析，优化方案只要求15个越库作业场所，大大节约了成本。

随后，进入了"what if"分析阶段，需要考虑在什么地方引入其他的资源，例如来自于福特企业内部其他地方和外包商的资源。全球供应链技术部门在改变成本、数量、频率和其他因素的情况下，运行了40多个模拟方案并进行求解。对每一个方案，从模拟变化到生成适应业务环境的结果，大约需要1个小时的时间。

同时，数据采集与优化也是一项关键工作，供应链网络中点与点直接平滑顺畅的数据流对于优化过程是非常重要的。最初，由于缺乏对大数据进行收集存储与分析处理的工具与能力，传统的优化工作中所花费的时间比例为：90%的努力是用于收集和输入数据，5%用于过程分析，其他5%用在输出结果。但采用优化系统后，这一比例发生了显著的变化：优化工作的5 %用在数据的处理与输入、5%用在过程分析、5%用在输出结果、75%用在对结果进行分析。其余时间被用于回顾优化过程和对方案进行选择。正如Koenigbauer评论说："现在，我们用75%的时间分析来自优化系统的输出，思考下一个方案对我们的业务真正意味着什么。我们还具有与其他业务部分集成的能力，能与我们内部的同事协调解决物料送达到工厂的问题。""如果你有一个相当好的供应链网络，简单地利用优化系统，就能将效率提高20% ~30%。在进货物料项目中，我们不仅节约了运输成本，而且在交货频率明显增加的情况下保持运输成本不变。我们从每天平均22%的零部件进货率增加到每天97%的进货率。这对福特来说是一个巨大的效益。"

四、结束语

中国地大物博人众，是一个天然的大数据市场。易观智库（EnfoDesk）研究发现，2014年将是中国供应链大数据快速发展的一年，29亿元的市场规模，增长率达到42%。供应链大数据应用企业必须提前布局占据有利地位，到2016年，中国供应链大数据市场规模将达到59.6亿元。如图12所示。

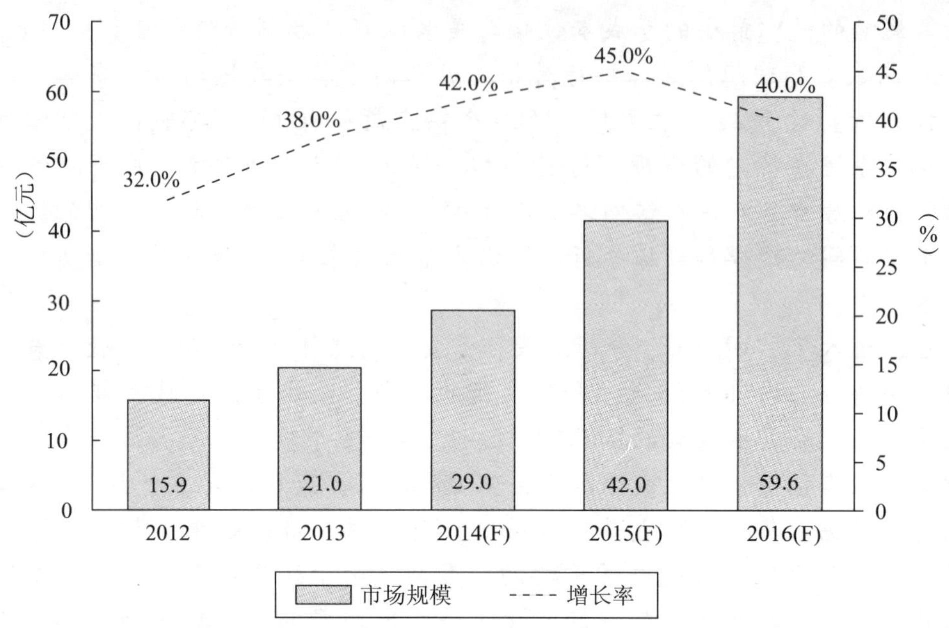

图 12　2012—2016 年中国供应链大数据市场规模及预测

从国内数据中心的发展历程来看，国内大数据集中从银行业开始，逐步发展到保险、电信、电力等国有大型企业。目前为止，国内实现大数据集中的行业包括公共事业、金融、电力等；未来实现大数据集中的行业包括医疗、汽车、零售、制造等；能够率先实现大数据增值的行业主要包括电子商务、物流等。

目前我国供应链大数据产业正处于起步期，未来几年将快速发展。有深度行业积累的供应链协同数据平台将是未来若干年资本主要进入的领域。第三产业供应链协同应用市场的进入空间较大，尤其以医疗、金融、电子商务等细分领域需求较高。第二产业供应链协同市场成熟度逐步提高，尤其以物流、汽车、零售、公共事业为主要领域，供应链协同数据将起到市场升级的核心驱动作用。

IDC 公司预计，大数据技术和服务市场的增长在去年同期以 27% 的速度增长，在 2017 年金额达 324 亿元。这些都说明大数据的应用具有十分广阔的前景。面对大数据的浪潮，我国的企业应该快速迎接挑战，紧紧抓住机会，特别是采购与供应链的管理人员，必须充分认识数据的重要价值，积极利用大数据和其他相关信息化管理工具，在采购供给业务中开展应用，把握业务规律，发现业务机会，对各项业务快速做出科学正确的优化决策，并指导采购业务的执行，为企业和供应链的经营保驾护航，充分利用大数据应用的价值实现企业和供应链管理的利润最大化和价值最大化。

专题报告四

国际采购研究报告

新兴全球采购战略研究

CAPS 研究中心

大约在十年前，CAPS 研究中心进行了两项研究，这些研究为两个供应战略的进展、发展趋势和管理方法提供见解，这两个供应战略为：有持续竞争优势的外包战略和有骄人业绩的全球采购与供应战略。这些研究有助于保证外包和全球采购这两方面供应战略取得进步并使得它们在未来更具有发展的潜力。然而，在第二项研究进行之后的短短 7 年里，在若干因素的影响下，资源外包和资源全球化的原因、方法和风险被重新定义了。

当企业意识到外包决策需要深入探讨战略的合理性、效益、资源需求、风险和供应商兑现自己诺言的能力时，外包策略变得更有选择性和复杂性。

多种因素使全球采购决策变得更加复杂。经过 2007—2009 年的经济危机，从非传统供应商和当地供应商处进行采购有了更多选择，由于企业破产和倒闭，长期的供货关系变得不稳定。随着中国采购成本的上涨，公司的采购策略除了从默认的中国市场采购之外，也考虑其他的供应市场。相比之下，从陌生、遥远的供应市场进行采购，要承受自然灾害、恶劣的工作条件、对原材料的掌控能力不足和知识产权泄露的风险。

在发展中国家，消费者群体的日益扩大带来了新的、与以往不同的市场机遇，这些机遇需要供应链的帮助与支持。与此同时，技术的进步正在改变供应的需求和选择。许多外包战略和供应位置战略都建立在一些假设上，例如假设可以在哪里工作或应该在哪里工作（主要针对地理位置和价值链中的特定当事人），但随着技术的进步，这些假设开始被质疑。

这些因素的融合导致了这一研究主要集中在调查新兴的供应和采购的策略、趋势和决策上面。

- 这些新兴的全球客户和供应战略，在公司的整体竞争力中是否将会是最关键的？
- 制造模式、外包模式和供应商的位置是如何发生改变以及为什么正在发生变化？
- 主要的全球供应流程和方法在成功实施新兴的全球供应战略中是不是最关键的？
- 在这些新兴的全球供应策略中，供应链管理的角色和责任是不是最关键的？

为了回答上面这些问题，CAPS 研究中心通过电话访谈和电子调查开展了研究，采访了14个大型全球性公司的供应执行总监，探讨了全球的供应战略和案例。100家公司的电子调查和调查的详细统计数据显示，公司将会改变内包、外包、全球采购支出和供应国家。

一、为实现全球增长和获得利润的四个关键战略

外包和全球采购战略不是孤立存在的，为了增加价值，他们必须通过更广泛的商业战略来支持和整合。研究表明，实施四大业务战略是促进参与公司成长和实现赢利目标的关键。这些策略包括以下四个。

1. 贴近客户

所有受访企业都遵循"越来越接近客户"的战略，这包括生产位置和研发设施的位置。此外，全球性公司在贴近顾客的国家和地区建立企业单位。

2. 保护成熟市场并迅速扩大新兴市场

公司无论是正在扩大新兴市场还是已经扩大到新兴市场，应该继续这样做下去，同时保护成熟市场的销量和利润。

3. 把产品和客户分开

把产品和客户分开，根据客户的特点和承受能力，量身定制产品，以满足特定客户的产品/服务需求。根据特定客户对市场产品/服务的功能需求和承受能力，公司日益细分了生产线。公司已经为发展中国家创建"节约型产品"，促进发展中国家的快速发展，同时继续为他们的传统市场提供"优质产品"。

4. 建立供应链战略

建立供应战略，以整合并支持上述业务策略，同时满足细分客户的需求，并充分利用供应商的能力。供应的战略重点放在如何实现内包到外包的转变、供应商的选择和位置的确定，同时供应战略需要供应链管理全球化的领导者。

二、新兴的外包/内包策略

在2013年的调查中我们发现，外包活动自2005年以来在一些商业领域"显著"增长（"显著"被定义为25%或更多的活动被外包）。这些领域包括研究和开发、生产制造、物流及信息技术。

对于绝大多数的受访者而言，外包仍然是一个流行的战略，很多企业希望在未来五年内更多地利用它。外包水平提升的主要原因是它可以降低总成本、提高灵活性和响应能力、获取技术和避免过高的资金投入。然而，为了在供应链中降低自身的成本、获得核心业务活动的控制权、保护知识产权（IP）并减少物理距离，一些公司把降低对外包活动的依赖作为一项战略。

此外，根据对调查结果和采访的分析，一些值得注意的外包、内包发展趋势

如下。

（1）在许多接受采访的公司中，外包还是内包的决策已经发展得比较成熟。公司有很好的方法来系统地评估外包和内包的机会。自己根据物料账单做分析或者从外部购买分析都是常见的，有些公司已经运用正式流程来评估和支持运营活动，如物流、信息技术（IT）、设施管理、研发甚至销售。

（2）评估是基于传统的标准，但更加重视风险。公司表示，他们将会更加重视与外包相关的风险，对关键活动的控制给予更多关注，以确保稳定可靠的供应，避免知识产权的潜在损失，并减少树立竞争对手的可能性。

（3）基本的外包策略是相似的，但具体的细节往往是根据公司的核心竞争力来量身定制的。那些被视为核心或关键的产品将由自己生产，但是非核心的产品将从现有的供应市场进行购买。属于核心与非核心之间的产品，要具体情况具体分析。

（4）外包策略随着需求及市场替代品的变化而变化。例如，一家参与公司采用一种生产外包策略，但是在对持有总成本和知识产权保护进行测评后，发现公司需要一种使两者更平衡的方法，即通过采用精简原则和自动化原则，使公司能够转移成本曲线并将大部分工作收归自己手中。在另一个例子中，一家公司需扩大产能以满足需求的快速增长，但这对资本的要求过高。相反，如果它采用了自造和购买相结合的方法，在增加产量的同时有利于避免投入过高的资金。

（5）在某些情况下，企业开始外包组件装配。这是一种在汽车行业里普遍使用的策略，目前多个行业的公司正在计划或已经从系统供应商处整合来自多个二级供应商的零部件，使得工作转向外部供应商。

（6）外包服务正在增长，并适应各个领域的需求。我们发现在一般情况下，像信息技术、物流、设施管理、分析支持，以及法律和市场营销等行业的外包服务将会增加。此外，对于不同领域的外包活动不是“一个通用模式”的全球性解决方案，因为不同的市场有其独特的需求。

三、新兴供应商的战略定位和发展趋势

在过去的15年中，许多西方公司的供应商战略定位发生巨大的转变。最初，从低成本国家（LCC）采购成为一种普遍的做法，因为公司在发展中国家通过购买劳动力密集型产品和服务，能够找到的30%或更多的成本节约机会。当这些新兴国家的经济变得更强以及员工的工资上涨时，会使这些公司的成本提高，公司将会寻找另外的低成本国家，以保持一致的成本。与此同时，为了满足当地日益壮大的消费者市场，公司通过专门为当地需求设计产品中看到了快速进入该市场的机会。这些国家赋予了供应商不同的角色，这些角色包括通过充分利用消费者、竞争、商业惯例和法规等当地知识，直接提供产品设计和市场进入计划，以及公

司客户的扩张计划，而不是简单地提供零部件。

电子调查的结果显示这些趋势是明显的，这些被采访的企业对于全球采购的研发平均支出，预测将会从2012年的20%增加到2017年的32%。这些公司表示，他们在2012—2017年采购的国家名单将会发生显著变化，尽管这种潜在趋势是基于小样本研究。例如，印度、德国和巴西将获得研发费用，而中国、墨西哥、印度和巴西将获得生产制造的收入。这些变化的主要原因包括价格/成本、供应商的可用性/响应能力、技术和供应商的创新。

在研究中发现目前公司有一股向前发展的动力趋势，这个趋势影响着公司对供应商战略定位的计划。新趋势包括以下内容。

（1）公司的市场渗透力和增长计划有助于形成采购选址决策。公司战略的关注点在于公司搬迁或设立新的研发、生产基地。这些战略经常需要运用供应链管理知识，在供应商附近建立新的基地，保证公司的正常运营。例如，公司新的研发基地建立在中国、印度、新加坡和日本等国家，而新的生产基地设立在中国、印度、波兰、俄罗斯、巴西、墨西哥等几个亚太地区的国家。产品和客户的细分策略往往伴随着市场渗透策略。为了实现在新兴市场销售产品给客户的目标，企业通常需要在发达国家中寻找成本低于传统供应商的供应商。

（2）区域采购是首选策略。区域性采购已经或正在成为公司的主要采购策略，在该区域中，研发和制造供应商都位于或接近公司的生产经营或客户市场。

（3）能源成本和物流方面的考虑促使很多公司做出区域采购位置的决定。能源成本和物流方面的考虑（例如成本、可靠性和响应度）是许多供应位置决策的前提。自1998年以来，石油价格已经翻了两倍，导致运输成本的增加。而美国天然气价格的大幅下降已经波及各大行业，使得美国成为最吸引能源密集型行业的地方。

（4）公司鼓励现有供应商在新兴市场定位发展。与新兴市场的供应商做生意可以帮助公司在一个新的市场里面减少本地采购的风险。正如一位受访者所说的，该战略是要寻找全球最好的供应商，但选择的范围限定在了本地。

（5）可以继续在低成本国家采购，但是存在收益减少的风险。所有公司都曾经选择过低成本国家采购策略。在低成本国家采购不仅能够实现成本节约，而且能在重要的新兴市场中更加贴近客户。但是，在第一轮的低成本国家采购中节省了大量的初始成本，如果在另外一个低成本国家采购中无法获得同样的节省率，或工资差距的节省达不到初始成本的节省和转换成本无法降低潜在的节省时，将会使公司很难转移到其他新兴市场。

（6）从低成本国家采购存在最大的障碍是来源认证，这种现象在那些有着严苛安全法规限制的行业很突出。像航空航天、汽车和医药等行业，当转变供应来源时，新供应商认证和新制造工艺认证是一个重要的阶段。当这些供应来自于低成本国家时，而这些国家的质量标准、员工培训、材料测试和验证材料的可追溯性可能滞后时，来源认证就会变得很有挑战性。

（7）新兴市场的政府政策仍然是鼓励产业发展，对希望在当地采购的公司给予优惠。有利的利率和政府支持的投资能够吸引像中国、巴西和墨西哥这样的国家到当地来采购。不难发现，由于中国的供应商有创造就业机会的潜力，总是能迅速地获得当地政府的投资，使他们的公司能够建立并开始运行几个月，但是这种待遇对于来自西方的供应商是不可能有的。有些公司帮助一些小型供应商进行供应链整合，并使得这些供应商得到了墨西哥政府的关注，而在这以前没有一个供应商靠自己能够获得政府的关注。调查显示，墨西哥联邦和各州用于培训、安装和投资的资金，不会一直提供给单独的供应商。

（8）外包升级和在岸外包业务也在增加。有一个结论认为区域化是国内资源或邻近国家资源的整合。我们发现供应商从欧洲和亚洲来到墨西哥的目的是支持公司在美国的业务，并整合墨西哥到美国的国内工作，从而增强美国工厂的能力。

（9）在一些情况下，供应的基础可能变得更加动态化。即使是几年前对于采购定位所做出的决定，其所依据的假设可能也已经失效。例如潜在的劳动力、材料、能源和物流成本、通货膨胀、风险、供应商的能力和劳动力自动化。上述任何因素都有可能导致重新采购。

（10）公司很少考虑二级及以下的供应商的位置。供应的位置决定几乎完全是在一级（而不是第二级）的供应商。这个决定是出乎意料的，因为最近很多企业已经在日本海啸和泰国洪灾经历了此类风险。

四、全球供应管理推动因素

全球化所需要的五个主要的全球供应链管理推动因素：

- 组织和管理；
- 分类战略的发展过程；
- 人才；
- 信息系统和技术；
- 测量与评价。

在发展和实施有效的全球供应和供应链战略与实践中，这些供应管理推动因素是非常有必要的。例如，如果没有适当的全球组织架构与管理，没有分类战略的发展过程，公司的采购策略可能会在全球范围内各自为政，制约了公司的经济发展和赢利机会。

然而我们发现，供应管理推动因素在不同程度的实施过程中都存在。组织结构与管理和分类战略发展是最先进、最成熟的。但是它们在不同的公司里面有着不同的组织方法。人才和信息系统与技术是最先进的，因为考虑到经济全球化和在全球范围内对人才的需求很大，以及需要在世界范围内调整和集成不同系统等众多的要求。功能性的测量和评价是受全球化影响最大的。

1. 组织与管理

公司业务和供应战略的持续全球化要求企业提高他们的全球性组织和管理方法。供应管理必须与业务单位按照报告制度有组织地紧密结合起来，以满足世界各地区特定的产品/客户的需要。供应管理的核心领导组织必须及时发挥功能性领导作用并能定位企业层面的货物和服务的来源。这些地区/国家的供应办公室不仅需要有效地了解顾客和供应商的需求，而且要能追寻到这些地区/国家的生产商。跨职能和跨地区的部门管理团队需要确保供应战略包括不同的业务部门/生产线/地域的需求。最后，必须明确授权供应商的选择、谈判和合同的签订。

2. 分类战略的发展过程

日益重视跨功能、跨部门、跨地域协作的全球化的团队需要一个分类采购的过程，并且需要实施小组在地方、区域和全球分类战略的基础上协调。分类战略的发展过程典型地体现了各公司不同的参与程度。这些战略的特点包括全球范围的需求数量，编写和定制3～5年的分类采购战略以满足产品线、业务部门和地理位置的独特需求策略。而且这个过程使得供应战略得到合理的发展，实现最佳的客户状况、实现有效的供应商关系，并建立有效的合同。该策略通常是由跨职能和跨品类团队通过考核业务、财务、供应行政人员和其他的个人（例如技术、制造和物流）等方面来制定和实施的。

3. 人才

全球化使得采购和供应人员要增加自己知识和技能以支持业务的需要。技术和商业知识、人际交往能力、工作的团队和矩阵式的组织能力、沟通能力和全球性的战略思维能力，这些都是对参与者进行人才评估和开发时强调的重要内容。

供应人员已经或正在位于或接近战略供应基地，以了解当地知识和发展当地的供应商的关系，能够使公司获利。另外，供应人员是随着业务增长的。供应人员主要被安置在中国、印度、亚太部分国家和墨西哥、俄罗斯、波兰和其他东欧国家。在这些遥远的国家里，公司的营业额一直存在一些问题，同时公司对知识产权的流失表示担忧。

每个公司对雇用和提拔员工需要考虑不同的问题，尽管他们对于全球化来说并不是唯一的，他们增加了复杂性的任务，并强调需要应用相匹配的文化和当地情况的方法。雇用本地员工对于人才渠道不完善的欠发达市场来说是个挑战，需要供应领导花费额外的时间和费用来寻找并招聘员工。一些企业采用了标准化的流程和培训（例如分类战略发展和供应商评估）作为最佳的实践的方法，确保该方法在跨地域时具有一致性。

4. 信息系统、技术和信息共享

对于区域内和跨组织间的全球采购和供应的效益和效率而言，有效的信息系统和技术是关键的推动因素。重要的应用包括全球支出分析、供应商能力评估、供应

商绩效评估、供需规划与执行（通过企业资源计划系统）和物流系统。然而，被采访的公司虽然认识到它们的重要性，但是并没有应用必要的信息系统并加强技术。

5. 测量与评价

全球采购与供应并没有使得评估供应商功能的指标和评价方法发生显著变化。在参与调查的公司里面，公司都运用典型、主要的测量工具降低单位成本，主要测量工具包括基于采购价格差异（PPV）、谈判节省、降低设计变更成本、总交付成本（和价值）、通过目标成本来实现业务目标、准时的供应保证、低成本国家采购计划。

五、期待

如本报告所述，公司的两大策略：外包和全球采购，在过去十年中得到了不断的发展，并推动了世界经济的显著变化。我们认为，在未来的五年里，供应链管理的高管要学会适应具有挑战性的宏观环境，所以从现在开始就应该为塑造和提高他们公司的全球供应策略做准备。

1. 未来的宏观环境

由于持续的政治和动荡经济的不确定性，全球局势的风险在不断地增加。新兴市场和中产阶层的增长，使世界各地的购买力持续增加，而且根据新消费者的特定口味和预算来量身定制的产品和服务需求也在增加。随着科技的不断进步，激发了对产品的创新和设计的热情。为了制造出新产品，供应部门寻求合适的外部设计、工程支持、材料、部件和生产设备的支持。

此外，在全球范围内，供应商的能力有可能会增加，并且供应商将会在某个地理区域聚集在一起。在中国、墨西哥、东欧、巴西等快速发展经济体的供应商将能够提升价值链并且日益侧重于一些方面的工作（例如远远超出装配等劳动力密集型任务的工作）。供应商的产品和制造设计等能力将增加，从而为购买公司创造更多供应基地的选择。

随着技术、客户的要求和市场选择的不断变化，在现在或者未来，公司将需要评估其核心竞争力。这些评估将会影响他们的全球供应链决策。

此外，新兴市场的劳动力价格、能源、燃料、投资、利息成本和货币汇率将会持续地发生变化，进一步使内包和外包决策、供应商和内部运作的地理位置决策和整个供应管理变得复杂。这些变化使得公司需要更深入和更及时的最新数据和信息。

2. 具体指导

以下的具体指导是根据全球不断变化的宏观环境和全球供应管理战略的需求提升为基础制定的。

（1）开发更复杂的内包和外包策略。

（2）建立有成本效益和有弹性的供应商选址策略。

（3）加强关键供应管理因素。

3. 开发更复杂的内包和外包策略

无论是当前还是未来，更深刻和更丰富的战略和业务框架是每个公司都需要的，这些战略和业务框架主要用于评估战略选择是内包还是外包。这个框架应该包括对当前和未来投资的重要性的分析，这些投资要求在特定的领域保持领先地位（例如技术、制造工艺等），并且需要完全了解未来需求的能力，认识到新能力和新供应市场选择的变化的重要性（如拥有知识产权和规模的创新型供应商）。还需要对资金的可用性、替代性和分配限制有一个完整的理解。

在评价时应该考虑的四大内包/外包选择策略，其中包括：

- 外包；
- 外包，出售或重新调配资产；
- 内包，继续投资，以保持内包作为核心竞争力；
- 探索战略选择，如内包或寻找外包关系中的控制因素。

决策将需要更广泛，更具包容性的团队参与（例如，执行企业领导、技术、金融、制造、供应链主管等专家）。

4. 建立有成本效益和有弹性的供应商选址策略

当进行供应地选址决定时，公司可以利用关键因素测量和确定位置选择（或供应商选择）的总成本，关键因素有采购价格、物流相关成本、供应商管理成本、产品、供应的连续性和其他风险（所有这些因素都在本报告中讨论过）。

公司可以通过利用恰当的、不同类型的一组因素建立总成本模型，这个模型可以帮助公司进行评估选择。这些模型的范围可以从“成本计算器”到更为复杂的模拟或是基于优化的供应链网络模型。其中“成本计算器”允许在一组备选方案中做直观的比较，而基于优化的供应链网络模型可以根据不同的情景来考量不同组合的选择。

对前期的使用者来说，追求低的“中国价格”可能会有一定的优势，但很显然，这只是对供应位置决策的简单回答。事实上，公司需要更复杂的方法做位置选定的决策，这些方法包括更深入的建模方法、一组更广泛成本因素，以及更准确、精练的数据。

5. 加强关键供应管理因素

根据我们的采访，全球化的供应链管理因素将会得到加强，以应对新兴的宏观环境和由此产生的商业战略的挑战，这些挑战包括以下七个方面。

（1）需要组织和责任报告制度以使得业务单位的供应战略与产品需求和预定目标紧密结合起来。供应管理人员必须尽早了解业务/产品目标，并采取关键措施和建立报告制度，以了解供应商和供应是如何帮助实现商业目标的。

（2）还需要全面落实中央领导的（集中式或分散式）的供应组织，通过管理和标准化的流程，对全球、区域和本地采购的分类采购战略进行集成。为这些分类策略分配明确的采购和供应职责，通常这种分配策略是频繁发生的并有着跨职能的特点。

（3）跨职能和跨地点的采购团队必须要求能够在一起工作，通过业务单位和地区去发展区域和全球采购/供应战略，紧密加强与供应商的联系。这需要时间、资金、通信能力和业务部门/企业的责任。

（4）在全球和地区范围内，发展全球采购/供应策略，必须加强供应商的评价、选择和开发过程，以确保最佳的供应商和供应链策略的开发，从而支持特定的产品和客户的需求。供应商和供应链的细分与供应商的评估能力将变得越来越强大。

（5）通过聘用、培养和留住人才，创意方案将会有进一步发展。在跨越全球的供应商和业务单位中，由于各国的文化、法律、经济不同，可能需要为特定国家/地区做人才计划。此外高素质人才在特定的任务上是有需求的，这些任务包括世界各地的供应商评估、分析和买家/供应商的合作。

（6）适当的财政和其他资源都需要充分地实现信息系统化/信息技术化，这些系统集成了全球运营商和供应商的信息。为了在供需情况发生变化时，能有效地操作和尽快响应，需要增加透明度。“大数据/分析”功能和一体化的供应系统能够使用优化的方法去建立更有效的供应网络。

（7）测量和评价的方法需要做一些修改。在传统的成本、质量和配送方式不变的情况下，总成本/营业收入的测量方法需要进一步发展和实施。这些测量方法包括企业总成本的制定和开发新的产品、完美的产品发布、供应商的创新，以及加强扩大了的供应链抵御风险的措施。业务单位和产品的有效供给和供应商绩效测量指标都需要有所提升。

六、研究回顾

我们发现，由于早期的研究引用，公司在研究中都取得了长足的进步。内包/外包和低成本国家采购的初始阶段已经在一部分公司全部完成。现在，基于当前/未来的核心竞争力、内部/外部供应商的能力、投资需求和约束条件的分析，必须建立更复杂的方法，使得内包/外包之间达到最佳平衡。此外，在顾客的全球价值链网络的背景下，内部和外部的供应商位置将会得到继续发展，公司通过自主研发和生产基地、计划和现有的或潜在的供应商的位置，来实现利润和最低的总成本目标。最后，在持续不断地推动全球化、区域化和全球采购战略中，投资于改善供应链因素是必要的，因为可以实现更大的供应链透明度，并能够持续评估内包/外包和定位策略。

（翻译：李帅、吕丽静、吴竟来）

中国卓越绩效采购——实现卓越采购之价值

中国物流与采购联合会　埃森哲

一、概要

过去三十年间，中国已迅速发展成为一个经济强国。然而，中国企业要想在当今的国际舞台上获得成功，或是在竞争日趋激烈的国内市场中脱颖而出，都必须争创世界一流水平。这意味着，它们需要不断提升各职能领域的技巧和能力。目前，两大发展趋势正推动诸多中国企业将关注焦点投向了采购部门：其一是逐级走高的劳动力成本、原材料及制造投入；其二则是提供高附加值产品和服务的紧迫性。

埃森哲认为，各行各业中那些拥有采购优势的企业将更具市场竞争力。2012年9月至2013年4月，埃森哲携手中国物流与采购联合会（CFLP），开展了对中国企业采购能力发展状况的分析研究。该项研究涉及多个行业，并且全面涵盖了国有、私营、跨国及合资等各种企业类型。

在通过高效采购创造价值方面，中国企业无疑面临着巨大契机。我们的研究表明，中国卓越采购领先企业每投入10亿美元，所实现的成本节约会比竞争企业多出50%（如图1和图2所示）。比较而言，埃森哲全球研究确立的基准则是30%。同时，领先企业的采购运作成本也要比竞争企业低50%①。

各家企业正逐步认识到采购的战略作用，以及通过采购转型削减成本的巨大潜力。例如，某全球矿业巨头曾一度面临双重挑战：一方面，企业需在高速增长时期保障产品供应，实现收入最大化；另一方面，亦需在近期低迷的经济环境中，对投入成本进行更加有效的管理，实现现金节约并保持营利能力。为此，企业设计并实施了一项三年期计划，以此打造世界一流的采购组织，实现10亿美元成本节约。在计划仅开展一年后，企业就完成了5.26亿美元的成本节约，并顺利步入良性发展轨道，完全有望在第三年结束便达成10亿美元的成本节约目标。

① 埃森哲，《卓越绩效采购》，2007年；埃森哲，《势在必行的参与者》，2011年。

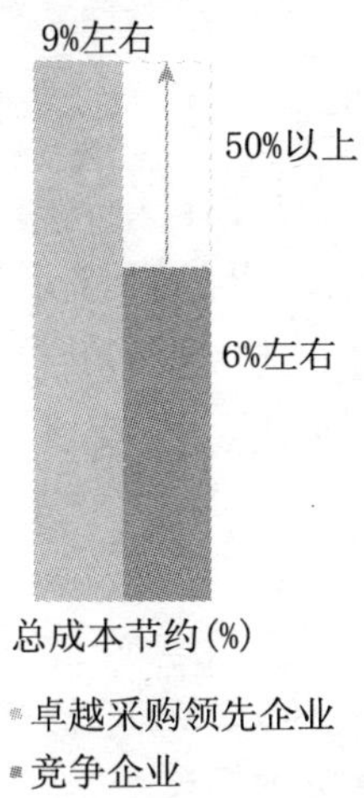

图 1　卓越采购领先企业与竞争企业在总成本方面的比较

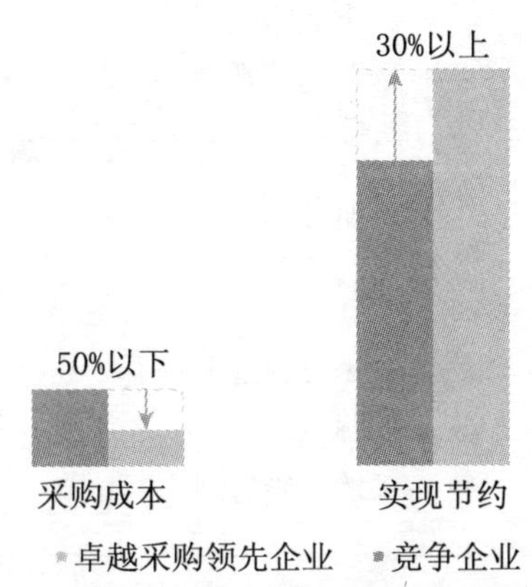

图 2　埃森哲全球卓越采购领先企业基准①

因此，为了实现卓越采购，中国企业必须发展并保持六个维度的卓越技能。这六个维度分别是：采购战略、采购和品类管理、从请购到付款（R2P）、供应商关系管理、劳动力和组织，以及技术和系统（如图 3 所示）。

在 92 家受访企业中，我们共确定了 16 家“卓越采购领先企业”，这些企业在上述六个维度均具有卓越技能，而其余 76 家企业则被列为“竞争企业”。

我们的研究表明，尽管中国企业已在多个领域具备了良好的采购技能，但相比卓越采购领先企业仍存在不少差距。但这些差距也代表着，中国企业拥有诸多创造价值的契机。其中最具发展潜力的举措包括：

- 加强对价值实现的关注；
- 建立更为集中化的采购运营；

① 埃森哲，《卓越绩效采购》，2007 年；埃森哲，《势在必行的参与者》，2011 年。

- 提高对可持续性的关注；
- 建立成熟的采购风险管理体系；
- 与供应商建立以双赢为核心的合作关系；
- 随着采购职能的日益战略化，更加专注于培训、采购技能和人才管理。

虽然上述发现明确了一些具体的机遇所在，但中国企业仍有必要制订和实施全面的战略，而非仅专注于打造采购能力。埃森哲卓越采购框架提供了一个路线图，企业领导者可以利用它来引导企业采购变革，由此大幅提升企业绩效和业务成果（如图4所示）。

1. 采购战略	• 愿景、使命、核心价值 • 运营模式 • 可持续性 • 绩效管理 • 品类战略规划 • 采购风险管理
2. 采购和品类管理	• 战略采购 • 品类政策制订 • 可持续性 • 品类管理框架 • 合规监测 • 采购风险管理
3. 从请购到付款（R2P）	• 交易处理 • 辅助购买 • 主数据管理 • 完成
4. 供应商关系管理	• 供应商绩效管理 • 合同管理 • 可持续性 • 供应商开发与整合 • 采购风险管理
5. 劳动力和组织	• 合适的人才 • 促进协作的组织
6. 技术和系统	• 完整的职能体系（从战略到运营）

图3　埃森哲卓越采购框架：卓越采购的六个维度

卓越采购维度	机遇与行动
采购战略	• 将战略重点放在间接材料和服务管理能力的变革上，充分利用协同效应 • 实施更广泛的风险管理框架，以降低成本和降低供应中断的可能性 • 建立集中化的采购部门 • 将可持续采购战略纳入企业战略，实现企业的差异化竞争优势 • 制订采购可持续性战略，为产品和服务的全生命周期提供支持
采购和品类管理	• 打造实施各项战略活动的能力，如供应市场和内部需求分析、总成本管理和采购风险分析等 • 针对各战略品类，制订集中化的长期管理规划 • 实施跨职能部门的管理机制，以便进行战略品类管理，不断改进品类成本结构
从请购到付款	• 加大开发投资，不断提高端到端采购流程的效率和透明度 • 发展技术支持型的辅助购买渠道，如内部买家门户界面，为采购部门和更广泛的业务部门提供支持，以采用最佳实践和合规行为
供应商关系管理	• 超越战术层面的服务水平管理 • 强调关键协作领域中的共享可视化，包括对预测和需求的规划 • 确立双赢计划并达成共识，与战略供应商共同实现价值 • 与供应商密切合作，确保供应商支持企业商业道德准则
劳动力和组织	• 将关键资源从交易类工作转向更高价值的战略活动 • 从简单的人力资源定期轮岗提升为打造精湛的采购能力，同时获得政策、流程及技术等有效合规框架的支持 • 通过培训和人才管理的重点投资，支持建立战略采购能力 • 通过全面提高企业中各关键岗位人员的采购意识，最大限度地实现采购流程合规
技术和系统	• 搭建针对采购活动的综合技术平台——将采购工具、在线采购目录和门户界面与企业资源计划（ERP）体系进行整合 • 在不同品类和供应商中实现统一的主数据管理系统，促进整个企业的共享可视化 • 利用数据分析进行风险和品类管理，从描述型或回顾型分析法入手，逐步向预测型分析法转变

图 4　机遇与行动路线图

我们衷心希望此次研究将有助中国企业提升竞争力，并期待着为广大企业实现卓越采购提供有益指导。

二、对话联想——打造更具战略视角的采购部门

对许多企业来说，协调采购部门与研发和销售部门之间的配合是一大难题。如果协调不当，很可能导致整体供应链断裂，延误新产品上市时间。那么，作为全球性企业，联想是如何在这些部门之间实现有效协调的?

印少荣：联想的研发团队主要负责开发系列组合产品，比如电脑、智能手机、电视等，以满足客户需求，同时还要考虑市场上的竞争情况。采购部门需要在产品开发过程中着眼供应商发展策略，引入有实力、有潜力的供应商参与前期研发沟通。

通常情况下，公司在推出不同的产品系列时组成 ODT（Offering Delivering Team），团队由业务部门的大项目经理领导，成员包括职能部门的项目经理以及系统支持和质量控制等各部门的代表，联想的采购部门负责协调其中的采购活动。团队每周召开沟通例会，对管理实施监督并定期审查项目的进展情况。通过这种方式，我们确保将采购工作充分纳入企业战略体系中。

您的采购部门是如何管理采购过程中出现供应链断裂或产品质量不符标准等风险的?

首先，我们有着完善的供应商审核制度，包括对财务能力、供应能力、质量体系以及供应商企业各部门的整体运营情况进行评估，对其供应产品实施监控。此外，供应商还必须提供标注相应序列号的物料，便于追踪。这一体系有助确保我们控制相应的运营风险。

其次，我们考察供应商的一个重点方面是适应不同地区特定市场的需求情况。这包括评估所用原材料的质量、劳动力的技能，以及应对供应链断裂的能力等各个方面。

这一考察制度还包括风险管理及控制计划，帮助我们快速识别风险，并引入第三方对此风险进行调查和分析。此举能帮助我们有效地应对供应商破产和自然灾害等问题。例如，2011 年日本福岛地震后，我们先于众多竞争对手，快速找到替代供应商，从而维持了供应链和生产的稳定性。

此外，我们还通过供应商合作、长期投资与开发、联合推广某产品等方式，着力培养与主要供应商的关系，降低供应波动的风险。

在选择供应商时，联想最为看重哪些关键的品质?

最重要是考量供应商是否能成为我们的战略伙伴。也就是说，供应商的作用并不只是提供整体价值链中的某一个环节，更要深刻理解其行为对整个价值链的影响。因此，当选择合作伙伴时，我们自然会考虑其成本效益，但也强调作为合

作伙伴的资质以及推动创新的能力。同时，我们也会考察其是否具有较高的生产水准，以及提供优质后续支持的能力。对于负责产品开发的供应商，我们采用与联想内部一样的管控与流程。

在当今竞争日益激烈的环境中，联想采取了什么措施来加强成本控制？

众所周知，高科技产品的价格呈下降趋势，利润当然也面临不断缩水的可能。这种情况下，成本控制异常关键，进而突出了采购的战略重要性。这要求我们必须采取创新举措，例如，发展能带来切实收益的采购合作伙伴关系，以及采用较少定制要求的通用型设计，从而达到降低成本之目的。

我们不仅会在生产过程的每一个环节进行成本分析，也会定期评估原材料、软件和知识产权成本。同时，我们使用可应用于多种产品的功能性软件，以此来保持较稳定的成本。

此外，联想对成本分析精确度有着严格的要求。例如，90 天成本预测偏差小于2%，半年期成本预测偏差不超过3%。在产品最终定型之前，要求有严谨的商业案例为成本分析提供依据。

联想是如何平衡国内采购与海外采购的？

从我们自身出发，在中国进行的本土采购具有很多益处，这样做我们不仅可以对工厂、流程及产品质量进行密切监控和管理，也兼具供应反应速度快的优势。而对于某些类别的材料而言，巴西、匈牙利、印度、墨西哥等国际市场的确能提供比在中国国内采购更低廉的价格。

在进行本土采购或海外采购的采购战略时，我们主要着眼于实现供应与成本的平衡。例如，在墨西哥设厂，虽然中国采购的某些品类在价格上有优势，但货物运输周期太长，对于时效性要求高的品类，我们会考虑选择使用当地供应商。

如某些品类需要从中国采购运输，我们会要求供应商在当地建立供应商库存管理（VMI）或者总装，提高供应弹性。而在一些特殊国家和地区，政府会要求本地生产或者采购达到一定比例，那么在这些地区，联想会要求供应商建厂，以便为本地供应提供支持。

如今，越来越多的企业和消费者开始关注可持续性问题。那么，您如何看待采购可持续发展的重要性？

可持续性对于联想以及联想的客户都是非常重要的，而采购部门在其中发挥着重要的作用。联想标准的采购订单条款对此做出了多方面的规定：供应商必须遵守的环保条例、避免使用有害物质及可能加速臭氧消耗的物质、公示责任保险，以及确保进出口产品的安全性等。

作为供应商绩效评估的一部分，我们也会对供应商正在参与的可持续发展项目数量进行评定。我们通过每季度出具大约 200 份供应商审核报告的方式，评定供应商的成绩，目标是鼓励这些企业与我们共同成长。

我们按照联想环保标准的要求，对供应商的可持续性风险水平进行分类。比如，我们的环境审计会重点关注需要处理有害物质排放、产品生命周期管理的供应商。同时，此类供应商可能还需要满足额外的环保要求。

此外，我们还遵从电子行业行为准则（EICC）的各项指导意见，对供应商的碳排放和水资源利用情况进行测量并报告，督促供应商遵照执行。

从采购的角度来看，高科技产业面临着哪些挑战？联想在面对这些挑战时是如何形成自己的采购战略的？

当前，全球供应链面临着重大挑战。例如，高端技术和关键供应商的合作都掌握在少数大公司手中，而我们力图发展，也需要这些技术资源，或与这些供应商的合作机会。我们拥有全球个人电脑市场接近 16% 的强大份额，这一市场占有量有助于我们同主要供应商建立起牢固的合作关系。

此外，创新作为差异化竞争手段将越来越重要。就采购角度而言，意味着我们需要采取措施，更好地整合我们的价值链，与供应商建立更紧密的战略合作伙伴关系，实现共同投资和创新。通过完善整合，我们就能更灵活快速地应对不断变化的市场情况。

（本节根据采访中国联想集团全球采购高级总监印少荣先生整理。）

三、打造卓越采购能力

随着国内竞争日益加剧、投入成本不断增加，而且中国企业必须与全球领先机构同台竞争，采购正逐步发展成为企业的一项重要战略能力，而不仅仅是后台职能。这就要求中国企业必须对采购能力进行彻底变革，由此发挥其潜在价值。

基于埃森哲卓越绩效采购研究，埃森哲提出了“卓越采购”概念。埃森哲卓越采购研究确立了用于充分发掘和提升采购能力的技能与能力组合。此次研究由中国物流与采购联合会携手埃森哲共同完成，着重对中国企业在发展卓越采购六个基本维度的技能进展情况进行了分析。这六个维度分别是：采购战略、采购和品类管理、从请购到付款、供应商关系管理、劳动力和组织，以及技术和系统。本报告就提升企业在上述六个维度的技能提出了如下建议。

1. 采购战略：价值实现、集中化采购、风险管理以及可持续采购管理

我们的研究表明，制订与企业宏观战略和业务职能战略紧密相连的清晰战略规划是打造卓越采购的基础所在。中国卓越采购领先企业在采购战略要素方面的表现比竞争企业更加优秀（如图 5 所示）。通常，在这些企业的采购部门中，有高管将采购部门视为企业成功的关键所在。

卓越采购战略的其他关键要素还包括有效的流程和管理方法，它们可以帮助企业：

- 推动价值实现；
- 促进成本节约和创新价值；

- 使采用完善方式进行可持续采购及采购风险管理成为可能。

具体而言，我们为中国企业确立了四大关键的机会领域，包括价值实现、集中化采购、采购风险管理和可持续采购管理。

（1）价值实现

价值实现是指降低总成本和实现成本支出的效率。在我们的研究中，与其他企业一样，中国卓越采购领先企业也需要对类似支出进行管理。但区别在于，卓越采购领先企业通过采购活动实现了更多价值。事实上，在可控支出百分比相似的情况下，卓越采购领先企业表示，它们能够比其他受访企业多节约50%的总成本，如图6所示。

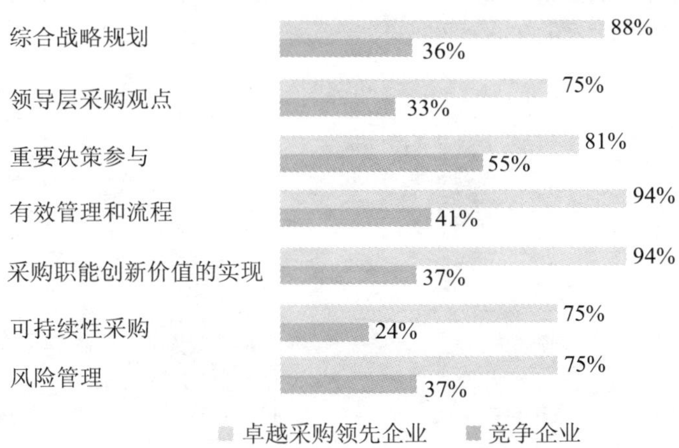

图5 采购战略最佳实践（最佳实践层面的响应百分比）

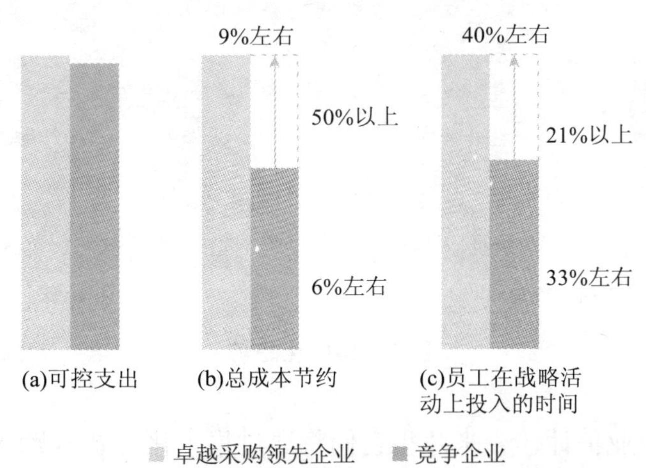

图6 卓越采购领先企业与竞争企业，在可控支出、总成本节约和战略活动投入的时间方面的差别

此外，卓越采购领先企业往往还在战略活动上投入了大量时间。它们利用技术手段和严格的工作流程来提高可视化、合规性和自动化水平，获得准确而及时的报告，确保采购人员将40%左右的时间用于战略活动。相比，竞争企业采购人员在战略活动上只投入了33%的时间，如图6所示。

（2）集中化采购

埃森哲的全球卓越采购研究项目表明，对直接材料和间接材料进行集中化采购有助企业加强控制，同时实现更多节约。传统而言，相当多的中国大型企业都将采购视为一种分散化的活动进行管理，即各部门或地区业务机构负责各自的采购工作。埃森哲研究发现，这种分散化的采购方法在中国各类企业中仍占据主导地位。例如，国有企业只会集中采购不到1/3的直接材料，且基本不负责间接材料的购买。即使在私营企业，也只有42%的直接材料和37%的间接材料采用了集中化采购方式，如图7所示。

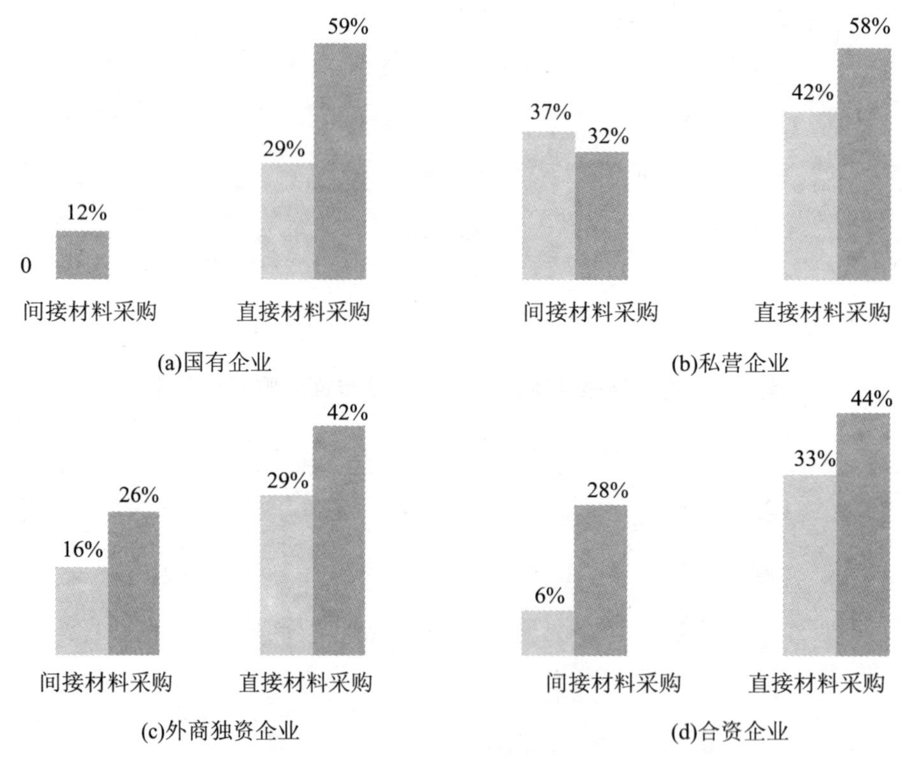

图7　集中化趋势

但是，国有企业估计，未来几年它们将通过集中化方式采购59%的直接材料。与此同时，私营企业也做出了相似的计划，这标志着至少在直接材料领域，分散化的采购模式将逐步得到转变。

一位研究参与者对其所在企业进行集中化采购转变的新动向做出了诠释：“在集团层面，我们已经建立了一家材料公司来管理集中式采购。我们支持逐步由集团层面进行适当材料采购的理念。但是，这种想法仍在争取更广泛的认同，并且需要在所有方面都加以进一步整合。”①

而某中国企业也走在了集中化采购流程的前沿。作为资源行业中领先的国有机构，公司有意加强对采购支出的控制，同时降低相关成本。为此，公司设立了集中采购办公室，对企业上下40多个业务部门的采购活动进行梳理和管理，同时有针对性地实施了战略采购项目。通过此举，该企业最终实现了向集中化采购的平稳过渡，以及高达20%的品类成本节约。

随着越来越多的中国企业通过集中化采购实现成本节约并加强控制，更多组织将逐步摒弃原有的分散化采购模式，转向集中式采购。然而，这一趋势进展依然缓慢，我们的研究表明，计划采用集中式采购的中国企业在支出比例方面仍小心谨慎。我们认为，中国企业要想实现更多价值，就必须加快转向集中化采购的步伐。不仅如此，他们还应确定适当的行动范围，形成全新的集中化采购能力。

（3）采购风险管理

传统上，采购部门往往低估了采购风险对企业绩效的影响，而最常见且最具潜在危险性的采购风险因素便是供应商的可靠性和采购价格的波动——因为这两者都会对企业的赢利水平产生直接影响。同时，受影响程度因行业不同而有着显著差异。例如，在受即时生产流程影响较大的电子行业，供应可靠性是至关重要的风险因素；而在钢铁行业，原材料的价格波动则会对生产商的生存能力产生重大影响。

采购风险管理包罗万象，其总体目标旨在预测、监督并缓解可能干扰企业投入成本或运营的各种内外部风险因素。如今，许多先进风险管理工具已得以利用，其中最普遍的当属预测分析法。我们的研究表明，卓越采购领先企业通常对原材料价格进行实时监测，并预测未来的价格走向，同时还利用技术手段制订更为敏捷的情境规划。

不过，尽管中国企业意识到了一系列的风险来源，但仍然缺乏与之相对应的策略。除卓越采购领先企业外，仅有37%的受访企业实施了结构化的采购风险管理计划，如图8所示。

中国某大型国有企业是重视风险管理的成功案例。该企业在一些工程、采购及建设项目中曾遭遇严峻的滞后问题，而有关供应商质量的风险管理不足正是导致这一局面的原因。供应中断所引发的巨大代价促使企业建立了供应商风险管理框架，并且将质量作为首要事项，而按时交货和采购价格则在重要性上分列第二位和第三位。今天，这家国有企业已全面部署了一套跨越多个领域的先进风险管理体系，涵盖了招标、质量控制、供应商的选择和外汇管理等各项工作。

① 埃森哲访谈，中国某资源公司采购经理，2013年。

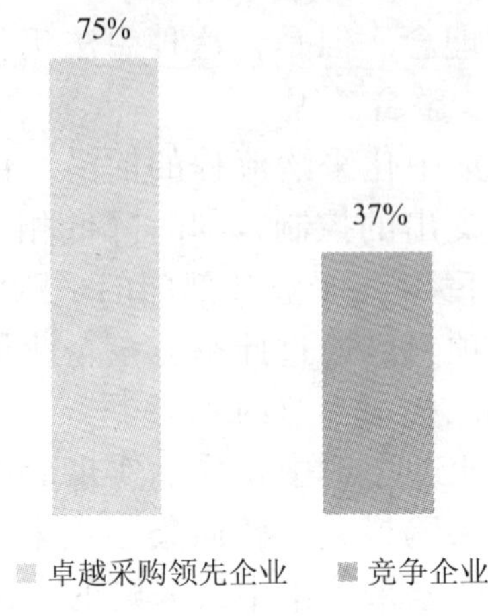

图 8　实施结构化的风险管理计划

在被问及对于自身企业发展至关重要的采购风险选择排名时，中国企业普遍认为以下问题的影响最为明显，包括：供应商质量问题、企业对供应商的依赖程度、供应链断裂，以及未能及时预测价格的波动（如图 9 所示）。

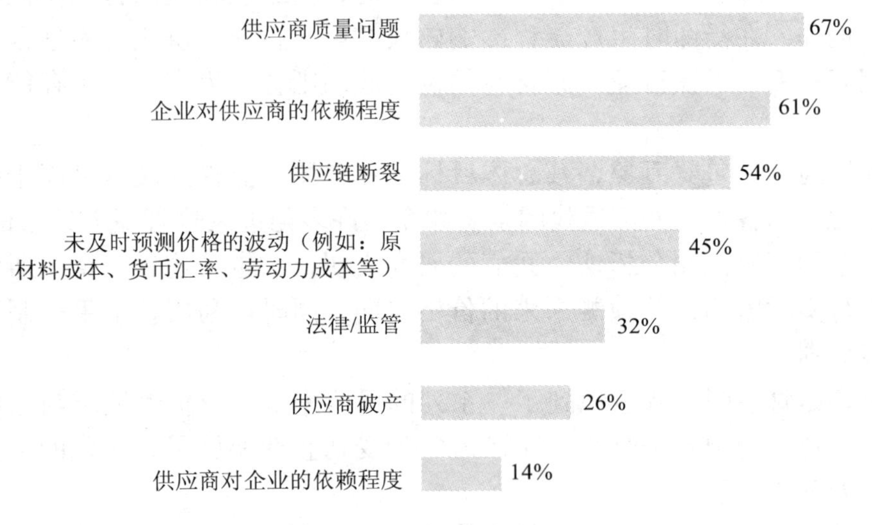

图 9　采购风险的排名

因此，各个行业或各个企业必须针对自身实际情况制订结构化的风险管理计划。该计划通常都围绕着预测、监测和缓解这三项基本能力，采购风险管理框架如图 10 所示。

预测	监测	缓解
制订战略，规避或最小化风险产生的可能性	对潜在风险进行持续追踪，同时提高预警	积极响应，将已有风险的影响减至最小
· 在各个品类中审慎采取综合采购风险管理 · 根据不同品类对风险管理战略进行区分 · 通过多来源采购和与供应商定期协商，对有关质量的供应风险和供应链断裂进行预测 · 采用风险分担条款和背对背合约 · 运用价值工程概念审视寻找替代材料 · 利用预测分析法，对原材料价格进行　分析，依据企业成本结构进行预测和情境规划 · 充分利用风险对冲工具	· 识别战略采购流程重要阶段的风险并进行评估 · 加大对供应市场情报的投入 · 采用供应商计分考核，以便与重要供应商合作，识别供应链各环节上的关键风险，并对其进行评估和持续监测 · 运用供应商风险管理实践，如与选定的重要供应商进行紧密整合和协作，对供应商流程进行故障模式与影响分析（FMEA） · 对供应商类别进行追踪、对所处不同地理位置和文化背景的企业进行监测 · 利用外部数据源对供应市场、供应商财务状况及其他关键风险指标进行持续监测 · 建立有效的风险预警制度，防止风险发生 · 进行情境规划	· 预先确定响应部门以及授权决策者名单 · 制订事故或预警影响测评流程，不断完善风险管理实践 · 进行部门整合，以应对风险缓解事故，确保决策责任链透明 · 强调针对重要的供应商制订风险缓解和升级计划

图 10　采购风险管理框架

（4）可持续采购管理

随着环境管制的日趋严格，企业迫切需要保护和提高自身品牌声誉，并对日趋紧张的原材料供应以及因此不断上升的成本进行管理。在这些因素的共同推动下，可持续采购的重要性亦在逐步凸显。同时，对可持续采购的关注已延伸到了更广泛的领域，包括深化对现有材料进行回收再利用，同时与供应商建立更加深厚的合作关系，从而推动创新。

为此，领先企业纷纷将可持续采购纳入自身企业战略，视其为差异化竞争优势。例如，索尼移动通信公司（以下简称“索尼”）就采取了全生命周期的可持续采购管理，对手机生命周期的各个环节进行干预，从设计、生产、供应、使用，一直延伸至报废处理。通过此举，索尼力求最大限度地减少温室气体排放，增加再生材料和可回收材料的利用率，减少使用有害物质，减少废物和能源使用①。此外，索尼的绿色环保认证项目也帮助其筛选出了主动采取环保措施、避免破坏环境的供应商。

① 埃森哲访谈，索尼移动通信，2012 年。

我们的研究显示，大多数中国企业已认识到了可持续采购所蕴藏的巨大潜力。然而迄今为止，仅有33%的受访企业已将可持续性纳入自身企业的采购战略和运营中，如图11所示。

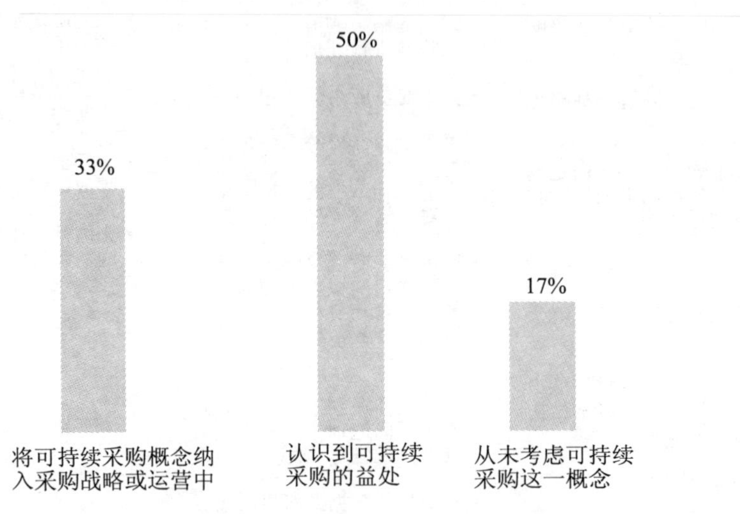

图11　可持续采购战略在企业中实施的情况

目前，正致力于提高可持续性的绝大多数中国企业都将重点放在了对供应商提出要求，而非改进和提升内部流程。受访企业中，57%正在就可持续采购对其供应商体系进行审核；近三分之一的企业正在对能源使用、减排、废物减少等可持续采购目标进行量化。而正在着力部署针对可持续采购的关键绩效指标的受访企业只占30%，而仅有27%的企业正通过培训、入职引导和文化项目提升可持续性，如图12所示。

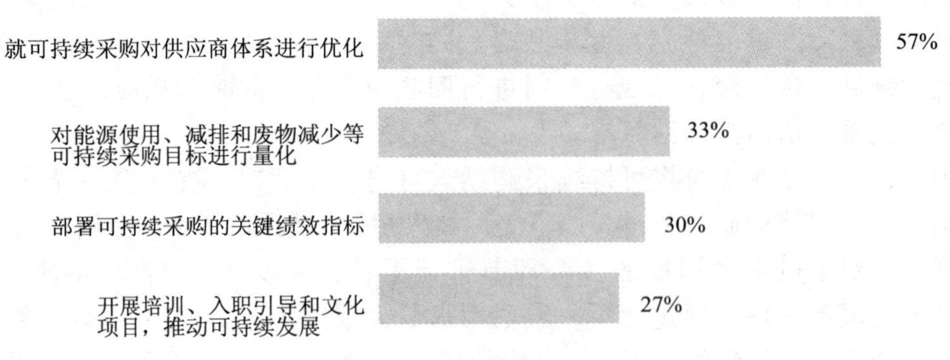

图12　有助提升可持续采购的项目实施情况

将可持续采购作为企业战略的重要组成部分，有助企业制订端到端可持续采购战略，从而为产品和服务的全生命周期提供支持。

2. 采购和品类管理：确定“收益规模”

我们的研究表明，采购和品类管理既是企业实现采购价值的基础，也是价值创造的重要参数，决定着目标成本节约与实际成本节约的最高水平。具体而言，成熟的采购和品类管理主要体现在以下四个方面。

（1）结构化采购

基于总成本和标准化的采购，卓越采购领先企业对采购流程进行了结构化管理。

（2）严谨的支出分析

卓越采购领先企业通过进行支出分析，发掘节约成本契机，进而采取行动，提高效益。同时，它们还通过加强专业知识，增进对关键品类的成本结构和相关供应市场的了解。

（3）严格遵守合同约定

卓越采购领先企业会确保各项合同规定得到执行，从而通过合同实现更多价值。它们通常会采取完善的跟踪措施，确保合同按计划执行。

（4）可靠的需求管理

卓越采购领先企业会自始至终坚持进行需求管理。它们拥有可靠的信息发布流程，以此提高供应链透明度。

我们的研究表明，无论是战略采购还是品类管理，中国竞争企业的实施率只有 50%，甚至更低；而与之形成鲜明对比的是，超过 75% 的卓越采购领先企业都实施了这两类举措，采取某些行动的比例高达 90% 以上，如图 13 所示。

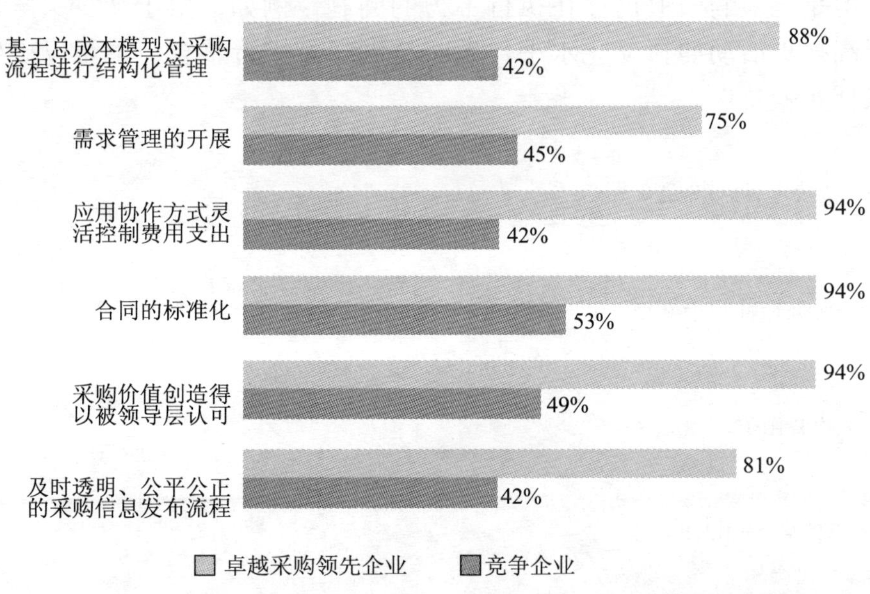

图 13　有关战略采购和品类管理最佳实践的实施情况（最佳实践层面的响应百分比）

例如，拥有广泛产品和服务的中国某大型化工生产企业正在采购和品类管理方面不断取得进步。该企业确立了一套适用于企业层面的采购管理路线图和治理模式，并制订了一系列关键绩效指标和设计了成本节约计算模型。通过此举，企业将 10 大品类的供应商数量从 900 家减少至 145 家，从而实现了各品类平均达 10% 的成本节约。

因此，为了发掘品类管理的更多价值，我们建议中国企业重点关注以下三项行动：第一，针对战略活动进行能力建设，包括分析供应市场和内部需求、总成本管理，以及采购风险分析等；第二，为战略品类制订集中化的长期品类管理规划；第三，实施跨职能的治理机制，进行战略品类管理，从而推动对品类成本结构的持续改善。

3. 从请购到付款（R2P）：防止价值“漏损”

端到端的从请购到付款流程有助企业通过战略采购和品类管理流程来有效实现重大成本节约。卓越采购领先企业通过对 R2P 进行倾力投入，旨在建立高效透明的流程，开拓指定采购渠道，并且综合利用技术手段为内外部协作提供支持。

R2P 流程的第一步是建立清晰的端到端流程，并与企业供应商体系进行高度整合。随后是减少交易环节的工作负荷，以便专业采购人员能专注于完成战略任务。此外，卓越采购领先企业还会建立强大有效的购买渠道，确保形成高效的审批层级系统，最大限度地减少指定采购和供应商管理政策中的价值“漏损”。

研究表明，除卓越采购领先企业外，仅有少数中国企业采用了 R2P 最佳实践，如图 14 所示。这些企业在规划端到端 R2P 流程和提供相应技术支持方面已取得一定进展。但是，采购渠道仍存在执行不力的问题，例如，由于缺少买家门户，企业无法提高购买活动的自动化水平，无法与供应商进行整合，也难以确保采购活动遵守最佳实践要求。

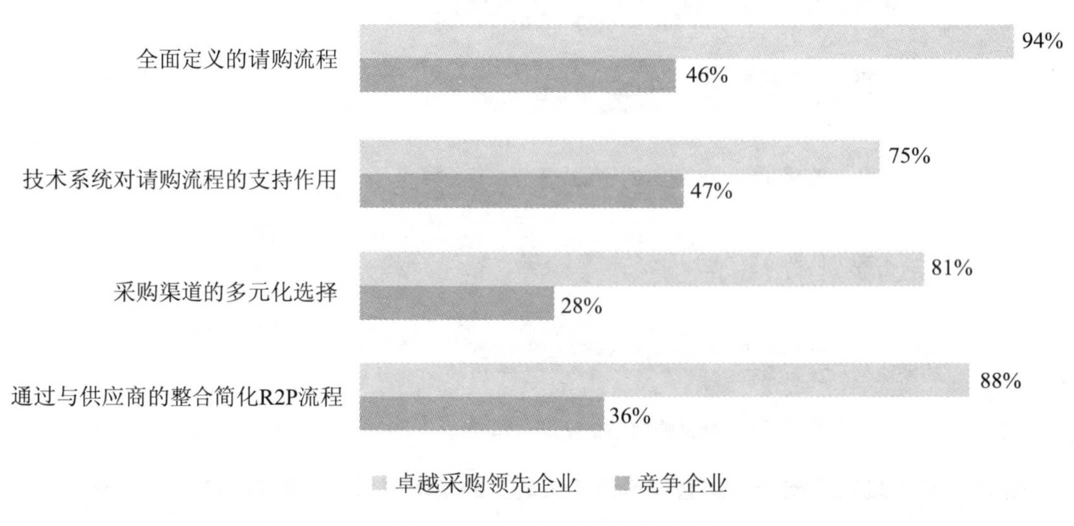

图 14　R2P 最佳实践实施情况

为了通过 R2P 流程来防止价值漏损，并进一步降低成本，埃森哲建议中国企业重点关注以下两方面的工作：

- 开发有效而透明的端到端采购流程；
- 建立指定采购渠道，如建立内部买家门户，推动采购部门乃至整个企业都采用并遵守最佳实践。

亚太区某大型电信企业拥有数百家供应商，每年签订的采购合同金额超过了30 亿美元。但是，由于企业未建立集中化的合同资料库，导致管理效率低下、工作重复，不但员工违规使用未经批准的供应商，而且无法依据已签合同对支出进行跟踪。因此，采购部门不得不忙于管理战术任务，而无法投身增值活动，使自身成为业务部门的战略合作伙伴。

为了改进 R2P 流程，该企业实施了一项为期 10 个月的转型项目。该项目包括：针对从寻找到合同签订这一过程，以及各项采购职能重新设计业务流程；建立开支分类方法并编制相关报告；设立一项外包职能，通过服务中心协助员工采购价值 20 万美元以下的商品和服务。

最终，该项目帮助企业将合同履约率提高了约 11%，每年节约成本高达 600 万～700 万美元。如今，该企业采购部门的运营更加迅速高效，其员工也得以专注于战略活动，从而推动企业实现价值。

4. 供应商关系管理：建立价值实现网络

供应商关系管理是指对各种供应合作关系进行系统化的管理，旨在通过贯穿整个关系生命周期的成本降低、创新、风险缓解、可持续发展和增长，实现价值优化，使供应商成为企业成功乃至客户成功的利益相关方。

卓越采购领先企业通常与供应商密切合作，并且定期监测工作进展，推动战略举措，寻找不足之处，并制订绩效提升计划。以 IT 硬件制造商联想为例，作为一家卓越采购领先企业，联想与大部分战略供应商共同进行投资和创新，并从这种战略合作关系中收获了更大价值。在合作关系过程中，联想会仔细评估潜在采购合作伙伴的创新能力、后续支持能力、成本效益状况，以及满足严苛制造标准的能力。

供应商关系管理的其他重点领域还包括品类战略和战略采购，以及端到端供应链的可视化。卓越采购领先企业往往将其采购管理资源调配给能为企业创造最大战略价值的供应商，或是可能与自身最大业务风险相关联的供应商。

而另一家卓越采购领先企业——中国某国有能源集团，同样成功提升了供应商关系管理水平。该集团建立了沟通渠道，与供应商进行信息共享和协作，并与供应商一同加强产品标准化；而且提供培训和资源帮助供应商进行管理能力建设和专业知识培养。作为回报，供应商分担了集团的库存成本，帮助其降低供应链总支出。另一家卓越采购领先企业则针对重要供应商开展了“创新日”活动，鼓励供应商通力合作，创新理念，一起面对各种采购问题。

此外，进行有效的供应商关系管理还要求企业具备行业价值取向，即致力于成果共享。不过，在中国大多数行业中，供应商关系往往仍侧重于进行协商、敲定价格或达成绩效协议；在价值实现方面，也大多只关注自身价值的最大化，而并非推动共同价值的提升。

某全球领先零售商在世界各地拥有1700多个销售网点，有近800家独立供应商负责为其提供货源（主要分布在亚洲和欧洲）。

该零售商曾针对亚洲供应体系开展了再评估计划，以进一步完善自身企业社会责任举措，提高生产效率和产品质量。其目标是发展可持续供应链，帮助企业实现各项财务目标和社会目标。为此，该零售商建立并部署了一套标准化的关键绩效指标，以此对供应商绩效进行监测。

此外，针对供应商所提供的相关合规信息，该零售商着力加强数据透明度，通过差距分析来识别供应商违反劳动法的行为，并且采取相关措施提高供应商绩效。同时，企业还通过标准化的效率分析、质量体系评估及统计过程控制工具，帮助供应商挖掘各种绩效提升契机。

除少数卓越采购领先企业外，采用供应商关系管理最佳实践的其他中国企业可谓屈指可数。虽然近60%的受访企业关注供应商绩效表现，但只有一半的受访企业会对其供应商进行科学细分，而准备实施风险与回报共享机制的企业还不到三分之一，如图15所示。

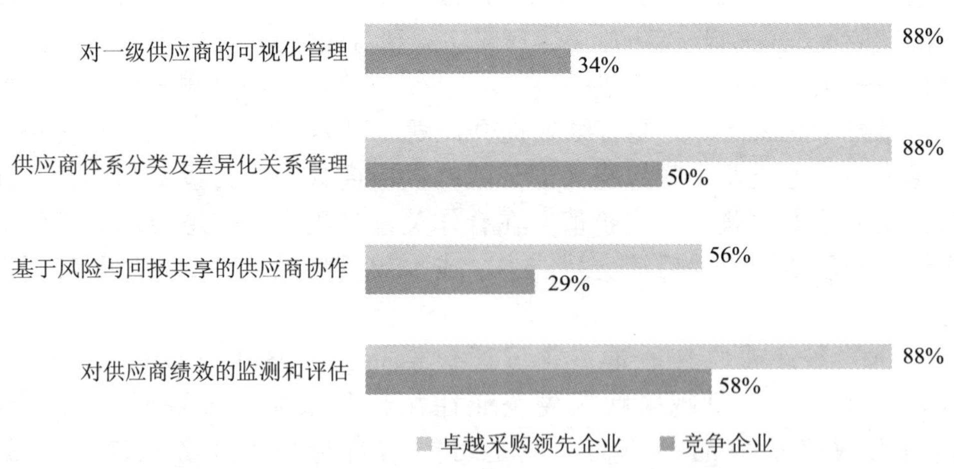

图15　供应商管理最佳实践实施情况（最佳实践层面的响应百分比）

因此，中国企业可采取一系列具体行动，通过供应商协作实现更大价值，如下表所示。

供应商协作提升价值的内容

协作点	具体内容
与战略供应商的双赢关系	从战术服务层面的管理转移到专注协同价值的实现
商业道德	与供应商密切合作，推进企业商业道德准则
需求预测	与各级供应商分享内部预测和需求预测
库存可见性	向供应商提供库存信息，制订联合库存管理举措，如由供应商管理库存，减少生产过程中的库存总量
生产能力	熟知对方的生产状况和可用能力，减少双方的停工时间、储存成本和资本投入，以便更好地进行规划
联合承包和采购	妥善利用各自经营规模共同与第三方签订合同，以降低共同成本
流程与能力共享	分享双方流程、系统和能力方面的最佳实践，或共同开发新的流程或系统
协作式产品开发和创新	与供应商合作，分享知识和专长，开发新产品，进行技术创新。同时，共担创新成本，共享创新所有权
文化变革管理	开发并开展文化宣传与培训
价值工程学研究	与供应商合作，降低产品成本，完善职能运作
合资企业	与供应商共同创建新的商业实体，实现具体目标
推迟制造	通过帮助供应商将产品提升到通用模式水平并进一步参与后期配置，有效提高供应链敏捷性，缩短交货期

5. 劳动力和组织：培养娴熟的采购技能和深厚的专门知识

创建强大的采购部门要求企业具备高素质员工队伍。中国企业必须培养和留住熟练的采购团队，实现本报告所提出的各种价值创造良机。

一名研究参与者讲述了自身企业日复一日所遇到的挑战，即无法获得充足的熟练型人才来支持企业发展："目前，采购部门供有 40 名员工。考虑到该部门承担的项目数量，人手远远不够。例如，在采购合同签订后，我们需要大量人员来测试设备、跟踪商品运输，以及检查现场存储情况。这样做是出于两项原因——其一是由于项目材料都非常昂贵，其二是我们必须迅速采购大量的非标准材料。"①

人力、技能、文化和变革管理是企业进行采购转型的重要方面。某全球性肥料生产商意欲将其 22 家工厂中相互独立的采购团队整合为一个卓越绩效采购部门。为此，企业着力培养所需的各种能力，以期实现长期成本节约目标，同时将战略采购充分融入企业文化和运营工作当中——从董事会议到旗下每一家工厂，均在此列。这意味着每个品类采购团队不仅有采购部门员工，还包括了来自维护、

① 埃森哲访谈，某中国采购经理，2013 年。

生产和工厂管理等职能机构的人员。此外，企业还针对采购人员实施了个性化的培训计划，包括能力评估、授权参与“学院式”的网络教育项目等。最后，该企业还着重强调，将在高管人员的支持下实施正式的变革管理项目，所有可能对项目成功产生影响的员工均会参与其中。

劳动力和组织能力对于中国企业提升采购成熟度具有不可或缺的作用，卓越采购领先企业对此更是谙熟于心。它们不吝投资，为员工制订最佳职业发展计划，提高员工的全面能力，并帮助员工实现在采购部门以外的发展。此外，卓越采购领先企业还会在采购部门指派专门的人员，从事供应商关系和物资采购方面的创新工作。

卓越采购领先企业将商业道德行为视为其企业不可或缺的一部分。虽然中国企业已认识到道德行为和政策合规在实现卓越采购方面的重要性，但它们仍需建立更为严格的政策框架，将道德操守和政策合规提升到最高层次。

我们的研究表明，对中国企业而言，采购技能和组织能力仍相对薄弱。在我们确定的竞争企业中，不到一半的受访企业表示采取最佳实践对其供应商道德行为进行监督；有30%表示采用平衡计分卡对采购部门绩效进行管理，而着眼外延采购网络进行技术和能力发展管理的企业仅为11%，如图16所示。

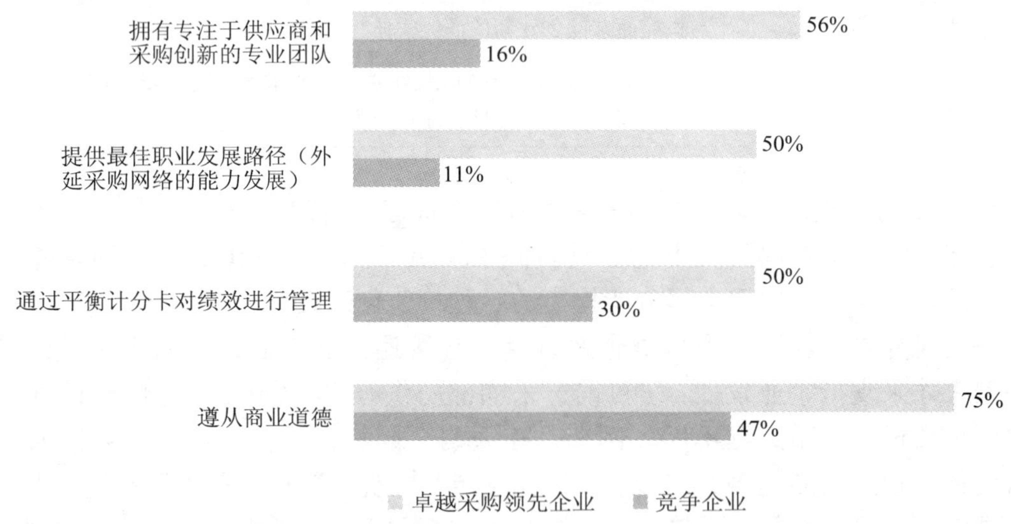

图16　劳动力和组织方面的最佳实践（最佳实践层面的响应百分比）

随着基础问题的日益增多——如人才储备有限、采购部门人才流失率居高不下，中国企业在构建稳定的核心采购团队中面临着重重困难。因此，中国企业也开始逐步认识到培养采购团队精湛技能和高度专业化精神的重要性，以及在员工中培养采购流程意识的必要性。为此，埃森哲建议中国企业近期应采取以下四项优先行动：

- 将关键资源从交易型工作转向高价值战略活动；
- 从基本的采购资源定期轮岗向构建精湛的采购能力转变，建立以标准、流程和技术支持为核心的有效合规化的采购能力框架；
- 通过培训和人才管理的重点投资，提升采购人员绩效；
- 最大限度地实现采购流程合规化。

研究表明，采购外包尚未成为中国企业的优先考虑事项，中国企业的采购外包率仍然很低，究其原因，很可能受到了以下两方面的制约：一是企业当务之急是建设核心内部能力；二是领导层对采购外包的战略作用认识不足，采购外包实施情况如图 17 所示。

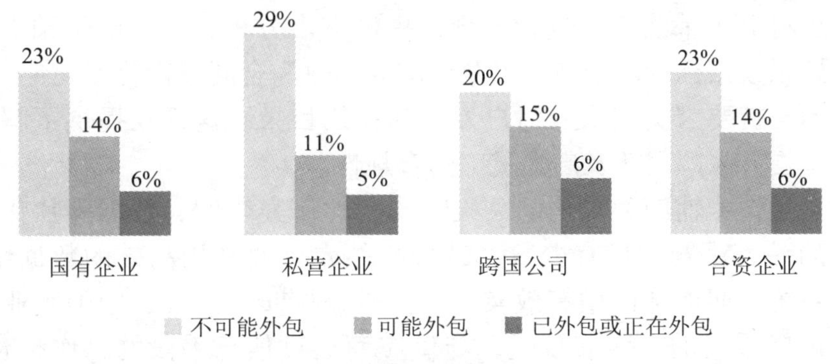

图 17　采购外包实施情况

就全球而言，一些企业已采取将部分重要采购工作进行外包的做法，利用外部供应商成熟的流程和技能快速实现价值。9 年前，某全球银行巨头曾将采购和应付款等工作进行外包，以便对在 30 多个国家开展的不同业务进行整合。通过及早实施采购外包，该银行在全球实现了标准化的业务流程。如今，该银行每天可处理 1500 个采购订单，并管理着数以万计的供应商。而该银行在 9 个不同国家的分支机构也都设立了标准化的采购到支付流程。此外，随着该行不断进行国内外收购，这种行之有效的标准化全球平台也被推广到了所有新加盟的企业当中。

同时，该银行还通过电子拍卖实现了 27% 的采购成本节约。这有助该银行通过网络在多家已通过预审的供应商之间进行公开、透明且具有竞争性的投标。总而言之，在签订外包合同的首个 4 年内，采购工作的简化、成本效益的显著提升，以及控制力加强，在帮助银行实现业务目标方面起到了巨大的支持作用。

6. 技术和系统：充分发挥采购分析法的作用

技术和系统是卓越采购的重要推动力，尤其是分析法领域的最新发展，为企业实现价值创造了更多契机。鉴于此，企业更应夯实技术基础，将电子采购系统与企业资源计划体系相整合，从而实现高效采购。

（1）技术和系统为实现价值创造契机

以中国某领先国有能源企业为例，该企业建立了专门为采购活动提供支持的核心技术平台。在此之前，企业已在集团层面运行了一体化的企业资源计划系统，并在数据标准化方面取得了长足进步。为将卓越采购提升至更高水平，该企业在实现标准化采购流程的同时，还实施了电子采购解决方案。

电子采购项目为需求规划、战略采购、招标管理、合同管理、电子品类管理、供应商关系管理和支出分析等提供了有力支持，并帮助该企业进一步实现了成本节约，提升了跨企业的端到端采购透明度。

此外，研究显示，88%的受访中国企业利用企业资源计划体系进行采购管理，但其中只有20%的企业具备与前述能源企业所采用的先进电子采购系统。此外，这些企业鲜少将电子采购工具进行整合，提供支出分析，进行电子拍卖，并对提议、报价、资讯或招标等电子申请以及供应商绩效和合同进行管理。

综合技术支持要求实施采购门户界面和在线目录。这旨在提供了解企业采购流程的渠道，提升采购团队及广大员工的合规性。

数据管理是技术辅助型采购的关键。我们的研究表明，数据碎片化是许多中国企业面临的一大难题。只有少数卓越采购领先企业利用高效的数据维护机制，在企业所有系统和职能部门中有效实现了主数据同步。此外，中国企业整体供应商关系管理进展缓慢的一大表现是，与供应商通过信息手段的合作整合率低下，如图18所示。

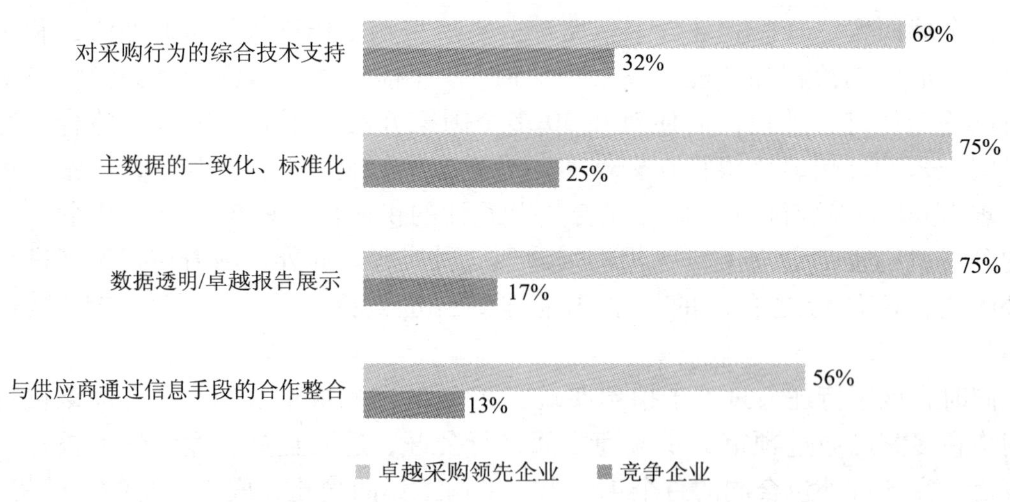

图18　技术辅助型采购实施情况（最佳实践层面的响应百分比）

（2）发挥分析法的作用

对中国企业而言，实施分析法为企业挖掘采购中的巨大价值带来了重大机遇。例如，许多已在此领域迈出第一步的中国企业正纷纷利用描述分析法，对成本建模和供应商绩效进行洞察分析。

随着此项工作的不断开展，企业将利用分析法对商品价格的波动性进行评估，同时开发价格预测模型，奠定妥善管理风险的基础。而进行价格预测则要求企业具备商品市场的专业知识，同时娴熟掌握复杂的分析技术，以利于将数学化方法转化为有效的解决方案，如情境规划和其他风险缓解战略等。

利用先进的分析法不仅可帮助中国企业平衡风险敞口，降低成本，还能就企业的采购时机、数量和价格提供指导。而分析法的另一重要作用则与未来成本控制密切相关。此外，分析法还有助中国企业具备跟踪全程支出的能力，发现向供应商超额付款的行为。闭环支出跟踪加强了企业问责，既有助实现成本节约，又利于提高支出透明度、明晰内部品类支出所有权、厘清自下而上的品类预算、加强支出监测和控制，并为买家和用户采购优质商品和服务提供指导。

某全球领先无线通信服务提供商就利用分析法成功追回了对供应商的多付款项，严格遵守了合同规定。该分析法工具利用四组相互独立的匹配标准，对供应商历史支付数据进行了检验。通过分析法获得的结果高出了公司预估值175%。通过实施这一积极解决方案，企业甚至可以识别出尚未发生的重复及错误的款项支付，以便进行预防。

中国企业在利用技术手段打造卓越采购的过程中，应做好以下三方面工作：

- 为各种采购活动搭建综合技术平台，将其建立在企业 ERP 系统基础上，并对采购工具、在线采购目录和门户界面进行整合；
- 在不同品类和供应商中实现统一的主数据管理系统，促进整个企业的共享可视化；
- 充分利用风险和品类管理数据分析，从描述型或回顾型分析法入手，逐步向预测型分析法转变。

四、开启采购变革之旅

随着企业经营压力的日益加大，尤其是成本投入的不断攀升，以及企业必须积极响应市场，满足对高附加值商品和服务的需求，中国企业势必需要建立更加有效的采购职能部门。而实现卓越采购将有助于各类型企业（国有企业、跨国公司、私营企业和合资企业等）提升在国内外市场上的竞争力。

未来发展过程中，现在的领先企业仍将先行于其他业内竞争企业。那么，其他中国企业在采购领域的表现又如何呢？虽然它们已取得长足进步，向卓越采购迈出了第一步，但仍需奋力追赶，才能达到卓越采购领先企业所展示出的更高水准。

为此，埃森哲卓越采购框架可帮助中国企业制订和实施全面的采购职能转型计划。本报告中，我们已简要介绍了中国企业在努力实现更大采购实践价值过程中所潜藏的一些切实机遇。

随着越来越多中国企业踏上采购转型的征途，它们将发现，这需要在流程、技能、技术和合规等诸多领域做出改进和提高。采购变革不但要求企业高层做出切实承诺，积极领导变革管理行动；同时也离不开采购部门、整个企业，以及供应商网络长期不懈的努力，从而通过卓越采购建立竞争优势。

附：关于本研究

2012 年 9 月—2013 年 4 月，埃森哲和中国物流与采购联合会合作开展了中国卓越采购研究项目，旨在揭示中国企业采购能力的现状。

本报告内容包括调查分析、访谈以及中国物流与采购联合会和埃森哲的有关真知灼见。通过对涉及采购流程 6 个主要维度 57 个问题的反馈，我们将调查对象划分为卓越采购领先企业与竞争企业。这 6 个主要维度分别是：采购战略、采购和品类管理、从请购到付款、供应商关系管理、劳动力和组织，以及技术和系统。

如果企业在 2 个或 2 个以上的指标类别中高于均值一个标准差，我们就称其为“卓越采购领先企业”。在 92 家受访企业中，我们共确定了 16 家卓越采购领先企业，其余 76 家则被列为竞争企业。

受访企业涵盖了众多行业、企业类型及企业规模（如图 19 所示）。在受访企业中，69% 的年收入已达到或超过了 10 亿元人民币。

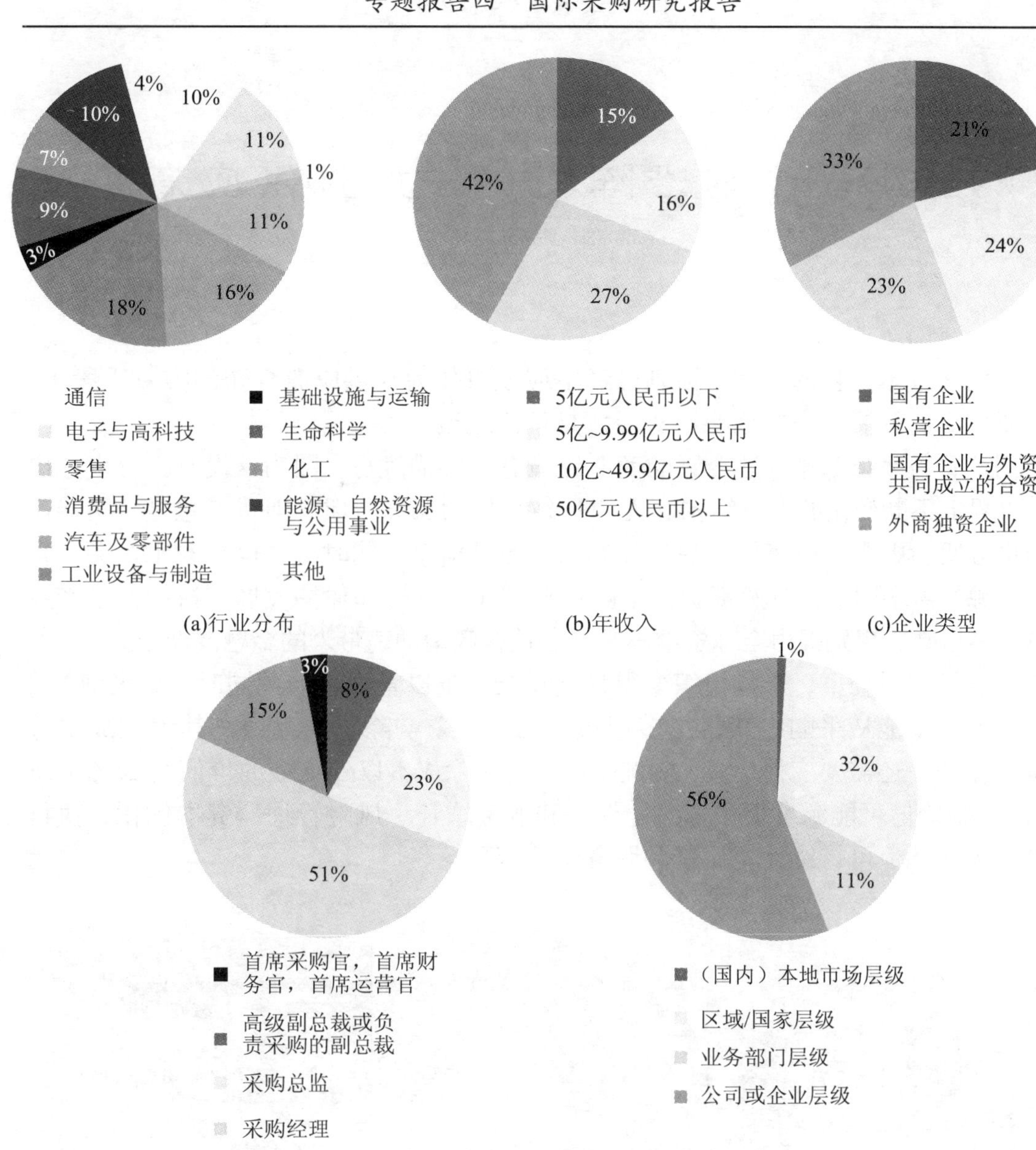

(a)行业分布　(b)年收入　(c)企业类型

(d)职位　(e)责任层级

图19　受访企业构成情况

采购的下一个前沿阵地——挖掘供应商能量

科尔尼

以削减成本为目的的战术谈判已经不应该再作为与供应商合作的唯一手段了；与重要供应商开展双赢的战略性对话才是长治之道。

用“日益复杂”来描述今天的商业环境有点轻描淡写，因为这没有充分表达出这个世界上不断变化的人口结构和人们日新月异的偏好习惯。消费者总是希望能比以前更方便、更快捷地获得产品、服务以及各种信息。同时，全世界对水资源、食物和能源的需求剧增，自然资源被不断消耗，保护环境和保持发展可持续性已经越来越迫在眉睫，更别提由全球资本不平衡和地缘政治动荡带来的金融波动了。

在这样的时局下，采购组织变得日益复杂、难以管理。与此同时，C 级别①的管理层们希望能从采购中获得更多回报。因此，采购除了继续做好其缩减成本等日常工作外，还需要变得更具“战略性”，传递除成本以外更多的价值（如图 1 所示）。这些价值可能源自很多方面：创新和业务增长、风险管理、资本优化、执行速度、灵活性、可持续性、质量和服务，等等。

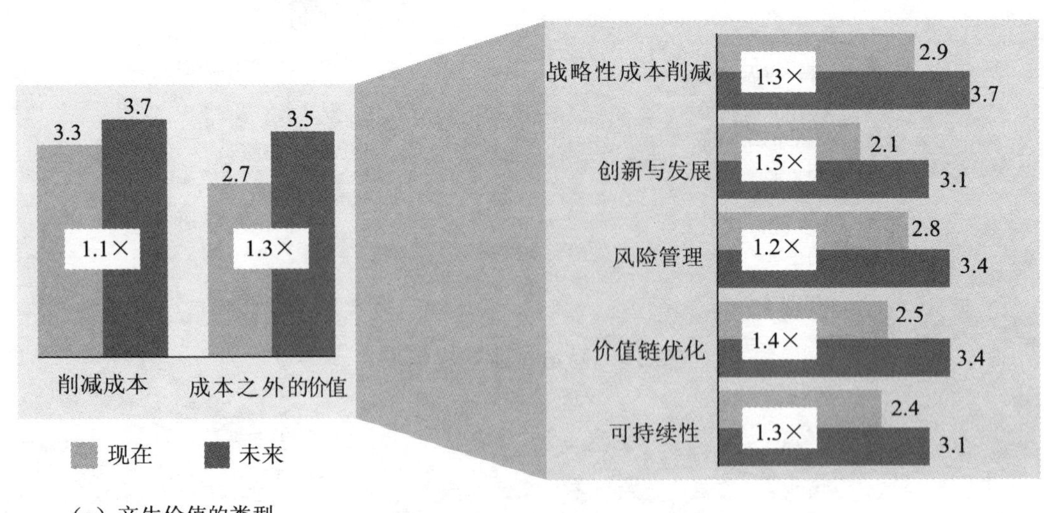

（a）产生价值的类型
（反馈平均；1～4 由低到高）

（b）目标

图 1　CEO 对于采购组织的期望值

资料来源：科尔尼公司分析。

① C 级别，Chief Executive 级别，泛指行政级别的管理人员——译者按。

科尔尼公司的“采购卓越性评估（AEP）”研究结果有力地支持了这种更为广泛、更有战略性的对采购职能的使命陈述。AEP 的研究基于大量的数据，历经 20 多年，涵盖了全球 500 余家大型企业的领先采购实践。从数据中可以看出，全球领先的采购组织不仅需要满足降低成本的基本期望（挖掘价值），也需要驱动各种长期可持续利益（保值和增值）。

领先的采购组织丰富了传统的采购功能：从单纯连接企业和供应商之间的交易中心的角色，演变成了战略合作伙伴和组织管理人。它们不仅涉及旨在压榨供应商的战术讨论，并且专注于创造持久的共赢局面，对关键供应商加以牵制、进行互动。

与市场营销领域的领先组织利用“客户能量”来塑造品牌承诺类似，采购组织正在利用“供应商能量”来提升并保持其长期竞争优势。

一、供应商能量概述

广义而言，供应商能量是（供应商）识别和使用供应市场大量资源的能力，因为这些资源能帮助企业获得长期竞争优势。它凝聚了供应商的专业知识、资源和能力，可以帮助采购方实现其更广阔的战略目标。采购部门是连接内部组织和外部供应市场的桥梁，能有效利用并释放供应商的能量。与此同时，采购也能通过增强供应商的能力来提升其自身企业的竞争力。

然而，许多采购组织依然受到一些常见问题制约而举步维艰，比如：他们只是成本驱动、在决策层没有一席之地，或者仍然停留在（采购）执行层面，没有足够的工具和技能更深层次地参与公司业务。即使是已经建立了供应商关系管理（SRM）体系的公司也经常无法有效挖掘出供应商的能量，或创建出我们所谓的 TrueSRM 项目（如图 2 所示）。

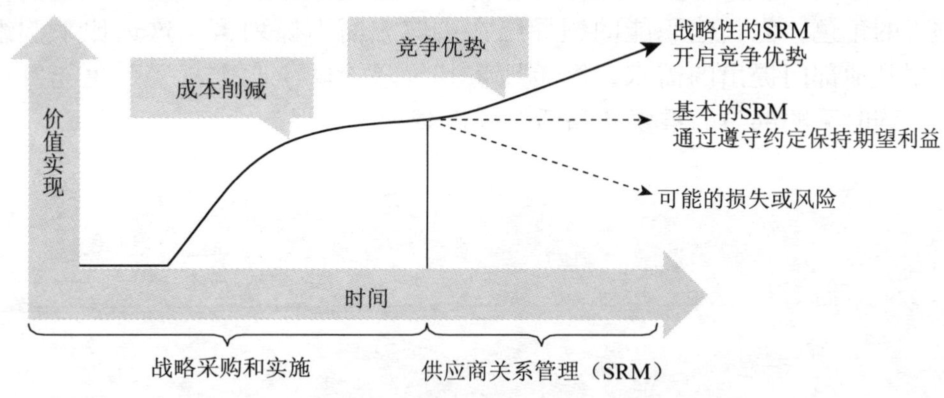

图 2　通过采购逐渐实现的价值（TrueSRM 模型）

资料来源：科尔尼公司分析。

TrueSRM 模型通过附加价值完善了采购流程，这套模型主要包括以下两大关键要素。

基础：与所有供应商合作，通过绩效管理以确保符合业务需求，维持从采购功能中能获得的效益。

战略：与精心挑选的供应商合作，共同改变行为方式以实现竞争优势（SRM 占据该要素的一大部分）。

对于那些希望获得领先地位的采购组织，我们有四条经验分享。每条经验都能强化采购这项职能的竞争力和有效性，以满足日益复杂的业务需求。

（一）经验1：超越成本削减范畴，实现更广泛的业务目标

采购组织专注于成本削减的传统采购方式其实并不利于释放供应商能量。如果依据成本效益来衡量和“激励”采购，尤其是短期采购，这会削弱采购部门采用不同方式利用供应市场和供应商能量的能力。试想如果供应商与采购方的合作是短期的，而且利润率逐年下降，那么没有哪个供应商会愿意支持客户的各种目标追求，并投入资源、资金和贡献创意。

采购组织的采购决策必须以事实为依据。实现这一点的一种方式就是创建一套供应商奖励情景机制（Scenarios），设计一套涵盖多个维度的平衡计分卡（balanced scorecard），通过计分卡评定每种情景下的各种总体收益。计分卡根据每家公司的竞争环境和战略需要而量身定制。一套合理设计的平衡计分卡需要纳入该行业常用的指标，如市场营销方面的指标等。举例来说，一家全球性的食品公司设计的计分卡系统会侧重于以下几个要素：食品质量、创新性、供应风险、可持续性、供应商多样性及长期成本管理（如图 3 所示）。而汽车制造商的计分卡系统则会更专注于进入市场的速度、创新性、质量、资本优化和竞争成本优势等要素。

采购组织能够通过这套系统展现其对更广泛的业务需求的理解，共同扮演创新管理人的角色，为其他职能的领导层在供应方面出谋划策。这远比采购组织被动地依据其他部门提出的需求，简单地将其传递给供应商进行采购更能发现和创造价值，同时采购部门的重要性和话语权也会大大加强。

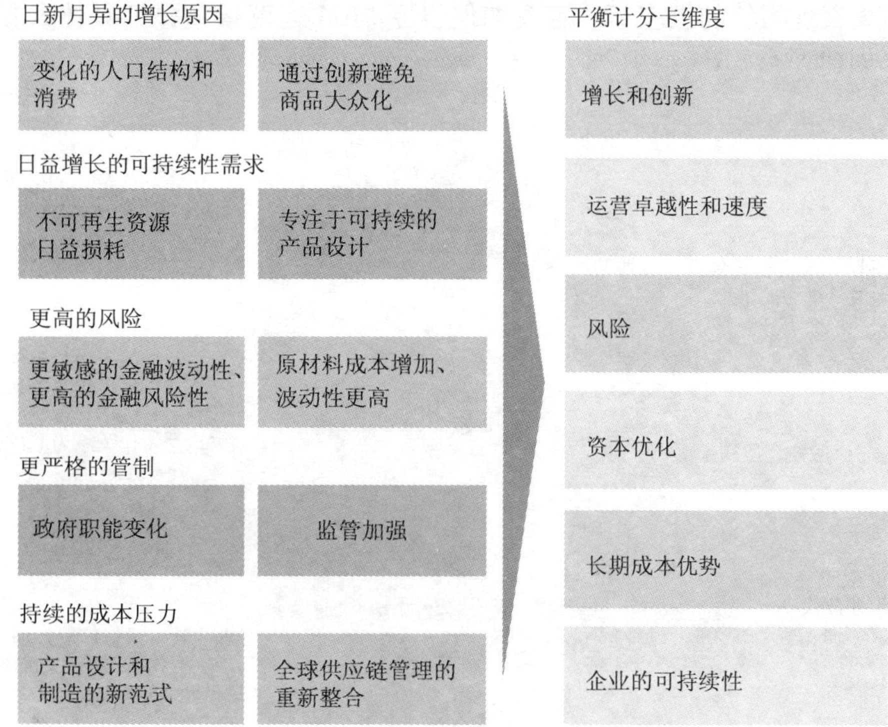

图3 全球性食品公司的平衡计分卡样板

资料来源：科尔尼公司分析。

（二）经验2：创建整合的运营模型，释放供应商能量

几乎所有领先的采购团队都拥有深厚、全面而综合的素质。通过业务计划、长期品类战略管理、战略采购、战略性供应商关系管理（SRM），这些团队逐渐形成其竞争力。

与此形成对比，典型的采购组织更偏重战略采购这项功能，而对SRM几乎没有任何关注。即使有时采取了积极的措施（比如委任一名SRM专员），也不足以完全释放供应商能量。供应商能量的充分释放需要完成从战略采购到独特的SRM运营模型的彻底转型（如图4所示）。

这个模型的整个运作流程始于业务要求，在此基础上考察两点：哪些支出类别是最关键的，并且是对长期竞争优势具有最大影响力的；哪些计分卡的维度（如可持续性、供应商风险管理、客户服务、成本等）是最重要的。根据这些支出类别，将有资质的供应商分成不同的集群，这些集群能帮我们专注于那些最具价值潜力的领域（后面将详细说明）。优选的供应商们会受到优惠待遇，旨在创建基于信赖的合作关系，从而创造可持续性价值（详见案例分享：戴尔的SRM模式）。绩效管理用于监控传递的价值，将价值漏损降至最低，并改善与整个供应商组合的关系。采购组织自始至终都应当积极管理供应商组合，以识别替代方案，并在必要时淘汰表现不佳的供应商。有关如何设立 SRM 运营模型，请具体参见补充说明——“创建一个 SRM 组织”①。

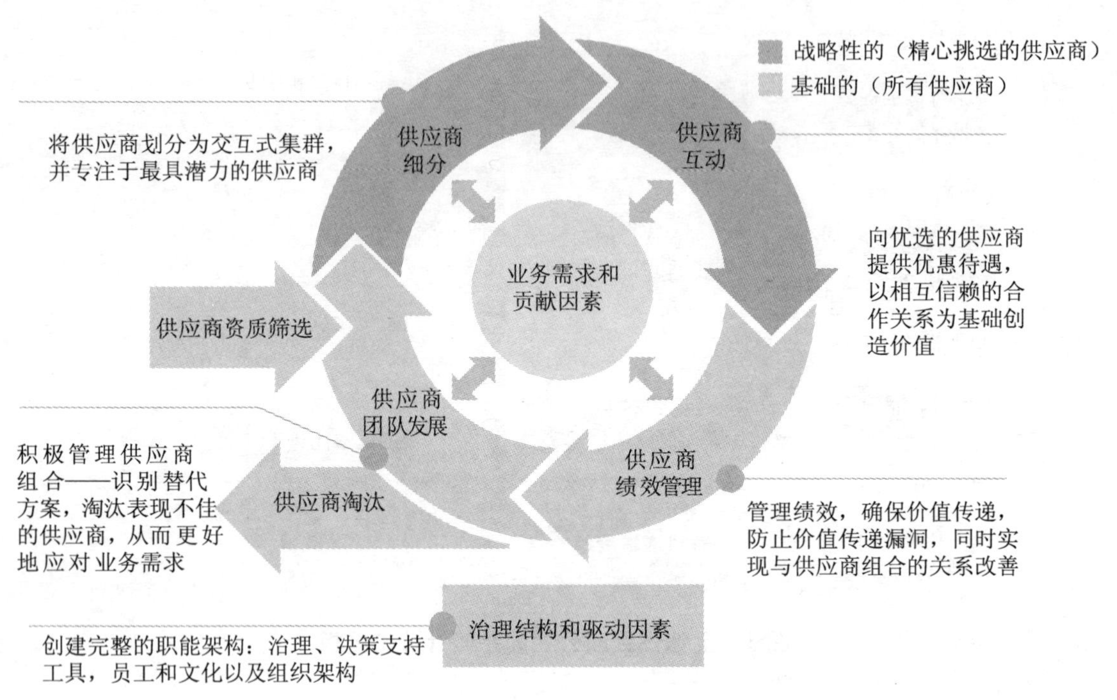

图 4　整合的 SRM 运营模型

资料来源：科尔尼公司分析。

创建一个 SRM 组织

可以用一个客户案例来说明创建 TrueSRM 组织的来龙去脉。该客户是一家全球性的品牌食品制造商，它拥有一家关键原料的重要供应商。这家制造商的 CEO 确信：与这家供应商建立更密切的合作关系有助于完全释放供应商能量。我们也认为这家供应商非常契合该客户的要求，于是我们开始着手确定领导层和执行发起人、定义职责，并分享了期望。

SRM 运营模型突破了横向的汇报关系，融入了“正确”的等级执行决策者，并确保合作关系管理团队与公司整体文化相契合。

真正的了解沟通永远是成功的关键。于是，我们很快设立了一个透明的合作关系管理架构，以及一个常规计划管理活动日程表（包括工作团队每周活动更新，每季度的指导委员会会议，以及每年度的执行发起人会议）。两家公司通过平衡计分卡商定目标（成本、创新、可持续性和增长目标），以及共享的项目管理和绩效管理跟踪工具［如简报（flash reports）和效益跟踪报告（benefits - tracking re-

① 该案例是科尔尼公司的一个实例分享——译者按。

ports)]。

SRM组织的重要组成部分是：定性反馈机制，事先约定的必要时对提出关键问题和各种顾虑的快速报告流程。与此同时，所有注意力都必须放在寻找和任命适当的核心团队和其相关成员上。我们希望融合左右脑技能平衡的人才，这也有助于帮全组织树立正确的态度。毕竟，真正的合作关系取决于那些对变革和新组织思维的欢迎态度。我们千万不能把这些努力仅仅视作另一次简单的并终将逐渐消逝的采购行为。

一个SRM驱动的结构也是创建供应商能量的关键所在，它确保了有效治理，提供了决策支持，留住了人才，并且保留了企业文化和组织架构（如图5所示）。

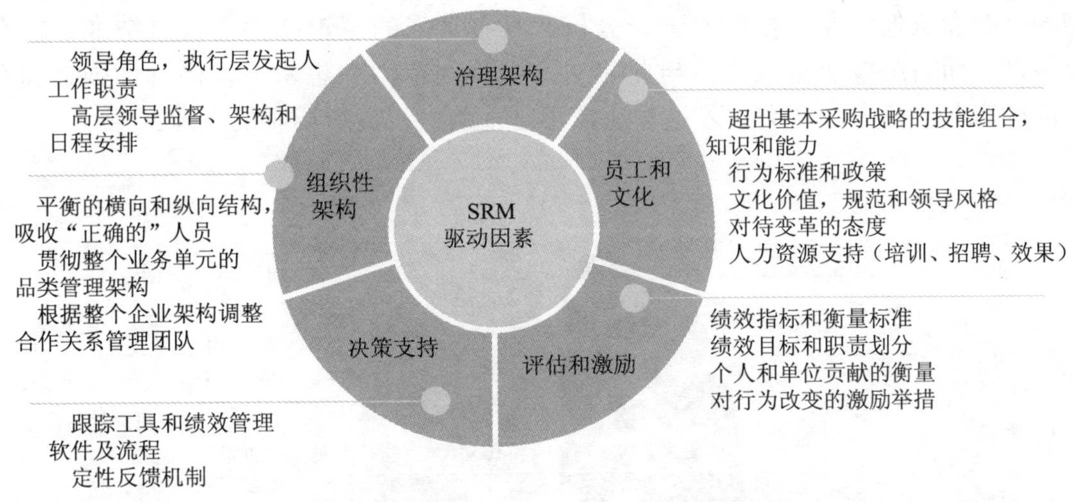

图5　SRM驱动的结构帮助获得供应商能量

注：SRM是供应商关系管理

资料来源：科尔尼公司分析。

戴尔的SRM模式

戴尔公司（Dell）以其卓越的直线订购运营模式领先业界，其精简的供应链设计几乎消灭了所有的中间商，将供货商和客户直接连接起来。这套系统奠定了其竞争优势并创造了巨大利润。据市场调研，戴尔全球的平均库存为7天，而一般PC厂商的平均库存2个月，联想为1个月！

戴尔公司是怎么做到这点的呢？为什么它能实现其他公司无法实现的速度呢？这套商业模式成功的关键因素之一就是卓越的SRM。通过与关键的供应商完全分享数据，戴尔公司大大缩短了对市场需求的反应时间，以绝对优势领先于同行业。与此同时，戴尔识别关键供应商，并主动推动供应商培养，对部分关键供应商的培养举措包含提供相关技能培训，以帮助供应商更快成长，更有竞争力。这种紧密的协作关系，为双方创造了持续的附加价值，而竞争对手也越来越难以拷贝这种成功模式！

（三）经验3：突破传统采购技能，开发SRM技能组合

释放供应商能量需要从根本上改变工作方式，必须突破传统采购技能，掌握其他各种能力达到专业熟练程度——包括商业敏感度和解决问题的才能。这样采购组织才能更好地与利益相关者和供应商合作，从而制订出全新的解决方案。比如，在与品牌经理合作整合供应商时，要懂得使用合适的营销术语（以平衡品牌间的影响和效率），同时拥有较高情商，掌握组织各种动态。

由此可见，赢得人才是充分利用供应商能量的关键，企业需要变得更加积极主动，制订完整的人力资源政策，寻找左右脑机能平衡的人才（如图6所示）。典型的采购专家偏向左脑技能：善于分析，具有很强的逻辑能力，行事精准且富有组织性。而右脑技能型人才，与此相对，更具创造力和想象力，概念性强，拥有更高的商业领悟力。这类人才过去通常不是采购组织传统招聘的人才。

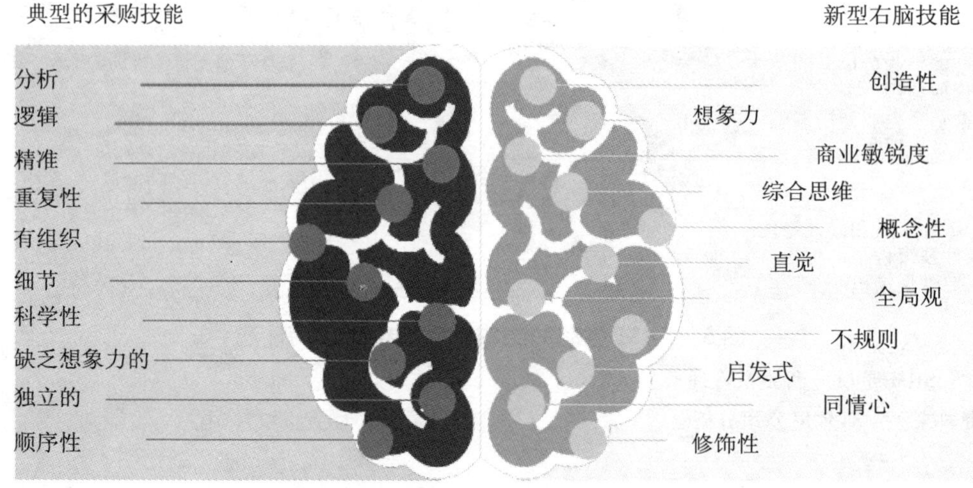

图6　整合右脑型的人才对采购团队至关重要

资料来源：科尔尼公司分析。

为了充分释放供应商能量，采购组织需要引入右脑技能型人才。左脑思考者会部署先进的分析方法，而右脑思考者会致力于开发供应商能量，有效地领导跨职能团队，将沟通与变革管理融入到整个流程中。

两大技能尤为重要。

分析技能（左脑）。先进的分析工具使分析建模和优化出现了根本性的变革。采购组织的关注焦点发生了改变：从通过传统招标方式压缩供应商的利润率，转变到了与供应商紧密协作，以寻找新的供应组合并探索各种“空白空间”的机会。通过清楚阐明自身强项和竞争优势，供应商们也在探索新的互动方式，共同开发

出最优的供应方案。

最新的突破就是：大规模的全新分析工具使采购商与供应商的合作达到了前所未有的深度。将格式化的寻求解决方案与条件招标相结合，完全释放了供应商能量，并制订了富有创造性的解决方案。这些解决方案能从多个层面上对企业价值做出贡献：比如定价结构、产品规格、订单结构和绑定出售情景等。充分释放供应商能量的核心能力包括：高级数据分析能力、多变量预测建模能力，情景分析能力和约束优化能力等。

商业领悟性（右脑）。普通采购组织偏重在内部优化采购类别的内容和方式。领先的采购组织则会联合内部利益相关者和外部供应商深入地挑战现有流程和要求，描绘出行为模式，并提供战略性的治理结构 。采购领先者会使用端到端的视角彻底审视内部流程：为什么需要某种采购类别，如何能够替代它？从端到端它是如何在内部使用的？是什么在驱动它的需求和规范？该流程涉及哪些人员或部门？这些人员或部门是否能够识别那些好的供应商，以追求更深层次的、更持久性的价值？

采购人员转型案例①

一家全球知名食品企业在中国区业务需要进行采购转型，该业务涉及整合全国若干大区和不同事业部的采购部门，并推动采购从偏重日常执行到注重战略采购和创新性的价值创造。转型对采购人员的能力提出了更高的要求。以前采购人员只需要根据业务部门提出的采购需求，寻找供应商并管理价格；而转型后采购人员需要积极收集各种显性的和潜在的需求，并对需求加以甄别，利用丰富的供应市场信息，向上影响并管理业务部门的需求，使之最优化。这期间该企业开展了一系列采购优化项目，同时对团队进行观察和评估，以识别谁更能在未来的采购组织中被委以重任。结果显示，一些非传统采购出身的采购团队成员（比如来自销售部门成员、研发部门成员，或新招募的成员）对新策略、新流程、新工具的接受程度要大大高于传统背景的、习惯了接受需求再执行的团队成员。通过使用新的理念、工具，该转型项目为企业创造了规模更大、覆盖范围更广的附加价值。

（四）经验4：以绩效和潜力对供应商进行细分

尽管很多SRM项目有好的出发点，却往往由于对战略供应商的定义过于模糊而失败。研究表明企业经常以相对单一的流程和标准对供应商进行分类，这类方法对于采购品类的重要性没有明确的优先排序，而且过于繁杂，容易出现过多“战略性”的供应商（每个支出类别至少一家）。

若要成功细分供应商，我们需要新方法：首先基于供应商的能量潜力评估其支出所属类别，然后将每项支出类别与最具能量潜力的供应商相匹配。科尔尼公

① 该案例是科尔尼公司的一个实例分享——译者按。

司通过9个独特的供应商交互模型来辨识关键供应商（如图7所示），最后根据不同的供应商设计出与之相匹配的SRM项目。

这种方法的关键就是将采购组织有限的资源集中到最重要的供应商身上——1%的关键群（联盟型，投资型，影响型）和1%的问题群（削弱型，发展型，救助型）。对于问题供应商，采购组织必须对其绩效进行紧密监管；对于关键供应商，则必须与之密切协作，以获得竞争性的优势。

关键供应商拥有独特的产品组合、生产能力和独家供应，因此对于企业非常重要。让我们看看这个关键群为我们具体带来些什么。

“影响”型：利用供应商技术共同开发、推广产品和服务；产品组合定义了产品标准，很少是定制的；能力很强；独家供应通常不是必然的。

“联盟”型：建立多年专属的合作关系，旨在引导市场；能在大型产品组合中改变产业规则；必须拥有高绩效；

存在排他性，有能力改变游戏规则。

“投资”型：共同形成竞争力、双方投入资源；可能改变游戏规则的产品组合；能力缺口限制了改变游戏规则的潜力；排他性在此几乎无关紧要。

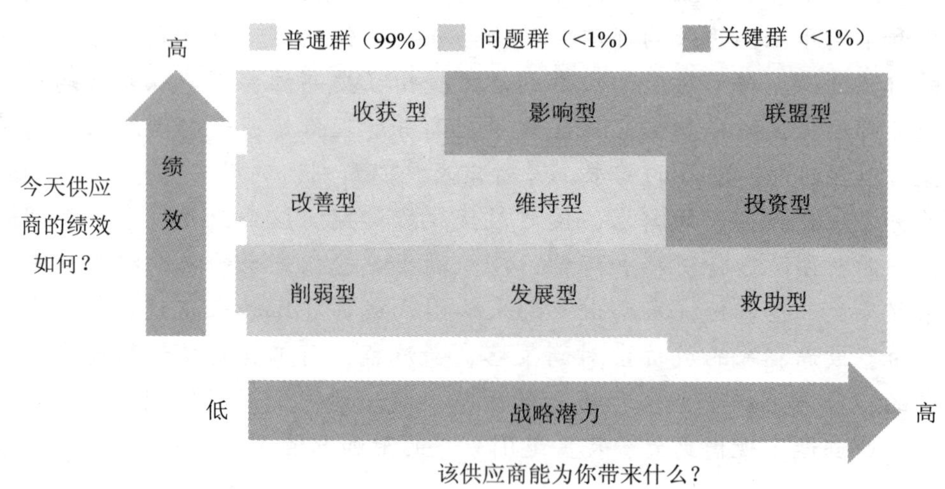

图7　用独特的交互模型辨识关键供应商

资料来源：科尔尼公司分析。

科尔尼公司的研究结果显示，与关键供应商密切协作可以实现突破性的互利共赢成果：平均加速新品开发时间40% ~60%，提高销售额达10% ~15%，关键群的企业的供应成本和库存降低了10% ~20%，预测误差降低了600 ~900个基点①，运输成本平均降低7% ~15%。所有这些成果不仅要归功于与供应商建立的

① 基点basis point，1基点 =0.01%——译者按。

密切合作关系，也得益于正确的供应商管理。

我们常常被问到是否有管理这些合作关系的“秘密武器”。说实话，没有！但是，成功的合作关系都有一些共性。首先，在接触任何潜在合作伙伴之前，会明确定义期望，评估机会。然后，在正式接触合作伙伴时，每一个行动、每一次谈话、每一个数据点都应当显示出令人信服的合作理由和诚意。此外，大家必须达成共识：所有级别的管理层的思维及模式都需要相应改变，并且愿意投入必要的时间来完成这些变革。其他显著的成功要素包括：为合作双方创造共赢结果，建立透明的信任机制（比如建立数据完全共享团队），并在合作早期明确定义共享标准（sharing parameters），使合作双方能尽早了解合作规则及利益。

二、供应商才是解决之王道

释放供应商能量的征程任重而道远。它需要采购组织改变与其他职能、业务的协作互动方式，重新调整采购团队，注入新能量，并以全新的方式对采购类别和供应商进行细分。尽管每个人都要在这一过程中付出艰辛的努力，但却比仅仅专注于内部资源的工作有效，也拥有更多自主性。所以，是时候把你们的供应商视作一种解决方案，来获取额外的、可持续的价值，并充分释放他们的能量潜力了！

（翻译：吴江、孙瑛霞）

CIPS 推动中国道德采购和可持续采购

英国皇家采购和供应学会（CIPS）
北京中外商桥投资咨询有限公司（TBA）

全世界的食品丑闻正动摇着消费者和机构对食品供应链的信心。食品安全曾经在食品零售商和购买者心中是最重要的，但是目前的实际情况并非如此——人们正在以一种截然不同的方式消费食品。

世界范围内食品丑闻接二连三地发生——先是在英国，然后在整个欧洲，现在蔓延到了中国。实际上这已经影响了很多大型企业。例如，中国当局发现当地的肉类供应商在其产品中使用过期和受污染的肉制品时，并下令该企业关闭，这件事情曝光后，使得麦当劳与肯德基的母公司百胜集团的品牌受损，对其造成了极大的负面影响。

这桩丑闻一经披露，两家公司都迅速采取应对措施，马上终止了与上海福喜食品有限公司的合作、寻找新的供应商，并公开向消费者致歉。该事件对于他们品牌的影响还有待评估，但这并不是这两大品牌陷入的第一桩食品丑闻。

早在 2012 年，这两家公司被发现所提供给消费者的鸡肉制品中含有大量的抗生素。因此诚挚的道歉和快速地变换供应商可能不足以挽回消费者的信心，而且他们的股价很可能会受到重创。

显然食品丑闻不是仅限于一个国家或者几个州里，它似乎流行于所有的供应链中，存在于整个世界里。它深深地威胁着人类的健康，又给那些遵循宗教和文化价值观的人们造成了巨大压力，而人们尚不清楚应如何防止这类事情的发生，至今也没找到解决方法。

英国皇家采购和供应学会（CIPS）认为解决问题的方法在于从业者要有专业认证。持有 MCIPS 认证的专业人士在道德、可持续采购和供应管理背后的关键概念的影响下，欺诈和腐败的例子大大减少，因为训练有素的专业人士知道他们想要什么。供应链正变得愈发全球化，也更加复杂，买方不得不跨境工作，在不熟悉的地方话语权减少，工作环境也很陌生。

但是道德和可持续采购是什么？道德采购（有时也称之为责任采购）尊重基本的国际标准，反对包括贿赂、腐败、欺诈在内的犯罪活动，反对现代奴隶。由自由行走基金会提供的数字显示有 2990 万人疑似现代奴隶，生活在世界上许多行业、国家和文化背景中，形势非常严峻。好的专业人士不仅能够发现其供应链中的腐败行为，而且他们也会立刻采取行动根除这些行为，并逐步改善供应链中人们的生活状态。因此，这不仅仅是要远离任何腐败行为，还要采取措施，为那些在供应链中工作的人们提供保障。

可持续采购包括采购时要考虑的环境、社会和经济影响、使用的材料、产品的生产方法、物流和废物处理技术。这听起来非常复杂，那么为什么要如此用心地去维护供应链呢？良好的业绩意味着良好的口碑，同时也反映出机构供应链的效率、质量和安全及其最终的产品和服务。监管控制在世界范围内变得越来越频繁，买方必须注意立法格局的变化与发展。若发现问题，企业的处境就会很尴尬，不仅利润遭受损失、企业没有生机，而且使得那些处于奴役工作环境的弱势群体和个人变得消沉。

包括电子和高科技行业、钢铁和汽车行业、农业和海产品行业、采矿和矿产行业、服装和纺织行业在内的这些行业似乎更倾向于采取不讨喜的做法，尽管在这过程中大多数行业都受到了影响。虽然现代奴隶是违法的，但它仍然存在于世界上的每个国家中，特别是在工人缺少权利和保护的地方、在极度贫困的地方、在广泛雇用农民工的地方。

一、采购者应该做什么

简单地说遵循道德准则。详细点就是对违反基本道德标准的行为，如欺诈、贿赂和现代奴隶，采取零容忍态度。但是，我们不提倡一旦违规行为被发现就立即终止所有合作的做法。比如，许多在工厂和其他工作环境中的员工可能是家里唯一养家糊口的人，解除他们的合约对其家庭而言是切断了唯一的收入来源。我们主张首先展开调查，在可能的情况下采取补救措施，从而使工人至少能获得国际劳工组织规定的最低工作条件。

1. 沟通良好

与供应商进行良好的沟通正变得越来越重要，以便维护适当的标准。国外的供应商很可能用他们的第二语言进行沟通，确保双方都了解合同的目的与条款。

2. 建立信任

很多文化背景需要更多的努力来建立信任，因此了解你要合作的供应商的文化背景将会帮助采购者在关系发生异常时有所警觉。

3. 法律知识

一些供应商可能不了解自己国家的劳动法律法规，因此上网搜索并阅读国际劳工组织信息将会使买方和供应商之间沟通顺畅。采购者必须清楚行为准则的最低标准，以便供应商了解关系动态。

4. 社会问题

许多国家不提供任何形式的社会保障，包括健康和失业救济金。采购者在考虑为货物和服务及在国家与州之间比较定价时需要了解这些问题。

5. 性别歧视

比如说一些工厂可能女性职工的比例很高，那么提高平等机会，促进女性进入管理层可能会对你的供应商产生一些影响。这对于那些工人来自不同文化背景和阶层的工厂而言是个很好的示例。

6. 唾弃贿赂和腐败

宝贵的资金可以用来实现交易、完成合同和支付工人工资。采购者应该在成功完成 CIPS 道德规范后提交证书来证明自己的承诺，我们应该鼓励供应商自己完成 CIPS 道德规范。

7. 对健康和安全问题缺乏关注

围绕这一问题人们可能没有采取行动去成立一个对检举者有单独的审查和处理机制的健康和安全委员会，因此要更多地去关注这些问题。

二、境外采购

采购者在是否应该进行境外采购这方面有很多问题需要考虑。

（1）经济问题——利润率、汇率、浮动货币、保险和税收都要考虑在内。

（2）技术问题——采购电子流程支持供应商和买方进行及时沟通。

（3）法律问题——国家内部的法律和国外的法律，如欧盟法规。

（4）社会问题——提高工人的满意度能帮助提高生产力，促进思想交流等。

（5）环境问题——能源的使用，资源回收和有毒废弃物的清理。

如果采购公司没有相关政策，那么他们也需要支持采购部门制定这些政策。采购者可能在如何跟国外供应商打交道方面有着坚定的立场，但是如果没有公司的支持，就很难付诸行动。

公司的流程对采购者的支持如图 1 所示。

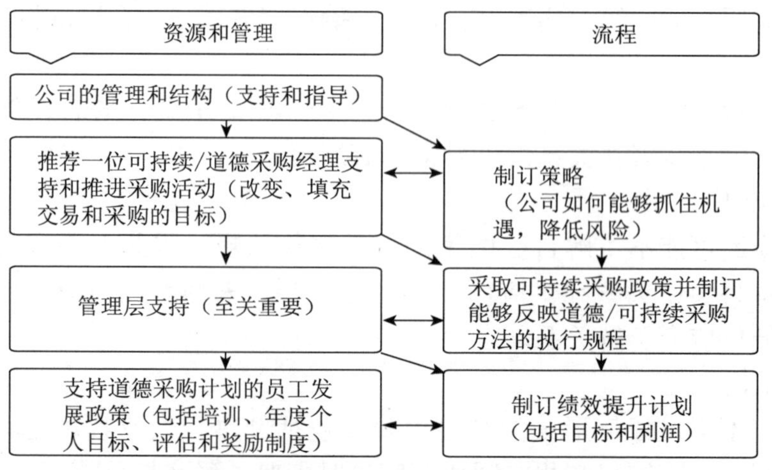

图 1　公司的流程对支持采购者的支持

三、采购周期

采购周期的7个阶段能简单让人了解公司流程是如何运作的。阶段1和阶段7着重讲道德和责任采购计划。阶段2～6是采购者在每次采购过程中都要经历的。采购周期如图2所示。

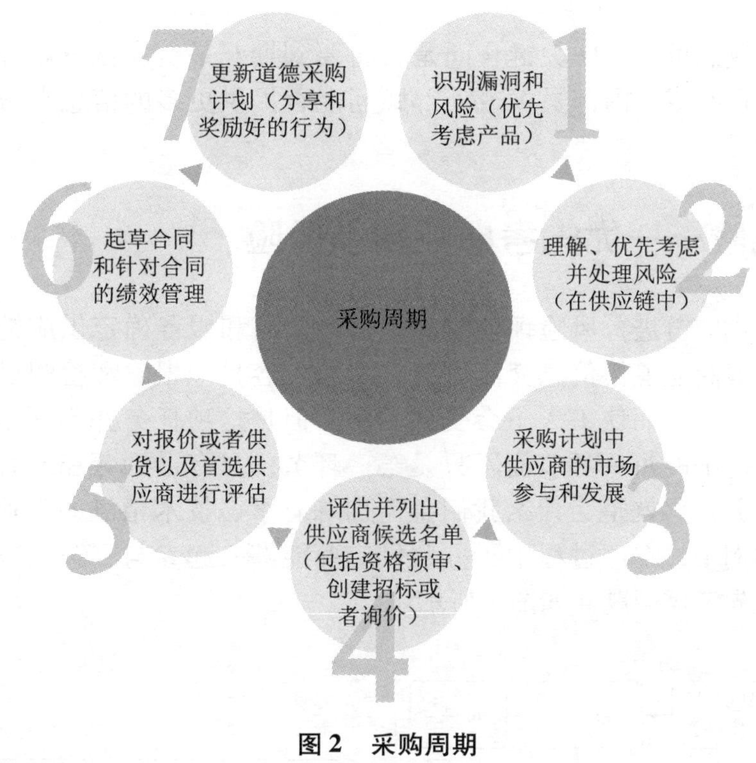

图2　采购周期

四、理解漏洞

在决策过程中，对潜在供应商进行风险评估是一个重要的阶段。评估可以根据地理、部门、商品、产品或服务的水平来进行。比如说，农民工越密集的地方现代奴隶的现象就越普遍。然后这些确定的风险需要根据对公司是否重要进行评估，比如开销水平对关键业务水平或者像卡拉杰克模型似的操作风险。然而，当使用传统采购模型时要多加注意，因为它们可能无法突出可持续性风险领域，可能会导致工人剥削这一不良情况的发生。我们也应该考虑更好的采购模型或者其他评估方法。改善可持续性风险如图3所示。

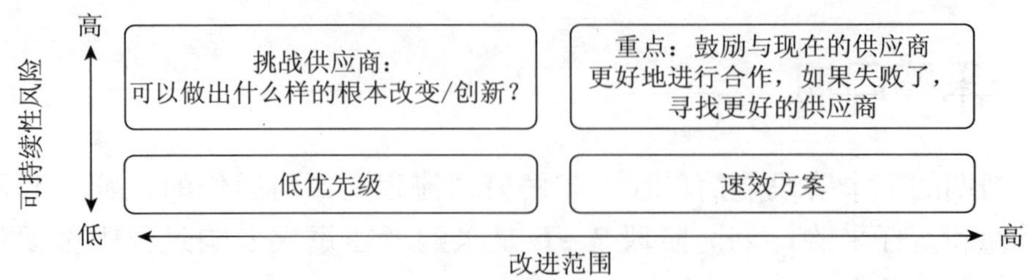

图3　改善可持续性风险

实际上，我们可以考虑关键合同是否将要到期？是否应该重新评估？是否有风险更低的选择？或者内部员工或外部顾问能否提供更多的信息来帮助做出一个明确的决定？

五、风险——优先考虑并减小风险

当对一条供应链进行风险评估时，为每个产品和服务确定供应链是至关重要的任务。供应商商业道德信息交流可能会帮助更容易地根除和检测供应链中生产的劳动密集阶段，从而使工人不会受到剥削。但是这项任务并不简单。这一过程需要弄清供应链中的每一环节而不只是第一环节。只有最勤劳和最有才能的人可能完成这个任务，这就是为什么我们急需训练有素、技术精湛的专业人士。棉质服装供应链的例子，在这过程中买方和供应商能够一起参与到该供应链的每一步从而识别和优先考虑问题。如图4所示。

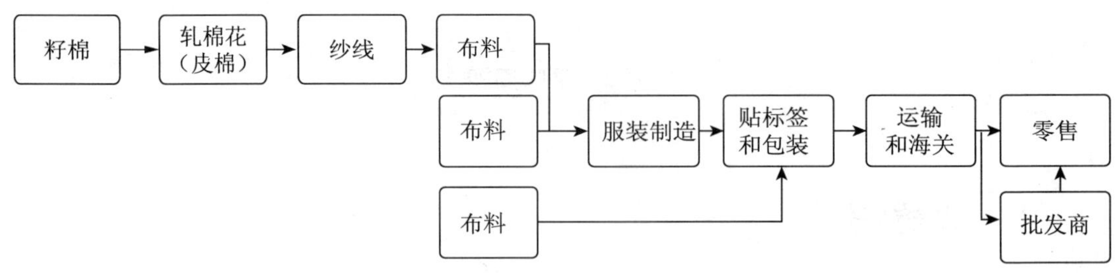

图4　棉质服装供应链示意

虽然有时候会很麻烦，尤其是长的、复杂的国际供应链，但是在整个过程的最后，买方将会有一个清晰的想法并对供应链中固有的漏洞和风险更有信心，更确切地说是对环境、社会和经济问题更有信心。采购者然后可以建立流程和体系，在灾难发生之前识别并处理由严重违规所带来的风险。

六、制订计划并吸引供应商

第一步是吸引供应商。我们可能找到满足公司目标和期望，符合我们文化价值观的供应商吗？如果不能，那么有供应商接近我们的要求而且可能只需要我们在如何做道德生意上给出建议吗？也许供应商可以支持采购者履行良好的道德行为。这是相互影响的。

采购者还需要考虑该供应链中员工的经济情况。他们的工资有及时发放吗？是最低工资吗？他们有债务吗？他们需要用钱来讨好老板吗？

更宽泛地说，国家、地区、当地或者老板自己，有改善工作环境的计划吗？潜在的供应商正在和受人尊敬的跨国机构合作来做出改善吗？所有这些都表明，改变是可能的，而且供应商可能是一个不错的选择。

第二步就是要制订计划，并与老板、董事会和同事们分享计划，且该计划要满足公司的目标以及明确哪一阶段应该由谁负责。这可能需要额外的时间进一步研究和收集信息以确保能够做出最好的决定。

七、供应商名单

下一阶段对于采购者来说是一个机会，他们能够强化一些重要问题，如环境和社会问题，而且能够看到供应商是如何实现这些目标的。道德关注应该存在于评估过程的每一个阶段，也应该存在于提供给供应商和潜在供应商的宣传材料里。评估标准示例如表 1 所示。

表 1　　评估标准示例

经济标准	社会标准	环境标准
以前/现在的经验	由独立认证机构认证的标准	使用的材料和生产过程对环境的影响
生产力/服务能力	工人知道他们在工作中的权利和责任的证明	包装对环境的影响
设计强度/创新	存在独立工会或者有效管理/工人委员会，能解决工人的首要问题，包括工资、工作时间和工作环境	运输对环境的影响（如从欧洲空运对环境的影响比从亚洲/非洲海运要大）
产品的整个成本	次级供应商的行为和条件	产品生命周期包括废弃处理，对环境的影响
当前供应商的转换成本	参加教育和改变行为的多团体活动来解决根深蒂固的问题	

通过要求供应商完成资格预审调查问卷，采购者能够确定与每个供应商相关的很多细节，如他们的态度和承诺、他们的标准是什么和通过提供审定报告能看出他们的现状，以及供应商和采购者的道德标准匹配度是多少。

最后，采购者可以做出选择并将报价邀请函发给名单中的供应商。除了报价邀请函外，还应该有一个下一阶段的详细介绍，如此，供应商便了解成功的供应商需要满足什么标准才能赢得这份合同。

八、评估供应商的报价

在给采购者递交了必要的文件之后，供应商可能会被要求跟买方见面以收集更多的信息。如果可以实现面对面交谈的话，那么以下方面的讨论可能会有用。

（1）供应商领导致力于积极改善工作条件吗？

（2）如果供应商单位有工会，那么由谁决定加入的人选。如果由管理部门决定，那么就需要进一步考虑。

（3）如果没有工会，那么就确定意愿提供一个工会。

（4）工人的财务状况如何？他们自己保留自己的身份证件吗？如果身份证件由管理部门保留，那么可能存在强迫劳工的行为。

（5）工人的工资水平能够满足他们的需求吗？

（6）现有的农民工有维权的表现吗？

（7）供应商有过贿赂和腐败的例子吗？如果有，他们是怎么处理的？

（8）已经实行了怎样的欺诈控制措施？有举报政策保护想要举报不法行为的员工吗？

如果没有强硬的措施，那么采购者需要在选出新的供应商之前建立他们自己的道德政策。

跟管理层和员工保持良好的关系也要做到以下几点。

（1）员工和管理层之间要有劳资谈判合同或者有独立的工会。

（2）讨论创建使员工和管理层能进行有效对话的现代人力资源方法的可能性。

（3）在国际框架下与国际工会签署一项协议。例如在服装行业，国际纺织成衣及皮件劳工联盟就可作为一个选择。

（4）农民工作为经常被忽视的劳动力，也应该有保护政策。

如果供应商能够根据采购者的要求提供给员工这些条件，那么他们在这场交易中将是一个强大的竞争者。如果那些工作环境较差的企业受到青睐，那么那些工作环境好的企业就会降低要求。如果首选供应商无法在合同开始时提供好的工作环境，那么在整个合同过程中需要将其作为一个加以改善的条件。这种方法鼓励了供应商的开放性和透明性而不是鼓励它们谎报他们真正的工作环境。

九、合同起草与管理

合同在业务中极其重要，能够清晰简洁地陈述双方的期望。合同会包含价格、期限、质量和付款方式。道德供应链和可持续供应链，消除了供应链各个环节的现代奴隶制度。关键绩效指标（KPIs）将衡量既定目标的绩效。

管理合同的线性流程应该包括以下几方面。

（1）交流合同内容，强调道德要求和可持续性的要求。

（2）这些可持续性的要求会对用户产生影响，应在第一时间整理用户的反馈，以便尽早解决问题。

（3）从供应商处得到反馈，购买者需要什么来保证坚持这些行为

（4）定期检查关键绩效指标，收集当地组织和其他利益组织做关方在供应商绩效方面的反馈。

（5）管理供应商绩效，按照应变计划或知识文件所收集的信息采取相应措施。

（6）提供激励机制。根据供应商道德绩效情况，提供相应奖励。

（7）对没有达到绩效指标的供应商采取适当的问责措施或实施制裁。

风险管理如图 5 所示。

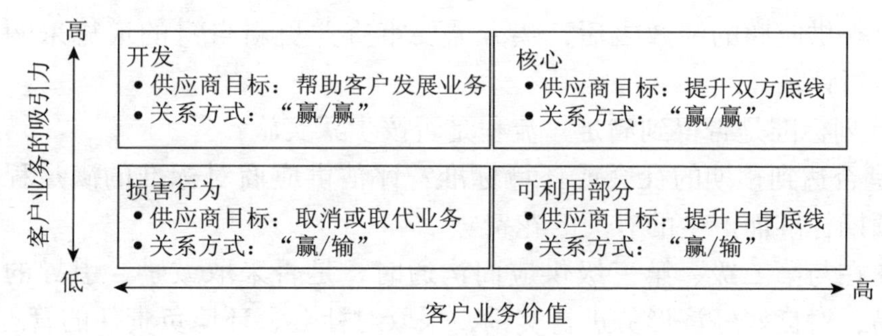

图 5　风险管理

如果有严重违反道德的行为——腐败、行贿、欺诈以及现代奴隶制等，应该即刻迅速采取行动。零容忍态度将确保供应商明白后果。采购者无须取消合同，但是必须尽快采取调查行动，防止类似情况再次发生。诸如此类的行为都是违法的，而且对供应商和采购者双方都会产生严重影响。

在该阶段的最后，采购者和供应商签订的合同应包括道德及可持续采购标准和目标。他们的关系受到监督，双方要采取积极行动促成最好的结果。

十、实施审计

审计是了解对方是否符合标准，哪些方面需要改善的重要工具。当双方没有充分理解国际、国内标准时，审计尤其重要。然而，在审计之前，采购者必须明确供应商已经了解相关要求。

审计包括检查供应商的第一手信息，在某些情况下，和工人及曾经供职的工人在工作场所外进行访谈，以保证工人开诚布公地表达自己的观点。审计由采购员工执行。综合使用这些方法将会得出最优反馈结果。访谈和文件审查是优质审计的重要组成部分，纸质文件必须认真保管，保持文字清晰，信息及时更新。访谈应使用当地语言，包括三个层面：管理层、中层管理和监督层，以及一线工人。文件审查应该用于查明访谈和记录中不一致的地方。采购者应该明确审计员是否有竞争力，是否对工人陈述的机密信息有敏感度。

有全球销售经验的供应商可能已经接受过审计，因此，如果文件正式、清晰、可信，审计就无须从头开始。

十一、更新道德项目

合同审查供应商的绩效之后，买方需要审查并更新自身的道德采购项目，对以下几项进行评估。

（1）计划标准是否得到满足，流程是否按步骤实施？

（2）是否达到预期的社会或环境标准？评估供应商对标准的满足程度，以及需要满足预期标准而产生的有关的花费。

供应商在与第二级、第三级供应商沟通时，是否采取鼓励、引导的态度，进行公平交易，对良好经济形势进行奖励，采取对社会、环境负责任的管理方式？

如果没有达到标准：

（1）未符合要求，表现欠佳的根本原因是什么？买方有什么责任？供应商有什么责任？

（2）买方在供应现场实施改进措施的障碍有哪些？他们也必须承担责任。

许多机构组织除了单纯采取审计的方式外，还会采取对供应商机构进行培训和支持的方式。解决恶劣工作环境问题的案例分析如表 2 所示。

表 2　　解决恶劣工作环境问题的案例分析

公司名称	公开致力于国际劳工组织的工作	参与产业/多重利益攸关方的活动	提供工厂培训	公开工厂审计结果	不公开审计结果，使用工人访谈形式	处理采购问题	处理劳工标准，如工资、工会权利
德国，阿迪达斯	•	•	•	•	•	•	•
法国，家乐福	•	•	•	•	•	•	•
瑞典，H&M	•	•	•	•	•	•	•
西班牙，英德斯	•	•	•	•	•	•	•
美国，耐克	•	•	•	•	•	•	•
英国，特易购	•	•	•	•	•	•	•

买方应该提供给供应商行为指导，以及/或者给工人提供培训。买方和本国改善工作场所条件的公司共同合作，提供的支持更加有效。多重利益攸关方帮助买方和供应商相互合作，共同探讨改进措施和生产指导。

道德采购项目审查将验明供应商在哪些领域实践活动进行得好，哪些领域薄弱。多重利益攸关方、其他类似产品或来自同一地区的机构，以及在统一供应地的机构可能也了解供应商好的实践活动。

供应商发展能够改善具体供应商的实践行为，供应商协调有助于在供应商中分享有关良好实践行为和计划的经验，从而改善各自的实践行为，促进双方达到共同的利益目标。

道德采购是一个不断改善的过程，不仅涉及买方，还涉及整个供应网。买方可以考虑为供应商设立奖项，对其社会环境表现的进步予以认可，比如通过设立“最受欢迎供应商”奖项，或者类似的能够直接引导供应商表现更好的机制。

该阶段的最后，买方根据反馈、学习及对理想的社会环境结果的改进评估，更新采购项目。这样能够引导双方开展能够解决根本问题的活动，明确买方能够在哪些领域帮助供应商学习，以及供应商和买方双方能够在哪些领域改进奖励机制。

十二、CIPS 行为准则

学会正式会员——拥有 MCIPS 认证的人员必须遵从以下准则。该行为准则的目的是使 CIPS 会员明确必须实施的行为和行动。

世界各国的 CIPS 会员必须支持该准则，在专业实践中对所有参与方均要求这一承诺。

会员应该鼓励各自机构依据该准则的各项原则，采取道德采购和供应政策，在各自机构中适当提高对商业道德的关注度。

会员行为会根据准则评判，任何违反准则的行为会依据皇家学会章程的相关纪律条例进行处罚。如果 CIPS 收到投诉，会员应协助 CIPS 进行调查。

准则规定：

提高并保护专业地位，通过：

（1）不参与任何有损该专业或英国皇家采购与供应学会的行为。

（2）不接受任何诱惑或礼品（除雇主奖励的公开的票面价值礼品）。

（3）不允许接受款待，或者为既得利益影响或被视为影响自身商业决定的款待。

（4）了解专业生活以外的行为会影响自身的专业身份。

在所有商业关系中保持最高诚信标准，承诺：

（1）拒绝任何不合理的商业行为。

（2）绝不通过自身职权或地位谋取私利。

（3）任何可能影响或他人认为可能会影响我决定的个人利益均向直线经理报告。

（4）保证我在工作期间提供的信息准确无误。

（5）绝不违反我以专业能力获取的信息应遵守的保密原则。

（6）努力保证真实、公平、透明的竞争。

（7）我的技能、经历和资质诚实可信。

根除不道德的商业行为，通过：

（1）培养人权意识，培养商业关系中应对欺骗、腐败问题的意识。

（2）负责任地管理各种不道德行为出现的行业关系，采取适当行动报备补救。

（3）对与供应商有关的强制性劳工（现代奴隶制）及其他破坏人权、欺诈和腐败的行为，进行积极调查。

（4）不断拓展在强制性劳工（现代奴隶制）、人权，欺诈和腐败问题方面的知识储备，并应用于我的职业生活。

提升专业熟练度和道德高度，通过：

（1）不断开发、应用知识，提高个人技能和所在公司所需的技能。

（2）培养我的下属的专业能力使其达到最高标准。

（3）优化我所能影响到的、对公司有利的资源使用情况。

确保遵守法律法规，通过：

（1）遵守所在国的法律；若所在国无相关法律，我将遵守此行为标准。

（2）履行协议规定的合同义务。

（3）遵守 CIPS 专业行为指南。

十三、专业采购人员的角色

专业采购人员对供应链的决策制定，特别是义务履行的程度、供应商的评估、商业风险体系的建立，有重要影响。专业采购人员可以通过“2P”法解决供应链中存在的现代奴隶制问题。

在自身业务范围内以及供应商和商务伙伴业务范围内保证各项政策实施，以抵制、发现、消除现代奴隶制度。建立个人和企业预期的主要标准的行为准则；建立法定声明和合同条款，确保现有的和以后的新供应商理解公司在应对供应链现代奴隶制的方式；在新供应合同中加入该条款；鼓励揭发违反政策和合同条例的行为，制度体系中要保证检举者的真实身份受到保护，并得到董事会支持。

创建流程来发现漏洞。比如：绘制供应链图。尽管让公司审计并监测整个供应链的每一个环节不太实际，但各企业应该能够通过发现主要漏洞和采取道德采购的风险管理方法管理供应链。主要供应地进行独立、严格的审计，这对于确定供应商是否满足公司设定的标准方面有重要意义。买方公司应该强调，透明度比一味遵从重要，而且要证明他们愿意与供应商合作一起解决所有问题。

十四、总结

无论是食品供应链中的欺诈行为，还是纺织业中的现代奴隶制度，供应链对世界各地消费者、工人、企业和经济体都有重要影响。中国也应该更加深入地调查自身供应链，以实事求是的态度对待现实情况。

调查数据呈现

2014年中国企业采购调查数据

李帅

企业基本信息

第一题

企业的注册类型	国有企业	私营企业	中外合资或外资企业	其他
占受访问者百分比（%）	6.82	16.19	73.01	3.98

第二题

企业所在行业	电子和高科技：计算机和计算机原件，电子器件	工业设备：工业和电气设备，重型设备，建筑，耐用消费品	公用事业：环境卫生、安全、自来水、电力、煤气、热力供应、城市基础设施及其他居民服务	化工：塑料、化纤	流通商贸及服务：主要含零售、消费品、旅行和仓储、包装、酒店等
占受访问者百分比（%）	18.18	26.70	1.70	6.53	10.23
企业所在行业	能源：开发煤炭、原油、天然气等一次能源，电、热、成品油等二次能源及其他能源开采加工	汽车：汽车供应商，经销商/零售商，汽车设备制造商（OEM），汽车零部件	通信：通信设备及服务	医药：医药、医疗器械、卫生材料、制药机械及药用包装材料	自然资源：生物、农业、海洋、国土、矿产、森林和水资源等
占受访问者百分比（%）	7.95	12.78	9.09	4.55	2.27

第三题

企业2013年销售收入（元）	10亿～50亿	3000万～3亿	3亿～10亿	50亿以上	小于3000万
占受访问者百分比（%）	20.86	21.71	24.86	28.00	4.57

第四题

您在企业的哪一组织单元任职	地区分公司	公司总部	驻中国代表处/办事处	其他
占受访问者百分比（%）	41.48	44.03	10.80	3.69

第五题

您所在的区域	北京	东北（黑龙江、吉林、辽宁）	华北（天津、河北、山西、内蒙古）	华东（山东、江苏、安徽、江西、浙江、福建）	华南（广东、广西、海南）
占受访问者百分比（%）	15.63	0.28	3.41	23.86	7.95

您所在的区域	华中（湖北、湖南、河南）	上海	深圳	西北（陕西、甘肃、宁夏、新疆、青海）	西南（重庆、四川、贵州、云南、西藏）
占受访问者百分比（%）	2.27	29.83	13.64	1.14	1.99

第六题

您的职位	采购经理（如商品采购经理、计划经理、供应商质量经理、供应链经理等）	采购总监（或同等职位）	采购总监以上级别（副总裁、副总经理或其他）	经理以下级别（如计划员、采购专员和供应商质量工程师、采购工程师等）
占受访问者百分比（%）	62.22	11.93	3.13	22.73

宏观信息

第一题

应收账款天数（2013年比2012年）	持平	减少	增加
占受访问者百分比（%）	62.39	9.40	28.21

续 表

应付账款天数（2013 年比 2012 年）	持平	减少	增加
占受访问者百分比（%）	53.28	6.55	40.17
库存天数（2013 年比 2012 年）	持平	减少	增加
占受访问者百分比（%）	53.28	6.55	40.17

第二题

在采购过程中是否使用了供应链金融工具	否	是
占受访问者百分比（%）	79.94	20.06

第三题

是否有计划使用供应链金融来改善企业的资金流	没有，企业不缺资金	没有，主要是不了解这种服务	没有，主要是没有很好的合作伙伴	有
占受访问者百分比（%）	28.24	40.00	7.06	24.71

第四题

目前企业寻源的开发重点	北美	西欧	中国	印度
占受访问者百分比（%）	27.07	12.82	95.44	16.52
目前企业寻源的开发重点	东南亚	欧盟成员国	非欧盟成员国	俄罗斯
占受访问者百分比（%）	26.50	16.24	1.71	2.56
目前企业寻源的开发重点	墨西哥	巴西	中亚/中东	非洲
占受访问者百分比（%）	4.56	6.55	3.13	3.13

第五题

2013 年企业在中国的销售额比 2012 年	持平	减少	增加
占受访问者百分比（%）	12.86	12.29	74.86
2013 年企业在中国的产能比 2012 年	持平	减少	增加
占受访问者百分比（%）	21.51	6.98	71.51
2013 年企业的外包比例比 2012 年	持平	减少	增加
占受访问者百分比（%）	41.69	11.08	47.23
2013 年企业的内包比例比 2012 年	持平	减少	增加
占受访问者百分比（%）	55.26	17.54	27.19

续 表

2013 年企业在华投资额比 2012 年	持平	减少	增加
占受访问者百分比（%）	26.82	11.95	61.22
2013 年企业在华投资额比 2012 年	持平	减少	增加
占受访问者百分比（%）	30.54	7.49	61.98

第六题

2013 年企业的出口比例比 2012 年	持平	减少	增加
占受访问者百分比（%）	34.84	13.55	51.61
2013 年企业的采购金额比 2012 年	持平	减少	增加
占受访问者百分比（%）	18.69	11.21	70.09
2013 年企业的原材料进口比例比 2012 年	持平	减少	增加
占受访问者百分比（%）	32.81	27.44	39.75

第七题

2013 年人民币汇率的变化对贵企业采购成本的影响比 2012 年	持平	降低	升高
占受访问者百分比（%）	41.62	15.90	42.49

第八题

2013 年企业在中国地区的采购人员数量比 2012 年	持平	减少	增加
占受访问者百分比（%）	50.43	16.05	33.52

第九题

原材料价格（2013 年比 2012 年）	持平	减少	增加
占受访问者百分比（%）	33.53	26.59	39.88
供应中断风险（2013 年比 2012 年）	持平	减少	增加
占受访问者百分比（%）	47.08	7.31	45.61
供应商管理难度（2013 年比 2012 年）	持平	减少	增加
占受访问者百分比（%）	32.17	6.09	61.74

采购组织现状

第一题

主要的采购组织模式	分散采购	混合性采购	集中采购	项目采购	其他
占受访问者百分比（%）	8.00	52.86	30.00	8.00	1.14

第二题

采购部门职责涵盖以下哪几种	直接物料	间接物料	服务项目
占受访问者百分比（%）	94.32	83.52	69.60

第三题

直接物料的采购模式	不清楚	集中与分散采购相当	以分散采购为主	以集中采购为主
占受访问者百分比（%）	2.27	25.85	9.66	62.22

间接物料的采购模式	不清楚	集中与分散采购相当	以分散采购为主	以集中采购为主
占受访问者百分比（%）	7.95	42.61	28.41	21.02

服务项目的采购模式	不清楚	集中与分散采购相当	以分散采购为主	以集中采购为主
占受访问者百分比（%）	19.32	22.73	32.39	25.57

第四题

采购部门的流程状况如何	已经建立采购的操作流程、每一项采购活动都有记录	形成了较为完整的采购管理和操作流程，并得到严格执行	采购流程管理与ERP或相应系统的流程及数据保持一致、统一
占受访问者百分比（%）	11.17	15.19	30.66

采购部门的流程状况如何	准确使用不同复杂程度的业务、采购品类管理的操作流程和工具（例如：招标，反向竞标，总括合同，战略合作供应商等）	动态的、系统性的方法（例如PDCA，流程再造等手段）进行流程改进；采购流程随着企业的战略、规划和目标等持续改善提高	采购的流程纳入到整个企业的流程再造中；流程成为采购创新的驱动力
占受访问者百分比（%）	22.06	14.61	6.30

第五题

2013 年企业采购关键绩效考核指标	成本控制	寻源（供应商开发）	供应商管理	风险管理
占受访问者百分比（%）	95.83	56.73	71.47	45.51
2013 年企业采购关键绩效考核指标	跨部门协作	采购人员素质与水平	采购合规性	信息化
占受访问者百分比（%）	30.45	27.88	43.59	17.95
2013 年企业采购关键绩效考核指标	库存管理	质量控制	交付期	客户满意率
占受访问者百分比（%）	53.21	61.22	69.23	29.49
2013 年企业采购关键绩效考核指标	新技术运用	付款期	流程优化与创新	预测准确性
占受访问者百分比（%）	10.26	46.47	15.38	12.82
2013 年企业采购关键绩效考核指标	供应链柔性度	裁员	绿色环保	
占受访问者百分比（%）	17.31	4.49	18.91	

第六题

2014 年企业采购的重点工作	成本控制	寻源（供应商开发）	供应商管理	风险管理
占受访问者百分比（%）	94.48	58.12	71.10	44.48
2014 年企业采购的重点工作	跨部门协作	采购人员素质与水平	采购合规性	信息化
占受访问者百分比（%）	28.25	24.68	34.74	18.83
2014 年企业采购的重点工作	库存管理	质量控制	交付期	客户满意率
占受访问者百分比（%）	42.86	54.55	56.17	21.75
2014 年企业采购的重点工作	新技术运用	付款期	流程优化与创新	预测准确性
占受访问者百分比（%）	12.01	35.71	18.83	14.29
2014 年企业采购的重点工作	生产外包	物流外包	服务外包	采购内包
占受访问者百分比（%）	12.01	7.79	8.12	4.87
2014 年企业采购的重点工作	数据分析	裁员	绿色环保	
占受访问者百分比（%）	15.91	4.87	14.29	

第七题

在考虑使用采购外包服务时，最主要因素是什么	该流程或功能活动是否为组织的核心能力	市场上现在是否有相应能力的供应商	需要什么类型的供应商关系
占受访问者百分比（%）	57.46	44.44	14.29
在考虑使用采购外包服务时，最主要因素是什么	对直接和间接成本有何种影响	对服务水平有何种影响	和组织的其他部分目前整合程度如何
占受访问者百分比（%）	64.76	21.90	12.38

续 表

在考虑使用采购外包服务时，最主要因素是什么	供应商应当提供怎样的交付、质量价格和服务水平	是否有知识产权问题	是否会影响现有工会组织的员工
占受访问者百分比（%）	49.52	16.19	2.86

第八题

在 2013 年参加培训的时间比 2012 年	持平	减少	增加
占受访问者百分比（%）	42.48	20.06	37.46
在 2013 年参加过何种与采购相关的培训	CPM	CPSM	ITC
占受访问者百分比（%）	13.29	56.48	2.66
在 2013 年参加过何种与采购相关的培训	CIPS	APICS	其他
占受访问者百分比（%）	2.99	3.99	32.23
企业采购部门采购人员 2013 年平均培训时间	100 小时以上	25~72 小时	72~100 小时
占受访问者百分比（%）	3.29	31.44	9.58
企业采购部门采购人员 2013 年平均培训时间	9~24 小时	8 小时以内	
占受访问者百分比（%）	34.73	20.96	

第九题

企业是否设置了采购管理部	没有设置	已经设置	准备设置
占受访问者百分比（%）	33.33	61.45	5.22

供应商管理

第一题

供应商市场定位分析	没有	有，但不完善	有，但没执行	有，较完善
占受访问者百分比（%）	13.08	57.56	4.36	25.00
供应商开发、培育管理流程	没有	有，但不完善	有，但没执行	有，较完善
占受访问者百分比（%）	11.70	42.40	6.14	39.77
供应商质量管理流程	没有	有，但不完善	有，但没执行	有，较完善
占受访问者百分比（%）	3.51	36.55	4.09	55.85
供应商关系管理流程	没有	有，但不完善	有，但没执行	有，较完善
占受访问者百分比（%）	21.57	39.94	6.71	31.78

续 表

建有优秀供应商库	没有	有，但不完善	有，但没执行	有，较完善
占受访问者百分比（%）	12.57	35.67	7.60	44.15
供应商年度评审计划	没有	有，但不完善	有，但没执行	有，较完善
占受访问者百分比（%）	7.06	26.18	7.65	59.12
标准的供应商评审表格	没有	有，但不完善	有，但没执行	有，较完善
占受访问者百分比（%）	3.53	20.59	4.12	71.76
供应商数据库维护	SQE 维护	采购专员维护	没有人维护	以上都不是
占受访问者百分比（%）	11.99	64.91	6.73	16.37

第二题

企业采购部门对供应商绩效评估的情况	定量的评估供应商的质量、成本、交期等基本参数	建立了供应商评估体系与标准，并定期对供应商进行评估	能够利用评估结果推动供应商的绩效不断改善和提升；评估体系紧跟企业的战略发展、客户和市场要求
占受访问者百分比（%）	24.12	50.00	25.88

第三题

供应商平均支付账期	30（含）~45 天	45（含）~60 天	60（含）~90 天
占受访问者百分比（%）	17.89	25.22	38.12
供应商平均支付账期	90（含）~120 天	120（含）~180 天	180 天以上
占受访问者百分比（%）	15.54	2.35	0.88
供应商支付账期与 2012 年比	不变	缩短	延长
占受访问者百分比（%）	44.48	4.91	50.61

第四题

供应商付款时间	晚三个月以内	晚三个月以上	准时
占受访问者百分比（%）	27.03	3.20	69.77

第五题

供应商付款方式中是否有承兑汇票	否	是
占受访问者百分比（%）	53.22	46.78

续 表

有承兑汇票的一般为多少天	180 天	30 天	90 天
占受访问者百分比（%）	24.72	22.47	52.81

第六题

2013 年供应商数量较 2012 年相比	持平	减少	增加
占受访问者百分比（%）	34.23	23.72	42.04
企业 2013 年供应商变化情况	均值	众数	
引入供应商的比例（%）	11.47	10	
淘汰供应商的比例（%）	7.47	5	

第七题

企业是否定期考察供应商的财务状况	从不主动了解	进入供应商名单后就不再考察	进入名单后不定期考察/交流	进入名单后定期考察	其他
占受访问者百分比（%）	11.14	24.63	40.76	21.41	2.05

第八题

企业目前供应商总数	10 家以内	10～19 家	20～49 家	50～99 家	100～199 家
占受访问者百分比（%）	1.16	3.20	9.59	13.95	20.93
企业目前供应商总数	200～299 家	300～399 家	500～699 家	700～999 家	1000 家以上
占受访问者百分比（%）	15.41	8.14	8.43	3.20	15.99

第九题

企业前五大供应商的采购额占公司采购额的比例	30% 以内	30% ～49%	50% ～69%	70% 或以上
占受访问者百分比（%）	33.24	26.82	23.91	16.03

第十题

占企业 80% 以上采购额的供应商总数为	5 家以内	5～9 家	10～49 家	50～99 家	100 家或以上
占受访问者百分比（%）	16.62	22.16	37.90	13.99	9.33

第十一题

对供应商是否有明确的准入机制	没有	其他	有，完整的体系
占受访问者百分比（%）	2.03	1.16	59.59

对供应商是否有明确的准入机制	有，主要是技术/质量上的门槛	有，主要是通过公开招标	有，主要是业务配合上的
占受访问者百分比（%）	25.29	3.20	8.72

第十二题

对供应商是否有明确的淘汰机制	没有	其他	有，完整的体系	有，主要是技术/质量上的门槛	有，主要是业务配合上的
占受访问者百分比（%）	14.29	2.33	42.86	25.07	15.45

第十三题

企业与上游供应商分享哪些数据	没有分享任何数据	生产预测计划	产品库存数据	产品运输在途数据	其他
占受访问者百分比（%）	14.08	75.66	36.36	19.94	10.26

第十四题

2013 年供应商准时交货率（OTD）	95%（含）以上	80%（含）~95%	80%以下
占受访问者百分比（%）	44.07	46.50	9.42
2013 年供应商平均交货期较 2012 年比	基本保持不变	缩短	延长
占受访问者百分比（%）	56.42	29.55	14.03

第十五题

供应商数量优化策略为	不变	减少	增加
占受访问者百分比（%）	17.46	46.75	35.80

供应商结构调整方向为	战略合作伙伴	伙伴型供应商	交易型供应商
占受访问者百分比（%）	65.37	62.99	34.33

供应商结构调整方向为	多家供应商	独家供应商	其他
占受访问者百分比（%）	42.39	16.12	1.79

国内寻源区域转移方向为	南方沿海地区	中西部	北方地区
占受访问者百分比（%）	70.40	33.33	20.87

续 表

国外寻源区域转移方向为	东南亚	中亚	印度	北美
占受访问者百分比（%）	51.88	6.83	26.28	11.95
国外寻源区域转移方向为	东欧	非洲	其他	
占受访问者百分比（%）	11.60	4.10	28.33	

第十六题

企业 2013 年是否对供应商进行现场考核	否	是
占受访问者百分比（%）	6.57	93.43
现场考核是否为定期考核	否	是
占受访问者百分比（%）	37.35	62.65
现场考核后是否有奖惩制度	没有	有
占受访问者百分比（%）	48.94	51.06

第十七题

企业多久对供应商评估一次	3 个月或更短的时间评估一次	4～5 个月	6 个月	7～11 个月
占受访问者百分比（%）	20.71	2.66	14.79	0.89
企业多久对供应商评估一次	对供应商没有评估	一年一次	一年以上才评估一次	
占受访问者百分比（%）	3.85	52.37	4.73	

第十八题

企业的供应商来料水平	超过 50% 来料都能达到公司的要求	超过 80% 来料都能达到公司的要求	基本免检	完全不能达到公司的要求
占受访问者百分比（%）	5.41	79.88	14.41	0.30

第十九题

企业对于重要的二级供应商的质量要求	公司自己审核	没有要求	要求一级供应商审核	要求一级供应商提供证明
占受访问者百分比（%）	24.32	9.61	34.83	31.23

第二十题

企业是否对供应商在绿色采购方面有所要求	未来 3 ~5 年将会要求	未要求	有要求
占受访问者百分比（%）	22.36	22.05	55.59

企业是否对供应商在低碳排放与可追溯方面有所要求	未来 3 ~5 年将会要求	未要求	有要求
占受访问者百分比（%）	24.47	30.21	45.32

企业是否对供应商在社会责任方面有所要求	未来 3 ~5 年将会要求	未要求	有要求
占受访问者百分比（%）	22.75	23.65	53.59

企业是否对供应商在可持续发展方面有所要求	未来 3 ~5 年将会要求	未要求	有要求
占受访问者百分比（%）	24.77	22.05	53.17

第二十一题

企业在供应商质量改进中使用的主要质量工具	来料检验	不合格报告	8D	现场辅导	QC 小组
占受访问者百分比（%）	84.68	67.57	42.94	47.45	39.94

企业在供应商质量改进中使用的主要质量工具	PDCA 流程	质量老 7 种工具	质量新 7 种工具	统计过程控制（SPC）	标杆对比（Benchmarking）
占受访问者百分比（%）	35.44	16.22	16.22	40.24	24.92

企业在供应商质量改进中使用的主要质量工具	看板可视化（Kanban）	质量功能展开（QFD）	防错技术（POKAYOKE）	试验设计（DOE）	失效模式和影响分析（FMEA）
占受访问者百分比（%）	30.93	11.71	15.62	12.91	38.14

企业在供应商质量改进中使用的主要质量工具	故障树分析（FTA）	可靠性分析			
占受访问者百分比（%）	17.12	29.13			

第二十二题

哪些质量工具使用频率较高，效果很好	来料检验	不合格报告	8D	现场辅导	QC 小组
占受访问者百分比（%）	26.81	20.00	26.38	11.91	8.94

续 表

哪些质量工具使用频率较高，效果很好	PDCA 流程	质量老 7 种工具	质量新 7 种工具	统计过程控制（SPC）	标杆对比（Benchmarking）
占受访问者百分比（%）	17.02	3.83	4.68	16.17	8.51
哪些质量工具使用频率较高，效果很好	看板可视化（Kanban）	质量功能展开（QFD）	防错技术（POKAYOKE）	试验设计（DOE）	失效模式和影响分析（FMEA）
占受访问者百分比（%）	7.23	2.13	4.68	2.98	18.30
哪些质量工具使用频率较高，效果很好	故障树分析（FTA）	可靠性分析			
占受访问者百分比（%）	3.40	5.11			

第二十三题

近两年贵企业供应商质量改进采用的管理方法	六西格玛／精益六西格玛	精益管理	流程再造	卓越绩效模式	方针目标管理
占受访问者百分比（%）	36.25	59.69	31.56	17.81	31.25
近两年贵企业供应商质量改进采用的管理方法	零缺陷管理	全员设备维护管理（TPM）	5S/6S	QC 小组	合理化建议
占受访问者百分比（%）	19.69	17.50	47.50	30.94	40.94

第二十四题

哪些管理方法实施的效果比较好	六西格玛／精益六西格玛	精益管理	流程再造	卓越绩效模式	方针目标管理
占受访问者百分比（%）	23.81	37.00	14.29	4.40	12.09
哪些管理方法实施的效果比较好	零缺陷管理	全员设备维护管理（TPM）	5S/6S	QC 小组	合理化建议
占受访问者百分比（%）	10.99	5.13	12.82	13.92	17.95

采购金额与成本控制

第一题

	均值	众数
2013 年企业实际总成本节约（%）	7.35	5
2013 年企业采购总支出的减控目标为（%）	7.85	5

第二题

企业采用了以下哪几种招标采购模式	公开招标	邀请招标	议标	其他
占受访问者百分比（%）	24.18	67.65	37.91	26.47

第三题

	均值	众数
直接物料占采购支出的比例（%）	68.00	70
间接物料占采购支出的比例（%）	19.23	15
服务项目占采购支出的比例（%）	10.62	10

第四题

企业最主要降低成本的方法	缩短交货周期	延长付款周期	寻找替代物料	引入竞争供应商	优化设计
占受访问者百分比（%）	39.03	48.71	64.19	78.06	40.97
企业最主要降低成本的方法	研发等部门介入成本控制（担负成本责任）	库存周转率控制	回收	利用期货套期保值等金融方法进行控制	VA/VE
占受访问者百分比（%）	33.87	35.16	10.00	6.45	20.65
企业最主要降低成本的方法	JIT 采购	寄售	谈判	招标	改换供应商
占受访问者百分比（%）	18.39	21.29	56.13	29.68	36.77
企业最主要降低成本的方法	集中采购	（与其他企业）联合采购	供应商早期参与设计	标准化设计	模块化设计
占受访问者百分比（%）	45.81	7.74	29.35	20.32	7.74
企业最主要降低成本的方法	目标成本法				
占受访问者百分比（%）	16.45				

第五题

企业是否建立了成本数据库	否	是
占受访问者百分比（%）	25.79	74.21
企业是否有明确的降低采购成本考核指标	否	是
占受访问者百分比（%）	15.09	84.91

第六题

在采购审批流程中，财务部门充当以下哪几种角色	参与采购价格谈判	参与采购价格审核	参与采购价格审计	参与制定并提供采购价格基准	以上都不参与
占受访问者百分比（%）	11.33	37.22	36.57	26.54	33.66

采购信息化

第一题

趋势分析工具	没有	有
占受访问者百分比（%）	50.33	49.67
开支分析工具	没有	有
占受访问者百分比（%）	41.31	58.69
供应商绩效数据	没有	有
占受访问者百分比（%）	13.21	86.79
市场智能分析工具	没有	有
占受访问者百分比（%）	82.52	17.48
安全投标准入控制	没有	有
占受访问者百分比（%）	64.56	35.44
全过程电子化采购交易系统	没有	有
占受访问者百分比（%）	52.90	47.10
电子合同	没有	有
占受访问者百分比（%）	38.51	61.49
电子票据开具	没有	有
占受访问者百分比（%）	50.68	49.32
WMS	没有	有
占受访问者百分比（%）	63.80	36.20
MRPⅡ / ERP	没有	有
占受访问者百分比（%）	12.06	87.94

第二题

企业 2014 年在采购信息化方面的投资预算较 2013 年比	持平	减少	增加
占受访问者百分比（%）	48.63	6.99	44.38

第三题

成员间的数据兼容	不能兼容	能兼容
占受访问者百分比（%）	21.12	78.88

现有的信息系统能否有效支持直接采购	不能	能	尚可
占受访问者百分比（%）	7.34	58.41	34.25

现有的信息系统能否有效支持间接采购	不能	能	尚可
占受访问者百分比（%）	12.65	43.52	43.83

现有的信息系统能否有效支持服务性采购	不能	能	尚可
占受访问者百分比（%）	26.65	37.30	36.05

软件系统	不完善	完整、完善	有待完善
占受访问者百分比（%）	10.19	30.86	58.95

信息共享	不可以	可以
占受访问者百分比（%）	22.43	77.57

数据挖掘、数据分析	非常有效	无法实现	有效
占受访问者百分比（%）	12.58	21.78	65.64

能否支持物料总成本分析	不能	能	尚可
占受访问者百分比（%）	20.99	32.41	46.60

能否支持物料持有成本分析	不能	能	尚可
占受访问者百分比（%）	27.86	27.55	44.58

物料需求预测准确率	不准确	非常不准确	非常准确	相对准确	准确
占受访问者百分比（%）	28.40	4.63	3.09	48.15	15.74

绿色采购

第一题

企业层面是否形成绿色、可持续发展等理念	尚在形成	未形成	已形成
占受访问者百分比（%）	41.41	20.25	38.34

绿色、可持续发展等理念对采购是否有具体要求	没有	有
占受访问者百分比（%）	43.38	56.62

绿色采购是否在购买产品和服务时被重点指出	否	是
占受访问者百分比（%）	50.62	49.38

续 表

决策时是否开始考虑绿色采购的影响力	否	是
占受访问者百分比（%）	45.51	54.49
选择供应商时，充分考虑绿色采购和采购可持续发展	没有	有
占受访问者百分比（%）	41.19	58.81
是否形成具体的绿色采购和采购可持续发展量化指标	否	是
占受访问者百分比（%）	60.12	39.88
量化绿色、可持续发展等指标，并添加到采购绩效整体考核中	没有	有
占受访问者百分比（%）	61.68	38.32

第二题

企业在绿色采购方面	还未实施	未来 3～5 年实施	已实施
占受访问者百分比（%）	30.18	29.27	40.55
企业在低碳排放与可追溯方面	还未实施	未来 3～5 年实施	已实施
占受访问者百分比（%）	31.06	30.75	38.20
企业在社会责任方面	还未实施	未来 3～5 年实施	已实施
占受访问者百分比（%）	17.18	22.70	60.12
企业在可持续发展方面	还未实施	未来 3～5 年实施	已实施
占受访问者百分比（%）	18.63	27.02	54.35

第三题

企业准备实施或已经实施社会责任审核，其审核的范围包括	环保	绿色	可持续发展	清洁生产	社会影响和社区影响	道德规范和商业道德
占受访问者百分比（%）	81.97	59.34	71.48	44.92	49.18	69.18
企业准备实施或已经实施社会责任审核，其审核的范围包括	道德和廉政建设	公平性	劳工保护（包括人权、禁止使用童工、消除雇佣和职业歧视）	安全生产和职业健康保障	供应商多样性	公司治理
占受访问者百分比（%）	46.89	34.10	64.26	70.82	35.41	20.66

第四题

企业要求供应商的认证包括	ISO 14000 环境管理体系标准	ISO 50001 能源管理体系	EMAS 欧盟生态管理和审核计划	FSC 森林认证	SA8000 社会责任标准
占受访问者百分比（%）	88.16	12.17	4.28	4.93	15.79
企业要求供应商的认证包括	OHSAS 18000 职业健康安全管理体系标准	WRAP 环球服装生产社会责任	ICTI 国际玩具工业理事会商业行为守则	EICC 电子行业行为准则	BSCI 商业社会标准认证
占受访问者百分比（%）	43.75	1.64	0.99	17.43	3.29
企业要求供应商的认证包括	Sedex 供应商商业道德信息交流	BRC 英国零售商协会认证	RoHS 欧盟强制性标准	WEEE《报废的电子电气设备》指令	Reach 欧盟规章《化学品注册、评估、许可和限制》
占受访问者百分比（%）	5.59	1.97	42.43	20.39	25.66
企业要求供应商的认证包括	欧盟电池环保指令	EUP 用能源产品生态设计框架指令	欧盟包装和废弃包装物指令	产品碳足迹	
占受访问者百分比（%）	9.21	2.96	13.16	5.26	

第五题

绿色采购的成本支出影响	成本不变	成本稍许增加	成本下降	成本增加
占受访问者百分比（%）	18.10	41.90	0.95	39.05

实施绿色采购时缺乏新材料与技术支持	否	是
占受访问者百分比（%）	30.89	69.11
实施绿色采购时受到生产工艺流程的限制	否	是
占受访问者百分比（%）	37.30	62.70
实施绿色采购时缺乏供应商的理解与配合	否	是
占受访问者百分比（%）	44.01	55.99
实施绿色采购时缺乏企业战略的支持	否	是
占受访问者百分比（%）	49.19	50.81
相关法规与行业标准不完善或执行不强阻碍实施绿色采购	否	是
占受访问者百分比（%）	33.99	66.01

续 表

消费者绿色认知与需求不够阻碍实施绿色采购	否	是
占受访问者百分比（%）	31.82	68.18

采购风险

第一题

在采购风险管理上所面临的问题或考验	法规/政策的应用、遵循和变动	原材料数量/价格的变化	自然灾害等造成供应条件变化
占受访问者百分比（%）	44.41	74.48	27.27
在采购风险管理上所面临的问题或考验	过度依存单一或有限供应商	供应商的质量与履约情况不佳	供应商的财务风险如破产
占受访问者百分比（%）	66.43	51.75	27.97
在采购风险管理上所面临的问题或考验	公司的采购计划或合同管理不佳	汇率的变化	劳动力成本的上升
占受访问者百分比（%）	27.62	35.31	44.41
在采购风险管理上所面临的问题或考验	市场需求波动	供应商质量管理体系不健全	供应商所在国家和地区的政治动荡和战争风险
占受访问者百分比（%）	38.81	24.13	8.74
在采购风险管理上所面临的问题或考验	供应商的技术风险	公司没有进行采购风险管理	
占受访问者百分比（%）	22.03	11.54	

第二题

采购部门主要采用哪些手段进行采购风险管理	主要依靠年度预算及策略规划	对采购人员和管理人员进行风险管理培训	慎重选择供应商，重视供应商的筛选和评级
占受访问者百分比（%）	35.56	41.90	79.23
采购部门主要采用哪些手段进行采购风险管理	依赖于合同管理应对风险，建立采购授权和审批制度	加强过程跟踪和控制，发现问题及时采取措施处理，以降低采购风险	定期开展风险识别、风险分类、风险评估及风险对策的活动
占受访问者百分比（%）	51.76	59.51	20.42

续 表

采购部门主要采用哪些手段进行采购风险管理	与上下游建立风险管理体系，提高供应链的整体抗风险能力	多家供货	不定期去供应商现场考察
占受访问者百分比（%）	14.79	57.39	44.01
采购部门主要采用哪些手段进行采购风险管理	供应商财务状况分析	定期查阅并分析（上市的）供应商财务报告	供应商廉政审计
占受访问者百分比（%）	25.00	7.75	7.39
采购部门主要采用哪些手段进行采购风险管理	供应商合规审计	供应商风险审计	
占受访问者百分比（%）	16.20	11.62	

第三题

企业2013年主要是如何处理供应风险的	风险承受	风险防范	风险转移	其他
占受访问者百分比（%）	15.20	59.88	24.01	0.91

第四题

目前企业在供应链风险管理上存在的问题有哪些	公司领导不重视	公司资源不够	风险防范措施不健全
占受访问者百分比（%）	32.27	46.45	57.09
目前企业在供应链风险管理上存在的问题有哪些	风险防范措施执行不到位	供应商不配合	风险应对的措施没有针对性
占受访问者百分比（%）	34.04	26.95	27.30

第五题

2013年企业遭受了几起重大供应链风险事件	1~3起	4~6起	7~10起	无
占受访问者百分比（%）	46.22	6.04	0.91	46.83

第六题

企业的风险管理成熟度情况	A. 无机制流程，也无正式组织，属问题驱动型	B. 已建立风险评估与应对流程，但尚无正式风险管理组织	C. 有风险评估与应对流程，并且有正式的风险管理组织
占受访问者百分比（%）	29.02	49.53	21.45

人力资源与绩效

第一题

	均值	众数
采购部门人员占企业总人数的比例（%）	2.50	2

第二题

从事采购工作的累计年限	1年以内	1~5年	6~10年	11~20年	20年以上
占受访问者百分比（%）	0.61	14.55	48.79	33.94	2.12

第三题

2013年年薪收入（工资加奖金，税前）为（元）	10万以下	10（含）~15万	15（含）~20万	20（含）~30万	30（含）~35万	35（含）~40万
占受访问者百分比（%）	10.64	22.49	18.54	22.19	7.60	5.47
2013年年薪收入（工资加奖金，税前）为（元）	40（含）~45万	45（含）~50万	50（含）~55万	55（含）~60万	60（含）~70万	70万（含）以上
占受访问者百分比（%）	3.65	2.43	2.13	0.91	1.52	2.43

第四题

对目前个人薪酬状况的态度	比较满意	不是很满意	非常不满意	非常满意	还行，能够接受
占受访问者百分比（%）	12.35	36.75	7.53	0.90	42.47

第五题

以下哪一种情况最能促使您具有很强的跳槽意愿	除了薪酬之外，企业的各项福利（包含休假、培训等）自己不满意	目前的薪酬状况与自己的付出不成比例	其他客观原因（如搬家、深造、出国等）	企业的文化氛围不适合自己发挥个人能力	企业没有提供一定的上升成长通道
占受访问者百分比（%）	6.10	15.55	8.84	28.05	41.46

第六题

采购部门对部门人员的绩效评估频率	每半年	每季度	每年	每月	无绩效评估
占受访问者百分比（%）	26.81	17.17	34.94	18.67	2.41

附　录

附录 1

中国物流与采购联合会简介

中国物流与采购联合会（China Federation of Logistics & Purchasing，CFLP）是国务院政府机构改革过程中，经国务院批准设立的物流与采购行业综合性社团组织，总部设在北京，主管部门是国务院国有资产监督管理委员会。联合会的主要任务是：推动中国物流业的发展；推动政府与企业采购事业的发展；推动生产资料流通领域的改革与发展；完成政府委托交办事项。政府授予联合会外事、科技、行业统计和标准制修订等项职能。中国物流与采购联合会是全国现代物流工作部际联席会议成员单位，是亚太物流联盟和国际采购联盟的中国代表，并与许多国家的同行有着广泛的联系与合作。

想了解更多信息，请登录主页网站：www. cflp. org. cn。

China Federation of Logistics & Purchasing（CFLP）, the integrated non – profit organization of logistics and purchasing in China, was established in Beijing and approved by the State Council during the government institution restructure. CFLP is under the administration of the State – owned Assets Supervision and Administration Commission of the State Council（SASAC）.

The main missions of CFLP are to develop logistics and purchasing industry in China, to promote the public procurement, to develop the reform in the means of production circulation sector, to fulfill the tasks commissioned by government. The government authorizes CFLP functions of foreign affairs, science and technology, statistics and standard drafting & revising, etc.

As the member organization of National Modern Logistics Inter – ministerial Joint Conference, the Chinese representative of the International Federation of Purchasing and the Supply Management（IFPSM）and the Asian – Pacific Logistics Federation（APLF）, CFLP is playing an active role and widely cooperating with counterparts in many countries.

附录 2

中国物流与采购联合会
采购与供应链管理专业委员会简介

采购与供应链管理专业委员会（The Specialized Committee for Purchasing and Supply Chain Management，SCM）（以下简称为“采购委”）是中国物流与采购联合会直属分支机构，作为一个非营利性社团机构，致力于中国采购与供应链管理领域的理念导向、理论研究、知识传播和实践分享，推动中国采购与供应链管理专业领域的发展。

我们的使命：

- 趋势引领：深刻把握国际、国内采购及供应链管理发展的最新趋势和前沿成果；
- 会员发展：不断增强采购及供应链管理从业者对组织的归属感和忠诚度；
- 专家指导：积极发挥采购及供应链管理领域专家的引领和指导作用；
- 知识创新：创建具有中国特色的公共采购管理和供应链管理的知识体系；
- 有效沟通：积极推动采购管理体制机制创新，成为有效连接政府与企业采购的桥梁和纽带；
- 社会责任：不断为有志于采购及供应链管理领域发展的年轻人提供成长的机会；
- 国际影响：打造具有全球影响力的采购及供应链管理领域的社团组织。

我们的目标：

成为中国采购与供应链管理的引领者。

我们的职能：

- 发展中国采购与供应链领域的企业与个人会员，提供专业化服务；
- 研究制定采购领域的标准和规范，推广采购与供应链管理先进技术和经验；
- 完善与提升中国采购与供应管理的知识体系；
- 推进我国采购制度与模式的变革，提升公共采购与企业采购的绩效；
- 组织并开展采购与供应链管理人才培训；
- 开展与采购、供应链管理有关的国内外交流与合作。

（一）教育认证部——致力于提升我国采购与供应链管理领域从业人士的技能水平和专业素质

1. 资质认证

2005 年，与美国供应管理协会（ISM）建立长期战略合作关系，采购委作为 ISM 中国区分会；

2006 年，携手 ISM 推出中文版国际注册采购经理（C. P. M. &APP）认证项目；

2010 年，携手 ISM 推出中文版国际注册供应管理专家（CPSM）认证项目；

全国授权培训机构十余家；学员广泛来自于国内外知名企业。

- 国际顶级课程

C. P. M. 拥有 30 多年历史的采购与供应管理专业课程，体系完整，享誉全球。

CPSM 是全球范围内最严格和最具代表性的供应管理职业资格认证项目，代表了最高水平的专业能力。

- 师资阵容

C. P. M. &CPSM 授权讲师大部分为跨国公司采购高管，有着丰富的从业经验和授课经验，在国内同行中享有较高声誉。

- 考试方式

全中文考试，在全国主要城市开设考点，每年度定期举办三次统一考试，可供考生报名时自主选择考试时间、地点。

- 认证资格

参加 C. P. M. 认证需具备五年以上全职采购与供应管理相关工作经验，或者具备本科以上（含本科）学历，三年以上全职采购与供应管理相关工作经验。

参加 CPSM 认证需具备本科以上（含本科）学历，三年以上采购与供应管理相关全职工作经验。

2. 内训咨询服务

我们的职业培训讲师团队可以为企业量身定做适合的内训方案，深入企业进行培训，传授国际跨国公司的采购与供应链管理经验，通过理论精研、案例分析、互动讨论、角色扮演、活动演练等培训方式，为企业培训一批具备战略视野、实战技能和操作技巧的复合型采购与供应链管理人才。

3. C. P. M. 与 CPSM 认证各地合作机构一览

地域	授权机构名称
北京	北京博润伟业管理顾问有限公司
	北京乐思门咨询有限公司
	北京万博汇管理顾问有限公司
上海	北京博润伟业管理顾问有限公司
	北京乐思门咨询有限公司
	上海欧想企业管理咨询有限公司
	上海帕迪企业管理咨询有限公司
苏州	苏州高新区博远人才培训中心
南京	南京贝思格企业管理咨询有限公司
深圳	深圳世纪卓越管理咨询有限公司
	深圳市博维职业培训中心
厦门	厦门市培因教育培训中心

教育认证部联系人：边悦坤

电话：010－58566588－182

邮箱：bianyk@ chinascm. org. cn

（二）研究部——致力于研究与传播我国采购与供应链管理领域的前沿理论和最佳实践

1. 《中国采购发展报告》

自2008年起，为了加强对我国采购与供应链管理领域的研究，把握全球采购发展动态和趋势，推动我国采购与供应链管理领域的改革与发展，提升我国经济发展过程中所需的企业采购与供应链软实力，我们组织各方面专家共同编撰年度《中国采购发展报告》。该报告由中国财富出版社正式出版，面向全国发行，现已累计出版七本蓝皮书，发行量达到数万册。

本报告主要具有四大亮点：一是能够通过详尽的数据分析呈现出我国企业采购管理中各个分项领域的现状；二是比较切实地与当前宏观经济联系起来，从采购与供应链管理的角度为政府、企业提供新思路，以期推动我国流通业、制造业的转型和升级；三是在充分考虑到企业的具体采购实践活动的基础上，对企业在采购管理过程中所面临的一系列共性问题进行分析；四是充分借鉴国际先进采购理念和实践经验，试图帮助国内企业提升采购与供应链管理水平。该报告是我国采购领域第一部专业报告集，已经成为采购知识的工具书和采购实践的指南，受到社会各界的广泛关注和普遍欢迎。

2. 全国采购调查

每年我们在全国范围内定期开展采购与供应链管理领域的调查，并专门成立了调查委员会。通过调查数据的统计与分析，深入剖析我国企业采购与供应链管理水平的发展现状、问题与趋势，探索建立行业基准标杆及最佳实践，引领我国采购与供应链管理领域的发展。

2014 年进行的调查有：采购组织现状调查、供应商管理调查、采购金额与成本控制调查、采购信息化调查、绿色采购调查、采购风险调查、人力资源与绩效调查。

3. 标准及专题研究项目

我们积极推动制定采购与供应链管理领域的标准和规范，成立专门的项目团队，建立了两个标准、两个模型及两个测评体系，促进采购与供应链管理人员综合素质的提升和企业实践水平的改进。

- 采购人员职业道德行为准则；
- 采购组织可持续发展与社会责任规范；
- 绿色采购模型；
- 中国企业采购卓越度测评体系；
- 中国采购职业人员能力测评体系；
- 采购人员胜任力模型 ；
- 中国卓越绩效采购——实现卓越采购之价值。

4. 咨询项目

我们的采购专家团队力量雄厚，专家均来自于国内外知名企业、高校，具有丰富的采购与供应链管理理论知识和实践经验，为政府和央企提供采购管理方面的咨询服务。

研究部联系人：谢培庆　李帅

电话：010 – 58566588 – 195/188

邮箱：xiepq@ chinascm. org. cn，lis@ chinascm. org. cn

（三）市场运营部——致力于为提升企业供应链管理水平及采购人员职业素质创造平台

1. 企业及人员测评

中国采购卓越度测评体系及职业人员能力测评体系可以帮助企业的采购组织做出全面、客观、科学的考察评估，推动企业采购管理水平及人员素质的提升，树立绩效标杆，打造一流企业采购组织。

2. 内训业务

专家讲师团队按企业需求，讲授定制化的企业内训课程及 CPSM 培训，传播国际先进的采购与供应链管理经验。通过理论精研、案例分析、互动讨论、角色扮演、实际演练等方式，提升企业供应链管理水平及采购人员专业水平。

3. 咨询业务

一流的专家团队，为企业提供采购与供应链方面的诊断与咨询，为企业优化供应链流程，提高采购效率，创造更大的利润空间。

4. 会议论坛活动

通过与政府、行业组织及企业合作，在采购和供应链领域内举办大型会议、论坛、会员活动等多种形式平台载体，促进政府与企业之间的交流互通。

5. 会员服务体系

拥有近万名来自不同性质企业、不同行业的采购与供应链领域的个人及单位会员，为会员提供专业研究报告分享、资讯信息、服务业发展等各种专业服务。

6. 平面杂志广告推广

以《全球采购》杂志为载体，通过微博、微信、Linkin 等多种网络媒体方式向广大会员提供更专业、有深度的行业资讯和报道，为企业提供面对采购经理人的品牌推广、产品推介的精准媒介平台。

市场运营部联系人：金蕾

电话：010－58566588－212

邮箱：jinl@chinascm.org.cn

附录 3

“中国采购卓越度评测系统”介绍

随着全球经济一体化进程的加快，采购已经成为中国进入21世纪后经济活动中的热点问题，对于许多企业来讲，每年在产品采购和服务采购上的支出可以占到企业总支出的70%以上。从这么高的比率中不难看出采购组织在企业中所具有重要的意义和战略地位。因此，如何通过对采购环节业务的重组和优化提高供应链的效率，降低成本，提高企业的竞争能力，成为企业关注的问题。

一、项目宗旨

中国采购卓越度测评系统可以帮助企业的采购组织做出全面、客观、科学的考察评估，推动企业采购管理水平的进步，树立绩效标杆，打造一流的企业采购组织。

二、项目应用领域及意义

中国采购卓越度测评系统以评估组织或企业的采购活动对其整体价值贡献为导向、以采购流程所实现目标的程度为衡量标准对企业的采购现状进行评估。中国采购卓越度测评系统主要应用于以下三个领域。

1. 组织和企业

在过去，组织或企业的采购部门往往把节省开支作为其部门首要目标，这使得他们不得不过度专注于与供应商谈判从而获得最低价格。但事实上采购部门能够为企业带来的机遇和价值远远大于采购成本本身。中国采购卓越度测评系统旨在建立一个工具，以评价组织或企业的整个采购流程的水平，并将这个采购卓越度的模型作为标杆学习的最佳实践。这个模型不仅可以作为组织或企业自我评价、自我审核的工具，而且还可以作为组织或企业评价其供应商采购能力的工具。测评系统的最终目标就是定位组织或企业的采购水平，与最佳实践找出差距，为组织或企业的未来发展提供目标。

2. 第三方独立机构

中国采购卓越度测评系统还可以作为第三方的评估工具，对某一个行业的采购能力做出评估，并可以持续性地跟踪这个行业采购能力的提升状况，做出比较的结果。咨询机构也可以作为组织或企业的诊断工具，对被咨询对象做出判断。

3. 政府和研究部门

中国采购卓越度测评系统可以作为对整个行业状况采购及供应商管理水平的调查和评估工具，以分析整体的市场运行状况。

三、项目内容

中国采购卓越度测评系统的内容涵盖采购管理和实施的全过程，将组织和企业的采购能力分为五级，分别是起始级、基础级、规范级、优秀级和卓越级。其中，每个等级是相互依赖的，上层包含下层的目标和实践，并且每个等级是连续的，每个卓越度级别表示了过程能力的水平（如图 1 所示）。

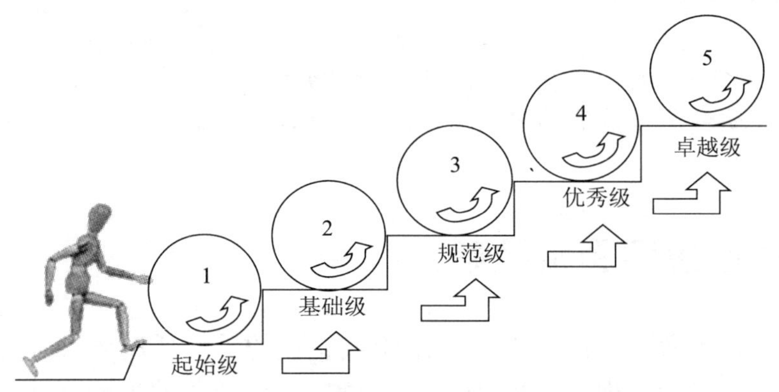

图 1　中国采购卓越度测评系统五个级别

模型中关注的五个一级指标分别是：战略和组织，采购执行，供应商管理，知识与风险，绩效管理。在一级指标中又包含了四个二级指标，并为每一个指标确定了所需要的流程和工具。在模型中，将“货比三家”，即比价议价的传统采购手段推进到长期合同和供应商管理的理念，以保障组织供应的长期质量稳定性和与供应商共同努力降低成本的可能性，在采购绩效评估上也由过去的降价目标和单纯的考核价格比较，转向采购对公司在价值、在财务上的贡献值来体现。如图 2 所示。

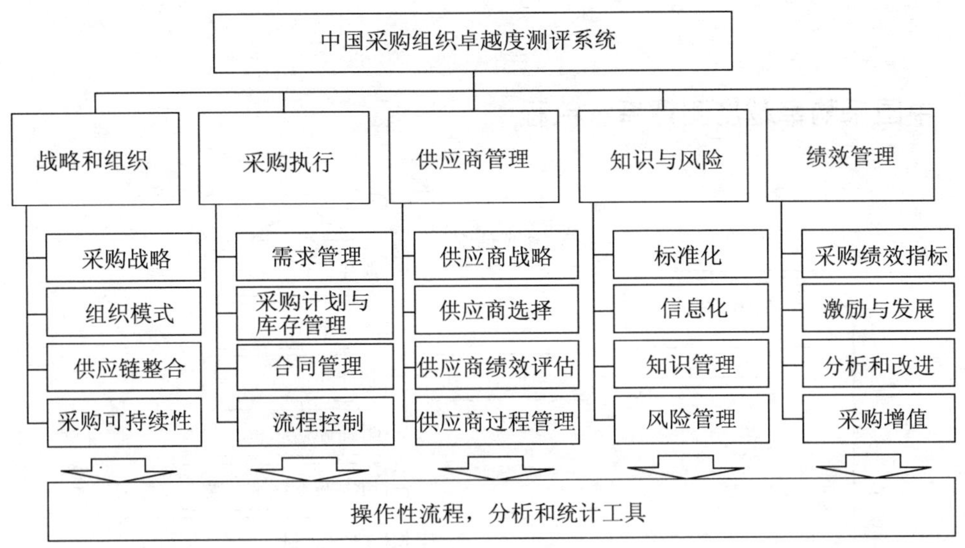

图 2　采购卓越度测评系统结构

四、项目流程

中国采购卓越度测评系统流程通常分为前期准备、现场实施和出具报告三个阶段。见附件。

五、项目联系人

联系人：金蕾
地址：北京市西城区月坛北街 26 号恒华国际商务中心 C 座 1008 室
邮箱：jinl@ chinascm. org. cn
电话：010 －58566588 －212

附件：中国采购卓越度测评系统流程

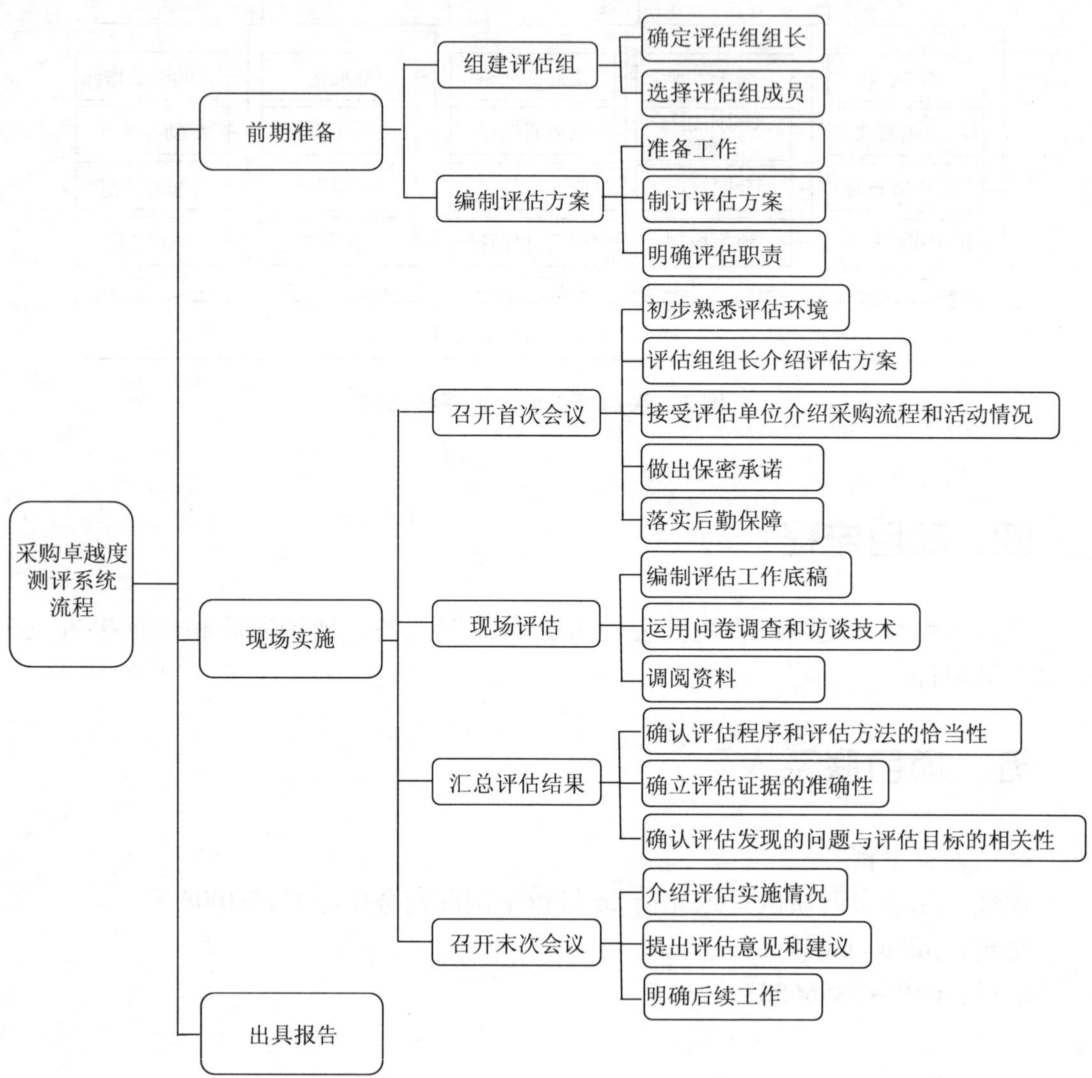

附录 4

冯氏集团利丰研究中心简介

冯氏集团利丰研究中心通过其独特的网络，收集及分析中国经济的市场资料，尤其着眼于采购、供应链、分销及零售业。中心还发表有关其他亚洲国家的采购及贸易报告。鉴于资讯科技日新月异、多渠道营销日渐普及和供应链效率的全面提升促进全球零售业发生重大变化，中心最近更将研究范畴扩展至全球零售业。

除作为冯氏集团的智库外，中心亦与世界各地的企业、学者及政府分享其研究成果。中心在中国的制造、分销、物流、零售业，以及全球零售未来发展的议题上，发表客观中立而独到的见解，并定期向内外客户提供意见及顾问服务。

About Fung Business Intelligence Centre

The Fung Business Intelligence Centre, through its unique relationships, collects and analyses market data on China’s economy, with special reference to sourcing, supply chains, distribution and retail. It also produces reports on sourcing and trading in other Asian countries and has recently expanded its research services on the global retail industry, where unprecedented change is being driven by technological innovation, the advent of multi - sales channels and greater supply chain efficiency.

Serving as a knowledge bank for the Fung Group, the Centre also makes its market data and analysis available to businesses, scholars and governments around the world. It is an impartial thought leader on issues shaping the future of manufacturing, distribution, logistics and retailing in China, and retailing globally. It regularly provides advice and consultancy services to internal and external clients.

后　记

中国物流与采购联合会从2008年始至今已连续七年编辑、出版《中国采购发展报告》蓝皮书。2014年的报告继续以数据调查为基础，以数据分析的方法，开展了采购与宏观经济、企业采购实践等方面的研究。

2014年的全国企业采购调查与往年的相比有了明显的改变，主要体现在：第一，问卷设计细分化，本年度的调查问卷共涉及宏观信息、采购组织现状、供应商管理、采购金额与成本控制、采购信息化、绿色采购、采购风险、人力资源与绩效八大采购领域专题，在每个专题中均包含若干一级和二级题目；第二，问卷题目更加贴近企业实践，本次的调查题目严格按照“在数据分析基础上撰稿”的原则进行设计，在征询撰稿人意见的基础上进行多次修改，精选了能够切实反映企业采购领域现状和问题的题目；第三，在调查形式上，本年度采用网络填报的形式展开，这样可以方便参与者的填报效率，提高回收问卷的质量。

创新是我们始终追求的方向。2014年的报告延续了2013年的撰稿模式，即邀请采购专家在调查数据分析的基础上进行文章撰写，文章的内容得到了丰富，质量也有了较大幅度的提升。在本年度的报告中，采购委研究部也有所突破，开始尝试独立撰写文章、协助撰稿人多次修订稿件。我们希望2014年的报告能够继续为企业的采购变革带来一些帮助。

《中国采购发展报告》能够连续出版并不断提高质量、扩大业内影响力，一方面得益于我们持续的创新，时刻追赶时代的步伐，不断把握我国采购与供应链领域发展的脉搏，深刻记录我国采购与供应链管理发展的轨迹；另一方面也源于社会各界专业人士对中国采购与供应链管理领域的热切关注，能够得到国内外人士对本报告的肯定与支持，是采购专家、撰稿人和采购委研究部工作人员辛勤劳动的结果。在此，感谢参与2014年中国企业采购调查的352名采购经理人；感谢王为人、王栩男、王福寿、牛津玲、石新泓、刘协和、安俊龙、杨冠军、陈中涛、陈兵兵、武威、宫迅伟等企业界采购人士和专家学者，能够在百忙之中参与本年度报告的撰写工作；感谢利丰研究中心、CIPS、CAPS、科尔尼、埃森哲等公司提供了优秀的报告；感谢采购委研究部人员的付出。中国财富出版社对本书的出版印制工作给予了大力的支持，在此我们表示诚挚的谢意。

尽管我们付出了很大的努力，但《中国采购发展报告（2014）》难免有不足之处，我们将在今后的编撰过程中，继续保持创新精神，探索新的思路，提高调查样本的数量和质量，使我们的报告更加专业、更具深度、更有广度，为中国企业采购与供应链管理的水平提升贡献一份力量。

最后，真诚企盼所有关注中国采购与供应链管理事业发展的专业人士、咨询研究机构和院校对本书提出宝贵意见，携手推动《中国采购发展报告》的发展和完善。

2014 年 9 月